ポジティブ認知行動療法

問題志向から解決志向へ

F・バニンク
Fredrike Bannink

津川秀夫＋大野裕史 監訳
Hideo Tsugawa & Hiroshi Ohno

Practicing
Positive
CBT From reducing
distress to
building success

北大路書房

PRACTICING POSITIVE CBT:
From Reducing Distress to Building Success
by Fredrike Bannink
Copyright © 2012 by John Wiley & Sons, Ltd.
All Rights Reserved. Authorized translation from the English language edition published
by John Wiley & Sons Ltd.
Responsibility for the accuracy of the translation rests solely
with Kitaohji Shobo and is not the responsibility of John Wiley & Sons Ltd.
No part of this book may be reproduced in any form without the written permission of the
original copyright holder, John Wiley & Sons Lmited.

Japanese translation published by arrangement with John Wiley & Sons Ltd.
through The English Agency (Japan) Ltd.

まえがき

　認知行動療法は，クライエントが示す広範な症状に対する，効力が実証されたエビデンスの総体として発展してきた。しかし今のところ，そのアウトカム，特に長期的なアウトカムは，実質的な改善から離れていることがある。クライエントに役立つセラピーになるには，何をすればよいのだろうか。クライエントの長期的なレジリエンスを育成するために，セラピストは何をすればよいのだろうか。

　この問いに対して，クライエントのストレングスを同定し，クライエントのレジリエンスに働きかけること，と答えると多くのセラピストは興味を抱くだろう。と同時に，「よい考えとは思うが，実際にはどうすればよいのか」と考えるセラピストも少なくはないだろう。本書は標準的なCBTの大砲への素晴らしい付加物である。というのは，クライエントのストレングスとレジリエンスを形成するための構造的で，包括的で，実践的で，詳細なマニュアルをセラピストに提供するからである。本書の重要な作業は，アセスメント，契約，事例概念化，治療であるが，ストレングスとレジリエンスに適用される。本書は，生涯にわたる，カップル，家族，組織と働く際のアイデアをセラピストに提供する。バニンク博士は，多様性をストレングスに形成する方法や，治療に組み入れる方法を例示しつつ，多様性の問題を細やかに論じている。

　本書は，セラピストがクライエントのストレングスを見きわめ，セラピーに取り入れ，レジリエンスを形成する際に利用するための，重要な背景理論と詳細な技法の双方を提供する。ためになるストーリー，詩，メタファーを使って魅力的に書かれている。本書における最も有効なツールはエクササイズであろう。本書の鍵となるメッセージを経験的に示している。

　バニンク博士がしていることは根本的なことであり，レジリエンスの心理学とCBTとを基礎的，実践的に統合しようとするものである。今後10年間の中心的テーマは，この統合の短期的，そして最も重要なのは長期的アウトカムを促進するかどうかを示すことであろう。

　本書には，有能で，魅力的で，熱心で，刺激的なセラピストの感覚が読み取れる。効果的で成功するセラピーができるセラピストになるのは容易ではないと想像するが，そこに至る道が本書では説かれている。

　　　　　　ウィレム・クイケン（Willem Kuyken）／エクセター大学教授，イギリス

 序

　従来のCBTは，診断と治療という医学モデルに強く影響されてきた。問題の本質を見きわめてから介入するという問題解決の構造は，セラピストとクライエントの相互作用に影響を与えてきた。すなわち，病理に焦点を当て，クライエントの欠点に焦点づけるやりとりをしてきたのである。本書では，医学モデルの使用を避けるため，「患者」の代わりに「クライエント」を用いたい。

　伝統的なセラピストは，クライエントの問題，限界，欠陥というものに夢中になる傾向がある。異業種チームによるクライエントのアセスメントは否定的なものが多く，クライエントのもつストレングス（strength）や能力についてほとんど言及されることがない。しかし，こういう否定的な捉え方ではなく，クライエントのストレングス，能力，リソース（resource）というものへの注目は，変化を導く支援において最も重要なことである。援助職の使命は，クライエントが生産的で満足な生活を送れるよう，また，活躍できるようにすることである。エンパワーとは，クライエントの内にも外にも存在するリソースやツールを発見して活用するための支援を指し，またその支援の過程を意味する。ここでいうクライエントとは，個人，集団，家族，地域社会のことである。

　「私たちが活動的で幸せでありたいと願うならば，苦しみを最小限にすべきなのは言うまでもない。しかし，それだけではなく，肯定的な感情，生きるうえでの意味，成し遂げたこと，望ましい人間関係などをもたなくてはならない。これらを養うスキルや訓練は，苦しみを抑えるスキルとはまったく異なるものである」（Seligman, 2011, p.53）。つまり，苦痛を減らして単に「生き残り（surviving）」を求めるだけではなく，成果や「成功（thriving）」を積極的に築くことに焦点を移す時期がきているのである。

よくなるために病気を探す必要はない

　過去30年の間に，クライエントへの治療において，能力に基づいた，より協働的なアプローチが発展してきた。これらのアプローチのなかに，ポジティブ心理学（Positive Psychology）と解決志向ブリーフセラピー（Solution-Focused Brief Therapy）がある。これらは過去の問題や欠陥を扱う代わりに，クライエントの望む未来やストレングスに目を向けている。本書では，従来のCBTをいかにしてポジティブCBTにしていく

かを探っていきたい。

　メンタルヘルスは精神疾患のないことだけではない。ポジティブCBTでは，もはやクライエントの短所や治すべき問題という病理ばかりに焦点を当てることはない。何よりもまずクライエントのストレングスや長所に注目し，望ましい状態を生みだすことに焦点が当てられる。単に苦痛を減らせばよいのではなく，成功を築くことに注目する。この探求において，ポジティブCBTを一からやり直す必要はない。問題を低減させることから，クライエントのストレングスやうまくやれていることに，焦点を移せばよい。ポジティブCBTは，「CBTコイン」の反対の面であり，能力に基づくモデルである。心理療法や伝統的CBTに新しい視点を提供するため，変化に基づくアプローチや意味に基づくアプローチに最もよい要素を加えるものである。

　ポジティブCBTは，CBTの実践に関する新たなアプローチであり，このテーマに関する最初の本である。マインドフルネス（Mindfulness），ACT（Acceptance & Commitment Therapy），EMDR（Eye Movement Desensitization & Reprocessing）は，CBTの第3の波として捉えられているが，ポジティブCBTは第4の波になるであろう。そして，クライエントやその家族に介入する際に，参照し得る枠組みを増やし，治療選択肢の幅を広げていく。肯定面への焦点づけは，クライエントの内発的動機を高くするため，CBTの治療期間をより短くすることになる。また，気軽な会話が弾むのと同じように，自分で取り組む姿勢をクライエントに促していく。そして，それはセラピスト側のストレスや抑うつ，バーンアウトを軽減するであろう。

　本書は，心理療法とCBTに，もっと前向きなアプローチを採用したいと思う専門家，もしくは，利用できる技術の幅を広げたいと願う専門家を対象にしたものである。CBTの実践家は，クライエントの動機づけを高め，望ましい成果をともに生みだす，新しい（あるいはもっとよい）アプローチを発見し，それらをクライエントと実現する道筋を見いだすだろう。ポジティブ心理学や解決志向ブリーフセラピーの訓練を受けたセラピストは，CBTの要素と自分のアプローチとをいかに結びつけるかについての有益な情報を見いだすに違いない。本書は，心理療法やCBTの今現在の考え方やモデルに満足しているセラピスト向けのものではなく，現状に満足することなく専門やその可能性に真剣に向き合っているセラピストに向けて書かれたものである。また，ポジティブCBTが導く世界に関心のあるセラピストに向けられている。

　ところで，象，イカ，ラバ，犬，猿，雁，ドラゴン，鳥などの動物が，ポジティブCBTにどう関係するか，読者は興味があるだろうか。読み進めるなかで，その答えは明らかになるだろう。本書は，いくぶんワークショップのような形式をとっている。本書には，68個のエクササイズ，41個の事例（20個の質問と回答を含む），そして，

序

31個のストーリーを用意した。それは、体験による学びを通して、ポジティブCBTのアプローチを理解する機会を提供するためである。ロバート・フロスト（Robert Frost; 1874-1963）には、彼のコレクションの『山間（*Mountain Interval*）』（1920）に収められた「行かなかった道（The Road Not Taken）」という次のような美しい詩がある。

森のなかで道が二つに分かれていた。
そして、彼は人跡の少ない道を選んだ。
それがすべてを違ったものにした。

願わくは、クライエントとあなた自身のために「すべてを違ったもの」にすべく、勇気と好奇心をもって「人跡の少ない道」を選ばれるように。本書についての意見は、solutions@fredrikebannink.com までお願いしたい。

Story 「100匹目のサル」[1]

野生のニホンザル（Macaca fuscata）が30年にわたり観察されていた。1952年、幸島で研究者が砂の上にサツマイモを撒き、サルに餌を与えていた。サルは生のサツマイモの味を好んだが、イモに付いた砂を不快に感じていた。一匹の子どもの雌ザルが、近くの小川でイモを洗うことで問題が解決することを発見した。子ザルは、このやり方を母ザルに教えた。子ザルの遊び仲間もこの新しいやり方を学び、それぞれの母ザルに教えた。

2、3年後には、すべての若ザルは、砂まみれのイモを洗い、そうすることで味もいっそう良くなることを学んでいた。子どもを真似た親猿だけは、この社会的進歩を学んでいたが、他の大人ザルはまだ砂だらけのイモを食べ続けていた。

やがて驚くべきことが起こった。1958年の秋、正確な数は不明だが、一定数のサルがイモを洗うようになっていた。ある朝、日が昇ると、幸島でイモを洗うサルは99匹になっていた。やがて、ある日の夕方、イモを洗うことを覚えた100匹目のサルが現れた。すると、そのコロニーのほとんどすべてのサルが、イモを口にする前に洗うようになった。100匹目のサルのエネルギーが、思想的突破口を開いたかのようであった。

研究者は、想像もしていなかったことを目の当たりにした。サツマイモを洗う習慣は海を飛び越え、他の島や本島のサルまでもイモを洗い始めた。このように気づき（awareness）が一定数に達すると、この気づきは次々と伝達されていく。正確な数は変

動するだろうが,「100匹目のサル現象」は次のことを意味する。すなわち,新たなやり方を知っても,それを知る者が一定数以下であれば,それは彼らの所有物として意識のなかにとどまっている。しかし,新たな気づきをもつ者が,ある数を1人でも越えると場は力づけられ,その気づきはほとんどすべての者に共有される。

(作者不詳)

(訳注1) 100匹目のサル
　バニンクは,出展を不詳としていたが,元ネタはライアル・ワトソン(Lyall Watson, 1979)の"*Lifetide*"(『生命潮流』)によるものらしい。そして,残念ながらこの話は事実ではないこと,テレビ局ふうに言えば「過剰な演出」が施されていたことが指摘されている。関連情報は「100匹目の猿現象」で検索すると得られる。

謝辞

　この本は著者一人によって書けたものではない。たくさんの支えによってできた一冊であり，最終的に著者の名前が表紙にあるにすぎない。
　本書を書く機会と励ましをくれた，夫のヒド（Hidde），娘のエヴァ（Eva）とエリーネ（Eline）に感謝の気持ちを捧げたい。何年もの間，私はセラピーにさまざまな検討を重ねてきた。それができたのは，友人，同僚，学生，そして何よりも国内外にいる私のクライエントのおかげである。
　この本を書くことを親切に勧めてくれた出版社のダレン（Darren），親しい友人であり翻訳家であるポーラ（Paula）とスティーブ（Steve），そして，本書の実現に貢献してくれたすべての人たちに感謝したい。それから，いつも一緒にいて思考や執筆を素敵な時間にしてくれたイタリア猫へもお礼をしておこう，グラツィエ。

目次

まえがき　i
序　ii
謝辞　vi

Part1: 理論……1

第1章　認知行動療法とは　2
はじめに　2
CBTの技法　4
実証的エビデンス　5

第2章　ポジティブCBTとは何か　6
はじめに　6
問題解決パラダイムの欠点　7
ストレングスと解決パラダイムに向けて　10
学習理論についての覚書　16
セラピストの役割の変化　17
従来のCBTとポジティブCBTの違い：概観　18

第3章　ポジティブCBTの可能性　20
はじめに　20
従来のCBTにおけるポジティブなところは何か　21
ポジティブCBTの可能性　36

第4章　ポジティブCBTの2つのルーツ　39
はじめに　39
ルーツ1：ポジティブ心理学　40
ルーツ2：解決志向ブリーフセラピー　47
ポジティブ心理学と解決志向ブリーフセラピーとの比較　58
実証的エビデンス　59
神経科学　59
身体　68

vii

目次

Part2：実践……71

第5章　治療同盟の促進　72
はじめに　72
肯定的な同盟の構築　73
承認の提供　74
希望の増進　76
ストレングスと「うまくいっていること」の強化　81
協力の促進　83

第6章　アセスメント　90
はじめに　90
事例概念化　91
ゴールのアセスメント　93
問題，訴え，制約のアセスメント　103
ストレングスとリソースのアセスメント　104
進歩，動機づけ，希望，自信のアセスメント　107
変化に対する動機づけのアセスメント　110
肯定的なセルフ・モニタリング　111
肯定的な機能的行動分析　113

第7章　見方を変える　117
はじめに　117
感情と過去の承認　117
視点の変更　119
未来の望みへの注目　135
役に立たない信念への挑戦　136
スピリチュアルな視点　146

第8章　行為を変える　150
はじめに　150
反復パターンの変更　151
うまくいっているときへの注目　154

第9章　感情を変える　163
はじめに　163
否定的感情の低減　164
肯定的感情の構築　165
肯定的・否定的感情のバランス　171

viii

医療現場における肯定的感情　175

第10章　ホームワークの設定　179
はじめに　179
一般的な提案　180
基本的なホームワーク　184
セルフ・モニタリング　185
行動実験　189
定期的なアウトカムの測定　195
セッションの振り返り　202

第11章　2回目以降のセッション　205
はじめに　205
進歩　206
行動の維持　214
失敗　220
終結　227

第12章　ポジティブCBTのセラピストの役割　230
はじめに　230
花への水やり　231
ポジティブCBTセラピストの役割　232
スーパーセラピスト　234
気楽さと楽しさ　237
治療同盟の再検討　239
マイクロ分析　240
セラピストにとってのメリット　243

Part3：発展……247

第13章　カップルとグループへのポジティブCBT　248
はじめに　248
カップルへのポジティブCBT　249
グループへのポジティブCBT　255

第14章　子どもと家族へのポジティブCBT　261
はじめに　261
子どものためのポジティブCBT　262

目次

　　家族へのポジティブ CBT　　277
　　異文化間のポジティブ CBT　　282

第 15 章　職場におけるポジティブ CBT　　283
　　はじめに　　283
　　チームにおけるポジティブ CBT　　284
　　組織におけるポジティブ CBT　　290

第 16 章　ポジティブ CBT とその未来　　298
　　はじめに　　298
　　研究　　298
　　トレーニング　　300

第 17 章　よくある質問（FAQ）　　304
　　はじめに　　304
　　20 の質問と回答　　304

● 結び ………………………………………………………………………… 317
● 参考 Web Sites …………………………………………………………… 318
● Story ………………………………………………………………………
　　Story 序　　「100 匹目のサル」　　vi
　　Story 2.1　「不幸せにならない方法」　　9
　　Story 2.2　「私は選べる」　　17
　　Story 2.3　「問題を探して」　　19
　　Story 4.1　「肯定的感情の力」　　47
　　Story 4.2　「変化のために何か違ったことをせよ」　　48
　　Story 4.3　「未来からの回想」　　57
　　Story 4.4　「ドリップ・システム」　　64
　　Story 5.1　「問題の承認」　　76
　　Story 5.2　「弓の射手」　　79
　　Story 5.3　「希望の力」　　81
　　Story 5.4　「不幸さん，私はあなたのことが好き」　　86
　　Story 5.5　「みんな，誰か，誰でも，誰も」　　89
　　Story 6.1　「トップ・パフォーマー」　　101
　　Story 6.2　「洗車場にて」　　109
　　Story 7.1　「ブライト・スポットを探せ」　　120
　　Story 7.2　「長老の教え」　　129
　　Story 7.3　「振り落として，上を目指そう」　　130
　　Story 8.1　「変わるために何か違うことをする」　　150
　　Story 8.2　「安全な港からの旅立ち」　　152
　　Story 8.3　「チョコレートチップ・クッキー」　　156

Story 9.1　「ヨットについて考える」　174
Story 9.2　「修道女研究」　175
Story 10.1　「素晴らしい洞察」　196
Story 11.1　「1千万ドルの損失」　226
Story 13.1　「ノルウェー・フィードバック・プロジェクト」　253
Story 14.1　「小さなイカ」　264
Story 15.1　「雁から学ぶこと」　286
Story 15.2　「群知能」　293
Story 15.3　「自分が費やした分だけ自分に返ってくる」　296
Story 結び　「向こう岸」　317

● 付録

| 付録A | 初回面接の計画書　321
| 付録B | 例外探しのための計画書　323
| 付録C | 2回目以降の面接の計画書　326
| 付録D | ポジティブFBAの面接　328
| 付録E | 問題の外在化　329
| 付録F | 相互作用マトリックス（見方の転換）　330
| 付録G | 紹介元への質問票　332
| 付録H | 例外の日誌　333
| 付録I | 初回面接の計画書　335

● 引用文献　……………………………………………………………　336
● 索引　人名索引　………………………………………………………　350
　　　　事項索引　………………………………………………………　352
● 訳者あとがき　…………………………………………………………　357

理論

Part 1

第1章
認知行動療法とは

幸せとは，すべてが完璧なことを指すのではない。不完全さの向こうを見ようとする意志である。　　　　　フリードリヒ・ニーチェ（Friedrich Neitzche）

はじめに

　認知行動療法（CBT）は，対話によってセラピーを進める心理療法のアプローチである。CBT のルーツをたどると，1920 年代初期の行動療法の発展，1960 年代の認知療法の発展，さらに，その後の両者の統合が見えてくる。1950 年から 1970 年にかけて，行動療法は幅広く用いられるようになった。パブロフ（Pavlov, I. V.），ワトソン（Watson, J. B.），ハル（Hull, C. L.）による行動主義の学習理論に，アメリカ，イギリス，南アフリカの研究者が触発され，行動療法が推進された。
　エリス（Ellis, A.）とベック（Beck, A. T.）によって創始された認知療法は,不適切な思考パターンや不合理な思考パターンにより不適応行動が起こり，気分や感情の混乱も生じるとしている。その思考パターンを自動思考という。人は，ある状況の事実に反応するのではなく，その状況についての歪んだ見方に基づいて反応する。たとえば，試験に失敗したりデートができなかったりしただけで，自分には価値がないと思い込む人がいるかもしれない。認知療法家は，それらの歪んだ思考パターンや認知の歪みをクライエントに気づかせ，それを変えようとする（このプロセスを認知再構成〈cognitive restructuring〉という）。
　行動療法ないし行動修正では，望ましくない行動を健康な行動パターンに置き換えていくようクライエントを訓練する。精神力動的なセラピーとは異なり，不適応行動の背後に想定されるかもしれない無意識の動機を明らかにしたり理解したりすることはない。

CBTは，認知療法の認知再構成法と行動療法の行動修正の技法を統合したものである。CBTのゴールは，クライエントが生活のなかで望ましい変化を得られるよう援助することである。CBTでは，否定的な感情に関連するような不合理ないし不適切な思考，思い込み，信念などを同定し，それらがどのような機能不全に陥り，どれだけ不正確で役に立たないか見きわめることを目指す。これは認知の歪みから離れ，現実的で有用な選択肢に置き換えるための取り組みである。また，クライエントはスキーマ（schemas）という根本的な中核信念をもっているかもしれない。スキーマはその人を損なうものであり修正を必要とする。たとえば，うつ病のクライエントが，他者との社会的接触を避けており，孤独によって感情的な困難に苦しんでいるとする。セラピストがクライエントに対して社会的接触を避ける理由を尋ねると，他人に拒絶されるのが怖いと打ち明けてくる。セラピストが質問を重ねると，彼の本当の恐怖は拒絶されることではなく，自分には価値がなく愛されるに値しないという信念であることがわかってくる。続いて，セラピストは，彼に愛情をいだき，つきあいを楽しんでいる友人や家族の名前をあげさせていく。そうすることで，クライエントの主張が実際に正しいものかどうか検討する。他の人が彼を大切にしていることを示すことで，クライエントの信念が非合理的であることを理解させ，古い行動パターンを変えるための新たな考え方を提供する。このケースの場合には，クライエントは「私は価値のある愛すべき人間です。ですから，社会のなかでの新しい友だちづくりは私にとって難しくありません」と考えることを学んでいく。非合理的な認知が十分に変われば，彼のうつ病は大幅に軽減するだろう。

　初回の治療セッションは，通常CBTの基本的な考え方をクライエントに説明し，好ましい治療関係を確立することに費やされる。CBTは，協働的で行動志向のセラピーの取組みである。セラピーのプロセスに対して積極的な役割を与えることで，クライエントの主体的な参加を促し，セラピストへの過剰な依存を防ごうとする。治療期間は比較的短く，通常は16週間を超えることはない。

　好ましい治療同盟（positive alliance）すなわちセラピストとクライエントの肯定的なつながり，そして，経験的に支持された治療手法の両者が相まって，治療の成果を向上させる。好ましい治療同盟によって，経験的に支持された手法の有効性が増強するというエビデンスがある（Raue and Goldfried, 1994）。そしてまた，効果的な手法の使用が治療同盟をよいものにするというエビデンスもある（DeRubeis et al., 2005）。

Part 1：理論

CBT の技法

　CBT では，クライエントの考えを明らかにするよう検証し，さらにその行動を変えるよう援助するためにいくつもの技法を用意している。それらは以下の通りである。

- クライエントは，ある特定の状況が起きたときの自分の思考，気分，行動を日々記録する。その記録をとることで，不適切な思考とそれが行動に及ぼす影響に気づきやすくなる。セラピーの後半では，望ましい行動を示し強化していくだろう。
- 認知リハーサル。クライエントは困難な状況を想像し，セラピストはクライエントがそれに直面して上手に対処できるよう一つひとつプロセスをたどっていく。それから，クライエントはこれらのステップを心のなかでリハーサルする。実生活のなかでそのような困難状況が起きたとき，クライエントはリハーサルしてきた行動を行う。
- クライエントは自分が見いだした自動思考やスキーマが妥当であるか検討する。セラピストはクライエントに対して，スキーマが正しいことを擁護する証拠か，そうでなければ反証を示すよう求めるだろう。クライエントがその課題に対応できない場合は，そのスキーマが妥当でないことが明らかになる。
- モデリング。セラピストとクライエントは，ロールプレイによる練習を行う。そのなかで，セラピストは状況にあった適切な行動や対応を演じる。
- 条件づけ。特定の行動を促進するためにセラピストは強化を用いる。たとえば，勉強に集中したり家の手伝いをしたりするたびに子どもは金色の星を得る。その行動が好ましいことが星によって示されることで，望ましい行動が強化され増加する。強化はまた，否定的な結果を強調することで，望ましくない行動を除去するためにも使用できる[2]。
- 系統的脱感作法。クライエントは自分の恐れている状況を想像し，その間，セラピストはクライエントにリラックスを促して恐怖反応に対処できるように援助する。そして，最終的には完全に不安を解消する。実生活での不安喚起場面まで，不安状況の想像を徐々に強めていく（段階的曝露）。フラッディング（flooding）では，実際の状況への最大限の曝露を行う。恐怖を喚起する刺激（広場，公共の場）に対して望ましい反応（リラクセーション）を繰り返し組み合わせることで，クライエントは古い恐怖反応を脱感作し，リラックス感を得ることを学習する。

（訳注2）強化
　行動分析学的にいえば，ここで述べられているのは強化ではなく正の罰と考えられる。

- リラクセーション，マインドフルネス，そして，気ぞらし（distraction）の技術は，CBTにおいて広く用いられている。
- うつ病や双極性障害のような状態を治療する際に，CBTは気分安定薬とともに用いられることが多い。
- ホームワークの処方。CBTのセラピストは，次回のセッションまでの間にクライエントにホームワークを課すことが非常に多い。これらの課題は，実生活における行動実験から構成されるかもしれない。治療セッションのなかで話題に上った状況において，クライエントはこれまでと違った反応をするよう勧められる。

実証的エビデンス

　CBTには，気分障害，不安障害，パーソナリティ障害，摂食障害，物質関連障害，精神疾患というさまざまな問題の治療に有効であるという実証的エビデンスがある。治療はマニュアル化されていることが多く，短期で直接的で，期間限定の治療に導くための具体的な技法が特定の精神障害に応じて用意されている。

　CBTは，個人療法だけでなく集団療法においても使用される。また，その技法はセルフヘルプのためにもよく用いられる。臨床家や研究者のなかには，認知志向の人もいれば（たとえば，認知再構成法），行動志向の人もいる（たとえば，現実刺激による曝露療法〈in vivo exposure therapy〉）。また，両者を結びつける介入を行うこともある（たとえば，イメージによる曝露療法）。特定の障害に向けたCBTの治療プログラムは有効性が確認されていることが多い。症状の診断に応じた具体的治療が推奨される，エビデンスに基づく治療（evidence-based treatment）という医療の流れにおいては，精神力動的治療のような他のアプローチよりもCBTが好まれている。

　CBTは，細部が異なったとしても，同じ特徴を備えた1つの治療のクラスとして大きく捉えられるだろう。CBTは問題志向であり，クライエントに向けて組み立てられている。また，クライエントとセラピストの間では，誠実さや開放性が求められる。セラピストとして専門家であるためには，問題を管理し，クライエントをよりよい生活に導くストラテジーを身につけることが求められる。

第2章
ポジティブCBTとは何か

> 治療とは悪いものを治すだけではない。よいものを積み上げることでもある。
> マーティン・セリグマン（Martin Seligman）

はじめに

　お腹が減ってレストランで食事をすることにしたと考えてみてほしい。しばらく待った後で，椅子を勧められ，マネージャーが挨拶に来る。マネージャーはあなたの空腹についてこう尋ねてくる。「どのくらいお腹が減っていますか。こんな感じになってから何時間が経ちましたか。以前にも空腹になりましたか。家族や親戚と家にいるとき，空腹はどんな役割を果たしましたか。空腹によって損をしたのはどんなことで，空腹によって得をしたのはどんなことでしょう」。この後，お腹がもっと減ってきたので，そろそろ食べられるかとあなたは尋ねてみる。しかし，マネージャーは空腹について何枚かの質問紙（さらにマネージャーが重要とみなす他の事柄についても）に回答するように言ってくる。すべてが終わってから食事が運ばれてきたが，それはあなたの注文したものでなかった。しかし，マネージャーは，それがあなたにふさわしい食事であり，他の空腹な人にも役立ったものだと言う。さて，あなたは満足してレストランを後にするだろうか。

　伝統的な因果モデル（医学モデルや問題志向モデルともいう）では，治療を提供する前に正確な診断をする。そのため，まず何が問題かを正確に見いだす必要がある。私たちの西洋的な思考において，因果モデルは世界を理解するための優れたモデルとされる。このモデルは比較的単純な問題を扱う場合には有益である。実際，医学や機械的な問題の場合のように，シンプルで明確な原因に還元できるものによく当てはまる。歯が痛む場合に最初に考えることは「私の歯はどこが悪いのか」であり，掃除

機が故障した場合には「掃除機のどこがおかしくなったのか」である。医学モデルは，「診断＋所定の治療＝症状の軽減」という考えから成り立っている。しかし，心理療法に関してはこのモデルは有益ではない。というのは，そのモデルが問題に焦点づけることに重きを置いているからである。問題とその考えられる原因を深く追求していくと，問題を増やし続ける悪循環に陥りやすい。原因探しの態度は，問題を背負い込むことにつながり，解決を遠ざけ改善の希望を減らす危険性がある。こういう類の心理学は，被害者学（victimology）を生み，心理学者や精神科医を病理生産者（pathologizers）に仕立てやすい。問題を引き起こし維持させる要因の探求や分析は，そのままでは問題の改善をもたらすものではない。アインシュタイン（Einstein, 1954）は，問題をつくりだしたときと同じように考えていては問題を解決できないと指摘した。また，ダンカン（Duncan, 2010）は，心理療法は医学的な試みではなく，まず何よりも関係性の試みであると述べた。しかしながら，医学モデルは私たちの行為について支配的な言説である。「心理療法ですべきことは，診断や決まりきった治療の外側にある。治療プロセスについての消費者の視点，提供するサービスの利益，クライエントへの適合度という点に加えて，セラピーにおける対人間のやりとりについてよく検討することが求められる」（p.184）。

イギリス心理学会は，DSM-5への反応（2011）のなかで，人の体験のごく自然な反応までも次々に医療の対象にしていく，医療化（medicalization）に関して，クライエントや一般の人々が否定的に捉えていることを指摘する。すなわち，困難な状況が支援を必要とするのは疑いなくても，病気というよりもむしろ人の当たり前の変化として対応すべきということである。

調査によると，問題解決モデルを用いる専門家において，ストレス，うつ，自殺，燃え尽き症候群，二次的トラウマを有する者が高い割合で存在するという。次の節で，これらの欠点についてさらに述べていく。

問題解決パラダイムの欠点

問題解決パラダイムは，ビジネス，政治，コーチング，心理療法，葛藤マネージメントにおいて非常に人気が高い。CBTをはじめ伝統的なタイプの心理療法では病理に注目する。問題の診断をはじめに行い，次の段階で前述した因果モデル（いわゆる「医学モデル」「機械モデル」）を用いて問題の原因を発見する。

これは，何かが調子が悪くなったからそれを治すという非常に一般的なやり方である。医学や心理療法においては，問題は正常からの「逸脱（deviation）」と捉える。す

Part 1：理論

なわち，健康であるのが正常であり，病気は逸脱であるから取り除かれるべきだという考えである。

問題解決モデルは，原因を見定めてそれを取り除くというきわめてわかりやすいものである。たしかに，問題を分析し，原因を発見し，それを正常化するというのはシンプルで魅力的な言い方である。道理にかない，すべきこともはっきりしている。しかし，残念ながら以下のような理由から適切であるとは言えない。

- 複雑な相互作用のある状況においては，原因を1つだけ取り出すことはできない。
- 特定の原因のせいにするのは危険である。というのは，その状況における他の要因を無視して安易に決めつけたことになるからである。
- 原因を特定できたとしても，それを取り除くことはできない。
- 原因が取り除かれさえすれば，問題は解決しものごとは正常に戻るようになる，いや，戻るはずだという誤った見解があるが，普通はそうならない。
- ゴールを定めてそこに到達する方法を決めた場合，そのゴールが明確であるかが問われてくる。

たしかに，心理療法や他の領域において，問題解決は1つの位置を占めるようになった。問題解決の主たる限界は，あるテーマについてじっくり考える前に，解決とはこうあるべきだという見方に左右されやすいことだろう。私たちが「これは問題だ」と言うやいなや，期待する解決像を決めつけてしまう。

ポジティブCBTでは，問題解決の代わりに，望ましいアウトカムのデザインをしていく。それは生産的な活動であり，そこに至るために何かをすることである。問題を取り除くこととは大きく異なる。というのは，デザインしたものはそれまでそこに存在していなかったものだからである。このようなデザインにおいて，問題の分析から，アウトカムやゴールの分析に焦点が移っていく。

「デザインにおいては，ゴールと合わせの感覚が求められる。問題分析においては，通常これまで何があったかと振り返る。それに対して，デザインでは常に何が生みだされてくるか期待する。私たちにはアウトカムをデザインすることが求められる。私は『解決』をデザインするという言い方が好きではない。というのは，この言葉は問題が存在することを暗に示しているからである。原因を見つけられないときも，見つけてからも，原因を取り除けないときでも，私たちはいつでもアウトカムをデザインすることができる。デザインという言葉は，制限がないことが大切な点だ。私たちはアウトカムの実現に取り組む。はじめの段階では，結果がどうなるか正確にはわから

ないが，それにもかかわらず強い目的意識がある」(De Bono, 1985, p.42)。

　問題志向モデルのセラピーを用いるクライエントと専門家の間では，不満が蓄積されている。問題の探求を進めていくと，セッションの早すぎる中断を招きやすい。というのは，変化が起きないためにクライエントが改善の希望を失いやすいからである。心理療法の利点として，一般的な治療を受けたクライエントは，治療を受けないサンプルの80％よりも改善することがあげられる。心理療法によって，症状の減少や機能の改善が促進される。また，将来に起きてくる問題を扱うためのさまざまな対処法や方法を身につけることができる（Lambert and Ogles, 2004）。

　しかし残念なことには，心理療法のアウトカムは30年以上にわたって改善していない。治療中断の率は非常に高く（47〜50％），消費者はセラピーの結果に満足していない。医学モデルは，エビデンスが欠如しているにもかかわらず，これまで重視されてきた。また，他のモデルよりも自分のモデルのほうが優れているという主張が，エビデンスの欠如にもかかわらずなされてきた。ワムポルド（Wampold, 2001）は，次のように述べている。「構成要素とアウトカムとの関係を切り離して立証できる研究デザインがある。そのような研究から，特定の構成要素が治療変化に必須であるというエビデンスは1つも見つかっていない」(p.204)。では，この問題の答えが見つかるかどうか見てみよう。

Exercise 2.1

　　典型的な問題状況を考えてみましょう。あなたが自分自身や他の人に尋ねるお決まりの質問を書いてみてください。これらの質問を丁寧に見直してみます。こういう質問をすることは，あなたの気分をよくするでしょうか。気分を悪くするでしょうか。こういうふうに尋ねるのは，あなたが望むところに向かう助けになるでしょうか。それとも，行き詰っている理由や変わらない理由を得るだけのものでしょうか。もしも質問があなたに役立たないのであるならば，もっと役立つ質問を見つけてみましょう。

Story 2.1「不幸せにならない方法」

　古代ギリシャ人はすでに「不幸せにならない方法」と「幸せになる方法」の選択について正面から見据えていた。ストア学派（The Stoics = 紀元前3世紀:ゼノン〈Zeno〉，セネカ〈Seneca〉，エピクテテス〈Epictetus〉）は，快適さを避けて困難な道を歩んだ。ストア学派の目的は不幸にならないことであった。今日では，「ストイック（stoic）」という言葉は，痛み，喜び，悲しみ，快楽などに平静を保つ人に対して通常用いられる。

Part 1：理論

> エピクロス（Epicurus）は，古代ギリシャのまた別の哲学者であり（紀元前2世紀），エピクロス主義（Epicureanism）という学派を創始した。エピクロス主義者の目的は，幸福，平穏な生活，友人に恵まれること，充足感に満ちた生活というものであった。つまり，彼らの目的は幸せになることであった。
>
> 私たちは今日同じジレンマに直面しているので，不幸せにならない方法と幸せになる方法のどちらを好むかクライエントに決めさせることができる。第6章では，「幸せであろうとする」接近ゴール（approach goals），「不幸せを避けようとする」回避ゴール（avoidance goals）についてさらに詳しく述べる。

ストレングスと解決パラダイムに向けて

　先に述べた通り，従来のセラピストはクライエントの問題，限界，欠陥というものについて夢中になる傾向があった。異業種チームによるクライエントのアセスメントには否定的なものが多く，クライエントの能力について言及されることはほとんどない。しかし，クライエントの能力，ストレングス，リソースは，変化を導く援助において最も重要なものである。

　「ストレングスに基づくアプローチ（strengths-based approach）」は，ポジティブ心理学にルーツがあり，前述したような心理療法のアウトカムの低さに関する答えになるだろう。ストレングスに基づくアプローチは，人には能力があり，その人自身や社会システムのなかに能力やリソースがあると捉える。新しい体験，理解，スキルなどを活性化し統合するとき，ストレングスによって痛みや苦しみを減少させる方法がわかり，心配や葛藤が解決される。さらには，ストレングスによって生活上のストレッサーにうまく対処できるようになる。その結果として，ウェルビーイングやQOLが向上し，対人関係や社会的機能が高まる。ストレングスに基づくポジティブ心理学者や実践家は，人を励まし勇気づける教育的，治療的，実践的なプロセスを丁寧に行い，変化を促進する。

　サリービー（Saleebey, 2007）は，これを「ストレングスの視座」と呼び，以下の基本的な前提をあげた。

- 生活上の苦労にもかかわらず，どのような人でもストレングスをもっており，それは人のQOLを改善する。セラピストはこういうストレングスに敬意を払い，ク

ライエントがストレングスを活用しようとする姿勢を尊重すべきである。
- クライエントの自覚するストレングスを常に尊重していくことで，クライエントの動機づけは高められる。
- ストレングスを発見するには，クライエントとセラピストの協働的な探索のプロセスが必要である。というのは，クライエントの生活改善のために何が必要か，セラピストは専門家であっても知らないからである。
- ストレングスに注目することによって，クライエントを裁いたり非難したりする誘惑からセラピストは逃れられる。困難な環境にあるときでさえも，クライエントがどのように生き抜いてきたかを見いだすようになる。
- どのような環境でも，たとえ寒々とした吹きさらしの所でさえも，リソースは必ずある。

解決に基づくアプローチのルーツは，解決志向ブリーフセラピー（Solution-Focused Brief Therapy）にあり，このクライエント，この文脈，この瞬間において「うまくいっているところ（what works）」に注目していく。解決志向ブリーフセラピーは，問題の代わりに望ましい未来を描かせ，ゴールに到達するための解決を見いだすことによって，クライエントにウェルビーイングと成功をもたらすだろう。生物学者のヒステッドら（Histed et al., 2009）は，サルが自分の失敗からよりも成功（たとえば，以前よりもうまくいったこと）から多くのことを学ぶことを見いだした。そして，おそらく人間においても同じであろうと述べている。本書は，ポジティブ心理学と解決志向ブリーフセラピーという最も優れた2つのアプローチを一緒にしたものであり，それがポジティブCBTの基礎をなしている。第4章では，より詳細な記述と両者の短い比較を提供したい。

Exercise 2.2

ゆったり腰かけて，目を閉じて次の文を10回繰り返してみましょう。「私には深刻な問題がある」。身体や感情において何を体験しているか丁寧に観察してください。この文があなたの身体や感情にもたらす影響について注意深く気づいてください。

少しストレッチをして目覚めてから，もう一度エクササイズをしてみましょう。くつろいで，目を閉じ，それから次の文を10回繰り返してみます。「私は素晴らしい機会に恵まれている」。この文があなたの身体や感情状態にもたらす影響について注意深く気づいてください。

Part 1：理論

　CBT の実践家であるクイケンら（Kuyken et al., 2009, p.114）は，次のように述べている。「セラピストというものは，クライエントの困難を改善させることが最も重要なアウトカムだと考えがちである。CBT セラピストの多くもアウトカムをそのように捉えており，クライエントもこの見方を共有すると思い込んでいる。しかしながら，メンタルヘルスサービスを受ける人々を対象にした最近の大規模な調査によると，クライエントにとって最も重要なアウトカムは，楽観主義や自信のようにメンタルヘルスの質を上げ，いつもの当たり前の自分に戻り，通常の機能レベルに回復し，症状から自由になることであった」（Zimmerman et al., 2006）。

　クイケンらは，事例概念化（case conceptualization）の各段階において，同定されたストレングスを組み入れることがあると述べている。ただし，それは CBT の文献にはめったに現れない。それよりも，発症要因，増悪要因，維持要因を見きわめることのほうがはるかに強調されてきた。クイケンらは，ケースの概念化をするときにはいつでもストレングスを考慮するよう提唱している。ストレングスは，個人的なものであったり文化的な価値観であったりその両者であったりするだろう。レジリエンス（resilience）は，ウェルビーイングを維持するために不幸な出来事をどう乗り越えるかを示す幅広い概念である。その用語は，人々が困難な課題に向かうために自分のストレングスを用いる心理的プロセスを記すものである。マステン（Masten, 2001）は，ストレングスとレジリエンスを明確に区別した。ストレングスは，優れたコーピング能力のように個人に帰属されるものを指し，また，支えてくれるパートナーのように保護的な環境に帰せられるものをいう。それに対して，レジリエンスは，こういうストレングスによって，困難な課題に向かっているときの適応するプロセスを指す。つまり，ストレングスを自覚するように援助することによって，ケースの概念化にそれらのストレングスを取り込めるようになる。そして，クライエントのレジリエンスを理解するのに役立つ。

　問題をはじめ，こうなってほしくないというクライエントの考え，不利益，失敗，困難，将来の不安などにセラピストが注目すると，レジリエンスが低減してしまう。一方，問題の代わりにこうあってほしいとクライエントが望むもの，問題に対する例外，利益，成功，ストレングス，望ましい未来というものにセラピストが焦点を当てると，レジリエンスは増加していく。

　クライエント（とセラピスト）が注意を向けたものは，気づきと生活の両面ともに増加し拡大する傾向がある。問題があるときには，何度も同じことを繰り返しているわけであるから問題に注意を向けるのも仕方がない。アインシュタイン（Einstain）の言葉とされる「狂気とは，同じことを何度も繰り返しながらも別の結果を望むことで

ある」という言葉は，問題状況によく当てはまる。ポジティブCBTにおいては，分析，説明，問題というものから，クライエントの利益になる思考，活動，気分へと，クライエントとセラピストが注意をずらしていく。ポジティブCBTのセラピストであっても，いつでも問題志向の会話からセッションが始まる。こういう会話は，どう生活が変わってほしいかという話でもあり，例外の話であり，能力やリソースの話であり，次の段階に移るとき誰が助けてくれ何が役立つかについての話でもある。

　状況に関する不満から，望ましいゴールやそのゴールに向けて踏み出すことへ注意を向けることによって，問題が改善していくことが多い。この注意を向け直すプロセスとして，次の3つのステップを用いる。

1. クライエントの問題を承認する
　「これはあなたにとって大変だったに違いありません」
2. 変化を望んでいることを示す
　「そうすると，状況を変えることを望んでいるように私には思えますが」
3. 望ましい結果について質問する
　「どんなふうに変わってきてほしいとあなたは思いますか」

　ポジティブ心理学では，不幸を取り除くことと幸せは同義ではないという。恐怖，怒り，抑うつというものを取り除くことが，そのまま平安，愛，喜びを満たすことではない。弱み（weakness）を除くことがそのままストレングスを強めることにはならない（表2.1を参照）。従来のCBTの本のタイトルでは，『抑うつの克服』『強迫性障害への対処』『完璧主義の放棄』のように問題志向の考え方が見られる。

　幸福と不幸は，同じ連続線上に位置するものではない。恐怖，怒り，抑うつなどを減少させるストラテジーは，平安，喜び，ストレングス，意味というものを増大させるストラテジーとは同じではない。主観的なウェルビーイングは，「肯定的な感情の高さ」「否定的な感情の低さ」「人生の満足度の高さ」という3つの異なる因子の働きである。したがって，肯定的感情と否定的感情とは同一次元にはないことになる。フレドリクソン（Fredrickson, 2009）は，肯定的感情と否定的感情の比率が感情的健康には重要であると論じている。肯定的感情の増大であれ，否定的感情の減少であれ（あるいはその両者であっても），これらは異なる次元の異なるプロセスであると言い方を改めたほうがよい。

　ポジティブ心理学者は，従来の心理学者がしたような誤りを同じようにしないことが大切である。従来の心理学者の多くが否定的なものを取り除くことが肯定的なもの

Part 1：理論

表 2.1　従来の CBT とポジティブ CBT の違い

従来の CBT	ポジティブ CBT
介入では，人の成功を妨げ損なうものを減らすことにより，ウェルビーイングを向上させようとする	介入では，人の成功を導き支えるものを増やすことにより，ウェルビーイングを向上させようとする
回避ゴール：(問題や不平という) クライエントが望まないことをなくす	接近ゴール：(望ましい未来，問題や不満の代わりの望みという) クライエントの望むことことに向かう
ゴールは (時に) セラピストによって決められる	ゴールは常にクライエントによって決められる
過去・現在志向：医学的な因果モデル	未来志向であり，医学的な因果モデルを離れている
問題の分析は重要である	望ましいアウトカムのデザインや例外の分析が重要である
問題や弱みに注目する	解決やストレングスに注目する
クライエントの望まないこと (問題) に関する会話：「プロブレム・トーク」への正の強化	クライエントが問題の代わりに望むことに関する会話：「ソリューション・トーク」への正の強化
変わりばえのなさや不可能についての会話	違いや可能性についての会話
洞察やワーキングスルーのための会話	説明責任 (accountability) や行為についての会話
クライエントの見方は時に承認されないことがある	クライエントの見方は承認される (そうすることによって，特定の視点から簡単に離れるようになる)
クライエントは (時に) 能力のないものとしてみなされる (欠陥モデル)	クライエントは能力があるものとして見なされる (ストレングスとリソースのモデル)
問題行動の機能分析	問題行動ないし望ましい未来における行動という例外の機能分析
クライエントは (時に) 動機づけがないとみなされる (抵抗)	クライエントは常に動機づけがあるとみなされる (ただし，クライエントとセラピストとのゴールが違う場合もあるかもしれない)
セラピストは助言を与える	セラピストはクライエントの知識や経験を引き出すために質問する
セラピストが専門家である	セラピストは「知らない (not knowing)」姿勢をとる。クライエントは協働する専門家である
リソースは獲得すべきであり，新しいスキルは学ぶべきである	リソースはすでに存在している。クライエントには改善させたいスキルがあるかもしれない
セラピストは直面化させる	セラピストはクライエントの見方を受け入れ，「それがどう役立ちますか」と尋ねる
セラピストはクライエントを説得する	セラピストを説得するようセラピストはクライエントに勧める
大きな変化が求められる	小さな変化で十分なことが多い
問題は常に存在する	問題が常に存在することはない。いつでも例外がある
洞察や理解は変化のための前提条件である	洞察や理解は変化の最中や後で得られる
変化についてのセラピストの理論	変化におけるクライエントの理論：セラピストは「これはあなたにどう役に立ちますか」と尋ねる

セラピーの終結時にフィードバック	セラピーにおいて毎回のセッションの終わりにクライエントにフィードバックをし、クライエントからもフィードバックを受ける
セラピストがセラピーの終結を決める	クライエントがセラピーの終結を決める
成功は問題の解決によって決められる	成功は望ましい結果に到達できたかで決められる。それは問題解決と異なる（あるいは問題解決よりもよい）
抑うつ、バーンアウト、二次的トラウマを受けるセラピストの割合が高い	抑うつ、バーンアウト、二次的トラウマを受けるセラピストの割合が低い

を自動的に生みだすかのように考えてきた。ポジティブ心理学者は、肯定的なものを生みだすには否定的なものを除けばよいという思考の罠を避けなくてはならない。というのは、肯定的なものと否定的なものは、2つの（たとえ関連していたとしても）別の連続線上にあるからである。肯定的なものを築くプロセスと否定的なものを減らすプロセスの両者ともに注意を払うことが肝要である。このような見方においては、従来の介入も肯定的な介入もともに大切であるといえる。従来のCBTは、これまで絶えず変化してきた領域であり、主として否定的なものを減らすことが強調されているが、以上のような理由からポジティブCBTが大きな貢献を果たすと筆者は考えている。

Exercise 2.3

　ストレングス、成功、生活のなかでうまくいっていることをクライエントに尋ねるのに、あなたは受理面接や治療の時間の何％を使っていますか。10％、20％、50％、あるいは、ほとんど0％ですか。あなたがクライエントだとしたら、受理面接や治療のなかでセラピストにどのように時間を使ってほしいでしょうか。あなたのストレングスやリソースについての話をしてくれることを望みますか。きっとそうでしょう。ですから、使う時間のパーセンテージを上げてみてはどうでしょうか（10％使っているなら20％にしてみる）。そして、クライエントとあなたの双方にどのような変化が起きるか注意を向けてみてください。

Exercise 2.4

　これは、問題志向と解決志向の違いについて説明するときに、私がよく使うエクササイズです。トレーニングコースの参加者に周囲を見渡し、ベージュ色のものを5つ見つけるように伝えます。参加者が5つのベージュ色のものを見つけてから、それらのリストをつくり始める前に、青色のものは何があったかと素早く尋ねます。おそらく参加者

Part 1：理論

は青色を見ていなかったでしょうから，もう一度青色のものを探さなくてはなりません。

このエクササイズは，クライエントが自分の望ましくない状況をどう捉えているかについてわかりやすく示すものです。クライエントはいつでもベージュ色について訴えるでしょう。ベージュ色は要らないし，ベージュ色に苦しめられているという具合です。ベージュ色の代わりに何がほしいかクライエントに尋ねることで（たとえば，青色やクライエントの好みの色），ベージュ色の代わりに青色に注意を向け始めます。青色の生活とはどんなものでしょう。すでに青色の一部があったのはどんなときでしたか（例外）。全部が青色の生活を 10 として，0 をベージュ色の生活とするなら，あなたは今どこにいるでしょうか。

クライエントがいつも問題について話すならば，このエクササイズをクライエントにしてもよいでしょう。あるいは，ポジティブ CBT のセラピストとして自分のアプローチを明らかにしたいときに使うのもよいでしょう。

参加者に最後にする質問はこういうものです。クライエントがもっと青色を見られるようにするために，専門家としての皆さんはベージュ色についてどんなことを知っておかなければなりませんか。この問いに対する答えは，参加者自身が驚くことですが，「何もない」ということです。

学習理論についての覚書

ポジティブ CBT では，従来の CBT と異なるところに焦点づける。受身的なレスポンデント行動よりもむしろ，クライエントの適応的なオペラント行動に注目する。

個人の状態やウェルビーイングに影響を与える刺激に対して，クライエントはオペラント行動によって近づいたり離れたり，また，回避したりする。機能的であるためには，望ましくない状況を減らすだけでなく，何よりもまず社会的に受け入れられるようにオペラント行動のしっかりしたレパートリーを誰もがもつべきである。というのは，個人が自分自身を社会的に有用で価値があると感じたときに，個人のストレングスは増大するからである。

オペラント条件づけの手続きにおいては，クライエントの置かれた状況において得られるものを用いていく。言い換えれば，自分という存在の手綱を手にして自らの人生をコントロールするのである。したがって，オペラント条件づけはウェルビーイングの改善に大きな価値をもつ。オペラント行動で，刺激をコントロールし方向づけることによって，人は自分の状況を管理することができる。このようにして，自分の気分や状況の改善に貢献することにおいて主体的な役割をとることができる。レスポン

デント条件づけの手続きのなかで受身的な立場に甘んじるよりもこのほうがずっとよい。

従来のCBTにおける主要な技法は，レスポンデント条件づけのプロセスに結びついている。特に早期の否定的経験による「ダメージ」を元通りにすることに典型的に現れている。車体のへこみを直すほうが，よい運転技術をクライエントに教えるよりも重要であるかのようである（Bruins, 2008）。

Story 2.2 「私は選べる」

グルーチョ・マークス（Groucho Marx）は，かつてこう語った。「毎朝，目覚めたとき自分にこう語りかける。今日が幸せであるかそうでないかは，出来事ではなく私にかかっている。どちらにするか私が選ぶのだ。昨日は去った。明日はまだ来ていない。私には今日という一日だけがある。そして，私はそのなかで幸せに生きていく」

セラピストの役割の変化

ポジティブCBTでは，セラピストの役割もまた変わってくる。伝統的な心理療法やCBTにおいては，面接室に専門家が一人だけいて，問題を検討し分析してから，どうやってその問題を解決するかクライエントに助言する。セラピストは押したり引いたりする必要はないというところに，その役割は変わってくる。セラピストは常にクライエントの一歩後ろから，彼らが（望ましい未来に向けて）するのと同じ方向でものを見る。ポジティブCBTのセラピストは，クライエントの注意を方向づけるために質問を向け，それによって異なる角度からものを見るように支援する。このスタンスはまた「一歩後ろから導く（leading from one step behind）」スタンスと呼ばれる。

クライエントは協働専門家（co-experts）として見なされ，セラピストは質問をすることによってクライエントをそのようにしていく（Bannink, 2009a, 2010a）。望ましい未来に到達するため，質問によってクライエントの知識や経験を共有するよう促す。筆者が確信していることであるが，30年後の臨床の場においても解決は常に部屋のなかにあるだろう。

また，セラピストは，いつでもどこでも可能な限り，「ソリューション・トーク」（ゴール，例外，可能性，ストレングス，リソースについての会話）に正の強化を与え，「プロブレム・トーク」（問題，原因，できないこと，弱点についての会話）に負の罰を与えるよう，注意の向け方を変えていく[3]。これは，クライエントが自分の問

Part 1：理論

題について話すのを認めないということではなく，ポジティブCBTが「問題恐怖症」ということでもない。ポジティブCBTのセラピストは，問題について詳細な記述を求めることをしない。つまり，「プロブレム・トーク」の強化をしない。しかしながら，ポジティブCBTのセラピストは，ゴール，解決，例外，ストレングス，能力についての詳細をたくさん聞き出していく。つまり，「ソリューション・トーク」を強化する。第12章では，セラピストの役割を変えることについてより詳細に述べていきたい。

従来のCBTとポジティブCBTの違い：概観

従来のCBTとポジティブCBTの違いについて，読者はここで概観をつかめるだろう。

Exercise 2.5

問題があったときのあなたの生活を振り返ってみましょう。そのときには困難をどのようにして乗り越えたのですか。役に立ったことを少なくとも3つ思い浮かべてください。

もしも今も問題をかかえているならば，前にやったやり方のどれかをその問題にもう一度試してみましょう（あるいはすでに試しているかもしれません）。それから，似たような問題を他の人がどう乗り越えているか，あなたは何か知っていますか。このエクササイズは集団療法にも使うことができます。参加者全員が無記名で自分の生活でうまくいった3つの対処法を紙に書き出します。紙をテーブルに置いて，参加者はそれらから対処法を1つ選びます。それは新しいものかもしれないし，現在の問題を改善するために行動実験において繰り返しているものかもしれません。

（訳注3）負の罰
　行動分析学的に見ると，「負の罰」ではなく「消去操作」「無強化」である。クライエントが問題について語っても，セラピストからの注目が得られないだけであり，何か報酬的なものが奪われるわけではないからである。原書p.71（本書p.83）では "negative punishment (or nonreward)" とあり，"nonreward" つまり注意を向けられるという報酬がない状態（消去操作）である。ただし，著者が「負の罰」と「無報酬」とを同じに考えている危険性は残る。

18

Story 2.3 「問題を探して」

　フランス革命のさなか，弁護士，医師，技師に死刑が宣告された。刑の執行日，ギロチンのつるされた断頭台に弁護士が最初に連れて行かれた。死刑執行人は「目隠しをするかしないか」と尋ねた。弁護士は，死に臨んでも小心者や臆病者と見られたくなかったので，頭を高く持ち上げ「目隠しはいらない」と答えた。「仰向けかうつ伏せか」と聞かれると，「仰向けだ」と弁護士は誇らしげに言った。執行人は斧を振り，断頭台のてっぺんの鋭い刃をつるしていたロープを切った。刃は軸の間にサッと落ちてきて，弁護士の首の半インチ上で止まった。「申し訳ない」と死刑執行人は言った。「今朝，点検したばかりで，こんなはずはないのだが」。

　弁護士は好機を得た。「私が思うには」と弁護士は執行人に語りかけた。「ギロチンによる死刑執行手続きマニュアルのなかに，ギロチンがうまく作動しなかった場合，死刑囚は解放されるという条項がある」。執行人はマニュアルを読み，弁護士の指摘が正しいことを確認した。そして，弁護士は自由の身になった。

　次に，医師が断頭台に連れて行かれた。「目隠しをするかしないか」と尋ねられると，弁護士同様に「目隠しなし」と誇り高く答えた。「仰向けかうつ伏せか」と聞かれると「仰向け」と背伸びをして挑戦的に答えた。執行人が斧を振り，ロープをスパッと切った。またしても刃は医師の首の半インチ上で止まった。「信じられない」と執行人が叫んだ。「2回続けてこんなことが起きるとは。今朝，隅から隅まで点検したのだ。とはいえ，ルールはルールだ。弁護士と同じでお前の命も助かった。行っていいぞ」。

　技師が3番目に台に登った。今回は，死刑執行人はギロチンを再点検し，すべてがちゃんと動くか確認した。「目隠しをするかしないか」と聞かれると「目隠しなし」と技師は返答した。「仰向けかうつ伏せか」と尋ねられると「仰向け」と答えた。ロープを切ろうと，執行人は3度目の斧を振りかぶった。執行人がまさに振り下ろしかけたそのとき，技師は叫んだ。「ちょっと待て，問題がわかったぞ」。

（作者不詳）

第3章

ポジティブCBTの可能性

陸地が見えなくなる勇気をもたずに，新たな海を発見することはできない。
　　　　　　　　　アンドレ・ジィド（André Gide, 1869-1951）

はじめに

「ポジティブCBT」があるならば，「ネガティブCBT」もあるのだろうか。ネガティブなCBTがあると筆者は思わない。従来のCBTを含めたすべての心理療法は，生活上の望ましい変化をクライエントにもたらすことを主要な目的としているからだ。ありがたいことに，ポジティブCBTを一からつくる必要はない。ここで私たちは解決志向の質問をするとよいかもしれない。従来のCBTにおいてすでに肯定的なのはどんなところだろうか。そして，ポジティブCBTが開く新たな可能性は何だろうか。

本章では，CBTの介入を概観する。部分的にではあるが，CBTの介入はすでに，肯定的感情，思考，イメージ，行動に焦点を当て，ネガティブからポジティブへ，悩みの軽減から成功の構築へと変化している。この概観が広範でも包括的でもない点はお許し願いたいが，読者に何かしらのアイデアを提供できれば幸いである。本章で筆者は，ポジティブCBTの望ましい未来，すなわちクライエントが利益をもっと受け，セラピストにとっても容易で安全なCBTを描こうと思う。

成功の構築が重要だと考えているのはヒトだけではない。動物のなかにも，それが「最も重要なテーマ」と考えているものもいる。『成功する熊のプーさん（Winnie-the-Pooh on Success）』では，賢人が動物たちに成功の秘訣を語っている。

「成功のレシピは，どんな味？」「おばかさんだねぇ。料理のレシピとは違うのだよ」。そう言って賢人はケースから紙の束を取り出し書き始めた。書き終えて，賢人は紙を裏返し，彼の友人たちに見せた。彼が書いたものは，

- 夢を選べ（Select a dream）
- ゴールづくりに夢を使え（Use your dreams to set a goal）
- 計画を立てよ（Create a plan）
- リソースを考えよ（Consider resources）
- スキルと能力を高めよ（Enhance skills and abilities）
- 時間をうまく使え（Spend time wisely）
- 気を引き締めて進め。さあ，始めよう（Start! Get organized and go）

「如実（suchness）だ」と子豚が叫んだ。
「子豚よ，お黙り」と賢人は言った。「それが成功（success）ということさ」
(Allen and Allen, 1997, p.17)

従来の CBT におけるポジティブなところは何か

希望をつくる

　ポジティブ CBT を一からつくりあげる必要はない。1950 年代以降，健康とウェルビーイングにおける希望の役割を医者や心理学者が指摘してきた。1959 年のアメリカ精神医学会での講演で精神科医のメニンガー（Menninger, 1959）は，希望の力は患者にとって未開拓なストレングスと癒しの源であると言った。彼は希望を「ゴール達成の肯定的な期待」「冒険，前進，大胆な探索」（p.484）と定義し，希望は精神医学における治療と教育に必須であると言った。

　心理療法における希望への関心は，失望を減らすことから始まり，希望に満ちた思考を増やすことではなかった。失望と自殺をつなぐものがあると仮定し，ベックら（Beck et al., 1974）は，失望の治療に焦点を当てた。彼らは失望を，「認知スキーマのシステムであり，未来についての否定的な予想をするもの」（p.864）と定義した。とはいえ，失望を減らすことは希望を増やすことと同じではない。フランク（Frank, 1974）は，肯定的な事例定式化を最初に用い，「気力の回復（restoration of morale）」を論じた。

　バッカーら（Bakker et al., 2010）は，肯定的な側面への注目は，危機介入の際に特に役立つと述べている。危機状況では，入念な診断をしている時間はない。この場合，クライエントにとって役立つのは，自らの力に対する信頼を取り戻すことと未来志向アプローチである。たとえば，次の質問を考えてみよう。「このところ，どうでしたか。この数週間を振り返ってみて，どんなことがあなたの役に立ちましたか。どんな小さ

Part 1：理論

なことであってもかまいません」。一般的に，危機状況にあるクライエントは「どうすればよいか教えてください」というように，できたはずのことでもセラピストにゆだねてしまう。ポジティブCBTでは，この落とし穴を避けることができる。希望を構築する重要性と「希望理論（hope theory）」に関する研究については第5章で述べる。

ストレングスへの焦点化

　ホートンら（Hawton et al., 1995）がすでに述べているように，クライエントの周りにある資源，スキルやストレングスの検討は重要である。周りにある資源とは，配偶者の支持，満足のいく仕事などの環境特徴である。スキルは自尊心などに影響するだろう。そして，ユーモアのセンス，粘り強さ，対人的暖かさ等のストレングスに応じて治療上の提案をすれば，課題が実行されやすくなるだろう。

　ベック（Beck, 2011）も肯定的な側面を強調している。特に抑うつのクライエントに当てはまることであるが，クライエントは否定的な面に過度に注目する。クライエントは肯定的なデータを処理することが困難であり，現実感を歪めてしまう。抑うつのこのような特性を軽減するために，肯定的な面にクライエントが関心を向けるようセラピストは持続的に援助する。そのような肯定的な介入として以下のものがあげられる。

- セラピーの評価時（筆者の意見では，もう少し早くすべきであるが）にクライエントのストレングスを引き出す。「あなたのストレングスと肯定的な面は何ですか」
- 先週から今日までの間に起こった好ましいことについて尋ねる。これは初回セッションから行われる。「前にお会いしたときから，どんな好ましいことが起きましたか」
- クライエントを価値ある人間であるとセラピストが見ていることを示すために治療同盟を用いる。
- クライエントの否定的な自動思考や信念に反する事実をクライエントに尋ねる。「あなたの自動思考が正しくないとしたならば，どんなところからそれがわかるでしょうか」
- クライエントに肯定的な事実を指摘し，その事実がクライエントにとってどのような意味があるか尋ねる。「これは，あなたについて何を語っているでしょうか」
- 積極的なコーピングに注意を払い，その例を指摘する。「友人に助けを求めるのは，

よいアイデアですね」
- 満足感や達成感をより経験するようホームワークを協働的に設定する。

役立つ認知や信念に注目する

ベネット-レヴィら（Bennett-Levy et al., 2004）は，認知療法の主要な2つのストラテジーに言及した。

1. 問題志向の認知療法。繰り返される否定的な感情と行動のパターンの根底にある非機能的認知を同定し，現実を検討するようにクライエントを援助する。
2. ストレングス志向または解決志向の認知療法。自己，他者，世界に対する肯定的な経験を引き起こす適応的認知を新たに開発し，それを試みる。

本書で述べるポジティブCBTは2つ目のストラテジーを選んだものであり，機能的な認知・信念・行動に主に注目する。ただし，適応的な認知，信念，行動を新たに開発するというよりも，一人ひとりのクライエントがすでにもっている適応的で役立つものを探して構築していく。

協働的事例概念化

クイケンら（Kuyken et al., 2009, p.3）は，CBTの事例概念化を以下のように定義している。「事例概念化は，セラピストとクライエントが協働して作業する過程であり，その目的はクライエントがセラピーで表現する問題を記述し説明することである。その主要な機能はクライエントの苦悩を軽減し，レジリエンスを確立するようにセラピーを導くことである」。事例概念化はCBTの進行に合わせて展開する。記述から始まり，説明的要素が徐々に増えてくる。さらに，クライエントが示す問題だけではなく，ストレングスやレジリエンスを取り入れる。クイケンらはセラピーのもつ2つの重要なゴールを提案している。それは，クライエントの苦悩の軽減と，レジリエンスの構築である。

概念化では，クライエントのストレングスを積極的に同定し取り入れる。その目的は，クライエントがもつリソースを現在の問題に適用すること，そしてクライエントがストレングスに気づき，長期にわたりそれを利用できるようにすること（たとえば，レジリエンスの構築）である。「現在のCBTアプローチの多くは，クライエントの問題，脆弱性，困難の歴史に関心をもっている。私たちは，概念化の各々の段階でクライエントのストレングスを同定し，そこに働きかけることをセラピストに提唱する。ス

トレングス志向は，クライエントをセラピーに関与させることが多い。そのようにすると，回復に向かう持続的プロセスにクライエントのストレングスを利用することができる」。

イメージの利用

　心理療法においてイメージは昔から使われており，多くの心理的問題に有効であるというエビデンスがある。認知療法は，その始めからイメージの役割を強調してきた (Beck, 1967)。精神活動は，語や句，イメージの形をとるといわれてきた。それに対して，ベックは，感情的苦痛は視覚的認知や言語的認知につながっており，悩みの元となる視覚的認知を変容すると認知と情動の顕著な変化が生じることに気づいた。系統的脱感作法やフラッディング法に見られるように，イメージはCBTの介入において重要な役割を担っている。

　イメージは肯定的か否定的か，どちらか一方である。問題志向の観点からは，否定的なイメージを除去したり変容したりする。一方，解決志向の観点からは，肯定的なイメージをつくったり，増やしたりするだろう。これまでのCBTは問題志向のパラダイムに基づいてイメージを扱ってきたが，近年，より肯定的なイメージの利用法が開発されている。

　たとえば，ヴァスケスとビューラー (Vasquez and Buehler, 2007) は，未来の成功をイメージすると（肯定的イメージ），それを達成しようという意欲が高まることを明らかにした。その研究によれば，ゴールを明確にし，そのゴールを実現させる行動を開発するように援助することで，未来の自分を肯定的にイメージし活動しようという気になる。そのためには，ゴールを明確にし，それを実現させる行動が必要になる。未来の出来事をイメージすることは，そうなると思わせるだけではなく，実現を助ける。

　精神障害のある人が侵襲的イメージをもつのは珍しくはない。イメージに基づく介入 (image-based intervention) では侵襲的イメージが明確な標的となる。加えて，多くのクライエントが肯定的で適応的なイメージをもっていない。たとえば，抑うつや全般性不安障害のクライエントでは，幸福で予測可能な未来のイメージがしばしば欠如している (Hackmann et al., 2011)。多くの理論が肯定的イメージ介入の潜在的有効性を示唆しており，また神経科学，認知科学，スポーツ心理学領域での経験的基礎も増えている。たとえば，肯定的イメージを想像することは肯定的で強力な影響を感情にもたらし，ゴール設定とスキル形成を促進する。

　ハックマンら (Hackmann et al., 2011, p.171) は，「スポーツ心理学においては，肯

定的イメージは主要な心理的介入の1つであり，数十年にわたる研究のエビデンスがある。イメージ研究において，スポーツ心理学とCBTとの間に重なりは現在ほとんどない。CBTの研究とは対照的に，スポーツ心理学でのイメージ研究は肯定的イメージに焦点を置き，否定的イメージには，ほとんど関心を示さない。否定的イメージを研究するのは遠回りで苛立たしい，とスポーツ心理学者は考えているような印象をもつ。一方CBTでは，肯定的イメージを意図的に形成することには最近まで注目していなかった」。この違いは，多分，スポーツ心理学はアスリートのパフォーマンスを向上させる試みであり，医学モデルを初めから採用しなかったからであろう。

イメージ再記述 (image rescripting) は，問題志向の技法であり，苦痛なイメージを何らかの方法で変容させることで，そのイメージに関連した否定的な思考，感情，行動を変えようとするものである。アーンツとワートマン (Arnts and Weertman, 1999) は，悪夢，外傷後ストレス障害 (PTSD)，死別，侵襲的イメージ，摂食障害へのイメージ再記述の適用について述べている。

悪夢の治療におけるイメージ再記述のやり方は，たとえば次の通りである。悪夢の1つを選び，それを肯定的なものに変化させる。変化させた悪夢を毎日少なくとも数分は繰り返しイメージする。必要があれば3〜7日ごとに他の悪夢も加え変容させる。つまり，週に1つ，2つの新しい夢をリハーサルすることになる。イメージ再記述は問題の克服だけではなく，自分自身を肯定的に捉えられるようになり（コンパッション志向イメージ参照），自分のストレングスが見えるようになるために使える。そのことが他の困難の克服，自己決定やウェルビーイングを促進するために貢献する。

競合記憶訓練

本項では，肯定的イメージをすでに採用している2つのCBT介入，競合記憶訓練 (Competitive Memory Training: COMET) とコンパッション志向療法 (Compassion Focused Therapy: CFT) を紹介する。

ブレーウィン (Brewin, 2006) によれば，感情障害につながる脆弱性は記憶表象（たとえば，否定的な自己スキーマ）にあり，その記憶表象はトリガーとなる出来事によって活性化され否定的な気分によって維持されるという。そのような表象の影響を変容させる方法については不明な点が多々ある。新たなメタ認知療法の発展がその解明に寄与する部分があるだろう。ブレーウィンの研究から，自己に関連する記憶を含む多様な記憶が検索の際に競合することが示唆される。そこから彼は，CBTの役割は，記憶中の否定的な情報を直接に変容することではなく，肯定的そして否定的双方の表象が活性化したときに，肯定的な表象が検索の競合で勝るようにすることであろうと

Part 1：理論

考えた。このことは，恐怖症反応，反芻，侵襲的イメージ，記憶などの感情障害に典型的な徴候の治療に関連する。検索競合の観点を導入すると，従来のCBTと第3世代CBTとを単純な概念で統一的に理解できるようになるだろう。検索競合の説明が提供する最も重要な利点は，セラピストが自らの実践をより創造的に考えられるようになること，そして，CBTの標準的な技法に反応しなかったクライエントに対して柔軟な対応ができるようになることである。したがって，否定的思考の修正は必須ではなく，思考から離れればよいことになる。侵襲的な記憶やイメージの再記述，慈しみ（compassion）のイメージ，マインドフルネス認知療法，アクセプタンス＆コミットメント・セラピー，ポジティブCBTなどの方法は検索競合理論の示唆を踏まえ，新たな可能性を開くだろう。

　COMETは，否定的な自己評価を同定した後に，自己信頼のエピソードに着目する。自尊感情の低い人に対するCOMETは短期（6〜9セッション）のCBT技法であり，グループでも個人でも実施可能である。肯定的な特性が明らかな個人的経験を，姿勢，顔の表情，イメージ化，音楽の助けを借り，感情的に突出し競合するものにしていく。増強された肯定的な自己評価は拮抗条件づけ技法を用いて，低い自尊心のトリガーとなる刺激に連合させる。当初COMETは自己評価の低いクライエントのために使われたが，現在では摂食障害，人格障害，抑うつなど，診断横断的に使われている（Korrlboom et al., 2009）。

コンパッション志向療法

　「臨床家は人々を援助する際に，脅威や問題行動を扱うばかりではなく，ウェルビーイングを拡大する手助けをすることに，より自覚的になってきた。それは，ストレングスと美徳（virtue）に関するセリグマンのポジティブ心理学のコンセプトに影響されたものである。この肯定的なアプローチは，ますます多くのセラピーに組み込まれるようになっている」（Gilbert, 2010, p.197）。

　ウェルビーイングを高める実践として仏教徒は自他への慈しみの育成を数千年にも渡り行ってきた。気にかけてもらう，受け入れられるという感覚，所属感と他者との親密感というものは,生理的成熟とウェルビーイングの根源である（Siegel, 2001）。それらは特定のタイプの肯定的感情に繋がっており，またエンドルフィンやオキシトシンを増やす神経-ホルモンの側面に関連している（Panksepp, 1998）。それらは第4章で述べる24の人格的ストレングス（character strength）のなかに見ることができる。

　コンパッション志向療法（CFT）は，CBTの実践と慈しみに焦点づけた感情ワークから発展した。CFTには開発されたモデル自体のエビデンスと，固有のエクササイ

ズのエビデンスもある。もともと CFT は，羞恥心や自己批判の強い人のために開発された。これらの人々は肯定的で親和的な感情（他者からの慈しみを受け入れる，自分に対して慈しみをいだく）の経験を見つけることが困難である。CFT は障害ではなく，障害にいたる過程に焦点を当てる。羞恥心や自己批判は，特定の診断カテゴリーにのみ生じるのではなく，心理的障害の多くに関連する過程だからである。CFT では，配慮と，親和性（affiliative）に関連する動機づけ，注意，感情，行動，思考の養成を目指す。中心となるスキルは，慈しみに焦点づけたイメージの使用，慈しみのある自己の形成，その感覚を用いて，個人的な困りごとの領域に携わることである。たとえば，慈しみの視点からの再記述（compassionate rescripting）は次のように行われる。慈しみある自己（compassionate self）を訓練されたクライエントが慈しみある姿勢（compassionate position）を保ちながら，困難な記憶やそのシーンに影響されることなく，そのシーンを観察し接近することである。やがて徐々に，慈しみのある自己とともに，クライエントはそのシーンに新しいもの（たとえば，援助者）をもち込み，新しい結末を決めることができるようになる。慈しみのある自己は記憶にある自己に，どのようなサポートも提供でき，最もすばらしい結末をつくり上げることができる（Brewin et al., 2009）。

　コンパッション志向のエクササイズは以下の 4 段階で進める。

1. 慈しみのある内的自己を引き出す。
2. 自分から他者に慈しみが流れ出る。
3. 慈しみが自分に流れ入る。
4. 自分が慈しみになる。

　ギルバート（Gilbert, 2010, p.11）によれば，「私たちがあろうとしている『自己』のあり方がウェルビーイングや社会的関係に影響を与えるというエビデンスが増えている。自己に注目する自己同一性よりも，慈しみのある自己のほうが良好な結果に繋がっている」。

　ポジティブ心理学の研究者であるフレドリクソン（Fredrickson, 2009）は，「慈悲の瞑想（loving-kindness meditation）」と呼ばれるもう 1 つのコンパッション志向の介入に言及している。介入の目的は，特に対人関係の文脈において肯定的感情を直接に引き起こすことである。自己や他者への暖かさや配慮の感覚を増やす技法を用いる。マインドフルネスと同じく，慈悲も原始仏教の精神修養から発展したものである。イメージ誘導のエクササイズでは，暖かさや優しさの感覚を，まずは自分自身に向け，そ

してその輪を知り合いの魅力的な人，次に見知らぬ人，最後に仲の悪い人へと徐々に広げていく。

Exercise 3.1

これは外傷後ストレス障害に広く用いられている解決志向の介入です。未来のあなたから現在のあなたに手紙を書きます。それは6か月先のあなたからでも，1年，5年，10年先からでもかまいません。適当な時期を選びます。手紙の内容は，あなたはうまくやっていること，どこにいて，何をしているか，それまでにどのようなことがあったか，などです。気づいている障壁や，それをどのようにして乗り越えて，その未来にたどり着いたかについても書きます。最後に，現在のあなたに向けて，知恵と慈しみのあるアドバイスを贈ります。

マインドフルネス認知療法

マインドフルネス訓練をウェルビーイングの修養や，苦悩の変容に用いる試みは，少なくとも 2000 年前に遡ることができる。カバット - ジン（Kabat-Zinn, 1994）は，1970年代から医療・精神医学の場面で，慢性的な健康問題を抱える人々にマインドフルネスを系統的に教え始めた。彼は自分の仕事をマインドフルネス・ストレス低減法と称した。彼のマインドフルネスの定義は，現在の瞬間に，意図的に，価値判断をせずに注意を払うこと，である。

マインドフルネス認知療法（Mindfulness-Based Cognitive Therapy: MBCT）は，仏教思想に起源をもつマインドフルネス瞑想と，CBT に代表される西洋の伝統の融合として発展し，いわゆる CBT の「第3の波」の1つとされる。それは注意に焦点を当て，自動的反応の低減を目指すだけではなく，幅広い開かれた意識性を増大させる介入である。マインドフルネスは，否定的思考と否定的感情とを正に切り離す力をもつ。

シーゲル（Siegel, 2010, p.86）によれば，「マインドフルネスは精神活動の一形態であり，意識すること自体を意識するように，そして自分自身の意図に注意を向けるように心を訓練する。研究者たちが定義しているように，マインドフルネスは自己観察を教える。今この瞬間に価値判断をすることなく（non-judgemental），また反応することのない（non-reactive）構えで注意を向けることを必要とする。クライエントは心の内的情景を言語で記述できる。私が信じるところでは，このプロセスの核心は，自分が自分の最良の友になるように内的に波長を合わせることである。子どもへの同調が健全で安定したアタッチメントを形成するように，自分に同調することはレジリエンスと柔軟性の基礎をつくる」。抑うつの再発に関する研究によれば，MBCT は通常

の治療に比べ再発率を半減させる。これは，抗うつ薬を長期に服薬したままでいるのと同じ結果である。MBCT は ADHD の児童や成人にも役立つことが示されている。

マインドフルネスは，瞬間瞬間に変化する私たちの体験に，それが快であろうが不快または中性的であろうが，注意を払うことが重要である。これをするために，私たちは性格的ストレングスのなかの（注意の）自己調整と好奇心（今この瞬間に向かって開かれていること）を用いる。マインドフルネスは練習することができる。正式には通常の座る瞑想，歩く瞑想，食べる瞑想を通して，略式には，今行っていることに，ゆっくりじっくり注意を向ける（たとえば，ベッドを整えた際に布の柔らかさを感じる，猫に餌をやる際に餌がセラミックボウルに落ちて立てる音を聴く）ことで練習できる。

応用リラクセーション

応用リラクセーション（Applied Relaxation: AR）は，漸進的弛緩法から生まれた。日常の不安場面で使用する際に，漸進的弛緩法では時間がかかるが，AR は 15 分から最短 20 〜 30 秒ですむ。治療は次の 6 つのステップで構成され，10 〜 12 セッションで行われる。①漸進的弛緩法；緊張−弛緩，②漸進的弛緩法；緊張のみ，③手がかり利用（cue-controlled）弛緩，④分化弛緩，⑤急速弛緩，⑥応用訓練，である。⑥でクライエントは，日常の不安喚起場面で急速弛緩を活用できるように練習をする。⑥ができるようになると，始まったばかりの不安反応を急速弛緩することで，本格的なパニック発作が生じるのを阻止するためである。AR は，全般性不安障害，パニック障害，いくつかの恐怖症に適用される。

弁証法的行動療法

弁証法的行動療法（Dialectical Behavior Therapy: DBT）（Linehan, 1993）は，自殺行動，境界性人格障害，感情調整困難を伴う他の障害のための治療法である。DBT は感情調整の増大をねらいとし，4 つの基本的行動スキルからなる。それらはマインドフルネス，ストレス耐性，対人有効性，感情調整である。この 4 つのスキルに関わる介入をいくつかあげてみよう。楽しく肯定的な活動をする，肯定的な感情を経験する出来事を増やす，他者やコミュニティを援助する，ユーモアのセンスを発揮する，リラックスしうまくいったことを考えて今の瞬間を改善する，自尊心や健康な身体を維持する，などである。

DBT の一部として「自己鎮静」スキルの上達がある。クライエントは自分を鎮静させる行動を何かすることで，自分をなだめ，育み，いたわり，優しく接する。クライ

エントが悩み動揺しているときに，このスキルを利用する。この点は，コンパッション志向療法や「慈悲の瞑想」に明らかに類似している。

ノーマライズは，セラピストに求められるスキルの一種である。ノーマライズは，クライエントの困りごとを病理から解放し，生活上の通常の困難として示すことに使われる。それは問題を抱えたクライエントの気持ちを落ち着かせるのに役立ち，また問題を抱えていても異常ではないとクライエントが自覚するのに役立つ。問題を抱えていることは異常である，という考えはさらなる問題を生む。他の人々も似たような問題を抱えていることを知ると，クライエントは自分にもっと思いやりをもて，否定的な情動の経験も少なくなる。

ウェルビーイング療法

臨床心理学のなかで心理的ウェルビーイングの概念が注目されるようになってきた。最近の研究は，臨床群・非臨床群の双方において，ウェルビーイングと悩みと性格傾向との複雑な関係を示している（Ruini and Fava, 2004）。研究によれば，心理的ウェルビーイングとは，症状がないことでも，性格傾向でもない。こうして臨床場面においてウェルビーイングの概念を分析すること，特にセラピー中に生じるウェルビーイングの変化が特に重要になる。

ウェルビーイング療法（Well-being Therapy: WET）は，ウェルビーイングを高めるための短期の心理療法的介入であり，環境の統制（mastery），個人的成長，人生における目的，自立，自己受容，肯定的な対人関係等の達成をねらいとする。WETは，感情（気分，不安）障害の残遺期（residual phase）においては再発予防の目的で，標準的な薬物療法や心理療法が功を奏さなかった感情障害の患者を対象にする。また，ボディーイメージ障害や心身医学においてはCBTに追加して適用される。最初の実証研究は見込みがあるように見えた。ルイニ（Ruini）とファヴァ（Fava）は，症状志向の現状において，WETが心理療法の研究と実践の新しい流れをつくることを期待した。

動機づけ面接

動機づけ面接（motivational interview）は，ミラーとロルニック（Miller and Rollnick, 2002）により開発された半指示的治療アプローチである。動機づけ面接では，クライエントの内にある矛盾を拡げアンビバレンスを探す。それを解消しようとする内的動機づけが行動変容に結びつく。

動機づけ面接では，生活を変える必要があるとしてクライエントはセラピーにやっ

てくるとしても，行動変容に対するレディネスのレベルはクライエントによって異なると考える。もしセラピーが強制的であれば，クライエントは問題となる行動を変えようとは決して考えないだろう。変える必要性については考えたとしても，変えるために何かをしようとは思わない者もいるだろう。また自らカウンセリングを求め積極的に行動を変えようとしても，何年もうまくいかないままの者もいるだろう。解決志向ブリーフセラピーでは，セラピストとクライエントとの作業上の関係を，ビジター，コンプレイナント，カスタマーと区別する（詳細は第8章参照）。

動機づけ面接は非判断的，非対抗的，非敵対的である。このアプローチは問題志向と解決志向双方の介入を兼ね備えている。動機づけ面接は，原因となる潜在的問題，経験した結果，問題としている行動が生むリスクにクライエントがより自覚するようになることをねらう。一方，セラピストはクライエントがよりよい未来を思い描き，それを達成しようと動機づけられることをねらう。どちらにせよ，動機づけ面接のやり方は，クライエントが自分の行動をこれまでと違うように考え，その結果として変化から何が得られるかを考えるようにしようとする。

動機づけ面接の原理は次の4点である。

1. 共感を表現する。それにより，クライエントの視点をどのように理解しているかをセラピストはクライエントと共有する。
2. 矛盾を拡げる。セラピストはクライエントが望む生活のあり方と，現在の状況との食い違い（または，心の奥でもっている価値と日々の行動との食い違い）を精査し，クライエントが変化の価値を理解するよう援助する。
3. 抵抗を手玉に取る。変化に対するクライエントのためらいは，病理ではなく自然なことであるとセラピストは受け入れる。
4. 自己効力感をサポートする。セラピストは，たとえ変化しない決定をクライエントがしたとしても，自律性をはっきりと認める。そしてクライエントが自信をもって変化に向かえるように援助する。

動機づけ面接の主なゴールは，ラポールを形成し，クライエントからチェンジ・トークを引き出し，コミットメント言語を確立することである。動機づけ面接のチェンジ・トークは解決志向ブリーフセラピーに由来する。解決志向の質問は，たとえば，「違った見方をしてみると，どうなるでしょうか」「この変化の肯定的な結果は，どのようなものでしょうか」「5年経ったら，あなたの人生はどうなっているでしょうか」「これを変えられると思えるには，何があればよいでしょうか」「あなたが変化を望む

なら，そのための勇気は，どこで見つかるでしょうか」「前に肯定的な変化を生みだしたときは，どのようにしたのですか」「これらを変えるとき，あなたのどのようなストレングスが助けになりますか」などである。バニンク（Bannink, 2010a）は，解決志向の質問を1,000個以上リストアップしている。

アクセプタンス＆コミットメント・セラピー

　思考，感情，感覚，記憶，他の私的出来事をうまくコントロールする方法を教えようとするのがCBTだとすれば，アクセプタンス＆コミットメント・セラピー（Acceptance and Commitment Therapy: ACT）はCBTではない。ACTは，それらの私的出来事，特に望ましくないことに「ただ気づく」ものである。そして，それを認め，受け入れる。ACTは，ヘイズら（Hayes et al., 2003）によって開発され，いわゆるCBTの「第3の波」の1つと考えられている。

　ACTは「文脈としての自己」として知られる超越的な自己との接触を促す。文脈としての自己とは，自分の思考，感情，感覚，記憶とは別の，観察し体験しながら単にそこにいる自己のことである。ACTの狙いは，個人の価値を明確にし，その価値に基づき，生き生きと人生のプロセスに意味を感じ，心理的柔軟性を増して行動するように援助をすることである。

　ACTの基本となる考えは次のようなものである。すなわち，心理的苦悩は通常，体験の回避，認知のもつれ（entanglement）から生じ，その結果として生じる心理的固さ（非柔軟性）によって中核価値に沿った行動ができなくなる，というものである。このモデルを単純化し，ACTは多くの問題の中核をFEARの4文字で表す。それは，Fusion（思考とのフュージョン），Evaluation（体験の評価），Avoidance（体験の回避），Reason-giving（行動への理由づけ）である。その反対となる健康的なものはACTである。すなわち，Accept（反応と現在を受け入れる），Choose（価値ある方向を選択する），Take action（実行）である。

　ACTは，慢性疾患，抑うつ，不安，精神病，摂食障害をはじめとする多くの問題に対するランダム化試験で，効果の予備的エビデンスを示している。最近では児童青年期にも適用され，よい治療成績を得ている。

眼球運動による脱感作と再処理：EMDR

　EMDRは，シャピロ（Shapiro, 2001）によって開発された心理療法であり，レイプや戦闘などの悲惨な出来事に曝されたことで生じるトラウマ関連障害の解決のために用いられる。彼女の理論によれば，トラウマ経験や悲惨な経験が生じると，通常の認

知的そして神経的コーピングが働かなくなる。出来事に関連した刺激と記憶は不適切に処理され，記憶ネットワークから孤立して非機能的に貯蔵される。EMDRのゴールは，それらの苦痛な記憶を処理し，持続する影響を軽減し，クライエントが，より適切なコーピングを働かせるようになることである。

　EMDRは8つの段階からなる構造的なアプローチで，非機能的に貯蔵されている記憶，または苦痛な過去・現在・未来の記憶を扱う。処理段階では，1回15～30秒の繰り返されるセットのなかでクライエントはつらい記憶と同時に，二重注意刺激（dual attention stimulus）にも焦点を当てる。そのようなセットの間に浮かんできた関連情報についてセットごとにクライエントに尋ねる。この新しい素材が通常次のセットの焦点となる。二重注意刺激と個人的記憶の交代プロセスが，1回のセッション中何回も繰り返される。EMDRはPTSDに対するエビデンスのある治療として確立している。いくつかの段階では肯定的な介入が用いられる。たとえば，安全な場所のワークでは，心地よい気分と自己の肯定的な感覚を誘発するイメージや記憶が形成される。安全な場所は，後に，不完全なセッションを終了するときや，混乱したセッションにクライエントが耐えるよう援助するときに用いられる。自己に関する否定的な陳述とは別に，肯定的な認知も同定される。肯定的な自己陳述とは，否定的な認知よりも好ましいもののことである。デブリーフィング段階でセラピストは適切な情報と支持を与える。

スキーマ療法

　スキーマ療法（schema therapy）は，児童思春期のトラウマが境界性人格障害や他の人格障害を引き起こしやすい，という理論に基づく。ヤングら（Young et al., 1994）は，スキーマの概念を認知心理学で定義されているように使う。それを彼らは中核信念やライフトラップ（lifetrap）と呼ぶこともある。スキーマは健全であるか不適応かのどちらかである。スキーマ療法のねらいは，不適応なスキーマをより健全なものに置き換え，それによって人生早期の否定的な経験を修復することである。不適応なスキーマを特徴づけ，それに関連するのは，児童期に経験する基本的感情の欠如であり，両親，養育者そして子ども時代に関わった他者との適切な関係や，結びつき，行動の欠如である。スキーマ療法の基本哲学は，基本的安全，世話，教育，愛情を児童期に受けることができなければ，不適応なスキーマが形づくられ，不健全，不安定な関係，貧しい社会的スキル，不健康なライフスタイルの選択，自己破壊，全般的機能不全になりやすい，というものである。

　養育者との絆（caring bonds）を形成し，自己吟味（self-examination）を強めることで，スキーマセラピーは最終的な目標の達成に必要な自信の獲得をねらう。

しかし，クイケンら（Kuyken et al., 2009）は否定的な中核信念だけではなく，クライエントの肯定的な価値にも注目する。肯定的な価値は，人生の最も重要なことについての信念として理解される。それらの信念は，典型的には，場面が変わっても比較的一貫しており，クライエントの選択や行動を形づくる。クライエントの信念体系の一部として価値を踏まえて事例概念化をすると，さまざまな状況で示すクライエントの反応をセラピストが理解しやすくなる。そのような肯定的な価値の例としては，自分の子どもに愛情を示すことは重要である，というものがある。個人の価値に加え，文化的価値も重要な役割をもち，それらはクライエントの人生における力の源となる（たとえば，尊厳や信頼）。

　「セラピーのどの段階においても，ストレングスを組み込むことは可能である。ゴールは苦悩の軽減（たとえば，不安の強度が下がる）として記述することも，またストレングスや肯定的な価値の増加（もっと思いやり深くなる）として記述することもできる。初期のセッションでセラピストは，肯定的なゴールや願望を尋ね，それらをクライエントの現在の課題リストに加えることができる。クライエントの生活の肯定的な領域について検討すると，問題領域で使われているものとは異なったコーピングストラテジーを見つけることがよくある。適応的なコーピングストラテジーを見つける作業は問題行動のトリガーや維持要因を同定する作業と同時に行うことができる。悪循環を変えるために行動実験をする段階でクライエントは，従来とは異なったコーピング反応を練習することができる。そのコーピング反応は，うまくいっている生活領域から引き出されたものである。セラピーの後期では，長期的な事例概念化をする上で肯定的な仮定と中核信念は，否定的なものと同じくらい重要であることが明らかになる」（p.101）。このように行われるスキーマ療法ではクライエントと緊密に協働し，治療同盟がクライエントを勇気づけ，動機づける。ソクラテス的方法は，古い信念体系を試すというより，新しい信念体系を構成するために用い，行動実験は新しい行動パターンの形成に用いる。そしてレジリエンスの形成に焦点をおく。

　デボアとバニンク（De Boer and Bannink, 準備中）は，スキーマ療法の解決志向版を用いてパイロットスタディを行った。解決志向スキーマ療法においては好ましい未来が出発点であり，セラピーの中心である。そしてゴールの途上にある落とし穴や「ライフトラップ」を明らかにする。これはエッチンゲンとステフェンス（Oettingen and Stephens, 2009）の「空想実現理論（fantasy realization theory）」（第6章参照）に類似している。すでに存在しているクライエントのストレングスや能力は新しいスキーマをつくるために用いられる。その新しいスキーマはいわゆる「有用（helpful）スキーマ」で，ゴール達成に役立つだろう。

解決志向集団スキーマ療法では，ストレングスや能力にも焦点を合わせることが重要である。解決志向集団スキーマ療法ではクライエント同士が支え合う（第12章参照）。肯定できる自己を探してそれを強め，肯定的スキーマにつなげる。ここは，不適応なスキーマを減らすことではなく，健康的スキーマの形成を援助する点でクイケンら（2009）に似ている。

このように，人格障害のクライエントに対してしばしば用いられる「難しい」とか「複雑な」という敬意に欠ける言い方をポジティブCBTではしない。それらの言葉はセラピストの希望や明るい見通しをくじいてしまう。「難しく」「複雑」なのは人格障害のクライエントと治療同盟を築くこと，そして彼らの問題であり，クライエント自身ではない。

CBTと解決志向との組み合わせ

グリーンら（Green et al., 2006）は，彼らのライフ・コーチング集団プログラムのなかでCBTと解決志向ブリーフセラピーを組み合わせ，認知・行動的解決志向の10週間のプログラムの効果を調べた。参加者はライフ・コーチング・プログラム群と待機群とにランダムに割り当てられた。ライフ・コーチング群の参加者は，ゴール達成への努力，ウェルビーイング，希望を有意に増加させ，その効果は30週後も維持された。

この結果は，希望理論（hope theory）と一致する。希望理論とは，ゴールの明確化は希望を刺激する，というものである（Snyder et al., 1999）。希望理論はウェルビーイングの増大を説明するうえでも有益である。この理論によれば，自らの欲するゴールを追求することは，肯定的な感情とウェルビーイングを生む（Snyder et al., 2005）。ライフ・コーチング・プログラムにおいて，達成努力（goal striving）のプロセスを妨げたり促進したりするセルフトークを吟味する目的でCBTの技法が用いられた。この技法を用いて参加者は何をすべきかという作因思考（agentic thought）を促進させた。

ライフ・コーチング・プログラムにおいて解決志向の技法は，ゴールへの筋道を参加者が選択するのに役立ち，その結果，どのようにするかという経路思考（pathways thinking）（第5章参照）を増大させた。グリーンら（2006, p.148）は，「この研究で用いたCBTと解決志向の介入は希望を高めるものであろう」と結論づけている。グリーンらのプログラムは，一般の人々が目的的な変化と望ましい心理機能の増大を求める心理過程をさらに研究する際の枠組みを提供するだろう。

Part 1：理論

ポジティブ CBT の可能性

　ポジティブ CBT の可能性を述べてきたが，さらに付け加える点は何だろうか。解決志向ブリーフセラピーにおいて，クライエントは好ましい未来を明確にするよう求められる。同じように，もし私がポジティブ CBT の未来を明確にするよう求められると，私の心の目が見るのは，以下の通りである。

- 現在の CBT から利益を得ているクライエントは 60 ～ 70％であるが，それが 80 ～ 90％に上昇し多くのクライエントに利益をもたらす。
- 現在の CBT から利益を得ている 60 ～ 70％は，ポジティブ CBT を適用することで，よりよい，または早い成果が得られる。
- 「最少負担の原理」によれば，セラピストは最も負担の少ない介入をクライエントに課す。たとえば，PTSD の治療において曝露（exposure）手続きは常に必要というわけではなく，トラウマ後の成功（レジリエンス）に焦点を当てるだけで十分な成果が得られることがある（Tedeschi and Calhoun, 2004; Bannink, 2008b）。
- 自己効力感と自尊心が上昇する。なぜならば，ポジティブ CBT は人格的ストレングス，肯定的な価値，コンピテンス，リソースに注目し，セラピーで生じた変化の持続をより確かにするからだ。
- 行動をより維持させる。否定的な言葉で言い換えると，再発を減少させる。
- セッション回数が，解決志向ブリーフセラピーのように短くなる。解決志向ブリーフセラピーの平均セッションは 3 ～ 4 回で，フォローアップの結果も問題志向心理療法と同等である（Stams et al., 2006）。
- それゆえ，CBT の費用対効果も高まる。
- ポジティブ CBT は問題の予防に用いられる。たとえば，より楽観的になるようクライエントを訓練する（第 7 章のエクササイズを参照）ことで抑うつや，自殺が予防できる（Seligman, 2011）。
- ポジティブ CBT は「セラピーのベテラン」すなわち，慢性的で重篤な精神疾患のあるクライエントにも，（今以上に）有効であろう（次節参照）。
- ポジティブ CBT は e-セラピーにも使える。e-セラピーは一般にはオンラインセラピーと称され，e-mail やチャット，WEB カメラによるメンタルヘルスサービスを指す。心理的問題や心配事があり援助を探しているクライエントは居心地のよい自宅からオンライン心理士に話す。e-セラピーによって秘密裏で便利な援助を，希望するならば匿名で求めることができる。ポジティブ CBT のプロトコル（初

回およびそれに続くセッションのプロトコルについては付録 A，付録 C を参照）
は e-セラピーに適している。
- 最後に，ポジティブ CBT はセラピストにも優しい。CBT セラピストのストレス，抑うつ，自殺，バーンアウト，二次被災は少なくなるだろう。この点で，「最少負担の原理」はクライエントだけではなくセラピストにも適用される。

慢性および重篤な精神疾患

　ポジティブ CBT は，症状が軽度から中度の場合にのみ有効なのだろうか。それとも慢性および重篤な精神疾患にも適用可能だろうか。この問いに答えよう。それらのケースでも慢性・重篤な疾患の影響の及ばないところで，できる限り自分の生活とアイデンティティを立て直そうとする人は常にいる。オハンロンとローワン（O'Hanlon and Rowan, 2003, p.ix）は，「伝統的な病理的言語，ラベル，信念体系や治療法は望ましい変化を妨げると，私たちは徐々に確信するようになっていった。実際に絶望状況は，治療環境，セラピスト，家族そしてクライエント自身からの何気ない不運なきっかけによって引き起こされる。そのような，人間の知覚や行動の不運な見方の結果として医原性の害が治療から不用意に生じる。精神科での入院治療や，病理的な見方はスティグマ，自己卑下，慢性化を通して医原病と害の危険性を増大させる。私たちのアプローチは医原的害を避け，代わりに医原的健康と癒やしを創造しようとしている」。

　伝統的なセラピーは病理，欠陥，制限を強調していたが，オハンロンらは健康，コンピテンス，可能性を強調するセラピーを提供する。ヒトの生化学的，神経学的状態は変動している。そしてその変動は問題の重篤度と経過に影響を与え，外的そして内的な種々の要素が生化学的，神経学的状態の変化に影響を与えるだろう。私たちに希望（問題に関する例外）を与える，肯定的で有益な情報や指針がこの変動である。彼らのアプローチは，症状の減少に作用したり対処したりする最善のものをクライエント（とその周囲の人）に気づかせ，その利用を援助することである。それによって，よりよい生化学的・心理的・感情的状態を生じさせる。そのための有用な質問は以下の通りである。

- この問題が起きそうだったのに起こらなかったのは，いつですか（例外探し）。
- 問題が終わったときや終わりそうなときには，何が起きていますか。
- どのようにして，その問題はもっと悪くならずにすんだのですか。
- その声を聴かなかったとき，あなたは何をしていたのですか（精神病の場合）。
- その声が言おうとした嘘を，あなたが信じなかったときのことを教えてください

Part 1：理論

(例外)。
- パラノイアがあなたにささやくとき，常に耳を傾けるのですか（「外在化」技法 – 第 7 章参照）。
- 自分を傷つけようとする衝動に打ち勝ったとき，何が起こったのですか（自傷の場合：例外探し）。
- この 2 週間を振り返って，少しはあったとしても自傷が少なかった日はいつですか　そのときは何が違ったのですか（例外探し）。
- どのくらいの間アノレキシアは，あなたを支配していたのですか（外在化）。
- 抑うつに立ち向かう，どのようなストレングスをあなたはもっていると思いますか。
- それらの症状に，どうやってうまくもちこたえられたのでしょうか。私が理解をするためには，過去のどのようなことを伺えばよいでしょうか。
- 病気でなかった頃のあなたを知っている人で，あなたのストレングス，あなたの成し遂げたこと，そしてあなたの人生は生きるに値するものであることを思い出させてくれる人は誰ですか。

　第 16 章で，先に指摘した可能性に再び戻り，それがこれからの研究および CBT セラピストの訓練に与える意味を述べる。
　10 が望ましい未来で，0 があり得る最悪の状況を示すスケールで言えば，現時点での CBT は 3 〜 4 である。何があるから 3 〜 4 かは，本章ですでに述べた。しかし，これから数年間で，この数値を上げることができるだろうと筆者は期待している。そして本書がポジティブ CBT への正しいステップの 1 つであることを希望する。

第4章

ポジティブCBTの2つのルーツ

> なりたかった者になるのに遅いということはない。
> ジョージ・エリオット（George Eliot）

はじめに

　本章では，ポジティブCBTの2つのポジティブなルーツを提示する。それはポジティブ心理学と解決志向ブリーフセラピーである。

　ポジティブ心理学とは包括的用語であり，人間のポジティブな思考，感情，行動の理解に関心をもつ基礎的な学問領域，心理現象を体系的に理解するための経験的探求，そしてある種の介入をつくりだし採用する応用領域をカバーする。

　解決志向ブリーフセラピーは原理と手段の組み合わせの実用的（プラグマティック）な応用である。「うまくいっているところ（what works）」への直接的な道を探している，といってもよいだろう。解決志向ブリーフセラピーは学術的なものではない。探求しているのは，この文脈の，この時点で，このクライエントに対して効果的なものである。伝統的なセラピーが問題の分析を強調するのに対して，解決志向ブリーフセラピーは解決の構築を強調する。「ことの経過をセラピストが理解しないで介入しても，変化を起こすことができる」（De Shazer, 1985, p.119）。それは変化のためのアプローチであり，何が求められているのか，何が効いているのか，何が変化を生むのか，という会話が行われる。

　本章の終わりでは，解決志向ブリーフセラピーの研究と，神経科学の最近の知見が明らかにする解決志向ブリーフセラピーの有効性について簡単な比較をする。ポジティブ心理学と解決志向アプローチは別々の領域であるが，両者ともクライエントがよりよい未来で生き生きと生活することの援助を目的としている。

Part 1：理論

ルーツ1：ポジティブ心理学

　ポジティブ心理学は，人生を価値あるものにしているのは何か，個人やコミュニティを成長させるのは何かについて研究する。それはまた，個人内，関係内，業務内で最適に機能する条件と過程の研究でもある。

　ポジティブ心理学運動の考え方は，セリグマン（Seligman, M. E. P.）がアメリカ心理学会の会長に選ばれたとき（1997）から始まった。彼が庭で草むしりをしていたときに，5歳の娘のニッキ（Nikki）が雑草を宙に放り投げグルグルと踊り回っていた。彼が娘を怒鳴りつけると，彼女は歩き去り，戻ってきてこう言った。「パパ，言っておきたいことがあるの。5歳の誕生日の前のこと覚えている？　3歳から5歳まで，私は泣き虫で，毎日泣き言を言っていたわ。5歳になって，もう言わないと決めたの。人生のなかで，最も難しいことだったわ。私が泣き言を止められるなら，パパも不機嫌になるのを止められるわ」。

　セリグマンはニッキから，成長していく子どもについて，彼自身について，彼の専門について学ぶものがあった。子どもの悪いところを直そうとするよりも，子どもを育てるほうが重要だと気づいた。それは個人の最も強いところや良いところを見つけて伸ばすことであり，こういった望ましい特徴の実現に最も適した条件を探すことであった。彼は自分が不機嫌であることに気づき，変わろうと決心した。しかし，広い意味での気づきは心理学の科学と実践についてであった。第二次大戦の後に心理学者が発見したことは，現存する精神疾患の治療が可能なことであり，学界が見つけたのは病理についての研究をすると助成金がもらえることであった。これには大きな利点があった。少なくとも14の障害が，現在では治療可能であったり顕著な軽減が可能である。しかし，マイナス面として，すべての人々の生活をより生産的に充実させることや，高い才能を見つけ育てることは忘れられた。心理学は被害者学になり，心理学者は病理生産者（pathologizers）になった。心理学の実際の焦点は個人の苦悩のアセスメントと治療に移っていった。心理的障害，そして両親の離婚，死，身体的／性的虐待などの環境ストレッサーが与える否定的影響についての研究が爆発的に行われた。ダメージの修復という「疾病−患者」の枠組みで実践家は精神疾患の治療を行っていた。

　ポジティブ心理学の創始者の一人であるセリグマンは2005年に次のように書いている。「ポジティブ心理学運動のメッセージは私たちの領域が変質してしまったことを思い出させる。心理学は単に疾病，弱点，ダメージの研究ではなく，ストレングスや美徳（virtue）の研究でもある。介入とは，単に悪い部分を直すことではなく，機能す

る部分をつくることでもある。心理学は疾患や健康だけを扱うのではなく，仕事，教育，洞察，愛，成長，遊びも対象とする。最良のものを追求するなかで，ポジティブ心理学は希望的観測，自己欺瞞，ごまかしに基づくのではなく，人間行動の示す複雑性というユニークな問題にマッチする最善の科学的方法を適用しようと試みる」(p.4)。

　しかしながら，メンタルヘルスへの関心は，セリグマンと娘のニッキによって始まったのではない。すでに1937年に慈善家のグラント（Grant）が大学の保健管理センター所長に出会い，医学研究は疾病に重点を置きすぎていると結論づけた。精神的・身体的疾患の研究には多額の基金が与えられるにもかかわらず，身体的・行動的に健康な人々への系統的研究にはわずかしか与えられないという考えで彼らは一致した。その結果として，彼らは連続するクラスのいくつかから健康的なサンプルを抽出し（1939～1944年のクラスから268名のハーバード大学卒業生），医学的・心理学的研究を徹底的に行った。すなわち，現在「グラント研究」として有名な研究の誕生である。グラント研究は，これまで行われた成人の発達研究で最長のものである。健康的に年を重ねることの予測因を同定する目的で，男性（彼らは女性を含めるのを忘れていた！）が思春期から68年間に渡って追跡調査された（Vaillant, 1995）。

　ポジティブ心理学のオリジナルな理論では，幸福は3つの異なった要素に分けられる。すなわち，肯定的感情，没頭，意味の3つである。第1の肯定的感情とは私たちが喜び，平穏，恍惚，暖かさ，心地よさなどを感じるものであり，「楽しい生活（pleasant life）」と呼ばれる。第2の要素は没頭である。フロー状態のことであり，ある活動に没入して時間が止まり自己意識を失った状態であり，「没頭した生活（engaged life）」と呼ばれる。たとえば，音楽と一体となる状態がそれにあたる。第3の要素は意味である。これは自己よりも大いなるものへの所属や献身からなり，「意味のある生活」である。大いなるものとは，たとえば宗教・自然・家族・政党などを指す。

　最新の著書（Seligman, 2011）では，ポジティブ心理学のトピックは，幸福からウェルビーイングに変わった。ポジティブ心理学の目的は，持続的幸福(flourishing)を増やすことであり，それは肯定的感情（positive emotion：P），没頭（engagement：E），好ましい関係（positive relation：R），意味（meaning：M），そして達成（accomplishment：A），つまりPERMAを増大することでなされる。

　ウェルビーイング理論では，前述の幸福理論の3要素に「好ましい関係」と「達成」が加わった。第4の要素である好ましい関係は，生活の低下に対する最良の解毒剤となり，生活を高める確かな唯一の要素である。他者に親切にすると最も信頼できる瞬間が生まれ，それはポジティブ心理学でテストされてきたどの種のエクササイズよりもウェルビーイングを高める。好ましい関係には幸福と生活の満足が求められる。

Part 1：理論

　第5の要素は，達成である。人々は，たとえそれが肯定的感情，意味，好ましい関係を何らもたらさないときでも成功，達成，勝利，成就，統御を，それ自体のために追求する。「達成する生活」が追加されたことで，ウェルビーイングを得るために人々が実際に行っていることは何かを記述することがポジティブ心理学のテーマであり，単なる処方ではないことが強調される。
　「本物の幸福（authentic happiness）」理論においては，ストレングスと美徳は没頭のみに影響する。これまでにない最高の挑戦のために最大限のストレングスを発揮するとフロー状態になる。一方，ウェルビーイング理論では，24のストレングスが没頭だけではなく，5つの要素すべてに影響を与える。ストレングスを高めると，肯定的感情，意味，達成，好ましい関係がより促進される。

Exercise 4.1

　　毎朝目を覚ましたら，感謝していることを最低20個書き出します。この作業は大変そうに思えますが，一度習慣化され気分がよくなることがわかれば，容易になるでしょう。たとえば，以下のものが記録や感謝の対象になるでしょう。
　　感謝：冷水，温水が蛇口から出る。頭上に屋根がある。清潔な服が着られる。生きている。友人がいるなど。
　　あなたにとってよいものを見つける実験：感謝の気持ちを書き留めます。それを大声で配偶者や家族に言います。小さな紙に書きます。黙って心に留めます。この活動を1週間続け，どんな違いが生まれるか注目してみましょう。そして，この習慣を続けるかどうかを決めましょう。

　ポジティブ心理学という名は，人間の機能を最適化するために欠陥ばかりではなくストレングスに注目し，ストレッサーだけではなく環境のリソースに注目することを意味する。従来の研究は，精神疾患とその流行，精神疾患の改善に関心をもってきたが，メンタルヘルスの研究の関心はそこにはなく，従来の研究を補完するものである。「この新しいアプローチの認識では，健康とは単に病気の徴候がないことではなく，ウェルビーイングの徴候があることである。真の，または完全な精神的健康のゴールを達成するためには，メンタルヘルスに関する病因論と治療についての診断と研究を始め，メンタルヘルスの科学を発展させなければならない。データによれば，精神疾患とメンタルヘルスは相関してはいるが，その次元は異なっている」（Keyes and Lopez, 2005, p.55）。
　ポジティブ心理学が尋ねるのは，「どこが悪いか」ではなく「どこがよいか」である。

第 4 章　ポジティブ CBT の 2 つのルーツ

しかし驚いたことには，ポジティブ心理学の立場の実践家の多くが，まだ伝統的 CBT と同様，問題志向病理モデルを用いている。たとえば，セリグマン（2011）は米陸軍において精神的頑強さを形成するにあたり，伝統的な問題志向 CBT 技法の使用法について述べている。彼のトレーニングのある部分では，レジリエンスのスキルを学ぶことがテーマだった。彼はエリス（Ellis）の ABC モデルからスタートした。C（感情的結果）は，A（不幸）から直接に生じるのではなく，B（不幸についての信念）から生じる。その後，いわゆる「思考の罠」，たとえば過剰な一般化などにテーマが移る。続いて，「氷山（中核信念）」を同定・検討し，破局的信念を最小限にすべく挑戦する。

このプロセスはすべて病理モデルに基づいている。問題に注目し，問題志向医学モデルを用いて苦悩を軽減している。筆者が思うに，解決志向モデルを用いて，成功体験を基にした，より肯定的なアプローチも可能であろう。間違った認知を，より現実的なものに置き換えることではなく，どの認知がすでに「正しく」，そして繰り返せるかに焦点を当てるべきである。

ピーターソン（Peterson, 2006）は，VIA（Values in Action Signature Strengths）テストを開発した（www.authentichappiness.org から入手可能）。この調査票は人を 24 の人格的ストレングスに信頼性をもって分類するよう作成された。その 24 の人格的ストレングスとは，正直，誠実，忍耐強さ，創造性，親切，知恵，勇気，公平，その他の 16 項目からなる。セリグマンとともにピーターソンは，人格的ストレングスと美徳の包括的指標をつくるために世界中の多様な文化を調査した。

ストレングスと美徳の分類は，精神障害の DSM-IV-TR の分類法をポジティブにしたようなものである（DSM-IV-TR と組み合わせても使えるだろう）。誰もがこの WEB サイトに登録でき，すべてのテストを無料で利用することができる。このサイトは公益事業を意図している（200 万人以上がすでに登録し，VIA テストを含むさまざまなテストを利用している）。利用できるテストには，感情度質問票，没頭度質問票（そのなかには 24 の人格的ストレングスを測定する簡易テストが含まれている。表 4.1 参照），意味質問票，人生満足度質問票がある。

ポジティブ CBT では，アセスメントとしてクライエントにオンラインでテストを受けさせ，印刷したものを次のセッションに持参させることもある。そこでセラピストとクライエントは，クライエントのストレングスの順位に着目する。次にクライエントは，上位 5 つのストレングスをリストアップし，それらを最近（または過去に）どのように使ったかを例示する。クライエントが自らの成功とストレングスを話していると，セッションの雰囲気が建設的になっていくのももっともなことだ。

書き出されたストレングスをより高めるには，ストレングスを頻繁に使うことがで

Part 1：理論

表 4.1　24 の人格的ストレングスの構成（Seligman, 2011 を改変）

知恵と知識 5つのストレングス。知識の獲得と使用に関連する：独創性，好奇心，偏見のなさ（open-mindness），学習意欲，将来の見通しと知恵
勇気 4つのストレングス。反対をものともせずゴールを達成する：勇敢，粘り強さ，誠実，活力
人間性 3つのストレングス。他者を助け気を配る：愛，親切，社会的知能
正義 3つのストレングス。健全なコミュニティをつくる：社会的責任と忠誠心，公正さ，リーダーシップ
節度 4つのストレングス。過剰を防ぐ：寛容と慈悲，謙虚さ，慎重さ，自己調整と自己統制
超越性 5つのストレングス。より大きな存在と結びつき意味を与える：審美眼，感謝の念，希望，ユーモアと陽気さ，精神性

きるようクライエントの生活を再構成することが鍵である。セリグマンら（Seligman et al., 2005）によれば，自らのストレングスについて学ぶことによって得られたポジティブさの増加は重要ではあるが，一時的な効果しかない。しかし，ストレングスの新しい使い方を見つけると，その効果は持続する。

Exercise 4.2

　この「決定的瞬間」エクササイズは，「絶好調」エクササイズ（第 9 章参照）の研究に基づいています。このエクササイズは人徳・長所を見つけやすくし，過去の重要な経験と未来の可能性とをつなぎ，肯定的な同一性形成を人徳・長所にリンクさせることを目的としています。そのためには次の3つのステップを踏みます。

1. 決定的な瞬間に名前をつけ，ストーリーを語る（たとえば，重要な試験に合格したこと）。
2. ストーリーに含まれている人徳・長所をリストアップする。
3. このストーリーがどのように同一性を形成したか，現在の自分自身にどのように影響しているかを振り返る。

Exercise 4.3

VIAテストを実施した後（または表4.1を見た後），一日のなかで一定の時間を確保し，仕事・家庭・休暇のなかで1つか2つの特徴的なストレングスを新しいやり方で使うよう練習します。そのストレングスを使う機会をしっかりとつくり，確実に使用するようにします。たとえば，独創性がストレングスの1つであれば，本や劇を書くこともできるでしょう。その活動をする前，している際，終わった後には，それぞれどのように感じましたか。その活動は大変でしたか，簡単だったでしょうか。時間は早く過ぎましたか。このエクササイズをもう一度やってみたいと思うでしょうか。

このエクササイズは，あなたのクライエントに薦めることもできるでしょう。

Exercise 4.4

新しい習慣をつくる秘訣は，その行動を何度も何度も練習することです。このワークも同様です。自身にとって快適なやり方を見つけましょう。多くの人に適用できる方法があります。

会話：自分自身のストレングスについて誰かと話します。ストレングスがどのような助けになるのか，とてもうまくいっているとき，ストレングスはどのように作用しているかを語ります。この会話をしている最中にストレングスを使います。もし「好奇心」を形成したいならば，純粋な興味をもって質問します。

記録：ストレングスを書き出し，個人内的方法で見直す。もし「慎重さ」を形成したいならば，葛藤場面を想像し，葛藤を生みだしている2つの要素それぞれの利点と欠点を書き出します。

セルフ・モニタリング：自分の一日の経験を追跡記録するシステムを用意して，使ったストレングスを時間ごとに記録します。厳密に記録するためにはアラームや他の手がかりが必要かもしれません。このやり方は，自己調整のストレングスも必要とします。

「ポジティブ心理学」は，多くの異なった領域の研究・実践を包括する用語である。いわゆる「ポジティブ心理学ファミリー」は楽観主義，希望，自己効力感，自己評価，肯定的感情，フロー，幸福感，感謝などのメンバーからなっている。この10年間に，ポジティブ心理学に関する多くの研究が行われ，出版されてきた（Snyder and Lopez, 2005; Fredrickson, 2009; Bannink, 2009a, 2011; Seligman, 2011）。

ポジティブ心理学者のフレドリクソン（Fredrickson, 2009）は，「肯定的感情の拡張 – 形成理論」を提唱し，10種類の肯定性を紹介した。それらは，喜び，感謝，平穏（serenity），興味，希望，誇り，娯楽，インスピレーション，畏敬，愛である。肯定性

Part 1：理論

（positivity）についての科学的研究は増えてきており，また人々の日々の生活を最も彩るものでもある。肯定的感情は拡張機能をもつ！　私たちを開放し，マインドを拡げ，視野を拡大する。また注意を拡げ独創性と共感を高める。協調や友好の精神で交渉の場につく者が最良の商取引きをすることが実験的に確かめられている（Kopelman et al., 2006）。

フレドリクソン（2009）は，「肯定性比率（positivity ratio）」と持続的幸福の関連について，個人，カップル，チームという人間の３つの異なるレベルにおいて明らかにしている。個人であっても，カップル，チームであっても，この「肯定性比率」は重要である。肯定性比率とは，否定性の量に対する肯定性の相対量である。正式にいえば，肯定性比率とは，ある期間における肯定性の頻度（P）を，同時期における否定性の頻度（N）で割ったもの（肯定性比率＝ P ÷ N）である。これがある値以下であると否定性が優勢となり，悪循環に引き込まれる。一方，ある値以上であれば，肯定性に押され，好循環を手に入れる。フレドリクソン（2009）は「悪循環か，好循環か。それは，あなたの選択である」（p.16）と述べている。

研究によれば，肯定性比率が３：１以上の場合，持続的幸福がもたらされ，健康になり，生産性が向上し，さらに平穏が訪れる[4]。よい知らせとしては，長期的にみると，抑うつよりも幸福のほうに感染しやすいというよいデータがある（Fowler and Christakis, 2008），それゆえ，肯定性への好循環が生じるだろう。

Exercise 4.5

以下は，幸福な生活とウェルビーイングのための３つの質問です。
1. 今日行ったことのなかで満足を感じたものは何でしたか。
2. 今日，誰か他の人が行ったことのなかで，満足を感じたものは何でしたか。その人がもう一度同じことをするような対応を私はしたでしょうか。
3. その他に，何か感謝をするようなものを見たり，聞いたり，感じたり，嗅いだり，味わいましたか。

（訳注4）３：１の法則
　　原著が出版された翌年に，ブラウン（Brown et al., 2013）により「３：１」の求め方が適切ではなかったとの批判論文が刊行された。関連情報は "critical positivity ratio" で検索すると得られる。

第 4 章　ポジティブ CBT の 2 つのルーツ

Story 4.1「肯定的感情の力」
　医師が患者を肝臓病と診断する過程を調べるために，診断までに医師が考えたことを口に出してもらうという研究があった。驚いたことに，この研究者チームが医師にちょっとした謝礼（キャンデー 1 つ）をしたときに，医師は症例の情報を上手に統合することができ，最初の考えに固執したり，確定する前に診断を下したりすることは少なかった。

(Isen et al., 1991)

Exercise **4.6**

　このエクササイズでは幸福やウェルビーイングを探すために 50 件（5 領域 × 10 件）の肯定性な事物をリストアップします。この 50 件を，あなたのパートナー，子どもたち，同僚と話すのは楽しいことでしょう。彼らにも同じように 50 件を尋ねるのを忘れずに。

1. 肯定的な個人特性を 10 件あげる。
2. これまでの成功を 10 件あげる。
3. 他者に親切にする方法を 10 件あげる。
4. 人生で経験した「棚ボタ」を 10 件あげる。
5. 他者が助けてくれたことを 10 件あげる。

ルーツ 2：解決志向ブリーフセラピー

　解決志向ブリーフセラピー（SFBT）は，心理療法のアプローチの 1 つで，問題解決ではなく解決構築を基礎としている。現在の問題や過去の原因を探るのではなく，現在のリソースと未来の希望を探し，通常 3～5 セッションで終結する。解決志向ブリーフセラピーはセラピーへの準備として非常に有用で，単独でもしばしば十分な効果をもたらす。また他の治療法とともに使っても安全である。解決志向ブリーフセラピーは，問題があることには気づいているが，分析はできていない状況で，変化をどのように利用するかを理解するための構造的過程である。SFBT はクライエントに変化をゆだねる有用な相互作用である。クライエントは，希望や創造的アイデアをよりもてるようになり，有能感，可能性への明確な見通しももてるだろう。
　解決志向ブリーフセラピーの心理療法におけるモデルは，アメリカのミルウォーキーにある BFTC（Brief Family Therapy Center）において，ディ・シェイザー（De

Part 1：理論

Shazer）とバーグ（Berg），そして同僚によって 1980 年代に開発された。そのもとにはワツラウィックら（Watzlawick et al., 1974）の発見がある。ワツラウィックらは解決努力（attempted solution）が，時に問題を持続させること，問題の起源を理解する必要は常にはないことを見いだした。ディ・シェイザー（De Shazer, 1985）の命題は次の通りである。

- 解決の構築は，必ずしも問題に関連しているわけではない。問題そのものを詳細に検討しても解決を見つける役には立たず，問題の例外を検討すべきである。
- クライエントは専門家である。クライエントはゴールとゴールまでの道筋を決定する。
- うまくいっているならば，直そうとするな。クライエントの知覚において問題のないことは，そのままにしておけ。
- うまくいっているならば，もう一度繰り返せ。たとえ，それが期待されていることとまったく違っていたとしても。
- うまくいかないならば，何か違うことをせよ。同じことを繰り返していてもどうにもならない。

> **Story 4.2**「変化のために何か違ったことをせよ」
> このような言い伝えが日本にある。あるとき，海辺の村が津波に襲われた。しかし，津波は水平線の向こうにあり，それに気づいたのはただ一人，小高い丘の田んぼにいた者だけだった。大声を上げても届かず，麓に降りて知らせる時間はなかった。そこで彼は田畑に火をつけた。炎を見た村人たちは田畑を守ろうと群れになって丘に登ってきて，津波から逃れることができた。

質問は解決志向ブリーフセラピーの重要な技法である。バニンク（Bannink, 2009e, 2010a, 2010b）によって開発された解決志向の 4 つの基本的質問は次の通りである。

1. あなたの一番の希望は何ですか。
2. それはどのような違いをもたらすでしょうか。
3. すでにうまくいっていることは何ですか。
4. 進歩を示す兆しは何でしょうか。あなたの次の一歩は何でしょうか。

解決志向の質問は，従来の CBT で広く使われている問題志向の「ソクラテス式質

問」とは異なっている。ソクラテス式質問の目的は，問題に関連している思考を支えている仮定や証拠を明らかにすることである。患者を困らせている自動思考を扱うソクラテス式質問は以下の通りである。

- テーマを明らかにする（その考えを支持する証拠は何ですか）。
- 合理的な代替案を考える（その状況を違ったふうに説明したり眺めたりすると，どのようになりますか）。
- あり得る多様な結果を検討する（最悪の，最良の，耐えられる，そして最も現実的な結果は何ですか）。
- それらの結果を評価する（このように考えたり，信じたりすると，どのような影響がありますか）。
- 距離を取る（誰か，あなたの友だち／家族が同じ境遇にあり，その状況をこのように見ていると想像してください。その人にあなたは何と言うでしょうか）。

解決志向の基本的質問（1）

　解決志向の基本的質問の最初は「あなたの一番の希望は何ですか」である。希望はポジティブ心理学の重要な概念の1つである。希望理論によれば，希望とは旅であり，行き先（ゴール），地図（経路思考：pathway thinking），輸送手段（作因思考：agency thinking）が必要である。希望に関する研究（Snyder, 2002）によれば，ゴールとゴールに達する方法をもつことは重要である。希望に満ちた人は，そうでない人に比べ明確なゴール（行き先）をもつ。また，そこへ達する手段についてもはっきりとしたイメージをもつ。つまり，希望に満ちた人はメンタルマップをもっているということだ。加えて，彼らはゴールに近づくための何かを自分自身でもっていると信じている（自分に輸送手段がある）。そして，もしゴールへのルートが阻止されたとしても，希望を高くもつ人はもたない人よりも代わりの方法を容易に思いつき，よい気分でいる。それゆえ，ラポールが取れた後のSFBTにおける最初の質問は「あなたの一番の希望は何ですか」となる。または「このセラピーが終わったとき，どうなっていることを望みますか」である。システムズ・アプローチや集団療法では，セラピストは参加者に，よりよい未来のための希望について話してもらう。

　変化が可能であること，そしてこの状況に対処する新しい方法や別のやり方があるという見通しをクライエントに提供することはセラピーにおいて重要である。SFBTはこの点にうまく合致する。というのは，構築される解決はウェルフォームド・ゴール（well-formed goal）の発展についてであり，ゴールはクライエントが最も希望する

Part 1：理論

もの，そして，その希望がつくる差異についての質問から構築されるからである。それらの質問は，クライエントに問題がなくなった後の生活についての詳細なビジョンを発展させていく。重要なのは，クライエントが自身の準拠枠に従って見通しをもてるようになることである。そのためには問題志向の会話から面接が始まることもある。問題解決アプローチに比べセラピストの提案に頼ることは少ない。またクライエントの希望とモチベーションを育て，自己決定を促進する。そしてSFBTはクライエントに偽の希望が生まれるいかなる傾向をも阻止する。クライエント自らが変化のビジョンを明らかにし，自らの状況に関する専門家として，望ましい未来のどの点が生じ得て，どの点が生じ得ないかを明確にする。つまり，現実的なものと，そうではないものとをクライエントは考え，説明する。

　希望についての質問は，期待についての質問とは異なる。「この治療に何を期待しますか」と質問すると，クライエントはセラピストに問題解決者としての役割を期待する。この危険性は，クライエントをゴールに運ぶ唯一の手段はセラピストであり自分ではない，とクライエントが考えてしまうことである。

解決志向の基本的質問（2）

　基本的質問の2つ目は，「何が違ってきますか」である。この質問でクライエントは，望ましい未来を肯定的に具体的に現実的な言葉で語るようになる。望ましい未来を語っているとき，多くのクライエントはホッとしてくつろぎ，リラックスして幸せな気分になると報告している。その未来のなかで，クライエントは，どのように反応し，どのようなやりとりをしているのだろうか。彼らの一日はどのようになっているだろうか。どのような違ったことをしているだろうか。そしてクライエントが望ましい未来に到着したことを，どのようにして他者は理解するだろうか。差違についての質問は常に未来形で語られる。希望は常に未来についてであるからだ。この望ましい未来はクライエントをセラピーに来させた問題抜きで語られる。時には，望ましい未来にも問題が存在していることもあるが，それらはもはやクライエントを悩ませてはいない。

　ディ・シェイザー（De Shazer, 1991）は，専門家とクライエントにとって重要なツールは差異そのものである，と言っている。彼らにとって差異は差異でしかなく，それだけでは作用しない。それを認識することでのみ，差異をつくりだそうと動き始める。「セラピーの言語ゲームにおいて，クライエントの物語はセラピストにある見方をさせる；それをセラピストが書き直す（差異）ことでクライエントは他の見方ができるようになる」（p.156）。セラピストは，クライエントの物語のなかから差異が作用す

るポイントや要素を見つける必要がある。違いが明らかな多くのポイント，差異を指摘できる多くの部分がある。そのうちのいくつかの差異が，クライエントが自分の人生により満足を感じると言えるような差異をつくりだす。

　変化は常に起こっており，セラピストの役割は有用な変化を見つけ，それを増幅することである。SFBTは変化そしてクライエントがよりよい未来をつくる援助に関心をもつため，ポジティブな差異に関する質問が非常に重要と考える。あなたの一番の希望が叶うとき，どんな違いがそれを叶えるだろうか。あなたの未来はどのようなものだろうか。あなたは，どんな違ったことをしているだろうか。周りの人との関係は，どのように違っているだろうか。周りの人は，どんな違ったことをしているだろうか（Bannink, 2010a, 2010c）。

　現在や過去の例外を尋ねることは，差異についてのまた別の切り口である。問題がマシなとき，何が違っているでしょうか。あなたは，どんな違ったことをしますか。周りの人は，どんな違ったことをしますか。そのとき，あなたと周りの人との関係は，どのように違っていますか。周りの人は，どんな違ったことをしますか。そのとき，あなたと周りの人との関係は，どのように違っていますか。例外についての質問は，とても有用である。というのは，マシなときに何が働いているかが明らかになるからだ。過去に役立ったことは，クライエントの人生をよくするために，もう一度使えるかもしれない。スケーリング・クエスチョン（後述）でセラピーの進捗について尋ねることができるし，治療開始前の変化，希望，動機づけ，ゴールに達する自信について尋ねることもできる。

Exercise 4.7

　何か変えてみたいことを考えてみましょう。そして自分自身に問います；それが変わったとするならば，どんな違いが生じるでしょうか。他には何が違ってくるでしょうか。他には？　どうなっているか，と単に想像するよりも，多分，いろいろなことを思いつくでしょう（これは「上向き矢印法」という。第7章で詳述する）。

Exercise 4.8

　これは「成功の責任追及」のエクササイズです。問題に対する例外，過去の成功，現在の解決について尋ねるときに，「成功の責任追及」をしてみます。「あなたはどのようにしてそうすることができたのですか」「どうやって，そのような上手いアイデアを思いついたのですか」　この質問に隠されているのは，クライエントは一定の能力をすでに発揮している，そして，もし適切であれば，この成功は繰り返される，というメッセージです。

Part 1：理論

••• ● Case 4.1

セラピストがクライエントに言う。
　これまでと違った種類の質問があります。「スケーリング・クエスチョン」といって，0～10のスケールで表します。たとえば，10は生活のすべてがとてもうまくいっていることを示し，0はちょうど，相談の電話をしてきたときのように，ものごとがうまくいっていない状態です。そのスケールで言えば，今日はいくつくらいですか。このセラピーが終わるとき，どのくらいであればよいでしょうか。そのとき，人生にどのような違いが生じているでしょうか。

••• ● Case 4.2

　50ポンド（約22kg）痩せたら幸せを感じるだろう，とあるクライエントが言った。セラピストは尋ねた。「もし最初の1～2ポンド痩せたら，あなたの生活はどのように違ってくるでしょうか」。クライエントは答えて，「ちょっとはよい気分を感じるでしょう。そしてもっと体重を落とすと，少しは信じ始めるでしょう」。そこでセラピストは尋ねた。「ちょっとしたよい気分と少しの希望は，あなたの人生にどのような違いを生むでしょうか」。クライエントは言った。「もっと外に出るでしょう。そして子どもたちや夫に少しは優しくできるでしょう。気分もよくなっていますから」。クライエントの望ましい未来のビジョンはさらに強められ，彼女が第一歩を踏み出す可能性は高まった。

解決志向の基本的質問（3）

　基本的質問の3つ目は，「すでにうまくいっていることは何ですか」である。
　セラピストは治療前の変化（第6章参照）を尋ねることから面接を始めるかもしれない。多くのクライエントは，セラピストに会う前からこれまでと違ったことをし始めている。初回セッションの前に変化がすでに生じているかどうかをセラピストは尋ねることができる。クライエントの問題解決をセラピストが手助けして初めてクライエントも変化し始める，という共通認識がいまだにある。しかし変化はクライエントの生活のなかのすべてで生じている。尋ねてみると，心理療法を受けているクライエントの3分の2がセラピーの予約を取ってから初回までの間に積極的な変化を報告する（Weiner-Davis et al., 1987）。
　変化に着目すると，クライエントのすでに存在するストレングスとリソースが見え，それらを利用できるようになる。注目すべきは，この変化を引き起こすためにクライエントは何をしたか，である。セラピストは次のように尋ねることもできるだろう。「多くのクライエントが指摘していることですが，予約の電話をしてから初回セッション

までの間に，ものごとがすでに変わってきているそうです。あなたの場合，何か気づいたことはありますか」。

　治療前の変化を探すことで，新しい有益な情報が得られることがある。クライエントがすでによくなったことを報告すると，それが小さいものでも，セラピストは以下のような，コンピテンス・クエスチョン（competence question）をすることができる。どのようにして，それをしたのですか。どのようにして，そうしようと決めたのですか。この妙案を，どのようにして思いついたのですか。

　すでにうまくいっていることを尋ねるとき，例外探しの質問がしばしば用いられる。いつも問題志向の質問をされている多くのクライエントにとって，それらの質問は珍しいものであろう。解決の鍵となる例外について尋ねられて初めて，クライエントはそれに気づく。解決は以前は気づかれていなかった差異からつくられることが往々にしてある。ウィトゲンシュタイン（Wittgenstein, 1968）によれば，例外はすでに表層にあり，それを掘り起こす必要はない。私たちにとって最も重要なものごとは，それが単純で見慣れているが故に，隠れている。目の前に常にあるものには気づかない。

　セラピストは，例外を尋ね，探し，次にクライエントがすでにしていることに対してコンプリメント（compliment）をする。例外探しはSFBTの他の特徴と同様に，クライエントの準拠枠を尊重する。

　スケーリング・クエスチョンを使うのもよい。「10が望ましい未来を手に入れたとき，0は想像できる最悪の状況として，今は何点かと聞かれたら何点と答えますか」。スケーリング・クエスチョンによってセラピストは，クライエントが過去の経験についての複雑で直感的な意見を表現したり，未来の可能性を評価したりするのを援助する。スケーリング・クエスチョンはクライエントに意見，印象，予想を10〜0のスケールで表現させる。たとえば，クライエントに「10〜0のスケールで，10がゴールを達成できる自信がある。0はまったく自信がないとしたら，今，何点くらいですか」と尋ねる。

　スケーリング・クエスチョンはシェイピングとしても知られている漸次的接近の開始点として機能する。これはオペラント条件づけの一種で，強化の基準を反応を望ましい反応に徐々に近づけていくものである。

解決志向の基本的質問（4）

　4つ目の，そして解決志向の基本的質問の最後は，「次のステップは，どのようなものでしょうか」または「進歩の次の兆しは何でしょうか」である。このような質問は初めてのクライエントもいるだろう。「あなたの次のステップは，どのようなものでし

Part 1：理論

ょうか」と尋ねられることで，現状を改善するために，周囲の人やセラピストが何かをしてくれるのを待つのではなく，クライエント自身が何ができるかを現実的に考えることになる。

　この質問が使われるのは，進歩のスケールでクライエントが先に進むことを欲しているときだけである。現在が，今考えられる最良の状態であるならば，どうやって現状を維持することができているかをクライエントに問うことで会話が続けられる。

　進歩の次の兆しについての質問は，誰が何をいつしなければならないか，については語られていない。クライエントが何もせずに進歩の徴候が現れることもある。

　これら4つの解決志向の質問は，どのような錠にでも合うような万能鍵に見えるかもしれない。この鍵を使う前に，それぞれの錠（つまり，それぞれの問題）を1つずつ調査したり分析したりする必要はない。この鍵はすべてのⅠ軸，Ⅱ軸障害（DSM-Ⅳ-TR）に使うことができる。グラントとオコーナー（Grant and O'Connor, 2010）によれば，問題志向の質問は否定的な感情を減らし自己効力感を増すが，問題の性質が理解できるようにも肯定的感情がもてるようにもならない。解決志向の質問は肯定的感情を増やし，否定的感情を減らし，自己効力感を増やすと同時に，問題の性質についての実験参加者の洞察や理解も促進させる。

　自らの望む未来をクライエントが少しでも目にすることができるのはいつだろうか。もし望ましい例外が姿を現したならば，セラピストは，例外について，より詳細な情報を求めるだろう。もし例外がまだ現れなくても，この時点でゴールを構築できるならば，セラピストはゴールについて尋ねることができる。以上の条件に当てはまらない場合は問題を分析する。つまり，問題の分析に変更する必要があるのは，初回セッションまでに何ら改善がなく，例外が見つからず，ミラクル・クエスチョン（本書で後述）や他のゴール構築の質問を用いても行動的な言葉でのゴールが構築できないときだけである。多くの場合，問題を詳細に検討しなくても，解決に向けた作業を直ちに始めることができる（De Shazer, 1985）。

　問題について語らずに問題を解決することができるのだろうか。答えは「イエス」である。「問題が解決したとすると……」と質問し，クライエントに次のことを考えてもらう。

- クライエント自身の，または大切な他者の人生で，何が違ってくるだろうか。
- 最初に気づくのは誰だろうか。
- 解決に向かっている最初の兆しは何だろうか。
- 他には何がよくなっているだろうか。

第4章　ポジティブCBTの2つのルーツ

　クライエントや同業セラピストの多くは，唯一のセラピー・ゲームは「問題志向ゲーム」であり，解決を見つけ実行する前に問題を調べ分析する必要がある，といまだに考えている。新しい「ストレングスと解決志向ゲーム」においては，問題を調査・分析する必要はない。新たなゲームは，クライエントが人生でどのような違いを望むか，そして，それをどのように実現するか，についてである。調査と分析の対象はクライエントのゴール，そして苦悩への認識である。このゲームは，問題の詳細について知らず，理解せずとも可能であり，心理療法をもっと前向きで費用効率のよいものにする。

　オランダ行動・認知療法学会（VGCt）は，2006年に解決志向認知行動療法セクションを設立した。その結果として，オランダのCBTセラピストの1割が前向きな解決志向の方法をとっており，その数は今も増え続けている。解決志向ブリーフセラピーはCBTの一形態とみることができ，バニンク（Bannink, 2005, 2006a, 2008a, 2010a）で詳細に論じている。

　セレクマン（Selekman, 1993）は，実用的な解決志向の前提をいくつか提案している。その前提はクライエントの新たな見方をセラピストに提供する。

1. 抵抗という用語は役に立たない。「抵抗」という語はクライエントには変化の意思がなく，専門家は治療システムから切り離されていることを示唆する（De Shazer, 1984）。したがって，抵抗は有用な考えではない。クライエントには抵抗，権力，統制という姿勢ではなく，協働的に接するのが望ましい。専門家は，クライエントの長所，リソース，本人の語りと考えを利用し，コンピテンス・クエスチョンを行う。
2. 変化は必然であり，安定は幻想である。考えるべきは，変化するか否かではなく，それがいつ生じるかである。クライエントは肯定的な自己成就的予言をするよう援助される。変化について語ることと，それが実現することには直接的関係があるように思える。過去，現在，未来の成功について語るのは有益である。一方，過去，現在の失敗についての情報を集めることは，否定的な結果に繋がる。

　　小さな変化（例外）に気づき，そこに価値を見いだすようになると，クライエントは他の変化も生じてくると期待するようになり，雪玉効果を信じ始める。解決のきっかけはクライエントにすでに存在するが，それはしばしば気づかれずにいる。それは問題に対する例外（隠された成功）である。例外を検討していくと解決に繋がる活動が広範囲に頻繁に生じていることがわかる。解決像をみていくと例外を探す方向がわかる。クライエントは自らの解決を見つけるエキスパー

Part 1：理論

トなので，自分自身に適した，状況に合った解決を素早く見いだし，その解決は持続するだろう。解決志向のセラピーは人々のなかに病理を探さない。生活をしていると困難なことにいろいろと出会う。それに対しクライエント本人や周囲の人々（セラピストを含む）がどのように反応するかで，慢性化する。クライエントは解決に利用できるリソースや能力をもっている。結果として希望や自信が再構築される。

3. 問題のない状況も（問題と）同程度に存在している。状況は常に変動している。
4. 問題を解決するために，問題について詳細に知る必要はない。専門家が探してもよいのは，問題がまったく生じていないときやひどくないとき，または問題が一時的に停止するときにクライエントがどのような違ったことをしていたか，である。
5. クライエントが治療のゴールを決める。ゴールに到達したとき，クライエントの人生がどのようになっているのか，はっきりと詳細にクライエントに語ってもらうのは重要である。
6. 理論は，何が見えるかを決める。現実は見る者によって定義され，専門家はシステムの現実感をともにつくることに加担している。精神分析のセラピストは，多分，未解決の葛藤や心理的欠陥を見るだろう。専門家が理論をもたないことは難しい。解決志向のセラピストは問題で一杯のクライエントの物語の書き換えを援助する。ディ・シェイザー（1984）は，専門家とクライエントはネットの同じ側にいるテニスプレイヤーであると考えた。専門家はサイドラインにいる観察者ではない。
7. 「現実」の決定的な説明や記述は存在しない。状況の見方は多数存在し，それらはすべて正しい。セラピストはお気に入りのモデルに固執しすぎてはならない。1つの考えしかもたないことほど危険なことはない！

最後に，従来の心理療法は「現在」から望ましい未来を設計していた。一方，解決志向ブリーフセラピーは未来から現在をつくる。望ましい未来を詳細に語ってもらい，スケーリングをし，すでにできていることを見つけ，進歩の兆候を明示することで，戦略的計画過程全体がまさに反転した。次のストーリーのように。

Story 4.3「未来からの回想」

イギリスの精神科医のマカダム（MacAdam）が次のように語った。

私の患者である少女は虐待を受けていた。診察室に入ってきた彼女は，大きな子で，スキンヘッドで頭にタトゥーがあり，1週間はシャワーも浴びていないようだった。彼女はいつも怒っているようだったので，彼女に会ってみるよう以前から依頼されていたのだ。精神科医に会ってみたいと彼女が思っていないことは明白だった。彼女は，山ほどのセラピスト，ソーシャルワーカー，サイコロジスト，スクールカウンセラーにすでに会っていた。「過去についてあなたは，もう何度も何度も話してきたでしょうから，今日はあなたの未来の夢について話しましょうか」と私は言ってみた。すると，彼女は顔を輝かせ，夢は王女になることだ，と言った。

彼女は王女から最も離れた存在のように思えたが，私はそれを真面目に扱った。王女とはどのような意味かと彼女に尋ねた。人々の王女になることについて彼女は話し出した。王女は人々のために働き，人々を思いやり，骨惜しみしない，美しい使い（ambassador）である。細身で身なりがよい。その後，2〜3か月にわたり，私たちは，その王女は何をするかについて話し合った。そのなかで，少女は14歳で，この2〜3年間登校していないことがわかった。

彼女が描く王女はソーシャルワーカーであった。そこで私は言った。「さて，今から10年経ってあなたはソーシャルワーカーとしてのトレーニングを積みました。どこの大学に行きましたか」。彼女はイギリスの北部にある大学の名前を口にした。「どんな本を読んで，そこでどんな勉強をしたのかな」。彼女は言った。「わかんない。心理学，社会学，あとそんな感じのいくつか」。私は言った。「14歳だった頃を思い出して。あなたは2〜3年学校に行っていなかった。思い出してみて。どうやって学校に戻ったかを」。

彼女は言った。「私には助けてくれる精神科医がいた」。そして私は大切な質問をした。「彼女はどうやって君を助けたの？」。すると彼女は，精神科医が学校に電話を掛けた，と話し始めた。私は続けた。「電話で話したのは誰？　あなた，それともその医者？」。

彼女は答えた。「医者が話した。だけど彼女がしたのは，学校に戻るための話し合いをセッティングしただけ」「あなたが学校に行って，そこの先生とどんな握手をしたか覚えている？

あなたはどんな格好で，何を着ていた？」。私たちはこの瞬間に入り込み，この面接がどのようなものだったかを未来から詳細に回想した。彼女はどのような会話をしたのか，自信をもって話せたか，を話すことができた。

この会話の1か月後，彼女は私に言った。「そろそろ学校に行く頃だと思っているけど，どう？　学校に電話をして面会の予約をしてくれない？」。面会についてもっと話し合っておくことはないかと彼女に尋ねると「ない」との答えだった。どう振る舞えばよいか彼女はわかっ

Part 1：理論

> ていた。面接に行って，彼女はみごとにそれをやってのけた。
> 　10 年前に私は彼女に初めて会った。現在，彼女はソーシャルワーカーの資格を取った。彼女が言ったのとは違った大学に行ったが，彼女は夢を叶えた。
>
> （MacAdam を改変）

ポジティブ心理学と解決志向ブリーフセラピーとの比較

　バニンクとジャクソン（Bannink and Jackson, 2011）は，ポジティブ心理学と解決志向を比較した。それを要約すると両者の主な類似点は以下の通りである。

- 変化へのポジティブ・アプローチの流れにある。
- 医学的文脈では「疾患志向」ではなく「健康志向」である。
- クライエントの望まないことから離れるのではなく，クライエントの望みに焦点を当てる。
- ストレングスとリソースを探す。
- 個人・家族・コミュニティが成長する方法の学習と促進をゴールとする。
- 過去を振り返るのは，役に立った解決や，成功経験を見いだすためである。
- 病理を探し求めたり，つくりだしたりしない。
- 問題の診断ラベルを利用しない。
- 構成主義の伝統を哲学的基礎におく。
- 互いに互いを，よく知らない。

主な相違点は以下の通りである。

- ポジティブ心理学は学術的性質をもつ。個人・家族・コミュニティを成長させる介入を科学的に理解しようとする。一方，解決志向ブリーフセラピーは，この文脈における，この瞬間の，このクライエントに対して，役立つものを探している。
- ポジティブ心理学がストレングスを語るとき，性格形成に関心がある。解決志向ブリーフセラピーは普遍的なストレングスには関心もなければ，信じてもいない。文脈内にある例外のリソースを見つけ，特定の状況での特出した点を拾い出す。
- ポジティブ心理学は，あなたは今どこにいて，今後どこに行きたいか（現在から未来へ）を問う。解決志向ブリーフセラピーは，ゴールを思い描くことから始め，

現在に遡る（未来から現在）。
- ポジティブ心理学は，一般的に真であるものを探し，検証可能な理論を産み出そうとする。解決志向ブリーフセラピーは知らない姿勢（not-knowing stance）を取る。というのは，一つひとつの事例は異なっているからだ。
- ポジティブ心理学の姿勢は，「先導」（あなたが落ち込んでいるならば，この段階的なエクササイズを試しなさい）である。解決志向ブリーフセラピーの姿勢は「一歩後ろから導く」であり，クライエントの専門性を引き出すための質問をする。
- ポジティブ心理学の関心は主として個人にある。すなわち，その人の頭のなかで何が起きているのか，である。解決志向ブリーフセラピーは，より相互作用的である。すなわち，行為は相互作用のなかにあり，精神は行為の仕方の指標ということである。最近のポジティブ心理学では，ストレングスを時と場所を越えて固定された傾向とは見なさなくなった。したがって，ストレングスに関するポジティブ心理学と解決志向ブリーフセラピーの視座は近づいている。

実証的エビデンス

　ポジティブ心理学も解決志向ブリーフセラピーも，エビデンスに基づいた心理療法である。この点に関するポジティブ心理学のさらなる情報はフレドリクソン（2009）とセリグマン（2011）を参照されたい。ポジティブ心理学の研究では，従来と同じく科学的方法を用いてはいるが，その多くは生きるに値する人生特質の測定，理解，構築の再検討である。
　解決志向ブリーフセラピーにおける根拠に基づいた実践の情報はマクドナルド（Macdonal, 2011），フランクリンら（Franklin et al., 2012）を参照されたい。アウトカム研究のメタアナリシスは，解決志向ブリーフセラピーが幅広いテーマと対象者に対して，小〜中程度の正の効果をもつことを示している。現在確立している治療と，解決志向ブリーフセラピーを比較すると，うまく計画された研究では，解決志向ブリーフセラピーは実証された他のアプローチと同程度の効果を，短時間で少ないコストでもたらすことの多いことが示されている。

神経科学

　神経科学は神経系のすべての側面を研究する。研究に使用するコンピューターの進化・高速化は神経科学を時代の最先端にした。神経科学者が脳を研究する際には，分

Part 1：理論

子レベルから全体的システムレベルまでの，多くの異なった視点をもつ。ポジティブ心理学と解決志向ブリーフセラピーは，肯定的感情と脳機能，免疫システム，ホルモン，神経伝達物質，抗うつ剤の関連についての仮説を検証するために，神経科学の知見を用いようとしている。本節では，神経生物学の分野で立証された「肯定的感情」に関する研究を概略する。これらの知見は，ポジティブCBTの妥当性を支持する。

脳

「肯定性は脳を変え，そして人と世界との関わり方を変化させる」（Fredrickson, 2009, p.59）。ポジティブさは，創造性を促進させる。この事実はロー（Rowe et al., 2007）により示された。彼らは，音楽を使って実験協力者に肯定的，否定的，中性の感情を引き起こし，その後，2つの課題を実施した。課題の1つでは，周辺視野に提示された妨害情報の影響から視覚注意の範囲を測定した。もう1つの課題は，言語的創造性を測定するもので，与えられた3つの単語に関連する1語を考え出すものであった（たとえば，「芝刈機」「原子」「外国」から「力」；遠隔連想テスト〈Remote Associates Test〉）。肯定的に感じていると，2つの課題遂行は並行して変化した。つまり，視覚注意の範囲が拡大していると言語課題でもより創造的になった。これは重要な関連である。ポジティブさは，多様な，そして相互に関係する方法で心を拡げることが示されたからである。

神経生物学分野での最近の見識や，両半球の機能についての知識では，右半球がコミュニケーションの非言語的側面（Siegel, 1999），すなわち，イメージを見たり，一次的感情を感じたりすることを主に処理している。またメタファー，パラドックス，ユーモアの理解に関わっている。フィクションや詩を読むと右半球が活性化する。科学的な文章であれば活性化するのは左半球である。左半球では，語の意味に関連する処理が行われ，また「デジタル表象」も生じる。左半球は論理的分析（因果関係）を受け持つ。文の単語を読むこと，注意の諸相，物語内の出来事の順序を理解することは線形処理である。このように，左半球は言語を基礎にしたコミュニケーションを支配する。ある見解によれば，右半球は世界を，それが実際に在る以上に見て，文脈をよりよく概観する。一方，左半球は受け取った情報を分節化する。左半球は木を見て，右半球は森を見る。

Exercise 4.9

好きな曲をヘッドフォンで聴いてみましょう。まずは左耳で，次に右耳で聴きましょう。どのような違いがありますか　いくつかの研究によれば，右利きの人の多くは，右

耳（左半球に繋がっている）よりも左耳（右半球に繋がっている）で音楽を聴くほうを好みます。左耳で聴くと「音楽の流れに漂っている」全体的な感覚がより感じられ，それは右耳で聴く体験と異なっています。プロのミュージシャンでは，この傾向が逆になります。彼らは，素人よりも分析的に音楽を聴いているからでしょう。

脳の可塑性

　神経科学者は成人の脳は安定したものではなく，生涯を通して変化することを発見した。新たな神経結合ができ，ある領域では新しい細胞が生まれることさえある。神経発生と呼ばれる過程である。最近の研究が示唆するところでは，身体的運動と認知的刺激が，このような「脳の可塑性」を促進し，脳の情報処理容量を拡張する。
　ブレーウィン（Brewin, 2006）は，CBTは記憶のなかの自己に関連する情報を直接に変容するのではなく，肯定的な表象と否定的な表象の相対的活性化に変化を生みだすことを示唆した。肯定的な表象は検索競合に勝利するよう援助される。検索競合の観点からは，セラピストがクライエントに指示した行動はさらなる詳細な表象をつくり，不安喚起場面に拮抗する。しかし新たな表象は，強迫観念，恐怖，絶望を含む否定的な文脈よりも，たとえば，自由選択，相対的安全，自己効力感へのちょっとした信念などの肯定的な文脈に組み込まれる。リハーサルにより新たな表象の活性水準が増大し，意図的に自分自身で曝露することにより表象が特徴づけられ，経験された不安が低減すると表象は生じやすくなるだろう。
　競合記憶訓練（COMET：第3章で詳述）で使われている介入は，この検索競合が説明の基礎になっている。当初COMETは自己評価が低いクライエントに適用されていたが，現在では診断横断的アプローチとして摂食障害，人格障害，抑うつにも用いられている（Korrelboom et al., 2009）。

マインドサイト

　神経科学はマインドフルネス訓練が脳に永続的影響を与えることも示した。マインドフルネス訓練は，感情反応の基礎にあると知られる脳回路の基礎代謝を変え，否定性につながる回路の活動を減少させ，楽観性につながる活動を増大させる（Davidson and Kabat-Zinn, 2003）。
　シーゲル（Siegel, 2010）によれば，経験により繰り返される神経発火は遺伝子の発現やタンパク質産生に影響を与え，ニューロンの遺伝子調整と脳の構造的結合の双方を変化させる。脳の発火を戦略的に刺激する意識の力を利用して"マインドサイト（mindsight）"（自身の心の内的働きを見る焦点化された注意．）は不随意に生じる発火

Part 1：理論

パターンを随意的に変化させる。以前は別の領域で生じていた発火パターンが，注意集中により関連づけられて統合される。シナプス結合が強められ，脳は，より連動するようになり，心はより適応的になる。

楽観性バイアス

　未来は，過去や現在よりもよくなるという信念は「楽観性バイアス」として知られている。科学的証拠が集まるにつれ，楽観性は進化の過程でヒトの脳に備わった回路であろうと結論づけられている。楽観性の科学は，ヒトの意識の作用に新たな窓を開いた。私たちの脳は，過去だけではなく，未来によっても常に形づくられている。楽観主義は，ヒトの最も非凡な才能として始まり，精神の時間旅行，すなわち心のなかで時空を行き来することは私たちの生存にとって重要である。

　進歩するためには，今よりもよい現実を想像できる必要がある。そして，それが可能だと信じる必要がある。その確信が目的追求を，より動機づける。楽観主義者は長時間働き，より多くの収入を得る。経済学者は，楽観主義者は蓄えも多いことを発見した。また離婚率が低く，再婚率は高い。

　よりよい未来は往々にして幻想だとしても，楽観主義は現在から明白な利益を得ている。希望は気持ちを楽にし，ストレスを下げ，身体的健康を改善させる。心臓病の研究によれば，楽観主義者は悲観主義者よりもビタミンを摂取し，低脂肪の食事をし，運動をする。その結果，冠動脈疾患のリスクが減る。60歳未満を対象とした癌の研究では，健康状態・社会的地位・年齢を統制した悲観主義者は，そうでない人に比べ，8か月以内に死亡する確率が高い。不快な出来事があっても，私たちはそのうちに雲間の光をすぐに見いだし，すぐに元の幸福レベルに戻る。この現象は「インパクト・バイアス」と呼ばれ，ウェルビーイングに与える不快な出来事の否定的影響を過大に評価する。

　未来を想像する能力の一部は，記憶に関する部位である海馬に存在する。海馬を損傷した患者は，過去を思い出すことも未来のシナリオを詳細にイメージすることもできない。彼らは時間のなかで行き詰まっているように見える。研究によれば，私たちのほとんどは，悲観的な結果に対して思いを巡らす時間は，楽観的な結果に対する時間よりも短い。肯定的な期待は生存率を高める（Sharot, 2011）。

扁桃体との会話

　セラピストとしての私たちは「扁桃体と会話する者（amygdale whisperers）」である。クライエントが扁桃体の活動に気づき，「心配ないさ。すべてがうまくいくから」

と言えるようになることをセラピストは求めている。体質（constitutional），トラウマ経験，否定的な愛着が不適切な感情調整をし，感情的レジリエンスや行動の柔軟性が制限されたときに，扁桃体が活性化する。新皮質の活動はそれらを無効化し，扁桃体の深層構造を耐えられる覚醒レベルにする。そのためには多くの「セルフトーク」ストラテジーが利用でき，イメージや内的会話が活性化する。何度も練習を続けると扁桃体による反応の頻度と強度が有意に減少し，回復が早くなる。シーゲル（1999）は，犬恐怖のクライエントについて述べている。クライエントは犬に襲われ，左耳の一部を失い両腕と胸に深い傷を負った。彼に対して，恐怖反応の特性と恐怖を緩和する神経回路について心理教育をし，リラクセーション技法を教え，犬の自己生成イメージへの曝露を実施した。それでもなお，彼は犬に対しての当初の驚愕反応を示していたので，「認知的無効化（cognitive override）」を試みた。クライエントは，現在の犬と過去のトラウマ（初期覚醒メカニズム）に対する扁桃体の反応の適切性に気づくことを学んだ。次に，自分自身に「あなた（扁桃体）が私を守ろうとしていること，そして，これが危険なものとあなたが考えていることを知っている」（特異的評価段階）と語った。彼が次に言うのは，自分の子どもに子犬を買えるようになるために結局何をするか，であった。「私は，何かを怖がったり，心を乱したり，パニックを感じる必要はない」。そして，扁桃体が安堵のため息をつき，警戒の任務から解放されるさまをイメージすると，彼の破滅感は消えていった。この内的な無効化の会話を数週間繰り返して，彼はペットの購入に踏み出す準備ができたことを感じた。6か月後，彼と家族は新しく迎えた家族とうまくやっている。

欠乏か好みか

　脳の辺縁系は感情，動機づけ，記憶に関連している。下位システムとして「欠乏（wanting）」と「好み（liking）」を区別できる。欠乏によって，私たちが何かを欲するのは間違いない。欠乏は，報酬が確実な行動をする傾向を高める。私たちが行うことや，私たちの身に起こったことで幸福や幸運を感じるのが好みである。好みが働くと，この2つのシステムは相互作用し，互いから学ぶ。しかし時に人は幸福には繋がらないことをしようとする。たとえば，悪習慣に耽溺したり，難しい社会状況を避けたりする。また葛藤をもちながら行動することもある。それゆえ，「何を求めているのか」と尋ねることはクライエントや，私たち自身にとってもあまり役立たない。欠乏にのみ注目しているからだ。そのようなとき「何が私／あなたを幸福にするか」と質問を変えたほうがよい。このためには，これまでの経験を熟考することが重要である。「これまで，どのようなことが私／あなたを幸福にしましたか」。すると欠乏と好みが

Part 1：理論

うまく合致し，自分を幸せにすることを，もっと行おうとする（Litt, 2010）。

> **Story 4.4**「ドリップ・システム」
>
> 　脳を変えるには繰り返しが重要である。ロック（Rock, 2009）は，脳を庭のメタファーで語った。この庭には常に陽が照り，時折，雨も降る。そこでトマトを育てようとする。まずは種を蒔く。このときには毎日の注意深い水やりが必要だろう。芽が出て丈夫になってきたならば，定期的に水をやる。水やりの頻度や量はどのくらいが適切だろうか。1 年分を年 1 回やるとすれば，庭のすべてを押し流してしまうだろう。季節ごとに 1 回というのも十分ではないだろう。月に 1 回ならば，役立つかもしれない。週に 1 回ならば，育つものもあるだろう。週 2 回であれば，持続的で顕著な違いが現れるだろう。トマトを育てる最良の方法は毎日数回水が与えられるドリップ・システムである。ロックによれば，脳内に健全な新しい回路をつくり上げるのも同じである。すなわち規則正しく注意を払う必要がある。

免疫系

　免疫系は個人内の生物学的構造と過程のシステムであり，病原菌や腫瘍細胞を識別し，殺滅し，個体を疾病から守る。

　否定的感情，肯定的感情が免疫システムに与える影響について多くの研究が行われてきた。ユーモアと笑いは，身体的方法に加え，血圧やある種のストレス・ホルモンを低減する等のポジティブな身体過程をもたらすが，他にも有益な影響を与えることはすでに確立した事実である。そのようなわけで，乳がん手術の後に回復を早めるためにユーモアを使う。ユーモアは楽観性に関連し，ストレスに対してマイナスの関連があるからである。またユーモアはストレス軽減効果をもつので，疾病に対抗する積極的なアプローチとなる（Steptoe et al., 2005; Lefcourt, 2005）。

　自己効力感も健康に対して重要な役割を演じる。なによりも自己効力感の高い人は，より健康的な生活パターンをとり，喫煙や飲酒のような有害な習慣を止めることに，前向きに取り組む。第 2 に，高い自己効力感は好ましい生物学的過程をつくりだし，たとえば，ストレス反応や免疫系の過剰反応を軽減する。またストレスや疾患に対処する上で重要なエンドルフィンなどの神経伝達物質の生産にも影響を与える。

ドーパミン

　神経伝達物質の一種であるドーパミンの調整は，ヒトの精神的・身体的健康にきわ

めて重大な役割をもつ。ドーパミンを含むニューロンは中脳の黒質と呼ばれる領域に集中している。ホーベルら（Hoebel et al., 2008）は，ドーパミンの放出は接近行動を引き起こし，アセチルコリンは回避に相関し，原因とみてもよいことを示した。これは過食症において重要である。クライエントには困難な接近－回避の葛藤があり，食べたいが，体重を増やしたくはない。接近と回避のゴールについては第6章で詳述する。

イセン（Isen, 2005）は，ドーパミンについての仮説を定式化した。幸福を感じている人は，自らの意図や社会的責任にしたがい寛大な行動をする傾向がある。また目的達成への動機づけが高く，情報を受け入れ，明晰に考え，高い満足感を報告する。肯定的感情は，ドーパミンの放出との関連を維持して，いっそうの柔軟性，創造性，共感を生みだす。

「肯定的感情は観察される認知に影響を及ぼすが，この過程にドーパミンも一役買っている。このドーパミン仮説は行動レベルと認知レベルの観察から導かれた。肯定的な影響は，認知的柔軟性と視点転換を促進する（また前帯状回領域のドーパミンは柔軟な視点取得と転換を可能にするとの知見もある）」（p.528）。

悩むことが悩みをもたらす（Rock, 2009）。感情が高いレベルになったとき，その感情をどのように名づけるかをよく考えなければ（第9章参照），そしてその状態に留まらないようにしなければ，心にもち込まれた問題は大脳辺縁系を高覚醒にし，問題解決をより困難にする。難しい問題を解決するには，袋小路から逃れることである。そのためには，冷静になり積極的で開かれたマインドになることが一般には必要である。過去のあれこれを詳細に思い出し，自分を見失った状態では，脳が冷静になることなどない。否定的な結合をつくるほど，ドーパミンは少なくなる。そして次の問題解決に使えるリソースが少なくなり，否定的な結合をさらにつくることになる。この低エネルギー状態では，すべてのことが困難に思える。リスクは高まるのに，行動に移そうという気が起こらないだろう。

問題ではなく，肯定的な結果に注目しようと決めることは，脳機能にいくつかの影響を与える。

1. 肯定的な結果に注目すると，脳はその結果に関連する情報を知覚しようと準備をする。解決と問題とを同時に見ることはできない。
2. 左脳を活性化する情報を掘り起こすのではなく，解決を探すと，解決の手がかりを求めて脳は環境を広く走査することになり，右半球を活性化する。右脳の活性化は，複雑な問題を解決に導くための洞察に役立つ。

Part 1：理論

3. 問題に注目すると，問題に関連した感情を活性化しやすく，洞察を抑制する大きなノイズを脳に生じさせる。解決に目を向けると，何かを避けるのではなく，何かを欲し探し求めるようになるので，解決に向かう状態をつくる（第6章参照）。このことにより，ドーパミンのレベルが増し，洞察に役立つ。解決が見つかると期待すると，その肯定的な期待はドーパミンをより放出させる。このようにして，解決に注目すると明らかに洞察をもちやすくなり，幸福感も増す。

オキシトシン

オキシトシンは9個のアミノ酸ペプチドで，視床下部ニューロンで合成され，軸索を下降して下垂体後葉から血中に分泌される。ニューロンから分泌されたオキシトシンの受容体は扁桃体，視床下部腹内側部，隔膜，脳幹など脳，脊髄に広く存在する。オキシトシンは，ストレス，接触，授乳への反応として放出される。多くの種においてオキシトシンは社会行動に関与しており，ヒトでも同様の役割をもっているようだ。オキシトシンは母乳の分泌を促進し，出産時には子宮収縮を刺激する。また相手への信頼感を増し，恐怖を軽減する。そこでしばしば「友情ホルモン」と呼ばれる。群れで生活している動物は，脳における高オキシトシンを過去に経験したのだろう。友情も母性衝動も少なくとも一部は同じシステムに媒介されていると考えられる。

ある研究で実験協力者は「信頼ゲーム」と「リスクゲーム」をするよう依頼された。信頼ゲームで協力者は金を提供するよう求められた。資金提供された人間の受託者は，金を投資し，その利益を協力者に返すか，または信頼を裏切り独り占めすると，協力者には事前に伝えられていた。リスクゲームでは金を返すか返さないかはコンピューターがランダムに決定すると伝えられていた。協力者には，オキシトシンか偽薬が点鼻スプレーで投与された。オキシトシンが選ばれたのは，受託者を信頼する協力者の意志をオキシトシンが特に明らかに増大させることを先行研究が示していたからである。ゲームの間，協力者の脳はf-MRIでスキャンされていた。

その結果，リスクゲームではなく信頼ゲームでオキシトシンは2つの脳領域の活動を低下させた。1つは扁桃体で恐怖，危険そして多分裏切りのリスクを処理する部位である。もう1つは線条体であり，報酬フィードバックに基づき未来の行動を導いたり，調節したりする部位である。この結果をバウムガルトナーら（Baumgartner et al., 2008）は，オキシトシンは信頼に関連する協力者の反応に影響したと結論づけた。協力者がリスクゲームの非社会的リスクに直面したとき，オキシトシンはフィードバックに対する行動的反応に影響を与えなかった。オキシトシン／プラセボの両群とも，フィードバックの後に，リスクを冒す意志を変えることはなかった。対照的に，協力

者が信頼ゲームの社会的リスクに直面したとき，プラセボ群はフィードバックに反応し信頼行動を減少させたが，オキシトシン群では受託者が約50％の確率で協力者の信頼に応えないと知らされても信頼行動を変えることはなかった。

　点鼻投与されたオキシトシンは恐怖を低減した。おそらく扁桃体（恐怖反応の原因と考えられている）を抑制したのだろう。その効果はほんの2～3分ではあったが。オキシトシンは視点取得での共感を増すことで寛大さに作用する。実験では，鼻中のオキシトシンは寛大さを強めたが，愛他心には影響しなかった。「液体化された信頼」とも名づけられるオキシトシンは，点鼻スプレーで購入できる。セラピーを始めるにあたりセラピストがスプレーを用いることで，いつもよりもクライエントの相互信頼を形成するのに役立つだろうか。または，肩への軽い接触や握手（接触はオキシトシンを放出させる）が重要性を説明するかもしれない。

　ウェルビーイングを高めるために，自他に対する慈しみ（compassion）を形成することは，仏教徒の数千年にわたる実践の中心であった（コンパッション志向療法の詳細は第3章を参照）。気遣われている，受け入れられている，所属感をもつ，他者とつながっているという感覚は，私たちの生理的成熟とウェルビーイングの基礎である。それらは特定のタイプの肯定的感情に関連し，その感情はエンドルフィンとオキシトシンを増加させる神経－ホルモン特性とウェルビーイングとに繋がる（Panksepp, 1998）。

エンドルフィン

　ダンバーら（Dunbar et al., 2011）は，社会的笑いについて研究した。笑いは人間の非言語的コミュニケーションの重要部分を形成するが，これまであまり注目されていなかった。リラックスした笑い（デュシェンヌ〈Duchenne〉の微笑）はウェルビーイングの感覚と結びつき，肯定的感情を高める。多分エンドルフィンの放出に起因するのだろう。この仮説を，彼らは痛覚閾値をエンドルフィン放出の指標として，実験室と自然な文脈とで検証した。結果として，コントロール／統制条件に比べ，笑った後の痛覚閾値は有意に高くなった。この痛覚耐性効果は笑いそのものの効果であり，肯定的感情の変化によるのではない。笑いは，エンドルフィン媒介鎮痛効果を示し，ソーシャル・ボンド（social bond）に対し，決定的な役割をもつことが示唆された。

コルチゾール

　コルチゾールは副腎皮質のコレステロールから合成されるホルモンである。食物消化，睡眠－覚醒リズム，免疫システムに影響を与える。コルチゾールは「ストレス・ホルモン」とも呼ばれ，身体的・心理的すべてのストレスが放出のきっかけとなる。コ

ルチゾールの役割は，筋肉中の特定のタンパク質を分解し，グルコース（エネルギー）を生むことである。

このエネルギーは身体のバランス回復に用いられる。ストレス時にはアドレナリンとノルアドレナリンが放出され，身体の警戒態勢を高め闘争－逃走反応の準備をする。この準備に使うエネルギーロスをコルチゾールが補う。多くのストレス研究がコルチゾールの役割を指摘している。モスコウィッツとエペル（Moskowitz and Epel, 2006）は，レジリエンスの高い人，つまりストレスフルな出来事の有益な面を見ることができ，肯定的感情を経験する人はコルチゾールの健康的な変動を示すことを見いだした。

バードクレイブンら（Byrd-Craven et al., 2008）は，問題を詳細に蒸し返し，問題を憶測し，特にネガティブな感情に浸らせ，問題についての広範な論議をし，「プロブレム・トーク」を助長させると，ストレス・ホルモンであるコルチゾールが顕著に増加し，その後の抑うつや不安の予測も高まることを示した。

ガンマ-アミノ酪酸（GABA）

GABA受容体は，脊椎中枢神経にある主要な抑制性の神経伝達物質GABAに反応する受容体の総称である。

バリウム同様，ベンゾジアゼピンはGABA受容体の一種であり，GABAの減速機能を強める。ドラガン（Drugan, 2000）は，回復力の高い動物と，低い動物，すなわちストレスの影響を受けやすい動物とで実験をした。回復力の高い動物ではGABAレベルが高まり，ストレスや恐怖を感じなくなった。回復力の低い動物ではGABAレベルが実際に減少した。GABA受容体は，ストレス事態の想起を減らし，イライラを軽減する。逆にいえば，GABAレベルが下がれば，ストレスフルな出来事を思い出すようになり，イライラも増える。ドラガンは，積極的なコーピングはバリウム様脳内物質の生産を高め，平穏，緩和，リラックス効果をもたらすと結論づけた。

身体

フレドリクソン（2009）は，近年の研究を多数概観し，肯定的感情の体験と以下の点が正の相関をもつことを示した。

- 免疫システムがよくなる
- ストレスが少なくなる
- 血圧が下がる

- 痛みを感じなくなる
- 風邪をひかなくなる
- 睡眠パターンがよくなる
- 高血圧，糖尿病，脳卒中などのリスクが下がる
- 身体，脳の新しい細胞の生産が早くなる
- 寿命が延びる

　おとぎ話のおしまいのフレーズは「そして，みんなは幸せに暮らしましたとさ」である。ポジティブ心理学と解決志向ブリーフセラピーが行った研究は，このフレーズにまったく新しい意味を与える。本書の次のセクションには，ポジティブ CBT の多くの応用が記載されている。願わくは，それらがクライエントとあなた自身に寄与することを。

実践

Part 2

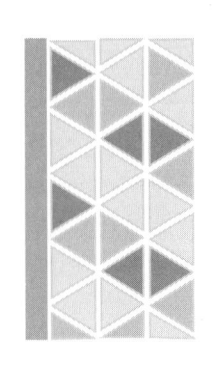

第5章

治療同盟の促進

もし船をつくりたいなら,男たちを駆り立て,木材を集めさせてはいけない。
仕事を割り振って,指示してはいけない。
それよりも,広大で無限に続く大海へ憧れるようにさせることだ。
　　　　　　　　　サン・テグジュペリ（Antoine de Saint-Exupery, 1979）

はじめに

　治療同盟という概念には長い歴史がある。過去数十年の間に書かれた心理療法の本で治療同盟に触れていないものはないだろう。この概念は精神分析的な伝統によって生みだされたのだが,現在では,あらゆる種類の心理療法において変化の必要条件とされている。治療同盟にはさまざまな定義がある。その多様性にもかかわらず一致しているのは,治療同盟はセラピストとクライエントの間の肯定的なつながりであり,クライエントを援助するために計画された治療課題への能動的で協働的な取り組みだという点である。治療同盟に関する研究から以下のことがわかっている（Constantino et al., 2002）。

- 治療同盟はクライエントの改善に有意に関連しており,効果の堅固な予測因子である。
- クライエントとセラピストの両者が治療同盟の質に大きく貢献する。
- クライエントとセラピストの関係の積み重ねが治療関係に影響を与える。
- 治療同盟の質はクライエントとセラピストの相補的な相互作用によって決まるものであり,どちらか一方の行動では決まらない。

　したがって,セラピストは治療において肯定的で強固な同盟をつくり上げるために,

第 5 章　治療同盟の促進

しっかり努力をすべきである。さらに，臨床的な印象にのみ頼るのではなく，使える手段を用いて治療同盟を系統的にモニターしなければならない。このことには第 10 章で再び触れる。

クライエントが（セラピストではなく！）治療同盟をどのように捉えているかが，最もよく知られた，効果の予測因だということを肝に銘じることが重要である。特にセラピーの初期では，クライエントに治療同盟の評価尺度への記入を求めるべきである。なぜならば，初期のセッションでの治療同盟は改善を十分に予測し，同盟の質が悪いとドロップアウトにつながりやすいからである。そのため，セラピーが始まったらすぐに，治療同盟に細心の注意を払わなければならない。

肯定的な同盟の構築

　ポジティブ CBT を始める際には，まずクライエントと「ラポール」を築くことに取り組む。セラピストはクライエントの日常生活についての質問，たとえば「どのような仕事をしているのですか」などと尋ねることで，よい雰囲気でセラピーを始める。また，クライエントが子どもの場合には「何年生なのかな？」と尋ね，その後「今やっていることでどんなことが好き？」「何が得意なの？」「あなたの趣味は何？」「学校でどんな科目が得意なの？」「好きな先生は誰？」などと続ける。これらの質問はアイスブレイクとみなされるが，同時に，クライエントの生活にすでにあるストレングスや解決に関する有益な情報を発見するきっかけにもなりうる。それらの質問によって，クライエントが期待している以上に気軽な会話の雰囲気がつくりだせる。

　これらの質問の後，ポジティブ CBT のセラピストは，クライエントにセラピーに来ることになった目的や，セラピーで取り組みたい事柄について尋ねる。「ここに相談に来た最高の結果は，どのようなものになるでしょうか」という質問は，初回のセッションを開始するよいやり方である。

　多くのクライエントは自分の問題について話す機会を望んでいるようだ。それがセラピーの目的と考えているからである（私はこのことを「問題志向セラピー・ゲーム」と呼んでいる）。ポジティブ CBT のセラピストは敬意をもってクライエントの話を傾聴するだろう。しかし問題の詳細を尋ねることはせず，「プロブレム・トーク」（第 2 章を参照）への正の強化を行わない。「あなたにとってこの問題はどのようなものでしょうか」という質問によって，クライエントはしばしば問題について違う角度から話し始めることができる。さらに，ポジティブ CBT についての情報を与えることは役に立つかもしれない。なぜならば，今日では「ストレングスと解決のセラピー・ゲー

ム」という別のセラピー・ゲームの可能性があることがはっきりしてくるからである。このゲームは，不可能性ではなく可能性に，弱みではなくストレングスを対象にする。セラピストは，問題志向ゲームに固執するクライエントに「あなたの未来や，うまくいっていることの検討を始める前に，何セッションくらい，問題やうまくいっていないことについて話す必要があると思いますか」と尋ねてもよい。

クライエントの見方が正しいと認めることも重要である。「あなたには，これらすべてに対する正当な理由があるにちがいないと私は思います。ですから，もう少し話していただけないでしょうか」。このようにして，セラピストがクライエントの意見と考えを尊重していることを示す。また，初回セッションで，生活のなかに望む変化を話す前に，ポジティブCBTのセラピストとしてクライエントに「絶対に言う必要があること」を話す機会を与えるのもよい（Bannink, 2008c, 2009b, 2009c, 2009d, 2010b）。

ポジティブCBTにおける4つの解決志向の基本的な質問は以下の通りである。これらは第4章で詳しく説明されている。

1. あなたの一番の希望は何ですか。
2. その希望がかなうと何が違ってくるでしょうか。
3. すでにうまくいっていることは何ですか。
4. 進歩していることを示す次のサインは何でしょうか。あなたの次の一歩は何でしょうか。

付録A に最初のセッションの手順を示した。

承認の提供

問題がクライエントに与えている否定的な影響にクライエントが気づいていない場合には，ポジティブCBTをするのは不可能だろう。クライエントの多くは大きなストレスを抱えており，セッションのなかでそのストレスをわかってもらうことを望んでいる。セラピストはクライエントの話を敬意をもって傾聴し，できるだけ早く肯定的な会話へと転換する。しかし，問題を調べて分析し，問題についてのクライエントの見方を詳しく話す機会を設けることが，クライエントを十分に承認することだという考えは，誤ったものである。クライエントに問題の全体を話してもらうより，セラピストが「あなたは不愉快な状況にいることがよくわかります」や「この大変な状態

から抜け出すことはとても困難なのだとお察しします」と話すことで，上手に承認を提供し，時間を節約できる。さらに，問題の話でなくクライエントの望みに焦点が当てられたままであるなら，セッションの雰囲気をよい状態に維持できる。

　問題を解決するために今までに試したことを尋ねるのも，承認を示すことになる。ほとんどのクライエントはセラピーを受ける前に，問題に対処するために何かをしているからである。しかし，もっと肯定的な質問は「今までにあなたが取り組んできたことで，ほんの少しでも役に立ったことは何ですか」であり，これによってクライエントは失敗よりも（わずかなものでも）成功について話すことになる。

　セラピストは別の選択肢としてこう質問してもよいだろう。「ストレングスや解決に焦点を当てるやり方と，問題に注目する方法がありますが，今後のセッションをどちらで進めていきたいですか」と尋ね，両者を説明する。筆者の経験では，変化へと動機づけられているクライエントはストレングス志向のアプローチを選ぶ。自分自身を問題ないし解決の一部だと（まだ）認識していないクライエントは，問題志向のセッションを選ぶことが多い。まだ行動を起こす必要に迫られていないから，後者を選ぶものと推測される。結局のところ，問題志向のやり方とは，行動的な変化を起こす前に，問題について分析や検討を行い，問題の原因や問題の維持要因についての洞察を得るものである。次の質問をすることで，クライエントが行動を変えることに動機づけられているかそうでないかがわかる。承認を与えるための質問は以下の通りである。

- あなたはどのように対処していますか。
- どうやって，あなたは状況が今より悪くならないようにしているのでしょうか。それをどのようにしているでしょうか。あなたのどんなストレングスが使えるでしょうか。
- これがあなたにとって問題なのですね。あなたにとって不快な状況なのがわかります。何が変わったらよいでしょうか。
- あなたにとってこれはどのように問題でしょうか。
- 何があなたにとって大切かわかりました。どのような解決策があれば，あなたの望みは実現するでしょうか。
- 先に進めていく前に，言うべきことを話す機会があったとします。あなたはどのようなことを話すでしょうか。

Part 2：実践

Story 5.1 「問題の承認」

　遠い昔，はるか遠くに1つの村があった。その村の住民は飢えていた。なぜならば，村人たちは以前に畑で目撃したドラゴンを恐れて暮らしており，農作物を収穫しに行かなかったのである。

　ある日，一人の旅人が村を訪れ，食物を請うた。村人たちは，畑にドラゴンがいるので食料がないと説明した。旅人は勇敢であったので，ドラゴン退治を頼まれた。旅人が畑に着いてもドラゴンを見つけられず，あったのは巨大なスイカだけであった。そこで，旅人は村へ戻り「怖がる必要な何もないですよ。ドラゴンなどいません。巨大なスイカがあるだけです」と言った。村人たちは自分たちの恐れを旅人が理解しなかったことに怒り，旅人を八つ裂きにした。

　何週間か後に，別の旅人がその村を訪れた。今度も旅人が食料を求めたところ，ドラゴンの話をされた。その村人もまた勇敢であったので，ドラゴン退治を依頼された。村人たちは安心し喜んだ。旅人が畑に着き，巨大なスイカを見つけた。そこで，村に戻って村人に「皆さんはドラゴンについて誤解しています。巨大なスイカを恐れる必要はありません」と告げた。村人は旅人を八つ裂きにした。

　さらに時は流れ，村人たちは絶望するようになっていた。ある日，3番目の旅人が現れた。村人たちがとても絶望していたので，旅人は何が問題なのかを尋ねた。村人たちが説明したところ，旅人はドラゴンを退治し，村人たちが農作物を収穫するために再び畑へ行けるようにすると約束した。旅人が畑に着くと，やはり巨大なスイカを見つけた。旅人はしばらくじっくりと考えた。その後，剣を抜き，畑のなかを飛び跳ね，スイカを粉々にした。旅人は村に戻り，ドラゴンを殺したと村人たちに説明した。村人たちは大喜びした。旅人は村に何か月も滞在し，十分な時間をかけてドラゴンとスイカの違いを村人たちに説明した。

（作者不詳）

希望の増進

　絶望感を生む可能性のある状況は2つある。1つは，ものごとが望まない方向に変化するのを恐れる状況であり，もう1つは，変化が確かに必要なのに何も変わらないのを恐れることである。両者とも未来のコントロールをなくした感覚を示している。

　1950年代から，医師と心理学者は，人々の健康とウェルビーイングに対する希望の

役割を指摘してきた。メニンガー（Menninger, 1959）は，米国精神医学会の講演のなかで，希望は人が備えている力を刺激したり，治癒力を引き出したりする源であると述べた。希望は，精神科での治療や訓練に欠かせない要因であるとメニンガーは信じていた。心理療法において，希望に対する関心は，希望にあふれた考えを増やすことよりも，まずは絶望を減らすことを目的としていた。絶望と自殺の間に関連があることを前提として，ベックら（Beck et al., 1974, p.864）は，絶望との戦いに取り組んだ。ベックらは絶望を「未来についての否定的な期待という共通点をもつ認知的スキーマのシステム」と定義した。

1990年代には，スナイダー（Snyder, C. R.）とその共同研究者が「希望理論（hope theory）」をつくり上げた。彼らはその理論において，希望の2要因認知モデルを提案し，希望と同様にゴール達成に焦点を当てた。スナイダーは，何かよいことが起こるという期待だけでなく，ゴールを達成するために必要な動機づけや計画に注目した。彼による希望の定義は「(a) ゴールへの作因（agency）と，(b) ゴールへの経路（pathway）の相互から派生した感覚に基づく肯定的な感情状態」である。この定義に基づくと，希望への作因ないし「意志力（willpower）」という要素によってゴールの達成が決まる。一方，経路や「経路力（waypower）」という要素によって，ゴールを達成する過程で行き詰まったとしても別の道筋が生みだされる。希望は，職場などのさまざまな領域でのパフォーマンスと関連があり，幅広く適用できることが示されている（Youssef and Luthans, 2007）。

かつての希望の定義では，希望的な思考とゴールを明確に関連づけていた。ゴールの対象に注目することで，私たちを取り巻く環境に効果的に対応できる。スナイダーらは，希望の高い人と低い人の違いを示した。希望の低い人はゴールが曖昧で不明瞭なのに対して，希望の高い人のゴールは明確である（Snyder et al., 1999）。

ゴール設定に加えて，希望理論では，クライエントを「拡大する（stretch）」ゴールをセラピストとクライエントとで設定することを勧める（Snyder, 2002）。希望理論では，達成するのは十分に可能であるが，挑まなくてはならないくらいのゴールを，「拡大ゴール（stretch goals）」と呼ぶ。そのようなゴールは，クライエントによる問題の「改善」だけでなく，一人の人間としての成長を促す。たとえば，「拡大ゴール」によって，問題がただ解決されるのではなく，ウェルビーイングやつながりが増すかもしれない。ストレングスに基づいた肯定的な態度になるためには，「拡大ゴール」を設定し，それに挑み続けることが1つのやり方である。

希望理論は，第4章で説明された，楽観性，そして，自分にできると信じる自己効力感とともにポジティブ心理学に属すると考えられている。希望理論と自己効力感理論

の一例として,アメリカ大統領になるためにオバマが用いた「大いなる希望(Audacity of Hope)」と「イエス・ウイ・キャン (Yes we can)」の重要性を私たちは目の当たりにした。希望にあふれた思考は,望ましいゴールへ至る経路が見つかるという信念を反映し,その経路を進むよう動機づける。希望は,人々の感情とウェルビーイングを活性化する役目を果たすのである。

Exercise 5.1

あなたが希望の光を得たい,または取り戻したいならば,危機的な状況にあっても,自分自身,またはクライエントに次の質問をしてみましょう。

- ほんのわずかであっても,過去に役に立ったことは何でしょうか。
- 今起こっているすべてのことに対して,どのように対処していますか。そして,これまで自分が経験してきたことには,どのように対処したのでしょうか。
- どのようにして,何度も,うまくここまでやってきたのでしょうか。
- 現状より悪くなる可能性がありますか。なぜ悪くならないでいられるでしょうか。
- どん底にいるときの自分について,周りの人は自分が何をうまくやっていると言うでしょうか。
- 想像してみましょう。10年から15年後に状況が改善したとき,今日のことを振り返ってみます。この状況を改善するためにどんなことが役に立ったと言うでしょうか。
- 解決策があると想像してみてください。そのことがどんな違いを生みだし,何が違ってくるでしょうか。もっと具体的には,何がよくなりますか。

最初の基本的質問では,希望を引き出し,クライエントが何を希望しているかはっきりと尋ねる。つまり,「あなたの最も望んでいることは何でしょうか」と質問する。希望理論では,希望は旅として捉えられる。目的地(ゴール),ロードマップ(経路)そして移動手段(作因)といった3つの要素が必要となる。希望は,ゴールへ向かう作因と経路の感覚を刺激する思考のプロセスである。経路の要素には,自分がゴールを設定でき,ゴールに到達するための多様な方法を考え出せるという信念が求められる。短期的なゴールと長期的なゴールの双方ともに価値があり,挑むべきものであるが達成できなくてはならない。いったんゴールが設定されると,思考はゴールに到達する方法を計画する力に向くようになる。ゴールへの道が閉ざされたときには,希望に満ちた人は,ゴールを達成しようとして別の手段を考え出す。もしゴールが永遠に閉ざされてしまったら,希望に満ちた人は満足できる別のゴールを設定する。作因の

要素には，障壁に直面したときでも，計画を実行する精神的な意志の強さを自分はもっているという確信が求められる。ゴールに向かう経路におけるステップがうまくいくと，内面的な決意がより強まり，ゴールへとさらに近づくことになる。希望のレベルを高く保つためには，作因と経路の両者を活性化しなければならない。ゴールは希望の最初の構成要素であり，人間の活動の精神的なターゲットである。

　希望理論の研究によると，ほどよいゴールの設定が高い希望につながるとされる。そして，そのようなゴール設定は動機づけを高めるので希望を促進することが示されている。難しすぎるゴールでも易しすぎるゴールでも，人は真剣に取り組まなくなる傾向がある。

　経路思考は，希望の2番目の構成要素である。それはゴールへ向けて生みだされる手段を示す。経路思考には，ゴールに至るためのロードマップを頭の中で考える力があると認識していることが欠かせない。それは，現在を未来のゴールに結びつける道のりである。アスリートに関する研究では，スポーツ選手がパフォーマンスを向上させるには，よいパフォーマンスに必要な一連のステップを思い描くとよいことが示されている。希望の高い人は，低い人よりも，ゴール達成のための主要な経路を詳細につくりあげることに熟練している。また，希望の高い人は，ゴールへの主要な道筋が妨げられたとき，別の経路をとることがうまい。

Story 5.2「弓の射手」

　ギリシャの哲学者アリストテレスは，道徳的な良識について述べるときに，弓の射手（archer）を好んで引用した。射手は自分の仕事を次のように把握する。まず，ターゲットが何かを知る。次に，すべての環境（手段）を把握する。そして，それらによって，矢を射るべき状況に自分がいるかどうかを決めるのである。射手は，風の強さと方向，矢の特徴と弓の張力を見きわめている。アリストテレスが考える賢人とは，射手のようにターゲット（ゴール）とそこに到達するための手段（経路）をわかっている人である。そのような射手に目指すべきターゲットがあれば，的を射ぬく可能性が高い。アリストテレスによると，上達するために懸命に努力することは重要であるが，ゴールに関する知識は，ゴールを達成するための努力（作因）があってはじめて役に立つのである。

　作因思考は，希望の3番目の構成要素である。適切なゴールとそこへの経路を認識しても，その道筋を実行するための十分な動機づけがないと，ゴール達成は現実のものとならない。作因思考には，障壁に直面したときであっても，望んだゴールへの計

画に沿った行動を開始し，維持するための自分の能力について考えることが求められる。この点に関連して，希望の高い人は，低い人に比べて，作因思考を肯定するような言葉，すなわち，「やり遂げる道をみつけてやる」「イエス・ウィ・キャン」を好む傾向にあることが示されている。

できる（can）としたい（will）という言葉の主な違いは，前者は行動する能力に関する言葉であり，後者は行動する意図に関する言葉であることである。

希望理論の基盤は，ゴールを追求する思考である。肯定的な感情（第9章の「肯定的感情の拡張−形成理論」を参照）は，ゴール追求がうまくいくという認知から生みだされる。経路ないし作因が妨害されると，対処が損なわれるだろう。否定的な感情は，ゴール追求がうまくいかないことから生じ，ウェルビーイングを下げる。妨害的な状況を乗り越える能力がないと，作因思考と経路思考も不十分になる。そのため，ゴール追求の認知は，肯定的感情と否定的感情のどちらも生みだす。

希望の高い人は，低い人よりも，もともとの計画が妨害されたときでも，容易に別の経路をつくりだせるだろう。別の知見によると，希望の低い人に比べて，希望の高い人は，ゴール追求がスムーズなときでも妨げられるときでも対処の面で優れている（Snyder, 1994; Snyder et al., 1998）。また，希望の高い人は，困難を人生のごく当たり前の一部として迎えることができており，そのためストレスフルな経験に対する立ち直りが早い。別の見解によると，希望の高い人は大きなゴールを小さな下位ゴールに難なく分割する。小さなステップは大きな変化につながるものである。そのため，短期的で頻繁に起こる「踏み石のような」ゴールを設定することが重要である。希望に満ちた思考の3要素である，ゴール，経路思考，作因思考は密接に関連し合っている。したがって，どれか1つを引き出すと，希望に満ちた思考のプロセス全体が活性化される。さらに，楽観主義と希望には強い正の相関があることが研究によって示されている。

> **Story 5.3**「希望の力」
> 重態の男性が入院していた。医師たちは回復を諦めていた。男性がどんな病気で苦しんでいるかを医師たちは突き止めることができなかった。幸いなことに，診断技術が優れていることで有名な医師がその病院を訪れることになった。この高名な医師が男性を診断できたら，男性を治療することができるだろうと医師たちは語った。その医師が到着したとき，男性は瀕死の状態だった。その医師は男性を少しの間診察し，「モリバンダス」（ラテン語で「死にかけている」）とつぶやき，次の患者へと歩いて行った。数年後，ラテン語がわからなかったその男性は，その高名な医師を探しあてた。「あなたが診断してくださったことに感謝申し上げます。もしあなたが私を診断することができたら，私は回復するだろうとほかの医師たちは言っていたのです」。
>
> （作者不詳）

ストレングスと「うまくいっていること」の強化

　クライエントには個性と過去の経験がある。それらを利用すると，クライエントの困難を解決し，より満足した生活をつくりだすことができる。ユーモアのセンス，レジリエンス，他者へのいたわりといった個性はクライエントのストレングスである。価値ある過去の経験はストレングスであり，クライエントが何かを考えたり行動したりする際に，セラピーで活用できるかもしれない。ストレングスとなる経験は，クライエントの過去の成功である。

　クライエントのストレングス，個性そして過去の経験をコンプリメントすること（正の強化の1つの方法）は強力なツールであり，ポジティブCBTで広く用いられている。チャルディーニ（Cialdini, 1984）は，コンプリメントが返報性（reciprocation）と好意（liking）という2つの「影響力の武器」に関連すると述べた。コンプリメントをすると，その相手がいっそう親切になる可能性が高まる。というのは，ほめた人はいっそう好意をもたれるようになり，返報性の法則によって，ほめられた相手も同じようにほめるようになるからである。チャルディーニは，ノースカロライナで行われた研究を引用している。その研究において，対象者は評価者から自分たちに関するコメントを受け取る。コメントをした評価者たちも対象者からの好意的な態度が必要であった。肯定的なコメントだけを受けた者，否定的なコメントだけを受けた者，その両方を受けた者がいた。3つの興味深い結果が得られた。1つ目は，肯定的なコメ

ントのみをした評価者に対して，対象者は最も好意をもった。2つ目として，好意をもたれることで評価者が利益を得ることを対象者がわかっていても，この結果は当てはまった。3つ目の結果としては，他の種類のコメントとは異なり，ほめ言葉は正確でなくてもよいということである。肯定的なコメントは，そのコメントが本当であっても間違っていても，まったく同じようにその評価者に対する好意を高めるものであった。

心理療法においてコンプリメントを体系的に用いると，セラピストとクライエントの間の肯定的な治療同盟が確かなものとなるだけでなく，コンプリメントを用いない心理療法に比べて，アウトカムが30%以上高まる（Arts et al., 1994）。

コンプリメントにはさまざまな種類がある。「直接的コンプリメント」は，セラピストがクライエントに対して肯定的な評価や反応をすることである。クライエントの話，行為，成果，見た目，さらに，クライエントのストレングスやリソースに対しても，コンプリメントが用いられる。たとえば，「あなたはとてもお母さんを心配しているのですね。それについてもっと話してくませんか」「あなたはとても意志の強い方なんですね。あなたの意志の強さについてもっと話してくれますか」というようにコンプリメントをする。

「間接的コンプリメント」は，クライエントについて何か肯定的な意味を含んだ質問をすることである。間接的なコンプリメントの1つの方法は，クライエントが述べた望ましい結果に関する情報を尋ねることである。「どうやってそれをやったのですか」「どのようにして，それができたのでしょうか」「この素晴らしい考えをどこで手に入れたのでしょうか」と質問をすることで，クライエントは自分の成功について話すことになる。

複数の人に対してコンプリメントをするとき，コンプリメントを公平に与えることがとても重要である。一人ひとり個別にコンプリメントすることもあれば，何人かを一緒にコンプリメントすることもある。「皆さんは，かつて一緒に楽しく仕事をして，成功していたようですね。時間をさかのぼって，そのときどうやってそれをしていたかを教えてもらえないでしょうか」。

間接的コンプリメントは，直接的コンプリメントよりも好ましい。なぜならば，間接的コンプリメントの質問によって，クライエントが自分自身のストレングスやリソースを発見し，述べることにつながるからである。

コンプリメントを素直に受け入れるクライエントは多い。一方，コンプリメントを軽視したり拒否したりするクライエントもいる。しかし，コンプリメントの一番の目的は，クライエントに自分の肯定的な変化，ストレングス，リソースに気づかせるこ

とだということを覚えておいてほしい。クライエントがコンプリメントを素直に受け入れる必要はないのである。

作家でありセラピストでもあるヤーロム（Yalom, 2008）は，「何年も後にこのセラピーを振り返ったとき，あなたが思い出すのはどんなことでしょうか」という質問をあげている。ほとんどの場合は，クライエントによる洞察でも，セラピストによる分析でもない。多くの場合，クライエントが思い出すのは，セラピストによる肯定的で支持的なコメントである。

解決志向の観点からは，うまくいっていることは何で，うまくいっていないことを止めるのは何で，その代わりにすることは何かについてもっと話すようにクライエントは促される（第4章を参照のこと）。セラピストはそれと同じことをしなくてはならない。セラピストは，クライエントにとってうまくいっているすべてのことに正の強化子を与え，うまくいっていないことへの強化子を止める。学習理論の用語で表現すると，セラピストはうまくいっていることに対して言語的・非言語的に正の強化を与え，うまくいっていないことに対して言語的・非言語的に負の罰（または無報酬）を与えるということになる。これは，「ソリューション・トーク」を強化し，「プロブレム・トーク」を消去するのと同じである。

うまくいっているすべてのことに正の強化子を与えることに加えて，ノーマライズと要約もまた重要である。この2つの介入に関する詳しい情報は，バニンク（Bannink, 2010a）を参照されたい。

Exercise 5.2
　　今度，5分以上の会話をする機会があれば，会話の相手に対して少なくとも3つのコンプリメントをしましょう。そして，会話の雰囲気がどのように変わるかを観察しましょう。

協力の促進

従来のCBTでは，「抵抗」および「ノンコンプライアンス」という概念が用いられる。ポジティブCBTでは，クライエントは常に協力していると考える。クライエントは生じた変化を自分がどのように考えているかをセラピストに示しているのである。もしセラピストが，クライエントの考えを理解し，それに基づいて行動するならば，いつでもクライエントの協力が得られるだろう。もしセラピストが相手に抵抗を見いだすならば，その人が協力しようとしていることがわからない。その反対に，クライエ

Part 2：実践

ント独自の協力の仕方とセラピストが考えるならば，セラピストは抵抗を見ることはない。

　ポジティブCBTでは，クライエントとセラピストの治療同盟を評価するために，解決志向の用語を用いる。治療同盟は「ビジター関係」なのか，「コンプレイナント関係」なのか，それとも「カスタマー関係」なのか。これらの用語は便宜的に，ビジター，コンプレイナント，カスタマーと省略される。これらはクライエント自身の性質に関するものではなく，セラピストとクライエントの関係性の種類に関するものである。セラピストにとっての課題は，クライエントをカスタマーにさせる（あるいは，カスタマーでい続けさせる）ことである。クライエントがビジター関係やコンプレイナント関係からセラピーを始めるのは珍しいことではない。それぞれのクライエントの動機づけのレベルを早期に評価することは，セラピストの方略やホームワークの提案に関して非常に重要である。

　プロチャスカら（Prochaska et al., 1994）は，行動変容の段階についての理論を生みだした。この理論は，前述した関係性とさまざまな点において対応しているとみなすことができる。ある人が無関心ないし問題に気づいていない態度（ビジター関係におけるクライエントの態度）をとるときには情報提供を重視し，変えるべき行動と，他の人の心配事や問題との関係を確立することに重点が置かれる。次の段階では，変化について熟慮する人（コンプレイナント関係にあるクライエントの態度）に対しては，望ましい行動を決め，取り組み始めることに重点が置かれる。この後に，行動変容の段階（カスタマー関係のクライエントの態度），行動維持の段階が続き，その後，（場合によっては）再発予防の段階がある。

　ビジター関係にあるクライエントは，医師，両親，保険会社，雇用者などによって命じられて来談している。クライエントは命じられて来談しているため，自分に問題はないと捉えている。クライエントに関する問題をかかえていたり，クライエントを問題だと考えていたりするのは，別の人である。当然ながら，そのようなクライエントには，行動を変容する動機づけがない。指示されて来たクライエントのゴールは，紹介者との関係の維持ないし紹介者から自由になることである。

　ポジティブCBTのセラピストは，支援の要請ができるような雰囲気をつくる。セラピストとの関係を通して，クライエントは何を達成したいのだろうか。クライエントの紹介者は，セラピーの結果として，クライエントのどのような行動面の変化を見たいのだろうか。そして，どの程度まで，そのクライエントはこのことに協力する用意があるのだろうか。次にいくつかのヒントをあげる。

- クライエントが彼なりのやり方で，考えたり行動したりすることにはもっともな理由があるのだと考えてみる。
- 批判的態度を示してはいけない。クライエントの認識を検討し，防衛的であるクライエントの態度でも理解できるものとする。
- クライエントの紹介者が，セラピーの終わりの時点で，どのような変化を見たいと思うかをクライエントに尋ねる。
- 紹介者の希望についてどう思うか，クライエントの意見を尋ね，少しは受け入れてもよいことについても質問する。

Exercise 5.3

担当しているケースのなかで，紹介されてきたのは誰かを調べてみましょう。あなたとのセッションから何かを手に入れたいと望んでいるのはどのクライエントかを考えましょう。

クライエント自身は，あなたのところに来ることによって，何かを達成したいのでしょうか。それとも，他の人（たとえば，家族，両親，雇用者）がクライエントから何かを得ようとしているのでしょうか。あるいは，他の人がクライエントに問題があると考えたり，クライエント自身を問題とみなしたりしているのでしょうか。

もし最初の質問への答えが「いいえ」ならば，あなたのクライエントにはゴールがありません（紹介者を喜ばせたり紹介者と手を切ったりするというゴールを除いては）。もしクライエントが，誰か他の人に強制されて来たと言うならば，その非自発的なクライエントは「ビジター」ということになります。

コンプレイナント関係では，クライエントが問題をかかえてそのことで苦しんでいる。しかし，クライエントは自分自身を問題や解決の一部と見なしていない。クライエントは自分自身の行動を変える必要性を感じておらず，他の人や他の何かにその問題の責任があり，変わるべきだと考えている。

セラピストは，承認を与え，クライエントができていることについて尋ねる（たとえば，「あなたはどうやって対処しているのですか」）。セラピストは，クライエントに例外について話させる。例外とは，問題がそれ程ではないとき，あるいは，クライエントが望まないことの代わりに，望むことの兆しやその一部があるときである。このようにして，クライエントは，問題に焦点を当てるよりも，（問題がなく）望ましい未来について考えて話すことを求められる。ウォルターとペラー（Walter and Peller, 1992）は，コンプレイナント関係に適用できる次の4つの方略を説明している。

Part 2：実践

- このことについてあなたの役に立つことができたらいいと思います。しかし，私はマジシャンではありません。ある人が他の誰かを変えることができるとは私は思いません。他にどのようにして，私はあなたの役に立つことができるでしょうか。もしくは，この問題はあなたにとってどのように問題なのでしょうか。
- 仮想した解決を検討する：その人が望ましい方向へ変化することを想像してみましょう。その人に関して，どのような違いにあなたは気づくでしょうか。ご自身についてはどのような違いに気づくでしょうか。そのことで，その人とあなたとの関係にどのような違いが生じるでしょうか。このことがすでに起こっているのはどのようなときでしょうか。
- 他者が変わらない未来を検討する：あなたがそれでも自分自身でできるのはどのようなことでしょうか。
- これまでの試みの裏にある，望んでいる結果を把握する：最終的に，私といっしょに何を達成したいですか。

> **Story 5.4**　「不幸さん，私はあなたのことが好き」
>
> 　CBT の創始者の一人であるアルバート・エリス（Albert Ellis）は，著名な作詞家でもある。
> 　ここに「不幸さん，私はあなたのことが好き」というタイトルの「合理的なユーモアのある歌」の一例がある。その歌のなかにコンプレイナント関係のクライエントの姿勢を見つけることができる。
>
> 　不幸さん，私はあなたのことが大好き
> 　いつもあなたのことばかり考えている
> 　あなたを追い込んで失業させてしまったら，
> 　私は大っぴらにあなたを楽しめなくなってしまう
> 　心配事は増えてしまうけれど
> 　あなたと手を切ろうとでもしない限りは，
> 　私はあなたのことを大切に守っていくわ。
> 　私の大切な不幸さん！
>
> 　　　　　　　　　　　　　　　　　（www.institutret.com）

Exercise 5.4

　このエクササイズをする相手を選びましょう。その人に，変わってほしいと思っている第三者についての不満を尋ねてください。4つの異なる方略を練習するために，同じ不満について話すように相手に頼んでください。それぞれの方略によってもたらされる違いに留意しましょう。それから役割を交代します。クライエントの役割をとるときには，あなたに向けられるさまざまなタイプの質問から，多くのことを学ぶことができます。

　カスタマー関係では，問題や解決に対して果たすべき役割が，自分自身にあるとクライエントが見なしており，変化しようとする動機づけも高い。援助を求める際に，「私は」とか「私たちは」と言うのが特徴である。すなわち，「この問題を解決するために，私ができることは何でしょうか」「私たちがよい関係をもう一度つくるには，どうやったらよいでしょうか」という具合である。「カスタマー」とのセラピーは，多くの場合「最高」である（セラピストの能力やうまくやっていることに対して，十分な強化が与えられるからである）。

　最初のセッションでは，クライエントは「コンプレイナント」であり，他の人が変わる必要があると考えていることが普通である。「ビジター」「コンプレイナント」「カスタマー」の3つの分類は，どれが良くてどれが悪いとは言えない連続したつながりだということに留意してほしい。どの分類にあるクライエントでも承認され受容される。クライエントがセラピーにやってきたという事実によって，クライエントはすでに「ビジター」である。なぜならば，クライエントは，セラピーに来ないことも選択できたからである。チャルディーニ（Cialdini, 1984）は，返報性の原則（「非常に感謝される」）と相手（セラピスト）に好意をもつことは，強力な「影響の武器」であると述べた。セラピーに訪れたクライエントをコンプリメントすることは，よい関係性を確立するのに役立つ。

　「動機づけ面接」（Miller and Rollnick, 2002）の原則の1つは，クライエントの見方の無条件の受容である。動機づけ面接の専門家は，協力，自己責任，自律性に基づいた関係を築く。問題行動についてのクライエント独自の（誤った）見方を専門家が受け入れられずに，クライエントの行動をラベルづけしてしまうときがある。ミラー（Miller）とロルニック（Rollnick）は，そういうときに説教以外でクライエントにアプローチするには，時間をかけるのが重要だと述べている。

　専門家は，共感的に反応し，議論を避け，クライエントの自己効力感を強める。ミラーらは「チェンジ・トーク（change talk）」という用語について述べている。これは解決志向のコミュニケーションの1つの方法であり，行動変容の利点を強調すること

Part 2：実践

で，クライエントの変化への内発的動機づけを高めるために用いられる。このチェンジ・トークは，変化に向けてクライエントが準備する手助けとなる。ミラーらは，専門家がチェンジ・トークを引き出す方法として，「事態がどのように変わるのを見たいでしょうか」「5年後に，あなたの生活がどのような様子であってほしいでしょうか」のような開かれた質問を用いると述べている。望ましい未来(クライエントのゴール)，クライエントの能力や成功体験についてクライエントに話をさせ，うまくいっていること，すなわち，例外を探すことによって，ビジターやコンプレイナントをカスタマーへと変化させる。コンピテンス・クエスチョンをすることで，クライエントは成功について話すように促され，自分に対するコンプリメントを行うことになり，自尊感情が育まれる。望ましい未来に注目することで，望ましい方向への変化が促進される。クライエントがしたくないことではなく，したいことにクライエントの注意を向けるのである。

抵抗

ディ・シェイザー（De Shazer, 1984）は，セラピストが抵抗のサインとして捉えたものは，実際にはクライエント独自のやり方での協働であると指摘した。たとえば，ホームワークを実行しなかったクライエントは抵抗を示したのではない。このホームワークがクライエントのやり方に合ってないことを示すことで，クライエントは協力したのである。ディ・シェイザーは，クライエントには，自分の望みやそれを実現する方法を見いだす能力があるとしている。クライエントがその能力を見いだし，望ましい未来をつくり上げるためにそれらを用いるのを援助することが，セラピストの仕事である。「中心概念を抵抗とするならば，セラピストとクライエントは対戦するテニス選手のようである。対戦するテニス選手は相手との戦いに従事している。そうなると，セラピーを成功させるために，セラピストはクライエントに勝利する必要がある。中心概念を協働とするならば，セラピストとクライエントはネットの同じ側にいるパートナーのテニス選手である。協働することが不可欠であり，時には，お互いの敵を協力して打ち負かすためにパートナーと一緒に戦うことが必要になる」。この場合，敵は，クライエントがかかえている問題となる。この捉え方は，ナラティヴ・アプローチと関連している（White and Epston, 1990）。ナラティヴ・アプローチでは，問題を外在化し，問題を敵とみなす介入が非常によく使われる。エリクソン（Erickson, M.）の捉え方（Rossi, 1980）では，抵抗は協力であり，介入に対して起こり得る反応の1つである。

要約すると，人々は，他の人が思いついたことよりも，自分自身で発見した理由や

解決によって概して説得されやすい。

　もしセラピストがイライラしたり，不安になったり，自信をなくしたりしていると感じたら，クライエントの行動に対するセラピストの否定的な反応，すなわち，「逆転移」が起こっているのである。このことは，まだビジター関係ないしコンプレイナント関係であるときに，セラピストが誤って「カスタマー」だと考えるときに生じるかもしれない。

　あるテーマについてクライエントが怒っていたり，やる気がなかったりするとき，クライエントには能力があり，クライエントと協働するためのよい方法を探す必要のあることにセラピストが気づくと役に立つ。したがって，抵抗とかやる気のなさと結論づけるのではなく，抵抗によって示されるものはクライエントにとって重要だという観点から質問を形づくる必要がある。このことは自発的に来談したクライエントとともに，命じられて来談したクライエントにも当てはまる。

Story 5.5 「みんな，誰か，誰でも，誰も」

　これは，「みんな（Everybody）」，「誰か（Somebody）」，「誰でも（Anybody）」，「誰も（Nobody）」，という4人の物語である。行わなければならない重要な仕事があった。「みんな」がそれをするように頼まれた。「みんな」は「誰か」がそれをするだろうと確信していた。「誰でも」それをできたはずだが，「誰も」しなかった。それは「みんな」の仕事なので，「誰か」は（そのことを）怒った。「誰でも」できることを「みんな」は知っていた。しかし，「誰か」はそれをしたくないと，誰も気づいていなかった。結局，「誰でも」できたはずのことを，「誰も」しなかったので，「みんな」は「誰か」を責めることになった。

（作者不詳）

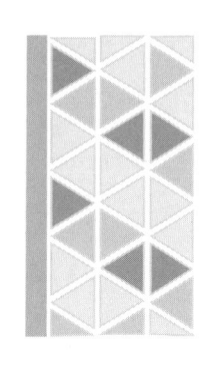

第6章

アセスメント

毒矢で撃たれた男が言った。「この矢が，誰によって，どこから，どのように射られたのか正確にわかるまで，この矢を抜いてはならぬ」。この男の死は避けられない。

ブッダ（Buddha）

はじめに

　ポジティブCBTにおけるアセスメントは，従来のCBTのアセスメントや，問題に焦点を当てたその他の心理療法のアセスメントとは異なる。ポジティブCBTは，クライエントの問題を詳細に探求するよりも，クライエントが変えたいと思っている生活上の事柄に興味がある。また，クライエントにとっての悪いことよりも，よいことに興味がある。したがって，ポジティブCBTのセラピストの最初の仕事は，クライエントが自分の問題を聞いてもらったと感じるまで十分な時間（多くの場合初回セッションで10～15分）をとった後，「プロブレム・トーク」から「ストレングスとソリューション・トーク」にシフトするようにクライエントを促すことである。ポジティブCBTでは，クライエントが変えたいと思っていること（クライエントのゴール），クライエントのストレングスとリソース（問題に対する例外と，クライエントの能力），変わりたいという動機づけ，進歩，希望，そして自信についてアセスメントし，事例概念化を構成している。

　この章では，ポジティブCBTにおける肯定的なセルフ・モニタリングの技術と，肯定的な機能的行動分析の仕方についても説明していく。

事例概念化

　クイケンら（Kuyken et al., 2009, p.3）は，CBT における事例概念化を以下のように定義している。「事例概念化とは，セラピーにおいてセラピストとクライエントが協働して，クライエントが示す問題を記述し説明するプロセスのことである。その主な機能は，クライエントのストレスを軽減し，クライエントがレジリエンスを確立するように治療を構成することである」。事例概念化のプロセスは，るつぼのなかのようである。それは，関連する理論や研究と，個々のクライエントの経験が合成されたものである。協働的経験主義は，概念化のプロセスを促進するような，るつぼ内の「熱」であるといえる。それは記述から説明レベルまで徐々に進行し，CBT の経過とともに進化する。加えて，クライエントの問題だけではなく，クライエントのストレングスとレジリエンスが組み込まれている。

　クイケンら（2009）は，セラピーがもつ 2 つの包括的なゴールを提案している。

1. クライエントのストレスを軽減すること
2. レジリエンスを構築すること

　クライエントのストレングスを積極的に見つけ，概念化に組み入れる。そして，クライエントがもっているリソースを現在の問題の解決に適用すること，そして自らのストレングスにクライエントが気づき，その後もストレングスを利用することを目指す（たとえば，レジリエンスの構築）。

　「現代の CBT アプローチの多くは，クライエントの問題，脆弱性，逆境の歴史に強い関心をもっている。私たちは，セラピストが，概念化の各段階でクライエントのストレングスを明らかにし，ストレングスを用いることを提唱している。ストレングスに焦点を当てることは多くの場合，クライエントにとってより魅力的である。そして，ストレングスに焦点を当てると，持続的な回復を可能にする変化のプロセスにおいて，クライエントのストレングスを活かすという利点を生む」（p.28）。

　事例概念化というるつぼのなかで，クライエントの経験には，クライエントのストレングスが含まれている。

　概念化のプロセスのなかで，問題に関連する CBT 理論とともに，「レジリエンス」に関する CBT の諸理論が注目され精密化される。クライエントは多くの場合，レジリエンスを発揮しているときに使っている方略に気づいていない。事例概念化でこうした方略に光を当てると，今後問題が生じた際にも，そうした方略を使ってみる可能

性が高くなる。

「逆境に対処するための方略に気づくことは，多くの場合，レジリエンスの概念化に向けた取り組みやすい最初のステップである。方略は通常，観察可能であり，行動的（たとえば，一生懸命努力する），認知的（たとえば，問題解決，アクセプタンス），感情的（たとえば，ユーモア，安心），社会的（たとえば，援助要請），あるいは精神的（たとえば，苦しみのなかに意味を見いだす），または身体的（たとえば，よく眠れ食欲もある）である。

レジリエンスの高い人は，客観的に困難な出来事の場合でも，肯定的に出来事を解釈する傾向がある。これらの解釈には，肯定的な期待（たとえば，「私はこれをやれるという確信がある」），自己効力感（たとえば，「この状況は厳しいが，私はもっと悪い状況でも対処できた」），および楽観主義（たとえば，「私たちは，これを何とかできる」）といったものが含まれている。クライエントはこれらの考えに気づいていないことが時々ある。レジリエンスの概念化は，こうした肯定的な解釈バイアスを意識にもたらし，その結果，クライエントは困難なときの対応方法を選ぶことができる」(p.107)。

テデスキとカルホーン（Tedeschi and Calhoun, 2004），バニンク（Bannink, 2008b）によれば，先行研究は，トラウマをなくす必要はないこと，ほとんどの人にレジリエンスはあること，さらには外傷をきっかけに成長している者もいることを示唆している。レジリエンスのリソースと心的外傷後成長（posttraumatic growth）を理解し注目することや，希望と楽観性に焦点を当てると，クライエントのなかにあるストレングスを専門家が育てることができる。これは，クライエントのうまくいかないところに注目し，彼らの努力をくじいてしまうこととは対照的な作業である。解決志向の視点からは，治療の焦点を心的外傷後のストレスから「心的外傷後の成功」へとシフトさせる。

Exercise 6.1

レジリエンスのユニークな特徴として，あなたは，逆境の経験とは関係なくレジリエンスに関連する要因を促進することができます。あなたは「もしこうなったら」ゲームに参加することもできます。これは，逆境や悲劇が生じて，それに対処している様子を想像するというゲームです。あなたは，どのようなレジリエンス要因を用いて対処しているでしょうか（Grotberg, 2003）。

ゴールのアセスメント

　ゴールを設定すると変化の可能性が強調され，クライエントは症状や問題よりも将来の可能性に目を向けるようになる。また，ゴール設定は，クライエントも治療関係への主体的参加者であり，しっかりと関与することが必要なのだという考えを強化する。つまり，クライエントは，「蚊帳の外」になることはない。ホートンら（Hawton et al., 1995）は，明確に定義されたゴールはセラピーに構造を与えると述べている。ゴールはまた，クライエントがセラピーから解放される時点を明確にする。ゴールが達成されればセラピーは終結し，一方ゴールに向けた進展がほとんどない場合には中止となる。これは，セラピーを始めてしまうとゴールを再度設定（renegociated）することができないというわけではなく，ゴール設定はクライエントと共に，明示的に行う必要がある。そしてこの作業は，クライエントとセラピストが異なるアジェンダに取り組んでしまうリスクを減らす。最終的に，ゴールを設定すると，クライエントの現在の問題に直接関係するアウトカムを評価する機会となる。

　ゴールは，クライエントがどこから離れるかではなく，どこに向かうかを明確にするために，肯定的な用語で記述する必要がある。症状から離れることから，肯定的なゴールに向かうようにクライエントを方向づけることは困難ではあるが，そのような場合以下のように言うのが有用だろう。

　「あなたは，症状や問題がよく見える眼鏡をかけてきたようなものです。私は，あなたに新しい眼鏡をかけていただきたいと思っています。その眼鏡は，あなたが対処している証拠や，成功した証拠を見つけ出す眼鏡です。成功とはどのようなものか，はっきりと見せてくれる便利な眼鏡です」（Howton et al., 1995, p.42）。具体的な質問は，クライエントが肯定的なターゲットに向かう役に立つことがある。たとえば，クライエントが「いつもイライラしているのをやめたい」と言ったとする。その後，クライエントはこのような質問を受ける。「あなたがイライラしなくなったら，どんなことが違ってくると思いますか」。あるいは「3つの願い」を作ることや，「典型的な理想の一日」を話してもらうことが役に立つ場合もあるだろう。

　ゴールは，具体的かつ詳細であることが必要である。クライエントは多くの場合，どうなりたいかを一般的な用語で認識している。たとえば，クライエントが「ふつうに」なりたい，と答えたとする。これに対しセラピストは「『ふつう』の意味は，人によってさまざまに異なります。あなたが『ふつうだ』と感じた場合，あなたは今とどのように違っているでしょうか」といった質問や，「かつてなりたいと思っていたあなたに近づいたとき，それを何が教えてくれるでしょうか」，「あなたが今やっていない，ど

んなことをやっているでしょうか」といった質問を行うだろう。自信に欠けているクライエントに対しては、「あなたの自信が向上した場合、そのことをどのように知るでしょうか」「もし自信がもてたら、あなたが今やっていないことで、やっているだろうと思うことは何ですか」と尋ねるだろう。ゴールが達成されたかどうかを、他の人が見ても同意できるように、そしてゴール達成に関連する測定の信頼性を増す可能性を高めるためにも、可能であればゴールは言葉で表現するほうがよい。

Exercise 6.2

「可能な限り最高の自己」を達成できた未来を想像してみましょう。「可能な限り最高の自己」を視覚化します。それはあなたに満足感を与え、そして興味深いものでしょう。一生懸命働いている様子や、人生のゴールを達成して成功している様子を想像しましょう。この光景をあなたは、自分の人生の夢や潜在能力の実現と考えるかもしれません。ポイントは、非現実的な空想を考えるのではなくむしろ、肯定的で、達成可能で、理にかなったものを考えることです。かなり鮮明にイメージできたら、その詳細を書きます。自分の考えや望みを書き留めることは、論理的な構造をつくるのに役立ち、ぼんやりしたアイデアや断片化された思考の領域から、具体的で現実的な可能性へと移動する手助けとなります。先行研究では、このエクササイズはゴールの設定、楽観性や希望の構築に役立つことが示されています。

空想実現理論

エッチンゲンとステフェンス（Oettingen and Stephens, in Moskowitz and Grant, 2009）は、望む物を手に入れるための唯一の最も有効な手段は「ポジティブ・シンキング」であるとセルフ・ヘルプ業界が私たちに信じさせていると述べている。実証研究は一貫して、楽観的な信念が動機づけと良好な遂行を促すことを見いだしている。しかし最近の研究では、未来に対するポジティブ・シンキングの別のタイプ（たとえば、肯定的な空想、希望的観測、その他の回避的対処スタイルは）は、努力を要する行為や遂行、およびウェルビーイングのためにあまり有益でないことを明らかにした。望ましい未来に心を奪われること（望ましい未来に対する肯定的な空想をもつこと）と、望ましい未来が手に届く範囲であるという現実的な判断（望ましい未来について肯定的な期待をもつこと）とは、努力を伴う行為や良好な遂行に対して異なった意味をもつ。希望理論（第5章参照）の用語では、これは「作因思考（agency thinking）」と呼ばれる。

エッチンゲンは、望ましい未来についての自由な空想をゴールに結実させるのに役

立つ,空想実現理論(fantasy realization theory)を提案している。このモデルは,未来と現実を心のなかで対比させることが望ましい未来の達成への期待を活性化し,その期待が高い場合に,永続的なゴール達成への持続的な努力と効果的なゴール達成を導くだろうと仮定している。

1. 空想実現理論(Oettingen, 1999; Oettingen et al., 2000)

　この理論は望ましい未来についての空想をどのようにつくり込むかによって,ゴール設定への3つの道筋があることを明らかにしている。このうち2つの道筋が期待とは無関係にゴールに対するコミットメントにつながるのに対して,1つの道筋は期待に基づいたゴールに対するコミットメントにつながっている。

　「心的対比(mental contrasting)」は,期待に基づいた道筋であり,今存在する現実の側面と望ましい未来に関する側面とを心のなかで対比させるような空想である。自己調節を行う方法として心的対比を用いるとき,初めに望ましい未来を想像し,次に,否定的な現実を未来に対比させつつも,今の現実を望ましい未来に変化させる必要性を強調する。行動を起こすこの必要性によって,成功への妥当な期待を活性化し,ゴールへのコミットメントをはっきりさせる。

　心的対比に取り組む際は,最初に参照点として肯定的な未来を確立して,望ましい未来をつくりあげる。そうして初めて,今現在の現実の側面を精緻化でき,それによって未来を達成する過程に障害物として立ちはだかる否定的な側面を知覚する。この順序を逆にして(つまり,逆心的対比),初めに否定的な現実をつくりあげ,次に望ましい未来を具体化すると,現在の障害物が未来に向かう邪魔をして,成功への期待とゴールへのコミットメントを引き出すことができない(Oettingen et al., 2001)。

2. 空想への耽溺

　これは肯定的な未来についての空想だけで構成されており,肯定的な未来がまだ実現されていないという今現在の現実が反映されていない。したがって行動を起こす必要性もなく,成功への期待は活性化せず使用されることもない。

3. こだわり

　これは,単に,否定的な現実について考えることのみで構成されている。絶え間ない反芻を生むだけで,行動につながるような肯定的な将来についての空想がない。行動を起こす必要性は含まれておらず,期待は活性化することも使用されることもない。

Part 2：実践

多くの研究は現在，心的対比は期待を活性化することで，自由な空想をゴールとして結びつけ，その結果，その後のゴールに対するコミットメントとゴール指向行動に影響を与えることを示している。心的対比は，人々が望ましい未来にコミットすることを可能にし，当初はコミットすることが難しかったゴールに対するコミットメントを促進するうえで効果的である。また人々が日常生活を管理し改善するためのメタ認知的方略として使用することができる。

「空想をかなえることは，単なる夢想やおとぎ話ではない。空想を現実のものにするためには，期待とコミットメントを活性化するための適切な思考プロセスが必要である」(Oettingen and Stephens, 2009, p.174)。

以上を要約すると，クライエントが望ましい未来を設計できるようになることが最初のステップとして重要であり有益でもある。そして，今現在の現実と望ましい結果を心的に対比することで，現在の障害の克服を助ける。解決志向な「リチーミング・モデル（reteaming mode）」は，この研究の方向性に沿ったものである。「リチーミング」では，好ましい未来（ゴール）を設計することが最初のステップである。そして次に，今ここの現在と障害を見ること，そしてどのようにそれらを克服するかを考えていく（第13章参照）。

Exercise 6.3

これは，「心的対比」のエクササイズです。まず，あなたのゴールを達成することを想像してみてください。次に，ゴール達成の邪魔になる障害物に焦点を当てましょう。ノートや紙切れでもよいので，あなたが現在もっている願望や関心事を書きとめます。では，この願いや関心の幸せな結末はどのようなものかを考えてみてください。この結末の肯定的な面を1つ書きとめます。次に，あなたが今いるところから幸せな結末へと向かう間に立ちはだかる障害物を考えます。次に幸せな結末の別の肯定的な側面を1つリストに加えます。そしてもう1つの障害物を考えます。そしてもう1つ肯定的な側面をあげ，その次にもう1つ障害物をあげます。このエクササイズを行った後，それはあなたにとって役に立ったったかどうかを振り返り，もし役に立ったなら，どんなふうに役に立ったのか振り返りましょう。

● Case 6.1

ポジティブCBT療法で，私は自分の仕事はタクシー運転手のようなものだとクライエントに説明している。クライエントは行き先を述べ，そこへ安全にクライエントを車で連れて行くことが私の責任である。その際，経路はできるだけ短く，乗り心地ができる

だけ快適であることもまた，私の責任である。そのため，タクシー運転手としての私の最初の質問は「どこからいらっしゃいましたか」ではなく，「どこへ行きましょうか」になるのである。

ゴールへの接近と回避

　私たちのものごとに対する動きは，近づくか離れるかであり，「接近」と「回避」には，私たちが生活のなかで行っていることが多く含まれている。接近動機は，正の刺激（物，出来事，可能性）により行動が活性すること，または，正の刺激へ行動が向かうことと定義することができる。これに対し，回避動機は，負の刺激（物，出来事，可能性）により行動が活性すること，または負の刺激から行動が離れていくことである（Elliot, 2008）。たとえば，体重をコントロールすることは，典型的には，見た目や身体の快適さの改善などの望ましいゴールに到達する願望によって動機づけられている。それに対して禁煙は，通常，喫煙に伴う健康への脅威を避ける願望によって動機づけられている。

　接近動機と回避動機との区別は，生物の行動に関する思想史のなかで最も古い考え方の1つである。ギリシャの哲学者デモクリトス（Democritus）は，倫理的な快楽主義について論じ，利那的な快楽追求や即時の苦痛回避は，人間の行動原理として規定されたものであると述べた。フロイト（Freud, S.）は，快楽の獲得や痛み（すなわち，不快）の回避を，精神力動的活動の基底にある動機づけ衝動であると解釈した。

　パヴロフ（Pavlov, I. V.）は，刺激に向かっていくような反応と，刺激から離れていくような反応の，2種類の反射的反応を明らかにした。スキナー（Skinner, B. F.）は反応を強める強化刺激と反応を弱める罰刺激を区別し，そして，正の強化（望ましい刺激の提供）と負の強化（嫌悪的な刺激の除去）とを区別した。

　良好な適応には接近動機と回避動機の両方が不可欠である。つまり，回避動機が生き残りを促し，接近動機は繁栄を促進する。

　また，社会的な関係は，喜びと痛みの両方を伴う。潜在的に社会が有する誘因としては，所属感，愛情，親密さ，友情，そして愛などがある。肯定的な社会関係をもつことの利点は数多く報告されている。ディーナーとセリグマン（Diener and Seligman, 2002）は，最も幸せな人々（上位10%の人々）を同定した。彼らすべてに共通した生活上の特徴の1つは，強い肯定的な社会的関係をもっていることだった。一方，人と人との関係に内在する潜在的な脅威には，紛争，拒絶，屈辱，競争，嫉妬などもある。

　最近の研究は，気づきを「広げ」，社会的ネットワークを「構築する」ために，肯定的で接近志向の感情の価値を強調している（Fredrickson, 1998）。カップルを対象にし

た研究では，安定した関係のパートナー同士は，怒りや回避的な感情などの否定的な感情と比較して，肯定的な感情を5倍多く表現する（第9章の「肯定性比率」を参照）ことを示している（Gottman, 1994）。

機能的な観点からは，接近ゴールと回避ゴールの両方が，適応を達成するために必要である。接近動機は成長と繁栄を促進するのに対し，回避動機は防衛と生存を促進する。

タミルとディーナー（Tamir and Diener, 2008）は，接近ゴールと回避ゴールの両方を追求することは少なくともある程度は有益であるが，それぞれのゴール追求は，ウェルビーイングに異なった意味をもたらすだろうと述べている。接近ゴールの追求は回避ゴールの追求よりも処理しやすい。サイバネティック制御モデル（Carver and Scheier, 1998）に従えば，接近ゴールの追求は，現在の状態と望ましい状態との間の不一致を減少させることである。一方，回避ゴールの追求は，現在の状態と望ましくない状態との間のギャップを拡大することである。概念的な観点からは，接近ゴールの追求は，変化がより明らかでモニターしやすいので，回避ゴールの追求よりも扱いやすいと考えられる（Elliot et al., 1997）。

加えて，接近ゴールの追求と回避ゴールの追求は，引き起こす認知がそれぞれ異なる。ゴールの追求は今の状態と終了時の状態との比較をともなう。接近ゴールを追求しているときは肯定的な結果を常にチェックしているため，その間，肯定的アウトカムにアクセスしやすくなる。一方，回避ゴールの追求では，否定的な結果を常にチェックするので否定的な結果にアクセスしやすくなる。したがって，接近ゴールの追求は肯定的な認知を維持させ，回避ゴールの追求は否定的な認知を維持させることになる（Elliot and Sheldon, 1998）。

また，タミルとディーナー（2008）は，接近ゴールと回避ゴールの実現可能性は，動機づけの基本的な志向によって異なると述べた。接近ゴールの追求は接近志向の人にとって実行可能性が高く，一方，回避ゴールの追求は回避志向の人にとって実行可能性が高い。実行可能なゴールを追求するとウェルビーイングが促進されやすい。なぜなら，より有意義で，成功する可能性が高く，そして成功は強い喜びの経験を生むからである。ウェルビーイングを最大化するためには，自分に合った，接近ゴールの追求と回避ゴールの追求との組み合わせを見つける必要がある。

若い男性が，孤独にこれ以上耐えられないという理由だけで女性と結婚する場合，この結婚は彼にそれほど多くの幸福をもたらさないとしても，私たちは驚かないだろう。単に孤独を避けるために誰かと結婚すると，接近ゴールをほとんど考慮しなかった若い男性のように，結婚による幸福，共通する利益，ウェルビーイング，あるいは相互

理解や相互成長は保証されない。回避ゴールは，ゴールが完全に達成された場合には，嫌悪的な状態を終了あるいは予防することができるが，それらはクライエントのニーズを必ずしも満足させるわけではない。その代わりに，回避動機は，主観的ウェルビーイングの低下，主観的な有能感の弱化，あるいは身体症状の増加に関連する（Elliot and Sheldon, 1998）。

最後に，実験による知見は，ゴールを「課題をうまくやりとげる」と表現するか，「課題をうまくやれないことを避ける」とするかで違いがあることを示している。個人がゴールを追求するやり方は，接近-回避動機によって変化するだろう。同じゴールが与えられたとき，接近志向の高い人は報酬を最大化する方略を採用し，一方，回避志向の高い人は罰を最小化する方略を採用するだろう。これらの異なる方略は遂行にも影響を与える。つまり，接近ゴールは回避ゴールより，よい結果に結びつくことが多い（Elliot and Church, 1997）。

接近動機や接近ゴールがよりよい結果やよりよいウェルビーイングに関連していることから考えると，回避志向につながる認知を接近志向につながる認知へと変える価値はあるだろう。回避につながった行動を接近につながる行動に変えられる可能性がある。クライエントにこれら2つの選択肢について説明した後，いくつかの例外を探すよう促す。たとえば以下のように尋ねることができる。「回避的な用語ではなく，すでに接近的用語で考えていたのは，いつですか」「回避行動ではなく，すでに接近行動を行っていたのはいつですか」「その結果はどのようなものでしたか」などである。

相当量のエビデンスが，回避ゴールよりも接近ゴールから多くの恩恵を受けることを示しているが，ほとんどの人は相対的な利益を得ることよりも，損失を避けるほうに熱心に取り組む。行動に対する罰や負の強化子の効果は，一般的に報酬や相対的な正の強化子の効果よりも強い。そして人は，よい気分になることやそれを維持することよりも，悪い気分から逃れようとする（Baumeister et al., 2001）。このようなわけで，ポジティブCBTはクライエントが考えたり行ったりする焦点を，彼らが望む反対のことからそのままのことへ，つまり，損失を回避することから利得を得ることへと変化することをねらう。

● **Case 6.2**

クライエントAは，抑うつ状態にあり，彼女のゴールは，より肯定的な感情をもつことである（接近ゴール）。クライエントBは，抑うつ状態にあり，彼女のゴールは，さらに落ち込むのを回避することである（回避ゴール）。気分がよくならなかった場合，Aは望ましい結果に向かって前進していないことを知る。しかし，気分がよくなったならば

ゴール達成に向けて近づいていることを知る。Aはゴール追求の成功や失敗を確認することができ，快または不快な感情を結果として体験することができる。

クライエントBは進歩の確認がAよりも難しいだろう。気分がよくならなかった場合，Bは自分が現状維持というゴールの達成に失敗したと考える。Bのゴール追求が成功したことを示すものは何だろうか。多くの場合，回避ゴールの成功を知る指標を見つけるのは，難しい。そうするとBは，ゴール追求における成功よりも，失敗を検出する可能性が高くなり不快な感情を経験する可能性を高めることになろう。

加えて，接近ゴールと回避ゴールの追求は，それぞれが引き起こす認知が異なると考えられる。クライエントAとクライエントBでは，日常生活のなかで浮かんでくる思考が異なってくるだろう。クライエントAは，よりよい気分になることを考え，その考えは快感情を生む。逆に，クライエントBは，ものごとがよくならないことについて考え，その考えは不快な感情を生む。

全体的に，接近ゴールを追求するプロセスは，回避ゴールを追求するプロセスとは異なる。回避ゴールよりも，接近ゴールのほうがモニターしやすく，また管理しやすいと思われる。加えて，接近ゴールの追求は，望ましい結果に焦点を当てることで肯定的認知を引き出す。一方，回避ゴールの追求は，望ましくない結果に焦点を当てることで否定的認知を引き出す。したがって，接近ゴールの追求は，回避ゴールの追求よりもウェルビーイングを高めることができる。より高いウェルビーイングは，快感情が不快感情よりも頻繁に経験された結果として，そして人生のなかで個人的に意味のある経験をした結果として，もたらされる。

クイケンら（2009）は，次のように述べている。「ゴールは苦悩の軽減（たとえば，不安の強度が下がる）として記述することも，またストレングスや肯定的な価値の増加（もっと思いやり深くなる）として記述することもできる。初期のセッションでセラピストは，望ましいゴールや願望を尋ね，それらをクライエントの現在の課題リストに加えることができる。クライエントの生活の肯定的な領域について検討すると，問題領域で使われているものとは異なったコーピング方略を見つけることがよくある。適応的なコーピング方略を見つける作業は問題行動のトリガーや維持要因を同定する作業と同時に行うことができる。悪循環を変えるために行動実験をする段階で，クライエントは従来とは異なったコーピング反応を練習することができる。そのコーピング反応は，うまくいっている生活領域から引き出されたものである。セラピーの後期では，長期的な事例を概念化をするうえで肯定的な仮定と中核信念は，否定的なものと同じくらい重要であることが明らかになる」(p.101)。

ディ・シェイザー（De Shazer, 1991, p.158）は，問題がないことを「十分なゴール（goal enough）」として認めるクライエントが多すぎるが，存在しないことの証明は決してできないので，その結果，セラピーが成功したのか失敗したのかがセラピストにもクライエントにもわからないと述べた。前もってはっきりさせていない限り，顕著な変化があったとしても，問題が存在しないことの証明には十分ではない。

ウォルターとペラー（Walter and Peller, 2000）は，クライエントは生活上でしたくないことや取り除きたいこと（回避ゴール）しか話さないことが時々あると述べている。対人関係が問題となるときには，クライエントは得てして，他の人にしてほしくないことについて話す。その時クライエントの唯一の行動指針は，彼らが問題行動だと考える行動を他者がするのをやめさせることである。当の他者も奇妙な立場にいる。彼らの選択肢は，クライエントが問題だとみなすことをやめるか，その行動を続けるかのいずれかである。その他者は，クライエントが起こってほしいと望むことについて，わからないままである。クライエントの望みを話すこと（接近ゴール）で，より肯定的な方向に会話を広げていくことができる。

Story 6.1 「トップ・パフォーマー」

トップ・パフォーマーは，どのようにゴールを設定するのだろう。ジム・バレルは，パフォーマンス向上の専門家であり，サンフランシスコ 49ers と アトランタ・ブレイブスの選手と仕事をしている。彼は，向かうゴール（toward goal）と離れるゴール（away goal）について述べている。どちらのゴールを用いるかは，パフォーマンスに大きな影響を与える。向かうゴールは，視覚化を促し，あなたが向かうところとつながりをつくっていく。あなたは脳内に，新しいつながりをつくっているのである。興味深いのは，向かうゴールでは，ゴールのレベルが低くても気分よく感じることである。早い段階から恩恵がある。離れるゴールは，自分が間違った方向に行く可能性を視覚化し，その可能性に含まれる否定的な感情が再活性化する。

（作者不詳）

ゴールに関して最後に以下のコメントを追加する。

1. クライエントの生活のなかで達成したい変化を定義するのはクライエントだけではない。パートナー，子どもたち，同僚，あるいは紹介者に対し，自分たちのゴールについて，また彼らがクライエントのためのゴールだと考えることについて

Part 2：実践

同様の質問が行われる。付録Gには，紹介元への質問票がある。
2. ゴールを静的で変わらないものと見るのではなく，望ましい状況と捉えることができる。ゴールは，セラピーの過程で発展し洗練され，さらにはセラピーが進むにつれて変更することもできる。ゴールは，理想的な状態へ到達するために設定されるのではなく，クライエントから見て「それで十分（good enough）」であると思える状況に到達するために設定される。
3. ベイエバックら（Beijebach et al., 2000）は，明確なゴールを設定すると，成功が2倍に増えることを明らかにした。
4. ウォルターとペラー（1992）は，よく定義されたゴールの特徴について述べている。すなわち，肯定形での表現であること。過程の形で記述していること。今ここ（解決に向けてクライエントがすぐに開始することができる）であること。できるだけ具体的であること。クライエントがコントロールできる範囲内にあること。そして，クライエントの言葉で記述されていることである。
5. アジェンダの設定は，従来のCBTで一般的に行われている。ポジティブCBTにおいてもアジェンダ設定を行うことができるが，アジェンダを扱う前に，ゴール構築の質問が各項目に対して行われる。「この項目について検討した場合の，最も望ましい結果は何でしょうか」と「この項目についての検討を終了してよいことを，私たちはどうやって知るでしょうか」（Bannink, 2010a）。
6. 希望理論の「拡大ゴール」は，クライエントの現在のパフォーマンスレベルを超えているゴールと定義されている。拡大ゴールは，クライエントをその気にさせ，不可能そうに見えることに向かわせるが，実際にやってみても達成できないことが多い。ただし，完全には成功しなかったとしても，簡単なことをするよりも，難しいことに挑戦するほうに満足を見いだすクライエントもいる。この点で，高いレベルの期待を報告する人は，過去に達成できたゴールよりも難しい拡大ゴールを好むことが多い点に留意する必要があろう。

● Case 6.3

キング（King, 2001）の研究では，81名の参加者が4日間連続して毎日20分間，ある話題を書くことを求められた。参加者は，トラウマ体験を書く群，考えられるなかで最もよい未来の自分を書く群，これらの両方を書く群，そして統制群として感情に影響しない話題について書く群にランダムに割り当てられた。

筆記の前後で気分が測定され，病気に関する健康管理センターのデータが，参加者の許可を得た上で収集された。3週間後，主観的なウェルビーイングが測定された。人生

のゴールを筆記した群は，トラウマ体験を筆記した群よりも，気分の動揺が少なく，主観的ウェルビーイングが有意に増加した。

　筆記を行ってから5か月後，トラウマ体験筆記群，最高の未来筆記群，その両方を記述した群において，統制群と比較して病気が有意に減少するという交互作用が認められた。この結果は，自己調整の話題を筆記することが，トラウマ体験を筆記することと同等に，健康のためになる可能性を示している。

問題，訴え，制約のアセスメント

　ポジティブCBTは問題や不満を扱うのを怖がっているわけではない。クライエントには問題や懸念を話す機会が与えられ，セラピストはそれらに敬意をはらって傾聴する。しかし，問題の性質や重症度について詳細に尋ねることはあまりなく，問題の原因を分析することもない。鑑別診断の形式（リストから診断を除いていく形式）を用いて問題に対する例外を尋ねることで障害を解消することができる場合もありうる。たとえば，例外について尋ねると，ADHDと診断されるであろう子どもであっても，教室でじっと座っていられた場面が見えてくる。

　ポジティブCBTを実施する他のやり方としては，クライエントのすべての症状，訴え，制約を承認しながら，まず傾聴する。その上で，それら問題の語りのすべてをストレングスと解決の側面として「翻訳する」。具体的には，「その代わりに，どうなっていてほしいと思いますか」「すでにうまくいっているところは何ですか」「どうやってそれを行うことができましたか」といった質問をする。そして次回以降のセッションで，クライエントが自分たちの生活で変えたいと思うことを扱うとき，これらの問題の集積を引き剥がしたり無視したりするなどして，捨て去る。その場合のポジティブCBTの質問は次のようになるだろう。たとえば「これらの問題／訴え／制約がなくなったならば，どのようにあなたやあなたの生活／対人関係／仕事は違っているでしょうか」というものである。

　バッカーら（Bakker et al., 2010）は，すぐに治療を始め，問題の診断は後の段階で必要に応じて行うセラピーもあると述べた。重度の精神疾患や，その疑いがある場合は，たとえば「根底にある」器質的な病理を追跡することが直接的な治療結果をもたらすので，徹底した診断を行うのは妥当である。

　1次・2次ヘルスケアの外来は，ポジティブCBTのアプローチに適している。初回面接やその後の面接のなかで，高度な診断が必要かどうかは自然と明らかになるだろう。たとえば，クライエントの状態が悪くなった場合や治療がうまく進まなかった場

合である。「段階的なケア」と同様,「段階的な診断」を考えることができる。

しかしダンカン（Duncan, 2010）によれば,医療とは違い,心理療法が診断から始まるのは賢明ではない。精神科の診断は,治療結果や入院期間の長さと相関せず,また心理療法に対して,『不思議の国のアリス』にあるドードー鳥評決（すべての心理療法が等しく,どれでも効果がある）を与える。つまり診断は,問題解決への最良のアプローチに関する信頼性の高い指針を臨床家やクライエントへ提供することはできない。

最後に,人と病気を区別することの重要性について述べたい。問題を査定する場合,クライエントとは問題をもっている人ではあっても,問題や診断そのものではないと常に心に留めておくことが重要である。クライエントは自分の問題や診断を超えた存在である。だから「彼は抑うつだ」とか「彼女はボーダーラインだ」のようなラベルをポジティブCBTでは使用しない。「ヘンリーはうつ病だ」と言う代わりに,「彼はうつ病エピソードに苦しんでいる」「アンには境界性人格障害がある」と言うかもしれない。このようにポジティブCBTの始まりはストレングスと資源に向けて構成されている。オハンロンとローワン（O'Hanlon and Rowan, 2003）は,人と病気とを区別すること,そして病気がその人に与えた影響について調べることの重要性を強調し,以下のように述べた。「その人がどのような病気をもっているかではなく,病気をもっているのはどのような人かを尋ねよう」(p.49)。

ストレングスとリソースのアセスメント

ピーターソン（Peterson, 2006）は,VIA（the Values in Action Signature Strengths）テストを開発した（www.authentichappiness.org から入手可能）。この調査票は,人を24の人格ストレングス（Character Strength）に信頼性をもって分類できるように作成された（第4章参照）。ストレングスと美徳（virtue）の分類は,精神障害のDSM-IV-TRの分類法をポジティブにしたようなものである（そしてDSM-IV-TRと組み合わせて使えるだろう）。

ポジティブCBTのアセスメントでは,クライエントがオンラインでテストを受け,印刷したものを次のセッションに持参することもある。そこでセラピストとクライエントは,クライエントのストレングスの順位に着目する。次にクライエントは,上位5つのストレングスをリストアップし,それらを最近（または過去に）使ったエピソードを報告する。クライエントが自らの成功とストレングスを話していると,セッションの雰囲気が建設的になっていくのももっともなことだ。

書き出されたストレングスを高める鍵は，ストレングスを頻繁に使えるようにクライエントの生活を再構成することである。セリグマンら（Seligman et al., 2005）によれば，自らのストレングスについて学ぶと肯定性は増加する。それは重要ではあるが，一時的な効果しかない。しかしストレングスの新しい使い方を見つけると，その効果は持続する。

先述のWEBサイト上には，感情，エンゲイジメント（24種の人格ストレングスを測定する簡易ストレングス・テストに含まれる），意味，そして人生満足度に関する多くの質問票が掲載されている。その他のポジティブ心理学の質問票は，以下の通りである。肯定的・否定的感情調査票（Positive and Negative Affect Schedule: PANAS），感謝質問票（Gratitude Questionnaire: GQ-6），希望尺度（Hope Scale: HS），インスピレーション尺度（Inspiration Scale: IS），生活の意味質問票（Meaning in Life Questionnaire: MLQ），マインドフル・注意・気づき尺度（Mindful Attention Awareness Scale: MAAS），生活の質目録（Quality of Life Inventory: QOLI），そして，個人的成長主導権尺度（Personal Growth Initiative Scale: PGIS）。www.ppc.sas.upenn.edu/ ppquestionnaires.htm において，ポジティブ心理学の質問票を数多く探すことができる。

ポジティブCBTでは例外探しの質問が多用される。この質問はVIAと同様に，すでにもっているストレングスとリソースを見るための有効な方法である。これらの質問は，問題に焦点を当てた質問に慣れている多くのクライエントにとって新しいものである。尋ねられて初めて，クライエントは解決の鍵となるような例外に気づくことがある。解決策は多くの場合，それまで認識されていなかった差異から構築されている。例外は，望ましい結果（ゴール）に関連するものと，問題に関連するもの（ 付録B を参照）に分類される。

- ゴールに関する例外の質問例は以下の通りである。「生活のなかで変えたいと思うことの兆しがすでに見えるときはいつですか」「最も近いときで，これに気づいたのはいつですか」「それはどのようでしたか」「そのとき，何が違っていましたか」
- 問題に対する例外の質問例は以下の通りである。「問題がそれほど深刻でなかったのはいつですか」「短時間でも，問題がなかったのはいつですか」「ほんの少しでも対処できたのはどんなときですか」

セラピストは，これらの例外を聞き，探求した後，クライエントがすでに行ってい

ることをコンプリメントする。

　スケーリング・クエスチョンを用いることもできる。「10は，あなたが望ましい未来に達した場合で，0は想像できる最悪の状況とします。あなたが今いるのはどこですか」。スケーリング・クエスチョンを用いることで，クライエントは，過去の複雑な経験や，未来の可能性の見積もりを直感的に表現しやすくなる。スケーリング・クエスチョンでは，クライエントの考え，印象，あるいは予測を10から0の尺度で評定してもらう。たとえば，クライエントにこのように聞くことができる。「10から0の間で，10はあなたが自分のゴールを達成できると確信していることを意味し，0はまったく自信がないことを意味します。あなたは今，10から0のどこにいるでしょうか」。

　ラマーとグレゴワール（Lamarre and Gregoire, 1999）は，「能力の転移」と呼ばれる技法について説明している。クライエントには，スポーツ，趣味，特別な才能のような，問題状況とは違った分野での有能さについて，まず話をしてもらう。次に，クライエントは，ゴールに到達するために，その能力をもって来る。ラマーとグレゴワール（1999）では，パニック障害に苦しむクライエントが不安を経験したときに，深海ダイビングの知識を応用してリラックスすることを学んだ方法について例示されている。

● Case 6.4

　シンディは，夫の気分の変調に何年も苦しめられてきた。彼女はあらゆることを試してみたが，成功しなかった。シンディは，馬の調教師として，多分どんな暴れ馬でも調教できる特別な才能をもっていた。彼女に成功の秘訣を尋ねると，ゴール達成がごくわずかだったとしても，いつも馬に報酬を与えることだと答えた。

　彼女は，馬に腹を立てたり，馬の調教をやめたくなる気持ちを我慢したりする方法についても話した。その場合，彼女はその日の訓練を中止して，次の日にもう一度訓練を行う。そうしてシンディは，夫に対応する際にも同じように自分の才能を使うことができることに気がついた。

ウォルターとペラー（2000）は，クライエントの成功物語を関連づけるために，能力についての3つの質問をあげた。

- どのようにして，それをしたのですか。
- どのようにして，そうすることを決めたのですか。

- どのようにして，それをやりとげたのですか。

　最初の質問は，クライエントは何かをやりとげ，それゆえ行動，能力，責任をもっているのだという仮定に基づいている。2番目の質問は，クライエントは主体的な決定をすでに行っているので，自分の未来に影響を与える新たな人生のストーリーを書く機会を提供できるだろうという仮定に基づいている。第3の質問は，自分の成功経験を関連づけるように，クライエントを促すものである。

進歩，動機づけ，希望，自信のアセスメント

　ギリシャの哲学者ヘラクレイトス（Heracleitus，紀元前540〜480年）は「Panta rhei（万物は流転する）」と言ったとされている。永久に変わらないものはない，という意味である。悪い日と良い日との違いを探し，最もつらい時間と問題のない時間との差異を探す。こうした探求を行うことで見いだされた差異から，治療の指針が得やすくなる。

　ウェイナー・デイヴィスら（Weiner-Davis et al., 1987）による一連の研究では，クライエントの15〜66％は，治療を正式に開始する前に，治療に関連する利益（「治療前の変化」）を受けることを示している。面接の予約をするだけで，変化の歯車が動き出し，能力と統御のストーリーが生まれる可能性が高まることがある。

　セラピストは，変化に焦点を当てたレンズを通して，クライエントを見ることができる。変化に着目すると，クライエントにすでに存在するストレングスとリソースが見え，それらを利用できるようになる。変化に焦点を当てると，ヘラクレイトスのようにセラピストも変化を確信し，新しいまたは異なる視点や行動を，迎え入れ，探索し，開発するような文脈を作成するようになる。その際，変化をもたらすためにクライエントはすでに何をしているか，そして，それにクライエントはどのように意味を見いだすかに，特に注目する。「治療前」の変化に関する質問例は，以下の通りである。

- 面接予約をしてから今日までに，何が（少しでも）よくなりましたか。
- 多くのクライエントから聞いたことですが，予約の電話をしてから実際の初回セッションまでの間に，ものごとがすでに変わってきているそうです。あなたの場合，何か気づいたことはありますか。
- すでに今までよりよくなったことや，変わったことは何ですか。
- どのようにそれを行うことができたのですか。

Part 2：実践

- あなたはそれをもっと経験するために，何をする必要があるでしょうか（または，それが起こるために何が必要でしょうか）。
- そのようなことを続けると，明日はどのように違っているでしょうか。あなたの一日は，どんなふうによくなっているでしょうか。
- これらの肯定的な変化は，あなたについて，どのようなことを語っているのでしょうか。

ウォルターとペラー（2000, p.7）は，セラピストとしての彼ら自身の変化について述べている。「問題パターンと例外パターンの頻度を検討するうちに，クライエントの経験を安定したパターンとして解釈することが，根本的にどのように役立つというのか，という疑問が湧いてきた。おそらく安定したパターンという考えは，変化に気づく私たちの能力が制限されているところから構成されたものに過ぎないのだろう。そして永続的な相互作用のパターンよりも，変化は必然であり行動はランダムに変化すると考えるほうがより生産的である。『変化は，いつでも起こっている』と考えるほうが，『行動は不変で繰り返している』と考えるよりも有用な出発点ではないだろうか」。

いわゆる「スケーリング・クエスチョン」は，進歩，動機づけ，希望，そして自信を査定するために用いることができる。クライエントは，10が最も望ましい結果で，0がこれまでにあった最悪の事態として，ゴールが達成されている程度を10から0の範囲で示すよう促される（進歩を測定する場合）。「今，何点くらいだと思いますか」「どのようなことを（すでに）したから，この点数に到達したのでしょうか」「より低い点でないのは，どのようなことをしたからでしょうか」「それをどのようにしたのですか」「1点高くなったとしたら，どのようになっているでしょうか」「そのとき，あなたはどのような違ったことをしているでしょうか」「ゴールを（十分に）達成したと思えたとき，何点くらいになっていますか」「何点くらいになれば，セラピーも終わりだと思いますか」。

スケーリング・クエスチョンは，旅路をどこまで来たかを明らかにすることもできる。初回来談時，ほとんどのクライエントの評価は完全な0ではないが，時には完全な0ということもある。その場合は，スケールを少し拡張し，「どんなふうにして，何とかやっているのですか」や「マイナス10点でないのはどうしてでしょうか」と尋ねることができる。前述のように，スケーリング・クエスチョンは，望ましい行動に向けて，オペラント条件づけの技法である「漸次的接近（successive approximation）」（またはシェイピング）を適用するための出発点となる。

通常，実現したいことについてクライエントが明確な意識をもっており，望むもの

をある程度達成できているときには，次の一歩の選択は比較的容易である。ロスマン（Rothman, 2000）は，行動変化の開始を選ぶときと，行動の維持を選ぶときとでは意思決定の基準が異なることを明らかにした。変化を始める意思決定は未来の結果に対する好ましい期待に依存するが，行動維持の意思決定は過去または現在得られた結果に対する主観的な満足感に依存する。同様に，治療開始時には，好ましい状況と現在との比較が特に有益であり治療の動機づけを高めるが，変化が始まるまで治療を継続するための動機づけは過去との比較である。次のストーリーに示すように，人々は，短い旅であってもその出発点にいることよりも，長い旅であっても一部分でも終わっていることにより動機づけられる。

Story 6.2 「洗車場にて」

　ある田舎の洗車場が販売促進のためにサービスカードを発行した。洗車する度にスタンプが押され，スタンプが8つたまると無料で1回洗車ができた。別のサービスカードをもらった人たちもいた。彼らは無料洗車サービスを受けるために，スタンプを10個（8個ではなく）集める必要があった。しかしこちらのカードにはすでに2つスタンプが押されていた。

　報酬を得るために8回洗車をする必要があるという「ゴール」は同じだが，その心理は違う。前者はゼロからスタートしているが，後者ではゴールにすでに20％近づいている。数か月後，8スタンプの顧客のうち19％が無料洗車を獲得したが，最初に2つスタンプが押されていた群では，34％が無料洗車を獲得した（さらに，この群ではより早く無料洗車の特典を獲得した）。

　人は，短い道であっても，その入り口に立っているよりも，長い旅でも一部が終了していることに動機づけられる。行動を起こす動機づけを高めるためには，自分が思っていたよりもゴールに近づいているのだと感じさせることが必要である。

(Goldstein et al., 2007 を改変)

　従来のCBTにおいても，スケーリング・クエスチョンは頻繁に使用される。ポジティブCBTとは異なり，問題志向のセラピーでは問題に対してスケーリングが行われる。たとえば，抑うつ尺度，不安尺度，EMDRにおける主観的なストレス評価（Subjective Units of Distress: SUD）などがあげられる。これらの尺度が最高点であることは抑うつやストレスが最も強いことを意味し，0はネガティブな感情が存在しないことを意味する。これまで述べてきたように，否定的感情が存在しないからとい

って肯定的感情が存在するとはいえない。

ポジティブCBTの尺度は使用法が異なる。「抑うつ尺度」ではなく中立的な「気分尺度」が用いられ、最高点（10）は、生じうる最高の気分、0は生じうる最悪の気分を表す。「不安尺度」は使われず、中立的な尺度が用いられる。やはり10は完全なリラックス状態、0はストレスが最もひどい状態であることを意味する。

● Case 6.5

思春期の薬物依存やアルコール依存の臨床現場で、「問題志向の」セラピストは、「渇望程度尺度」を開発し、青少年がドラッグやアルコールを欲しがる程度を頻繁に質問する。たとえば、「10はほしくてたまらない状態で、0はまったくほしくないとすると、この尺度で何点くらいでしょうか」と尋ねる。するとクライエントはしばしば「質問されるまで点数はかなり低かったけれど、その話をされたのでほしくてたまらない気分になってしまいました」と答える。ポジティブCBTであれば、このように尋ねるだろう。「10が、ほしい気持ちをすべてコントロールできている状態で、0がまったくコントロールできないとすると、今どのくらいでしょうか」。

変化に対する動機づけのアセスメント

セラピーは問題を解決するため、あるいは解決を支えるために行われるとの前提をクライエントとセラピストが共有するのが望ましい。このためには個人の行動の変化が必要になることもある。しかしセラピーに主体的に参加することと、変化する動機づけがあることは同義ではない。治療に来てもかまわないとクライエントが思っていること（セラピーへの参加）は、必ずしも、自分の行動を変化させる意思がクライエントにあることを意味するものではない。しばしば、クライエントは、セラピストが問題を解決してくれるのを（密かに）願っていたり、この問題は誰かのせいだと考えていたりする。ポジティブCBTセラピストの仕事は、クライエントが変化を起こすことを支援し、クライエントが自分で道を作る助けをすることである。セラピーでの肯定的な結果を強めるために、変化へのクライエントの動機づけをアセスメントする方法と、その変化を促す方法が第5章で検討された。このプロセスにおいて、最適な協働関係を築くために、セラピストとクライエントとの関係のタイプをアセスメントする。具体的には、「ビジター関係（visitor-relationship）」「コンプレイナント関係（complainant-relationship）」「カスタマー関係（customer-relationship）」のいずれなのかをアセスメントする。

肯定的なセルフ・モニタリング

　従来のCBTにおけるセルフ・モニタリングは，記憶に頼らず正確な行動の記録を得るために使用されている。その記録は，クライエントの進捗状況に介入を合わせたり，進歩をクライエントにフィードバックをしたりするときに役立つ。

　セルフ・モニタリングは，出来事に対してクライエントがどのように反応する（自分自身の生理的反応，行動，認知，そして感情の面で）かを明らかにし評価することによって，セラピーに積極的で協力的に参加するようクライエントを援助する手段である。

　セルフ・モニタリングは，多くの場合セッションやホームワークの一部としてセラピーに統合されている。セルフ・モニタリングにおける，従来のCBTとポジティブCBTとの違いは，ポジティブCBTでは，クライエントの症状や問題の記録ではなく，クライエントのストレングスや問題に対する例外を記録することである。肯定的なセルフ・モニタリングを使用すると，クライエントは有能さを感じるようになり，状況を変えるために役立つことにより取り組むことができる。肯定的なセルフ・モニタリングの3つのタイプを説明する。

1. 肯定的なセルフ・モニタリングの第1の方法は，表6.1に示すように，「思考記録」を使用するものである。従来のCBTでは，クライエントの問題行動のきっかけとなる思考を理解するために思考記録を実施した。一方，ポジティブCBTでは望ましい行動のきっかけとなる思考を理解するために行われる。ポジティブCBTのセラピストは，問題志向の記録と，ストレングスと解決に焦点を当てた記録の両方をクライエントに依頼する。
2. 否定的から肯定的にセルフ・モニタリングの焦点を変更する第2の方法は，肯定的な変化の観察である。クライエントに次のように尋ねる。
   - 生活のなかで，最も変化が起きてほしい領域を示してください。
   - 10～0のスケールで現在の状況を評価してください（10は非常に良い，0は非常に悪い）。
   - 生活のこの領域で起きていることについて，あなたがもっと低い点数ではなく，この点数を選んだ理由を簡単に説明してください（すでにうまくいっていることは何ですか）。
   - ある日変化が生じ，生活のこの領域のすべてが，あなたが願う方向に進みます。あなたは，すべてがうまくいっている（10点）ことを，どのようにして知るの

か，簡単に説明してください。
- そのスケールで，少なくとも1点増加させる（あなたの状況がほんの少しだけよくなったことを示す）ために，あなたが近い将来にできることを考えてみてください。できるだけ具体的な行動を考えましょう。そのように行動すると，あなたの生活のこの領域で何が変わるでしょうか。
- それはどのようにあなたの生活のなかであなたや身近な人のために役に立ちますか。

3. 肯定的なセルフ・モニタリングの第3の方法は，表6.2に示すように，問題に対する例外をモニターすることである。例外をモニターしている際には，問題が起きているときとは異なる特別な注意が向けられている。従来のCBTでは，セラピストはクライエントの問題について，誰が，何を，いつ，どこでといったことを探索する。これに対しポジティブCBTのセラピストは，問題に対する例外について，誰が，何を，いつ，どこでといったことに関心がある。例外を見つけるための質問例は以下の通りである。

表6.1　思考記録

状況	気分 (100 − 0% で評定)	自動思考（イメージ）	行動

© Fredrike Bannink

表6.2　問題に対する例外を観察するための書式

日付	出来事	望ましい方向に向かってどんな変化が起こりましたか	この変化を起こすために，あなたが行ったことは何ですか	このとき起こった考えや感情は	さらにできそうな行動

© Fredrike Bannink

第6章　アセスメント

- こうなりたいと思ってから，問題を経験しなかったときはいつですか。
- 問題がなくなったとき，またはなくなり始めたとき，何が起こるでしょうか。
- 問題が悪化する可能性はありましたか。なぜ問題が悪化せずにすんでいるのですか。
- 問題が（少しでも）少ないときはいつでしたか。
- すでによくなっていることは何ですか。

例外探しの質問についてはバニンク（2010a）に記載されている。

意図的でも偶然でも例外は起こりうることに注意しよう。例外が「どのように」起こったかを調べるために，セラピストは，誰が，何を，いつそれを起こしたのかを探求する。どのようにして例外が起こったのかをクライエントが説明できる場合は，例外は意図的なものである。一方，クライエントが肩をすくめ「私にはわからない」と答えた場合は，例外は偶然のものである。この区別は，クライエントに提案するホームワークを決定する上で重要な役割を果たす。その重要性については第5章で説明した。

肯定的な機能的行動分析

機能分析の方法は問題行動の生起に影響を与える変数を同定するもので，行動アセスメントの最大の特徴となっている。機能的行動分析（Functional Behavior Analysis: FBA）は，クライエントの問題行動に取り組むための問題解決プロセスであると考えられている。FBAは行動そのものの背景に目を向ける。特定の行動の生起（または非生起）に関連する重要な要因を同定することに焦点を置く。この広い視点により，その行動の背景にある機能や目的をよく理解できるようになる。FBAでは，それぞれの問題をA-B-Cの観点から分析する[4]。Aは先行事象（Antecedents），Bは行動や信念（Behavior and Beliefs），Cは結果（Conesquences）である。これらの要因はそれぞれ，その行動の将来の生起確率を増加または減少させることができる。

従来のCBTでは，問題行動に対して機能的行動分析が行われる。一方，ポジティブCBTでは，問題行動に対する例外について機能的行動分析が行われ，例外の先行

（訳注4）「A-B-C」の枠組みについて
心理療法の領域で用いられる「A-B-C」の代表的な枠組みには2種類ある。行動分析学とエリス（Ellis, A.）のものである。ここでは，その2つが合成されている。ただし，p.139ではエリスの枠組みが正しく説明されている。
加えて，「条件刺激」の用法も，刺激－反応理論のものであり，行動分析学とは異なる。

Part 2：実践

事象，行動や信念，および結果を同定する。ポジティブCBTのセラピストは，問題志向FBAとポジティブFBAの両方を使用することができる。

　問題（または問題に対する例外）が生じている文脈では，「先行事象」は，行動の手がかりとなる条件刺激である。「信念」や「行動」はオペラント条件づけのプロセスに従い，嫌悪的な状態の除去や，望ましい目的を達成する記憶（「結果」）によって強化される。このようにして行動や信念が維持される。

　言い換えれば，問題志向のFBAは，問題が発生した文脈を記述するため，問題の強度を変える要因を見るため，そして，回避を含む結果をアセスメントするために使用される。一方，ポジティブFBAは，望ましい行動やすでに生じている問題に対する例外を記述するために使用される。

　行動に関する研究は，連合，報酬，罰のパターンによって行動の学習や消去が生じることを実証している。

　事例の記述的概念化の段階で機能分析を使うと，さまざまな文脈に考慮しつつ，いつ，どこで，どのように，行動とその結果が生じるのかをマッピングすることができる（Kuyken et al., 2009）。従来のFBAは通常，問題行動の詳細な記述から始まる。一方，ポジティブCBTは問題行動への例外の詳細な記述から始まる。そのときに尋ねる質問は以下の通りである。

- 問題がなかったり，少しはあったとしても，より少なかったのはどんなときですか。
- あなたが変えたいと思っていることをすでにしていたのはいつですか。
- 問題があるとしても，それに少しでもうまく対処できたのはいつですか。
- 何か（飲みすぎ，食べすぎ，喫煙，薬物使用）をしたい衝動を克服できたとき，何をしていましたか。

　問題や例外が最も生じやすい条件について妥当なマップが描けたならば，次のステップでは，行動の即時的結果に焦点を当てて，問題や例外を維持している要因を見る。

　従来のCBTでは，問題行動がもつ正の結果は弱められ，負の結果は強調される。煙草を吸っている間の落ち着いた気分という即時の正の結果は弱められるべきであり，肺がんになるという長期的な負の結果は強調される必要がある。問題に対する例外にも正の結果が伴うが，もちろん弱められる必要はなく，強調される。クライエントが，アルコールを飲み過ぎてしまう衝動を時に克服できるとセラピストに話した場合，この例外は強調される必要がある。クライエントがいつものパターンに陥らずに，踏み

とどまれる能力を意識するようになると，その事実は例外として知覚され，それをもとにまた前進する。

しかし，場合によっては，これらの例外はクライエントにとって残念な結果を招く可能性がある。たとえば，問題が解決したり目立たなかったりすると，家族からあまり注目されなくなることもある。

以下のような質問が行われる。

- あなたが望むことが起こったならば，どんなよいことが起きるでしょうか。
- この行動のメリットは何ですか。そうすると身近な人たちは，これまでと何が変わってくると思いますか。

従来のCBTでは，このような理解によって，効果の高い介入を選択できるようになる。ポジティブCBTでは，すでにクライエントにできていることを，もっと行う。解決はすでに存在しているので，何か別のことをする必要はない。クライエントは，介入の有用性を報告し，セルフ・モニタリングによって例外をさらに収集し，FBAのサイクルを繰り返していく。

クライエントのストレングスや例外を見つけることで，介入計画は，不適切な行動を減らすために先行事象と結果を操作する介入計画ではなく，クライエントがすでにもっている適切なスキルの使用を増やすことに焦点を当てることができる。

行われるであろう質問は以下の通りである。

- （私たちが前回お会いしてから）何がよくなりましたか。
- （私たちが前回お会いしてから）何が変わりましたか。
- （たとえほんの少しでも）役に立っていることは何ですか。

ポジティブなFBA面接における7つの質問

1. 今晩あなたが寝ている間に，奇跡が起こって，今日面接で話し合った問題がすべて解決されたとします。しかし，あなたは眠っていたので，この奇跡が起こったことを知りません。明日の朝あなたはどんな違いから奇跡が起こったことに気づくでしょうか。最初に気づくことは何でしょうか。奇跡が起こったことを知らせてくれるものは何でしょうか。今までと違った，どんなことをするでしょうか。他には？　そして，他に何か？
2. ここ最近で，うまくやれたときや奇跡（の一部分）が起きたときのことを教えて

Part 2：実践

ください。ちょっとしたことでいいのです。
3. ものごとが何かよくなったと感じたとき，これまでと違ったどのようなことを，あなたや周りの人がしていたでしょうか。他にどんなことについて気づきましたか。
4. 10～0点の範囲で（10は奇跡が起こった状況，0は最悪な状況），今日は何点くらいですか。
5. これまでとは違うどのようなことをすると，1点高くなったと気づくでしょうか。
6. もし1点だけ高くなったとしたら，あなた／他の人にとってどんなことがよくなっているでしょうか。他にどんな結果に気づくでしょうか。
7. 1点だけ点を上げるのにどんなことが役立ちそうですか／誰が助けになりますか。（ 付録D を参照）

第7章

見方を変える

> あらゆる問題は変化する機会となる。
> ベンジャミン・フランクリン（Benjamin Franklin）

はじめに

　オハンロン（O'Hanlon, 2000）は，人は不幸なときや望まない結果になってしまったとき，これまでと違うことをすべきだと言った。つまり，クライエントは問題に対して，これまでと違う方法をとってみたり，問題の見方を変えてみたり，その両方をしてみたりすべきである。そうすれば，その問題への感情もほぼ確実に変容する。

　問題の見方を変えるときは，思考の変容方法と状況をよりよくするための方法がポイントとなる。これには以下の5つが含まれる。

1. 何ができるのか決めつけずに，感情と過去の出来事を認める。
2. 問題状況のなかで，注目している部分を変えてみる。
3. 嫌な過去や現在よりも，未来にどうなっていたいのかに注目する。
4. 自分自身や今の状況に役立たない信念を疑ってみる。
5. 問題を乗り越えるため，そして自分の力を活かすためにスピリチュアルな視点をもつ。

感情と過去の承認

　感情を扱う場合，怒りや失望，悲しみのような否定的感情を認める一方で，さまざまな可能性を見つけていくことが大切である。たとえば，「この件についてとても強い感情があるのですね。ではもし，将来この問題が解決したとしたら，どうでしょう

Part 2：実践

か」というような質問からも可能性は生まれるだろう。環境的リソースやストレッサーはもちろん，人の弱さや強さを認めることによってその人の能力はより発揮できるようになる。その点に対して，ポジティブCBTのセラピストは援助をする。本書では，変化のためにポジティブCBTがどのようにして否定的感情の承認と未来の可能性とのバランスをとるかを示す。セラピストの役割の1つは，クライエントの問題の影響力を見きわめることである。もう1つは，クライエントに，不可能なことではなく可能なことに注目させることである。

オハンロン（1999）は，肯定的なものに変えることができる否定的ストーリーを4つあげている。

1. 責めるストーリー：誰かが悪いとか，間違っているとか，悪意があるとか，問題の責任を問う。
2. 不可能なストーリー：状況を変えることは無理だろうと思う。
3. 無効なストーリー：感情や欲求，思考，行動が間違っていたり受け入れがたいと感じたりする。
4. 責任をとらないストーリー：自分の行動は誰かにコントロールされているとか，自分ではコントロールできないと主張することで，責任から逃れようとする。

否定的ストーリーを肯定的ストーリーに変容するために最初にすることは，問題を評価し，判断し，説明することではなく，問題の影響と状況の事実を確認することである。そうすると，役に立たない問題のストーリーを反証でき，クライエントがどのような語りをしたとしても，それがすべてではないと気づかせることができる。慈しみがあり役に立つストーリーをつくり，クライエント自身や他者，そして状況への優しく穏やかな見方に気づくことも役立つだろう（O'Hanlon, 1999; Gilbert, 2010）。

「幸福な幼児期をもつのに遅いことはない」といわれる。過去の捉え方は現在と未来で決まる。解決志向の精神科医であるファーマン（Furman, 1998）は，フィンランドの2つの雑誌上で，過酷な幼児期を経験した読者に次の3点を尋ねた。

1. つらかった幼児期に，あなたを助けたのは何でしたか。
2. つらかった幼児期から，あなたは何を学びましたか。
3. 子どもの頃の経験に似たような経験を大人になってしたとき，どのように対処しましたか。

回答を見て，どんなトラウマであっても，それに耐え抜く力を人間はもっており，過酷な過去でさえも，弱点ではなく力の源だと考えられるようになるとファーマンは確信した。「過去とは，いかようにも語りうるストーリーです。苦しみに耐えた方法に注目すると，私たちは後悔の気持ちよりも自分を尊敬し誇りをもって過去を振り返ることができます」(p.56)。ただし，耐え抜いた方法やどんな強さと能力をもって耐えたのかを尋ねることは，クライエントを否定的な過去に不用意にさらすことになるので，「最少負担の原則」を適用すべきである。

ファーマンは，過去が未来に影響を与えると考えるのは当然であると述べている。しかし他の考えも可能である。未来への展望が，過去の捉え方を決定づける。抑うつ状態であれば過去はより暗く見え，もし恋愛中であれば過去はなんとなく明るく見える。

●Case 7.1

クライエントが語る声は疲れていた。なぜなら彼は抑うつ状態であったからだ。彼は15年もの間カウンセリングを受け続けており，私は4番目のセラピストだった。彼は3年間の精神分析，2年間の集団クライエント中心療法，ペッソ（Pesso）のボディーワークセラピー等を受けてきた。抗うつ剤の服用も少ししか効果がなく，彼は落ち込み苦しみ続けていた。

私は，ファーマン式に彼へ3つの質問をした。最初の「つらかった幼児期に，あなたを助けたのは何でしたか」の質問に，彼は「今まで，そのようなことを考えたことがなかった」と答えた。父親からの虐待を受けて育った彼は，自分は犠牲者であり，その状況をコントロールすることは不可能だったと思ってきた。しかし，この質問を受けたことで，実際は何らかの行動をとっていたことに気づいた。たとえば，できる限り遠く離れた場所へ避難しようとして，学校の友だちの両親の手助けで避難所を見つけたことがあった。このようなことを思い出したとき，彼は自分自身の安全のため，父親から逃れるために実際に何らかの行動をとったという実感を取り戻した。その実感が，自分は犠牲者だったという彼の見方を（一部分だが）自分はサバイバーとして成功したという見方に初めて変えた。この変容によって，彼は自己肯定感を強め，さらなる肯定的感情を生みだした。

視点の変更

問題はいつも同じように現れるとは限らない。問題が生じていないときや，問題がそれほど大きくないとき，あるいはクライエントが問題にうまく対処できているとき

には，クライエントはそれまでと違ったどのようなことをしているだろうか。また何が違っているだろうか。また，問題がなくなったり軽減したりした期間や，クライエントが順調に生活できている期間や瞬間はいつだったろうか。

　失敗や欠点の代わりに，クライエントの過去や現在の成功に注目させることは，肯定的な予測をもたらす。つまり，クライエントは自分自身や状況をより肯定的に捉え始める。問題に対する例外を見つけることは，解決志向の基本的ツールの1つである。ヒースとヒース（Heath and Heath, 2010）は，例外を「ブライト・スポット」と呼び，次の印象的な例について述べている。

Story 7.1 「ブライト・スポットを探せ」

　「ブライト・スポット」の探索は，解決志向の質問によってなされる。たとえば，「何が壊れていますか。そして私たちはそれをどのように直したらいいですか」と質問するよりも，「何がうまくいっていますか。そして私たちはどのようにしたら，もっとうまくやることができるでしょうか」と質問することである。以下は，ジェリー・スターニン（Jerry Sternin）という人の話である。彼は，1990年代にセイブ・ザ・チルドレン（Save the Children）というNPOで働いていた。ベトナム政府は，そのNPOに栄養失調の対策を依頼した。スターニンが家族と共に現地に到着したとき，あまり歓迎はされなかった。彼に与えられた期間は6か月であった。栄養失調はいくつかの大きな問題，たとえば，貧困，不衛生，水不足，教育の不足などが重なった結果であるという考えが社会的通念だった。

　スターニンによると，これらの問題すべてが"TBU：true but useless"，つまり正しいが問題解決には役立たなかった。何百万人もの子どもたちは，これらすべての問題が解決されるのを待っていることはできない。スターニンは，栄養失調の「根本的原因」に挑むことはできなかった。そこで他の方法を考えた。地方の村へ向かい，そこに住む母親たちと会うことにした。母親たちをチームに分け，村の子どもたち全員の体重を量ってもらったところ，その結果は驚くべきものであった。典型的な子どもよりも，健康的で大きく育った子どもたちを見つけたのである。

　スターニンのアイデアは，いわゆる"ブライト・スポット"，すなわち問題に対する例外を探すことだった。同じリソースをもっている人よりも，よい結果を生みだす人もいる。スターニンは，ブライト・スポットといえる母親たちが子どもに，同じ量の食材を使って，より多くの食事を毎日与えていることを見いだした。不健康な子どもたちは自

分たちだけで食事をとるが，健康な子どもたちは積極的に食事を与えられていた。これに加えて，ブライト・スポットの母親たちは水田からエビとカニを採り，サツマイモの葉を集め，それらを米と混ぜ合わせた料理を作っていた。エビとカニは大人用の食べ物で，サツマイモの葉は栄養に乏しい食べ物と思われていたが，混ぜ合わせることで栄養価の高い食べ物となっていた。

　スターニンは，解決はそこにあることを確信した。彼は，他の母親たちにもこの調理法を勧め，他の村にも広めていった。この方法は大成功をおさめ，6か月の間に子どもの65％がよりよい状態で育った。また，この方法は265の村で220万人のベトナム人に広がった。このストーリーで注目すべきは，支援を開始したときにはスターニンとそのチームは専門家といえず，解決法さえもっていなかった点である。しかし，彼らは「ブライト・スポット」，つまり例外を見つけるという力に深い確信があった。

(Heath and Heath, 2010)

心理教育

　心理教育とは，心理的問題のあるクライエント（家族を含めて）に提供される教育のことである。その目的は，クライエントが障害や病気を理解して，よりよい対処ができるようになることである。ポジティブCBTでは，病気の再発を防いで長期的にクライエントの健康に役立つように，クライエントのストレングス，リソース，対処スキルを強化していく。

　心理教育には心理的障害への偏見を解き，治療を受けやすくする機能もある。障害が与える影響や原因がわかることで，クライエントは疾患についての見方が広がり，よりよい効果が得られる。再発の危険は減少し，障害についての情報を提供されたクライエントと家族は無力感も少なくなる。心理教育の重要な要素を以下に示す。

- 情報伝達（障害の症状，原因，治療概念）
- 感情の解放（他者と体験を交換しあうことの理解）
- 精神医療の専門家とクライエントの協働作業としての薬物療法または心理療法（コンプライアンスとアドヒアランス）
- 自立への援助（例：危険認知が即座にできるように，またクライエントを援助するためにどのステップを経るかをトレーニングする）

Part 2：実践

　ポジティブCBTの心理教育では，クライエントも専門家としてセラピーに協働と見る点で伝統的なCBTとは異なる。クライエントがすでにもっている以下に示す知識をセラピストと共有する。

- 障害や診断についてすでに知っていることは何ですか。
- これまでに読んだり検索したりしたことは何ですか。
- 情報がほしくなったら，どこで，どのように見つけることができますか。
- 障害について，まず何を知りたいですか（クライエントのなかには，知りたくないと思っている人もいる）。
- 障害への対処にこれまで役立ったのは何ですか。または誰でしたか。
- 他の人（似た障害を有しているかもしれない家族を含めて）がどのように問題に対処しているか，そして彼らの助けになったものは何だったかを知っていますか。
- 障害に対処するため，自分のストレングスとリソースをどのように活かしますか。

　以上の質問をしたうえで，まだ必要で役立つならばポジティブCBTのセラピストは，クライエントにさらに知識を加えてもよいし，障害についてもっと知るように促してもいいだろう。

認知バイアスの修正

　抑うつと不安障害の認知的説明では，認知バイアスの重要性を強調する。たとえば，抑うつやその他の気分障害では，否定的な解釈バイアスが特徴といえる（Beck, 1967）。否定的な解釈バイアスとは，情報を否定的に捉える傾向のことである。さらに，抑うつ気分とは，肯定的な未来を想像することができない状態だといえる。認知バイアスを修正するモデル（Cognitive Bias Modification）では，解釈の偏りと肯定的なイメージ形成のいずれをもターゲットとしており，うつ病の革新的な治療につながる可能性がある（Holmes et al., 2009）。

　彼らの考えでは，否定的で侵入的なイメージ，肯定的なイメージ不足と否定的な解釈バイアスが，それぞれ単独であるいは相互作用的に働き，抑うつ気分の維持につながるとしている。最近の研究（Blackwell and Holmes, 2010）では，これらの予備的な証拠が示され，コンピューターを利用したうつ病の新しい治療につながる可能性をもっている。毎日64種類の肯定的トレーニング文を通して肯定的なイメージが提供される。その肯定的トレーニング文は，肯定的な結果が文の最後になって初めて現れる構造になっている。たとえば，「あなたは，やり終えた仕事に目を通してほしいと友人に

頼みました。友人から戻ってきたコメントは，すべて肯定的な内容でした」というようなものである。各トレーニング文を実施する度に，参加者は5段階評定でイメージの鮮明さを評定した。

イメージ

イメージによる介入治療は，否定的イメージを取り除いたり変容したりして，肯定的なイメージをつくりだし構築する（第3章参照）。近年，特に，悲惨な侵入的イメージに侵されているクライエントに対して，CBTのイメージ再記述が注目されてきている。イメージ再記述は，否定的な考え，感情，行動を変容させるために悲惨なイメージを修正するイメージ技法である。イメージ再記述は多くの場合，トラウマに関連した悪夢を処理する際（たとえば，イメージリハーサル療法）の構成要素として扱われており，コンパッション志向療法においても使われている。典型的にはイメージリハーサル療法の効果は，集団場面で1～3回以上のセッションを実施して検証されている（Krakow, 2004）。一般的なセッションは，不眠症や悪夢に対する心理教育と認知的スキルトレーニング，イメージ再記述，そして経過や心配事，体験を振り返るフォローアップで構成されている。イメージ再記述のやり方は，たとえば次の通りである。悪夢の1つを選び，それを好きなように変化させる。変化させた悪夢を毎日少なくとも数分は繰り返しイメージする。必要があれば3～7日ごとに他の悪夢も加え変容させる。イメージ再記述は，否定的な考えとイメージを肯定的なものに修正するにはよい方法である。

● **Case 7.2**

クライエントは私にこう言った。「私はフラッシュバックのときと同じようにその場面を想像します。ただ今度は，大人の私が少女の私に近づいて，迎えに来て，連れて行きます。そして心休まる言葉を伝え，優しくしっかりと抱きしめます。私は彼女（私）を攻撃的な母親から保護します。このようなことは不思議かもしれませんが，とてもいい感じがしています」。

CBTでは，肯定的イメージは，ゴールを決めるとき，スキルトレーニングのとき，そして問題を解決するためにスキルを微調整して確認したり評価したり調整したりするときに活用される。これらの要素は，「新しいあり方（new ways of being）」を生みだすために重要である。この新しい位置づけは，強い否定的信念を保持していたクライエントが，自分自身の成長を促す。その焦点は，新しいあり方や望んだ状態を心に描

くことである。たとえば、自分を嫌悪するよりも優しさと思いやりをもって自分自身を扱うほうが根本的な変化を引き起こすことができる。イメージは、同じ情報をもつ言葉よりも強い影響を肯定的イメージに及ぼす。したがって、イメージの利用は、肯定的な新しいあり方を描く際に役立つツールになるだろう (Hackmann et al., 2011)。この点で、CBTの肯定的イメージは、解決志向ブリーフセラピーやポジティブ心理学の介入と同じ方向性をもつ。

見通しの変容

　ポジティブCBTでは、相互作用での出来事やその意味を記述するために、「関係性の質問」を用いる。セラピストは、クライエントにとっての重要な他者を見つけ、クライエントへの質問に織り交ぜる。クライエントが彼らの状況や求めている変化を相互作用の言葉で記述できるようにするためである。この質問は、クライエントの解決方法の拡大を促す優れた方法といえる。関係性の質問は、たとえば以下の通りである。「あなたと彼の未来が、今よりも少しよくなっているとしましょう。あなたがカッとなる代わりに何をすれば彼は気づいてくれると思いますか」、または「状況が今よりもいくぶんかよくなったとき、あなたの上司は、あなたや同僚に、今と違ったどのようなことを言うでしょうか」。

　ウォルターとペラー (Walter and Peller, 1992) は、相互作用マトリックス（構造）を紹介している（表7.1参照）。このマトリックスは相互作用の観点から解決構築を促進するためのツールであり、クライエントに違った視点をもたせるためのツールでもある。マトリックスの上段は、ポジティブCBTで用いられるフレームである。それはゴール、仮説的な解決、そして例外である。マトリックスの左側は、質問と応答の3つの異なった視点である。最初は「自己」の視点である。この視点からの質問に対しては、クライエントは自分自身の立場から回答する。その次は「他者（相手）」の視点である。この視点の質問に対しては、クライエントがまるで誰かに聞いてきたかのように回答する。たとえば、関係療法では、夫婦に自分たちの子どもがあるテーマについてどんなことを話すと思うか、と尋ねる。この質問に答えるためには、クライエントは一時的に自身の思考を停止し、他者の回答を想像する必要がある。クライエントは一時的に他者の思考に入り込むか、少なくとも、他者が質問にどのように答えるかを考えなければならない。この質問は通常、おそらくこれまでとは異なる新たな情報をもたらす。

　マトリックスの3つ目は「無関係」な視点である。ここは問題とは無関係で、ただ見ているだけの視点である。たとえば「私は壁にとまっているハエで、あなた方を見

第7章 見方を変える

表7.1 相互作用マトリックス（構造）

視点	ゴール	仮説的解決／ミラクル・クエスチョン	例外
自己	あなたのゴールは何ですか？	あなたは，今までと違ったどのようなことをするでしょうか？ 他の人なら，今までと違ったどのようなことをするでしょうか？	今までと違ったどのようなことをあなたはしていますか？ 他の人なら，今までと違ったどのようなことをしていますか？
他者	あなたのゴールは何だと，その人は言うでしょうか？	その人は，今までと違ったどのようなことをあなたはすると言うでしょうか？	その人は，今までと違ったどのようなことをあなたはしていると言うでしょうか？
	その人がここに来たならば，自分のゴールは何だと言うでしょうか？	その人は，今までと違ったどのようなことを自分がすると言うでしょうか？	その人は，今までと違ったどのようなことを自分がしていると言うでしょうか？
無関係	壁に止まっているハエであるならば，あなたのゴールは何だと言うでしょうか？	壁のハエならば，今までと違ったどのようなことをあなたがしているのを見るでしょうか？	壁のハエならば，今までと違ったどのようなことをあなたはしていると言うでしょうか？

出典：Walter & Peller, 1992, p.174

ています。もし状況がよくなったら，今までと違ったどのようなことをしているあなた方を私は見ることになるでしょうか」。この質問は，クライエントに中立的な立場からの回答を促す。それぞれの質問，あるいはマトリックスの各列は，クライエントのいつもの考え方とは違う経験をもたらす。 付録F も参照のこと。

Exercise 7.1

あなたが誰かとの問題を抱えている状況を考えてください。相互作用マトリックスに沿って，自分自身に問いかけてみましょう。または他の人に質問してもらってください。マトリックスの順番，つまり，ゴールから始めて仮説的解決／ミラクル・クエスチョン，例外の順に行います。あなた自身の回答の変化と，その変化が解決像をどのように変えるかに注目してみましょう。それから，マトリックスの次の列に進み，別の視点になるとあなたの回答がどのように変わるかを確認してみてください。解決像のどのような変化に気づくでしょうか。あなたにとって，どの質問が役に立ちますか。

●Case 7.3

ピーターはあるNPO法人の管理部長である。セラピーで彼は，仕事上の問題について，職場の環境が悪化しており修復不可能だという信念を語った。この環境では職場復帰す

るつもりはなく，家にいて出社しないことを決めていた。ただし疾病手当を要求していた。

　セラピストは尋ねた。「何か少しできることがあるとしたら，あなた自身あるいは他の人がするべきことは何でしょうか」。セラピストはまた，相互作用マトリックスを用いて質問をした。

- あなたは，職場でのどのような違いを見てみたいですか。（自己の視点）
- あなたが，どのようなことをするようになったら，あなたの奥様は，あなたがよくなったことに気づくでしょうか。（他者の視点）
- 私が壁にとまっているハエだったとしましょう。あなたが職場に復帰する可能性がハエである私に見えているとしたら，そのときハエは何をしているあなたを見ているでしょうか。（無関係な視点）

Exercise 7.2

　ここでは，異なる視点からクライエントに質問をするポジティブ CBT スキルを練習します。質問 1 から 2，3 の順に尋ねることが大切です。特に，他の誰かに変化してもらいたいと考えているクライエントの場合，この順番が重要になります。

1. 問題が解決するとき，相手のどのような違いに気づくでしょうか。その人は，今までと違ったどのようなことをしているでしょうか。他には？
2. 問題が解決するとき，相手は，あなたのどのような違いに気づくでしょうか。その人は，あなたが今までと違ったどのようなことをしているのを見るでしょうか。他には？
3. 問題が解決されて，外部の第三者が見ているとしたら，第三者は，あなたと相手との関係のどのような違いに気づくでしょうか。あなたたち二人が今までと違ったどのようなことをしているのを見るでしょうか。他には？

第三者的な見方

　心理療法の一般的なゴールは自己の変容である。そこで，セラピストを訪れるクライエントは特に，治療が始まってからどのように自分が変わるのかということに関心をもつ。変化を評価することは重要だ。なぜなら，それは満足感とウェルビーイングの重要な決定要因であり（Carver and Scheier, 1998），未来の行動にも関わってくるからだ。たとえば，クライエントは「私は痩せましたか」「私たちは問題を克服しましたか」等のように変化を評価しようとする。

自己の変容は記憶の見方に影響する。変化の証拠を探したいときに第三者的に想起すると大きな自己変化の発見につながる。しかし，連続性の証拠を探そうとすると自己変化の発見は少なくなる。ロスとウィルソン（Ross and Wilson, 2002）の研究によると，第三者的に自己変化以前の古い記憶を想起すると，個人的変化の維持に役立つ。より大きな変化に気づくと，それまでの努力への満足感もより多く感じられるようになり，努力の維持に必要なリソースを喚起することも容易になっていく。これらを要約すると，心理的に否定的な過去の自己から距離を取り，肯定的な過去の自己に接近するとウェルビーイングを生む。

リビーら（Libby et al., 2005）は，自分はうまくやっていると考えるためには2つの方法があると述べている。その2つとは，当事者として見ること，そして第三者的な見方をすることである。リビーらは，自分自身のことを第三者的な視点で考えると，変化や，望ましい行動の維持に大きな影響を与えることを見いだした。この理論の元になった研究は，人が行動を解釈するとき，他者の行動はその人のパーソナリティの現れと見るが，一方，自分の行動は，置かれた状況の影響と見る，というものである。したがって，観察者になったかのように第三者的視点で自分自身を見てみると，自分とは自分が振る舞っているような人であるとの見方ができる。望ましい行動をするのが自分という人間だと自分自身を見るようになれば，その行動に従事する頻度が高まる。

バスケスとビューラー（Vasquez and Buehler, 2007）は，課題を実施する際に，その成功を当事者として思い浮かべるよりも，第三者的な見方で思い浮かべるほうが，課題を成功させようする動機づけがいっそう強くなることを見いだした。第三者的視点で見た行動は，一般的に抽象度が高いレベルで解釈される。その意味や重要性が強調され，動機づけの影響をさらに高める。この研究では，学生たちが当事者として課題達成をイメージするよりも，第三者的視点でイメージするほうが，達成動機が大きく高まった。加えて，学生たちは課題達成を抽象的に解釈し，その重要性に気づくことによって，さらに動機づけを強めた。

被害者かサバイバーか

悲惨な経験をしたクライエントは，自分を被害者とみなすか，サバイバーと見なすかに分かれる。自らを被害者と見なす人たちは，活発な人生において積極的な役割を取ることが難しいだろう。クライエントは，起こった出来事に対し何もできなかった，そしてこれからの人生がうまくいくためにできることは多くはないだろうと思っている。多分，彼らは無力感と制御不能感をもっているのだろう。しかし，クライエント

Part 2：実践

が自分自身をサバイバーだとみなすならば，より積極的な役割が取れる可能性は明白だ。彼が経験したことにかかわらず，彼は人生を組み立て，コントロールできるのである。サバイバーを選ぶことが，肯定性と制御感の循環を産む。次の4つのステップのエクササイズは，これからの人生を被害者として生きるか，サバイバーとして生きるかを決めるのに役立つだろう。

Exercise 7.3

1. 1か月後のあなたの生活は，どのようになっているでしょうか。状況と人は今と同じですが，あなたが経験したことからの影響は少なくなっています。
2. 前の質問，つまり1か月後のゴールについて考えてみましょう。あなたはどのように考え，感じるでしょうか。自分自身を被害者だとみなすならばゴールに達するために，どんなことをしているでしょうか。
3. 同じ質問に答えてみてください。しかし，今度はサバイバーの視点から答えてください。
4. どんな違いに気づきますか。どんな違ったことをしていますか。そしてどちらの構えが，あなたの助けになりますか。

　ドラン（Dolan, 1998）によると，虐待，喪失，あるいはその他のトラウマの直後の影響を乗りこえて，自分自身を被害者ではなくサバイバーとみなせることは，有用なステップである。しかし，以前のように楽しく，魅力的で満たされている人生を取り戻すには十分ではない。サバイバーの段階にある人は，サバイバーのメガネを通して人生を見つめ，以前のような直接的で何もさえぎるものがない世界を楽しむことができない。すべての経験は，過去の出来事の影響に「似ている」「違う」「ひどい」「まし」という点で評価される。これでは人生を十分に享受できない。また，自分自身をサバイバーだとみなしている人の多くが，元気がなく抑うつ状態にあることが報告されているが，サバイバーのメガネの影響である。この意味から，「第三者的な視点」はエクササイズに加えられるだろう。そして私たちはその視点を「人生の達人（thriver）」と呼びたいと思っている。
　フレドリクソン（Fredrickson, 2009, p.230）は，次のように述べている。「数年前，私が見つけたグリーティングカードに，『人生には，否定的なことが当然起きる。肯定的な出来事をつくりだすことが私たちの仕事である』と書かれていました。私はこのフレーズが好きです。なぜなら，肯定性とは選択であることを思い出させてくれるからです。私たちは来る日も来る日も何度も何度も選択をする必要があります。あなたの感情は遺伝子によって決められており，行き当たりばったりに生じるのではないこ

とを思い出してください。感情の大部分は，あなたの日常の活動と，確立している心理的習慣から生じます。おそらく，あなたが思っている以上に，感情を選ぶことは可能でしょう。確かに，否定的なことは不可避でしょう。しかしながら，あなたは余計なものを最小限にするような選択ができるのです。そして，あなたが肯定性を重んじるほど，好循環があなたを新しい高みへと引き上げてくれるでしょう」。

> **Story 7.2 「長老の教え」**
>
> 　以前，ネイティブ・アメリカンの長老が自分自身の内面の戦いについて次のように言った。「私は心のなかに2匹の犬を飼っている。1匹の犬は卑劣で邪悪，もう1匹は善良である。邪悪な犬と善良な犬は常に戦っている」。
> 　どちらの犬が勝つのかと尋ねられたとき，長老しばらく考え込んでから答えた。「餌をたくさんやったほうだ」。
>
> 　　　　　　　　　　　　　　　　　　　　　　　　　　　　　　　（作者不詳）

Exercise 7.4

　心的外傷後ストレス障害（PTSD）に苦しんでいるクライエントに，円と点を描いてもらいます。点は，彼らの人生において最もトラウマになっている出来事を表しています。多くの場合，クライエントは円の真ん中に点を描きます。これは，その出来事が，彼らの人生のなかで中核的であることを象徴しています。ポジティブCBTのセラピストは，クライエントに次のように尋ねることができます。円の中心にあるこの点（出来事）は，あなたの助けになっているでしょうか。よりよい未来が訪れたとき，点は中心から少しずれてきているでしょうか，それともこの点は円の外に出てしまっているでしょうか。

　クライエントがそれぞれの点を選ぶとき，セラピストは尋ねます。あなたの生活で，どのような違いがあなたや周りの人に生じるでしょうか。またセラピストは役に立つ「例外」と，それがどのようにしてもたらされたのかを尋ねます。

ACT とマインドフルネス

　有名な「ニーバーの祈り（平静の祈り）」[5] には，「神よ，変えることのできるものについて，それを変えるだけの勇気をわれらに与えたまえ。変えることのできないも

（訳注5）ニーバーの祈り
　アメリカの神学者，ラインホールド・ニーバー（Reinhold Niebuhr）(1892-1971) による。ここでは，大木英夫『終末論的考察』(1970，中央公論社）の訳を用いた。

のについては，それを受けいれるだけの冷静さを与えたまえ。そして，変えることのできるものと，変えることのできないものとを，識別する知恵を与えたまえ」とある。アクセプタンス＆コミットメントセラピー（ACT）は，思考，感情，感覚，記憶，他の私的出来事（private event）をコントロールするよりも，私的出来事（特に以前は望んでいない出来事）に「ただ気づいて」，認めて，抱えるようにすることだと教える。

マインドフルネス認知療法（MBCT）は，仏教思想に根差したマインドフルネスと，西洋の伝統的 CBT の介入が組み合わされて発展してきた。MBCT は，自動的な反応を減らし，意識を焦点化することで，意識を広げてオープンにすることを目指す介入である。マインドフルネスの力とは，否定的な考えと否定的な感情のつながりを実質的に断ち切ることである。ACT とマインドフルネスはどちらも肯定的な感情を生む（第 9 章参照）。そしてこの肯定性は，状況の全体像を俯瞰すること，今ここに感謝すること，悪い状況のなかでもよい部分を見つけることを促進していく。

Story 7.3 「振り落として，上を目指そう」

昔々，ある農夫が老いたラバを飼っていた。ある日ラバは空井戸に落ちてしまい，大きな声で鳴いていた。ラバの鳴き声を聞いた農夫は，その状況を把握した。井戸は深く，ラバは年老いていて重い。彼はラバを持ち上げて井戸から出すことは不可能だと知った。

ラバは年老いており，井戸は枯渇していたので，農夫はラバを井戸に埋めることにした。こうすると，農夫は 2 つの問題を解決することができた。つまり，ラバを苦しみから解放し，井戸を埋めることもできた。農夫は，隣人に手伝いを頼んだ。そして，シャベルいっぱいの土が次から次へとラバの背中にかけられた。ラバは異常な興奮状態となった。

そのとき突然ラバにある考えが浮かんだ。ショベルで背中にかかった土を振り落として，その上に乗った。ラバは疲れ切っていてとても汚れているけれど，確かに生きている。ラバは井戸をまたいで歩き出した。なんとすばらしい態度なのだろう！　なんとすばらしい命へのアプローチ法だろう！　振り落して，上を目指そう！　私たちは自分に起きた出来事にしがみついてしまうことがよくある！　井戸にはもう葬られないのだから，放っておいて自由を感じよう。再び立ち上がり，あなたはいろいろな行動を起こすことができるのだ。どこで生きていくのか，そしてどこに向かっていきたいかを決めることができるのだ。

(作者不詳)

問題の外在化

　問題の外在化は，クライエントが自分自身と問題は別物であると考えられるようにすることである。問題はクライエントに影響を及ぼすが，生活のあらゆる面を常にコントロールするものではない。この介入は，ホワイトとエプストン（White and Epston, 1990）のナラティヴセラピーによるものである。問題の外在化によって，クライエントは自分自身を問題のある自己像から切り離すことができる。問題がどのようにクライエントの生活や人間関係に影響してきたかをセラピストが尋ねることによって，クライエントがコントロールを獲得する機会を提供する。問題はクライエントの外側にあり，問題がクライエントに悪影響を及ぼしていると見ることができる。すると問題はクライエントとセラピストの共通の「敵」となり，クライエントとセラピストが協働して戦うことになる。ディ・シェイザー（De Shazer, 1984）は，セラピストとクライエントがテニスのペアとなるべきで，問題が対戦相手だと述べた。

　問題を描写し，その象徴を作ることで問題の外在化が行われる。まずクライエントが，それぞれの問題に「抑うつ」「緊張」や「ADHDモンスター」のように名前をつける。名詞（X）が最適である。クライエントに「あなたを困らせている問題に名前をつけてみましょうか」と尋ねる。それから，問題（X）がないとき，あるいはより少ないとき（例外）はいつか，そのときクライエントは何をしているのかを聞く。Xが存在するときには，どのように対処しているかをクライエントに話してもらうこともできる。必要があれば，Xがどのようにクライエントの生活をコントロールしているかを発見するための時間をとることもできる。クライエントの能力に注目すると，問題をコントロールできるという確信も強くなっていく。また，Xをコントロールするという協働のメリットを得たとき，問題を他の何かのせいにする傾向はきわめて少なくなる。

　毎回の面接時に，クライエントは問題（X）の影響度を10〜0のスケールで尋ねられる。10は，問題のほうがクライエントを完全にコントロールしていることを意味し，0はクライエントが問題を完全にコントロールできていることを意味する。ほとんどの場合，クライエントのコントロール感が増加すると問題は消去していく。問題の外在化における質問項目は以下の通りである。

- 今日のあなたは10〜0のうち，何点ですか。
- 先週/前回の面接時は何点でしたか。
- 先週/前回の面接時よりも低い場合：どのようにして，うまくやれたのでしょうか。

- 先週／前回の面接時と同じ場合：どのようにして同じ点数を維持できたのでしょうか。
- 先週／前回の面接時よりも高い場合：もう一歩前進するために，以前，どのようなことをしましたか。これまでも，似たような状況のときにどのようにしたら，うまくいきましたか。
- 先週，あなたにとって身近な人が，あなたのことで何に気づきましたか。その人の行動はあなたにどのような影響を与えましたか。
- X があなたをコントロールするとき，あなたは何をしているでしょうか。
- X はどのようにして，そのようなことができるのでしょうか。
- あなたが X をコントロールするとき，あなたは（今までと違って）何をしていますか。
- X と対決するとしたら，あなたは何をしますか。
- どうやって X を欺くことができそうですか。

(問題の外在化については，付録E を参照)

Exercise 7.5

今のあなたの問題を考えてみましょう。自分自身で，前述の質問項目にそって答えてみてください。問題にどんな名前をつけますか。あなたは今，スケール上（10～0）のどこにいるでしょうか。よい点が得られるために役立っていることは何でしょうか。どのようにしたらいい点が得られますか。

ホワイトボードの使用

従来の CBT セラピストの多くは，問題を概念化するために，あるいは機能不全になっている認知と信念に介入する（いわゆる「円グラフ」等を用いて）ために，ホワイトボードやフリップチャートを使う。ここでは，ホワイトボードなどを積極的に使っているのはセラピストであり，クライエントはセラピストの話を聞きながら，必要に応じて付け加えていく。

一方，ポジティブ CBT では，セラピストとクライエントはゴールの定式化（goal formulation）や例外，そしてスケーリング等の解決志向のステップの概要をホワイトボードなどに書く。セラピストは，クライエントの積極的な態度を促すために，できるだけクライエントに書いてもらう。ゴールが明確になると，クライエントはボードか紙に円を描き，そこにゴールを書き込む。円に接して垂直の目盛（スケール）を描き，今現在の位置がどこになるかを示す。この目盛は，たとえば 10 がゴールで，0

がこれまで経験した最悪な状態を示す。このあと，セラピストはスケーリング・クエスチョンをする。「この点数でいられるために，どのようなことをしていますか」「もし，もう１点点数がよくなれば，どうなっていると思いますか。そこにたどり着くには，どんなことが役立ちそうですか」「他にはありますか」。

　ゴールの定式化の円を囲んで，２つ目の円が描かれる。この円のなかに，セラピストが（より望ましいのはクライエントが）ゴールに近づくために役立つすべてのことを書き留める。たとえば，これまでに役立った過去の例外や，助けになる可能性のあることすべてである。その後，セラピストはクライエントに，実際にやってみたいと思うかどうか，可能性のある事柄がうまくいくためには周りの人のどのような助けが必要かを尋ねる。１つあるいはいくつかの事柄をホームワークとして提案することができる。

メタファーの使用

　メタファーは，ギリシャ語の「渡す」「運ぶ」に由来する。メタファーは，「〜のように」や「〜みたいな」を使わずに，類似性に基づいて２つの事柄を照合する修辞的表現である。メタファーは，最小限の単語で最大限の意味を伝えるので，通常の表現よりも効率よく解釈を促進させる。メタファーは，ものごとの関係を明示ではなく暗示するので，クライエントは耳にした言葉の意味を考えることになる。まさにどのような言葉，フレーズもメタファーに使用できるのである。

　クライエントが問題について話す際に，メタファーを使うことがある。彼らは「行き詰まっている」とか「私たちの間の空気は凍っている」と言う。そのときポジティブCBTのセラピストは，もう１つのより肯定的なメタファーを考えてみることをクライエントに促し，たとえば「その代わりに何と言えればよいでしょうか」と尋ねる。クライエントが自分自身でメタファーを作れないとき，肯定的なメタファーを用いて問題について考えるようにセラピストが促す。クライエントは問題と解決をどのように描写するだろうか。

　メタファーは，世界のなかでのクライエントの在り様を正確に描写する。クライエントがメタファーをどのように使用するか，そしてこれまでと違う世界観がもてるようにするには何が必要かを知るために「クリーン・ランゲージ（Clean Language）」（Tompkins and Lawley, 2003）のテクニックが用いられる。質問の仕方によっては，メタファーが示す描写が汚染されたり歪曲されたりすることがある。クリーン・ランゲージは，個人の象徴やメタファーを見つけ出し，汚染や歪曲のないように最適化する。

Part 2：実践

　クリーン・ランゲージは，クライエントのトラウマ記憶を解決する方法として1980年代に開発された。多くのクライエントは，メタファーを自然に使って自らの症状を描写する。クライエントの正確な言葉を使ってセラピストが尋ねると，トラウマの捉え方にしばしば変化が現れる。

　パデスキー（Padesky）は，人格障害のクライエントにスキーマと情報処理理論について伝えるために，「偏見」というメタファーを使用した（世界認知療法ニューズレター〈International Cognitive Therapy Newsletter〉，1991）。彼女は，クライエントに偏見とは何かを尋ねた。そして，間違っているとクライエントが考える人種的偏見をもっている知り合いを例として見つけてもらった。そのような人が見つかったならば，その人の信念と矛盾する情報に対する反応の具体例を思い出すためにソクラテス式質問を行う。クライエントの活性化しているスキーマとは逆の歪んだ情報に用いるいくつかのプロセスが示されるまで，この質問は続けられる。考え方の歪みを生む最も重要なプロセスは，歪曲，割引，無視，本質的ではない出来事への注目である。その後に，その人の偏見をクライエントがどのようにして変えようとするかをセラピストは尋ねていく。

　最後に，セラピストは中核的信念についてクライエントと話し合ったあとで，クライエントに偏見について話し合った理由を問う。この時点で多くのクライエントが自分の中核的信念は偏見の1つだったのだという実感を得る。このメタファーを使用する最後の課題は，クライエントの信念が偏見のように働いている可能性を探すことである。先の面接以降にセッションの内外でクライエントは情報を歪めたり，割り引いたり，適切な情報に気づかなかったり，本質的ではないデータにこだわったりしたかどうかを振り返る。面接場面で単純に講話的に教示するのではなくメタファーを使用する利点は，クライエントが面接に積極的に関与しながら学び，必要に応じてそれを思い出すことであろう。協働によるメタファーは，ソクラテス式質問のプロセスの延長であり，クライエント自身の学習や変化に役立つ。

● Case 7.4

　解決志向の調停場面で，あるメンバーは自分のチームを荒涼とした砂漠のようだと描写した。チーム内の口論や問題のため，働くことが難しく，もう誰も他のメンバーを気にかけている様子はなかった。調停者が，チームメンバーの期待する未来をメタファーで表現してもらうと，彼らは「夏の美しい湖に浮かぶボート」を思い浮かべた。調停者は，この肯定的なメタファーを使い続けた。「チームが機能していなかったときにも，夏の美しい湖に浮かぶボートのようなときがありましたか」「そのときは，どのようにその

状態までたどり着きましたか」「10～0のスケールで，チームは今何点くらいでしょうか」「なぜ，もっと低い点ではないのでしょうか」「このイメージに近づくために，チームはどのようなステップを踏もうとしていますか」。この時点で，チームメンバーは希望の象徴のボートを共に描こうと決めた。そして，全員が望ましい未来への旅路を毎日思い出せるように，その絵を会議室に飾ることとした。

未来の望みへの注目

　これからの生活のなかで違っていてほしいことや，差異をクライエントのゴールにすると変化の可能性が強調され，クライエントは症状と問題ではなく未来の可能性について焦点を合わせ始める。第6章ではセラピーにおけるゴールの定式化の重要性について扱っている。よく定義されたゴールは，クライエントがそこから遠ざかるのではなく，そこに向かうことができるように肯定形で述べられる。またゴールは，過程の形で，今ここで（今すぐにクライエントがスタートを切れるように），できる限り具体的に，クライエントのコントロールの範囲内で，クライエントの言葉で記述されるべきである。

　接近の動機づけは成長や繁栄を促進させる一方，回避の動機づけは防護と生存の可能性を高める。接近と回避の動機づけは，適応を良好にするには不可欠である。つまり，回避の動機づけは生き残りの可能性を高め，一方で接近の動機づけは成功につながる。ゴールに関連する質問を以下に示す。

- もし明日が今日と違っているとしたら，どのように／何が見えますか。
- 今晩あなたが眠っている間に奇跡が起こると想像してみてください。明日，あなたの問題のすべてが消えています。しかし，あなたは眠っていたので，そのことを知りません。この奇跡が起こった明日の朝，奇跡が起こったことにあなたが気づく最初のことは何でしょうか。他には？（いわゆるミラクル・クエスチョン）
- 一番の望みは何ですか。その望みが叶ったら，何が違ってきますか。
- 問題の代わりに何がほしいですか。

　ゴールの定式化についての質問については，バニンク（Bannink, 2010a）が参考になる。

Part 2：実践

役に立たない信念への挑戦

　量子力学の観点からは，個人の知覚からかけ離れた客観的世界は現実ではない。人間の問題は本質的には主観的なものである。なぜならば，問題はその人の思考，感情，信念の力学に起因するからである。個人の問題の原因はその人の知覚の結果である。アインシュタイン（Einstein, 1954）は，「問題は，それをつくりだしたときと同じ意識レベルでは解決することはできない」と述べている。またアインシュタインは，情報と知識だけでは問題解決には不十分であるとみなした。知識には限界があるが，想像力は，世界全体を見て取り，成長を促し進化を生みだす。想像力は知識よりも重要である。多くの人々はものごとが何かを見るが，それを成り立たせている文脈を見ようとはしない。知識だけの世界には限界があるが，想像の世界は無限なのである。

　本書で示しているように，ポジティブCBTでは想像力やイメージが幅広く活用されている。たとえば，ミラクル・クエスチョンや，未来について尋ねるその他の質問，また肯定的イメージやイメージ再記述も使われる。

　すでに第2章で述べた通り，2つのストラテジーがある。1つは，認知療法において使われる「問題志向」のストラテジーである。繰り返される否定的な感情や行動パターンの底に潜む非機能的認知を同定し，現実テスト（reality-test）を行う。ただし非機能的認知はポジティブCBTでは使わない。第2は「ストレングス・解決志向」のストラテジーである。自己や他者，世界へのより肯定的な体験のもとになる適応的認知を促進し試す方法で，ポジティブCBTでは高い頻度で利用される。ここで指摘しておきたいのは，これらの（よりいっそう）適応的な認知や信念は，必ずしも形成する必要はないことである。それらはすでに問題に対する例外として存在しており，それを再び活用するからだ（「うまくいっているならば，それをもっとしよう」第4章参照）。

Exercise 7.6

　このエクササイズでは，活動を使って自分を励ます信念をつくっていきます。NLP（Neuro Linguistic Programming: 神経言語プログラミング）のワークです。

1. 自分自身について，まだ十分な確信はないけれども，信じたいことについて考えてください。
2. その望ましい信念を肯定形で言葉にしてください。それは本当にあなたのものか，あなたが取り組めることなのかを確かめてください。

3. 自分自身に尋ねてください。その望ましい信念をもつ人は普段どのようにふるまっていますか。多くの行動をイメージして，リストにあげてみてください。
4. 望ましい信念をもっているだろう未来の時間と場所を選んでみましょう。
5. その未来の時間と場所に適した，そして望ましい信念を表す行動を，3.のリストから選びましょう。
6. あなたが選んだ未来の時間と場所でふるまっているあなた自身を見てみましょう。望ましい信念の行動を完璧にこなしている「未来のあなた」をまるで映画のシーンを見ているように見てみましょう。必要であれば，それがよりいっそう適切で肯定的なものになるように修正しましょう。
7. では，はじめのシーンまで巻き戻してみましょう。そのシーンに入ってみて，その未来時間を今生きているように演じてみましょう。あなたの周りには何が見えるでしょうか。その感情を感じてみてください。望ましい信念について確信をもって語るあなた自身の声を聞いてみましょう。そして，そのシーンを終わりまでやってみましょう。

ステップ4〜7を3回以上繰り返します。毎回違った行動を，望ましい信念のための行動リストから選びます。未来の時間と場所も，毎回変えます。

学習性楽観主義

　ポジティブ心理学の創設者の一人であるセリグマン（Seligman, 2002）は，「学習性無力感（learned helplessness）」から「学習性楽観主義（learned optimism）」へ関心を移した。彼は，人が出来事を肯定的または否定的と知覚する要因と，その背景にある推論についての研究に取り組んだ。悲観的な人は，否定的な出来事を不変で，全体的で，そして内的な要因に帰属する。「うまくいくことなんか，ありえない」（不変），「もう幸せにはなれない」（全体的），そして「私は無力だ」（内的）と言う。一方，彼らは肯定的な出来事は一時的で，限定的で外的な要因に帰属する。もし何か事がうまく運んだとしても，彼らは「それはたまたまで，自分は何もしていない」と言う。
　楽観的な人々はその逆の方向で考える。彼らは，肯定的な出来事を不変なもの，全体的なもの，そして内的に帰属する。何かがうまくいけば，そのことについて，たとえば「私は本当に価値がある」と言う。楽観主義者は，否定的な出来事を一時的で，限定的で外的に帰属する。彼らは「彼が脅してきたから，私は何もできなかった」と言うだろう。特に否定的な出来事についての悲観的な考え方は，絶望の予期にもつながっていく。
　アインシュタインは「私は正しい悲観論者であることより，愚かな楽観主義者であ

りたい」と,そしてチャーチルは「悲観主義者はすべての好機のなかに困難を見つけるが,楽観主義者はすべての困難のなかに好機を見つける」と言った。

　ベック(Beck, 1967)も同様に,人々のうつを防ぐための楽観的認知スタイルの重要性を唱えた。認知的観点からは,認知スタイルが楽観的な人々は,悲観的な人々に比べてうつになる危険性は低い。しかし,多少の悲観主義は悪くはなく,人々を現実に直面させる働きがある。うつ状態の人は世界を現実的に見る傾向がある。毎日があなたの最期の日かもしれない。たとえば交通事故に巻き込まれるとか,致命的な病気になる可能性もある。うつ状態の人々は,世界や人生が安全で予測可能だという幻想をほとんどもたない。それでも,私たちがこのような幻想をもったまま,生活や安全を維持できているならば,より健康で幸せであると感じられるだろう。

　楽観主義と悲観主義は,比較的安定した性格特性である。しかし行動の仕方や着目する部分によって,この性格特性は影響を受ける。楽観主義は適応ストラテジーや生存ストラテジーに貢献する。特に,より肯定的な評価,よりよく対処しようとする能力や,肯定的な活動(趣味や運動)に貢献する。

　研究によると,過去の一番よかったことを書きとめる作業を1週間した場合,悲観的な特性の人であっても,幸福を感じるようになることがわかった。研究では,自分のストレングス,これまで感謝を伝えたことがなかった相手への感謝の言葉,日々の生活のなかの「3つのよかったこと」を1週間毎日書きとめた。たった1週間の作業だったが,その6か月後も幸せな気分は維持されていた。さらに,幸せな人は自分たちの未来を楽観的に考えていること,楽観的な人は悲観的な人々に比べてより健康であることが示された。次の4つの肯定的要素は,幸せな人生に大きく貢献する(Bannink, 2007a)。幸せな人は,①自分が好きである,②多くは外交的である,③人生をコントロールできていると考えている,④楽観的である。これら4要素に関連する質問は,以下の通りである。(A)楽観主義は人を幸せにするだろうか。(B)幸せな人は,楽観主義か。AがBになる,そしてBがAになるということがわかるだろう。楽観主義を強める質問項目は,以下の通りである。

- 望ましい結果になるだろうと楽観的に思わせるものは何でしょうか。
- ゴールに到達するための兆候はどのようなものでしょうか。
- 何によって,あなたは希望をもち続けていられるのですか。
- どのような考えが,あなたを楽観的にしているのですか。
- ものごとがうまくいきそうだという最初のサインは何ですか。

Exercise 7.7

このエクササイズは,さらに楽観的になることを目的としています。毎晩寝る前に,その一日で最もよかった出来事を1つ書きとめます。その際,その出来事は不変的で,全体的で,自分のコントロール下で引き起こされたものである(なぜなら私は……だから。または,なぜなら私は……できるから)という文にします。たとえば,「今日,同僚は私を助けてくれると言った。なぜなら,私は,他の人が困っていると助ける人間であることを彼が知っているからだ」というように書きます。

同時に,毎晩その日の出来事で最も不快だったことも書きとめます。その際には,出来事がまるで一時的で,限定的で,自分のコントロール外で引き起こされたもの(Xだったから,Yになった)のように書きます。たとえば,「バスが遅れたので,私は時間通りに歯医者に行けなかった」というようにします。

Exercise 7.8

とても悲観的なクライエントに,クライエントが恐れていた出来事が起こる前に「最悪の場合のシナリオ」を想像してもらいましょう。そして,実際に起こったことが,そのシナリオ通りだったかどうかを比べてもらいましょう(そのようなことは,ほとんどないでしょう)。

論理情動行動療法

論理情動行動療法(rational emotive behavior therapy: REBT)は,理論と実践の心理療法であり,エリス(Ellis, A.)によって創始された。当初は論理療法(rational therapy)と称していた。その後,1959年に論理情動療法(rational emotive therapy)となり,1992年からは現在の名称となった。REBTは最初の認知行動療法の1つである。REBTの基盤は古代の伝統的哲学,特にストア哲学に求めることができる。

REBTの前提の1つは,人は不運な出来事だけではなく,自らの言語や評価的信念,世界や自己,他者についての考え方を通して構成される現実によって不調を起こすということである。REBTでは,クライエントがこれらの前提を学び適用するために,心理的問題とその変容のABCモデルを学ぶ。このモデルによれば,機能不全に陥った感情や行動である「C:結果(consequence)」に関係するのは「A:不運な出来事(adversity,または活性事象〈activating event〉)」だけではなく,「A」に対する「B:信念(belief)」も関与している。「A:不運な出来事」は,外的な状況であることも,思考やその他の内的事象であることもある。そして,過去,現在,未来の出来事を指すこともある。このモデルのなかで最も重要な部分である「B:信念」は,出来

事や個人の欲求，好みについての明示的，暗示的な哲学的意味と思い込みである。最も重要な「B：信念」は，高度に評価的であり，相互に関連し統合されている認知や感情，行動的側面から構成されている。REBTを通して，人はこの信念との「D：論争（dispute）」や反駁，挑戦，質疑をし，健全な構成要素との区別をして，より建設的で役立つ構成要素を認めるようになる。

クライエントはセラピストの援助のもとで，そしてホームワークを通して，これまでと違う認知，感情，行動の仕方や活動を体験する。それらの体験によってクライエントは，これまでよりも合理的自助的になり，合理的に考え，感じ，行動することができる。自分自身，他者，世界に対するいっそう合理的かつ自己建設的な考え方に達することができると，人は人生に役立つ適応的な考え，行動，感じ方ができるようにもなる。

Exercise 7.9

これは，できるだけ早く否定的な考えを打ち消すためのエクササイズです。あなたの心に現れる否定的な考えを書き出しましょう。たとえば，「私にはできません」や「皆は私のことを嫌っている」などです。この否定的な文章は，時々あなたを弱らせる批判的な内言です。インデックスカードにこれらの考えを書き出します。通常の否定的思考をいくつか書いた後，ランダムに1つ選んで大きな声で読みます。そして，すぐに否定的な信念に対してあらゆる反論をしていきます。これを「事実の連射（Rapid Fire Facts）」といいます。あなたは，否定的文章への肯定的な反論を矢継ぎ早にしていきます。反論が尽きると，もう1つのカードを選び，肯定的な「事実の連射」を繰り返します。カードを選択するたびに，矛盾していることを容易に見つけられるようになります。

このツールによって，否定的な考えに素早く反論することを学べます。否定的な考えで落胆する前に，「それらを未然に防ぐ」ことができます。このエクササイズは，チームで実施することもできます。

上向き矢印法

いわゆる中核信念は自分自身，他者，世界に対する絶対的で中心的な信念のことである。人は，否定的な信念と肯定的な信念の両方をいだく。自動思考や基底にある思い込みを知ることで，クライエントとセラピストはクライエントの中核信念に気づくことができる。従来のCBTで扱われる「下向き矢印法（downward arrow technique）」は，特定の状況で生じる否定的反応の基礎にある信念を見つけ出す方法の1つである。下向き矢印法で使われる質問は，「何があったのですか」「それに関して悪いことは何

ですか」「ここでの"最悪のシナリオ"は何ですか」等である。
　これらの質問は，クライエントが答えるたびに繰り返される。
　筆者が提唱するポジティブ CBT の「上向き矢印法（upward arrow technique）」は，その状況における肯定的な反応，あるいは問題に対する例外に注目する点で違いがある。上向き矢印法で使われる質問を以下に示す。

- 状況／自分自身／他者がどのように変わることを望みますか。
- 最高の結果はどのようなことですか。
- ここでの「最高のシナリオ」はどのようなものですか。
- それが起こったとしたなら，（あなた自身や相手にとって）どのような違いが生じますか。
- 他には，どのような違いが生じますか。

　クライエントの答えに応じて，これらの質問が繰り返される。最終的に，ほとんどの人は上向き矢印法によって平穏と幸せを感じる。第3章では，役立たない信念に立ち向かう2つの方法，コンパッション志向療法（Compassion Focused Therapy: CFT）と競合記憶訓練（Competitive Memory Training: COMET）が詳細に述べられている。

Exercise 7.10

　2人1組になって，下向き矢印法と上向き矢印法を使って次のエクササイズを行ってみましょう。まず，あなたを悩ませている問題について考えます。パートナーに，まず下向き矢印法に関連する質問をしてもらい，次に上向き矢印法の質問をしてもらいます。それぞれの質問の違いについて，インタビューされる側とする側として話し合います。その後，役割を交替します。

スキーマ療法

　スキーマ療法（第3章参照）のねらいは，不適応なスキーマをより健全なものに置き換え，それによって人生初期の否定的な経験を修復することである。スキーマ療法の基本哲学は，基本的安全，世話，教育，愛情を子ども時代に受けることができなければ，不適応なスキーマが形づくられ，不健全，不安定な関係，貧しい社会的スキル，不健康なライフスタイルの選択，自己破壊，全般的機能不全になりやすい，というものである。養育者との絆を形成し自己吟味を強めることで，スキーマセラピーは最終的な目標の達成に必要な自信の獲得をねらう。

Part 2：実践

　クイケンら（Kuyken et al., 2009）は，否定的な中核信念だけではなく，クライエントの肯定的な価値にも注目する。肯定的な価値は，人生の最も重要なことについての信念として理解される。クライエントの信念体系の一部として価値を踏まえて事例概念化をすると，さまざまな状況で示すクライエントの反応をセラピストが理解しやすくなる。そのような肯定的な価値の例としては，自分の子どもに愛情を示すことは重要である，というものがある。個人の価値に加え，文化的価値も重要な役割をもち，それらはクライエントの人生における力の源となる（たとえば，尊厳や信頼）。

　クライエントの生活の肯定的な領域について検討すると，問題領域で使われているものとは異なった対処ストラテジーを見つけることがよくある。適応的な対処ストラテジーを見つける作業は問題行動のトリガーや維持要因を同定する作業と同時に行うことができる。悪循環を変えるために行動実験をする段階でクライエントは，従来とは異なった対処反応を練習することができる。その対処反応は，うまくいっている生活領域から引き出されたものである。セラピーの後期では，長期的な事例概念化をする上で肯定的な仮定と中核信念は，否定的なものと同じくらい重要であることが明らかになる」（p.101）。このように，スキーマ療法ではクライエントと緊密に協働し，治療同盟がクライエントを勇気づけ，動機づける。ソクラテス的方法は，古い信念体系を試すというより，新しい信念体系を構成するために用いられ，行動実験は新しい行動パターンの形成に用いられる。そして古い感情よりもはるかに適応的で肯定的な感情とレジリエンス形成に焦点が当てられる。新しい信念体系が形成される際に，肯定的なイメージは重要な役割を担う。たとえば，「どうなりたいですか」という質問に対してクライエントは最良の結果をイメージするようすすめられる。このように，動機づけを高めて変化への可能性を切り開いていく。

　「可能自己」を調査している研究（Oyserman et al., 2006）では，自分がどうなるかという自己生成イメージを調査した（第6章，Exercise6.2「可能な限り最高の自己」参照）。未来の肯定的な自己イメージは，目標を明確にし，目標達成のための行動を発展させることで，行動を動機づける。社会的認知の研究も，未来の出来事での行動をイメージすると，その出来事が実現可能だと思えるようになるだけでなく，実現に役立つと例証している。イメージ技法は，競技のパフォーマンスを強化し，衝動性のある子どもたちの行動変容をもたらし，アルコール中毒患者の再発率を下げ，早期のドロップアウトを減少させるという結果も得られている。メンタル・シミュレーション，つまり仮説的シナリオを認知的に構成してリハーサルすることに関する多くの研究は，望ましい未来をイメージすることが目標達成に貢献する理由を明らかにしている。メンタル・シミュレーションは，成功の予感を高めて，動

機づけと感情の関係をますます強め，具体的な計画と活動を促すことで目標に向かった行動を促進する。たとえば，中間試験で成功するパフォーマンスをシミュレーションした学生は，早めに勉強を始めて長く勉強し，そうしなかった学生よりも高い成績をおさめた。

デボアとバニンク（De Boer and Bannink, 刊行予定）は，解決志向のスキーマ療法を用いた予備的研究を刑務所で実施し，肯定的な結果を得た。スキーマ療法の新しいアプローチは，科学的研究の1つとしてさらに発展するだろう。解決志向スキーマ療法は，不適切なスキーマの代わりに，クライエントが得たい望ましい未来に焦点をおく。その焦点には，クライエントの能力とリソースも含まれる。クライエントは能力とストレングスを活かして適応的なスキーマを構築する。セラピストが，クライエントの不適切なスキーマを減らすことばかりに注目せず，クライエントが自ら望ましいスキーマと行動パターンを形成することを手助けすることが重視されるという点は，クイケンらに類似する（第3章参照）。

ヤングら（Young et al., 1994）は，スキーマ療法のねらいは「ライフトラップ（lifetraps）」と呼ばれる自滅的な生き方のパターンから切り離して，それを修正することだと述べている。彼らは，多くのスキーマが幼少期の出来事に起因していることを見いだし，たとえば，見捨てられ／不安定スキーマ，不信／虐待スキーマ，情緒的剥奪スキーマと命名した。とはいえ，彼らは変化への最終的な仮説を唱えている。それは，自分の未来像をつくることの必要性と，変化は単にライフトラップがない状態というわけではない，ということを含んでいる。人は自分が何者であり，そして人生に何を望むのかに気づくべきである。変容のプロセスを進める前に，この方向性をもつことはきわめて重要である。したがって，ライフトラップが除去された先に，最終的に充実感，幸福感，自己実現につながるイメージを見ることが重要なのである。

不適切なスキーマを軽減させることだけではなく，クライエントがこれまでと違う望み（彼らの望ましい未来）をいだくことが重要だというヤングらの主張に，ポジティブCBTは同意する。ライフトラップというヤングの「表現」を用いて，ポジティブCBTセラピストは常に例外と能力に関して以下のように尋ねる。

- あなた自身，ライフトラップに陥るのを防げたときはありましたか。
- どのようにして，そうすることができましたか。
- もっとそうすることができるために有効なことは何ですか。
- これらのライフトラップの1つに陥ったとき，そこから再び抜け出すために役立つことは何／誰ですか。

Part 2：実践

- あなたは，他の人はどのようしているかを知っていますか。

メタ認知

　全般性不安障害（Generalized Anxiety Disorder: GAD）の治療法であるメタ認知モデルの中核（Wells, 1995, 1997）は，クライエントの心配事の内容と，心配に関する信念，いわゆるメタ認知を区別することである（たとえば，「私はコントロールできるかどうか，心配し続けなければならない」）。内容については GAD の心配も「一般的な」心配も違いはないことから，ウェルズ（Wells, A.）は，障害を引き起こしているのは内容自体（タイプⅠの心配）ではなく，心配することへのクライエントの認知（心配することへのメタ認知あるいは信念）だと仮定した。たとえば，「心配することで，問題に対する準備ができる」（タイプⅡの心配，あるいはメタ心配）というように，クライエントが心配事に対して肯定的な信念をいだいているのであれば，心配をするということは現実あるいは想像上の問題に対しての対処ストラテジーまたは安全確保ストラテジーともいえるだろう。

　しかし，心配が強められ，頻繁に，そして長く続くことで「危険な」情報に過敏になる。するとニュートラルな状況でさえも危険だと解釈するようになっていき，否定的な側面にだけ注目してしまうようになる。常に心配していると，ますます否定的な結果だけを考えることとなり，さらに心配につながってしまう（van der Heiden, 2011）。

　メタ認知は，否定的でも肯定的でもありえる。否定的なメタ認知は，たとえば「心配することは有害だ」とか「心配することをコントロールできない」等の否定的な評価に基づく。メタ認知は，不安や恐怖の感情に結びつくかもしれない。これらの感情反応は，否定的メタ認知の証拠だと解釈できる。そして否定的な感情をいっそう高めてしまう。

　肯定的メタ認知はモデリングと強化によって学習される。たとえば恐怖の出来事が起こらなかった場合，クライエントはそれを心配していたからと考える。そして，「心配は，否定的な出来事を防ぐ」や「心配は問題への対処に役立つ」という信念をつくりあげる。ここでいう「肯定的」は，ポジティブCBTの「肯定的」とは異なることに注意しよう。なぜならば，肯定的メタ認知それ自体が否定的だからである。

　メタ認知療法（MCT）は他の GAD 治療プログラムとは異なる。MCT は心配（「タイプⅠの心配」）の内容を扱わず，心配をコントロールする方法を教示しないからである。MCT は，次の4つの段階から成り立っている。

1. 事例の概念化とモデルに対する社会化

2. 否定的メタ認知を調べる
3. 肯定的メタ認知を調べる
4. 認知バイアスとストラテジーのずれを修正する

第4段階でクライエントは，ブレインストーミングのセッションで肯定的な結果を生みだすことにより，過去の心配事への新たな結末を調べる。自分の心配をコントロールする代わりに，心配事に対して何もせずに，ただ気づきを深めるために「考えを放っておく」練習が行われる。第3のストラテジーでは，もはや安心を求めず，回避と安全確保行動をやめるために曝露－反応妨害法の使用を練習することになる。

ポジティブCBTの観点からも，問題に対する例外に焦点を当てて，同じメタ認知モデル，そして同じ「言語」が使われている。クライエントは，自分の否定的そして肯定的なメタ認知の例外について考え，話すよう促される。その質問は以下の通りである。

- あなたはいつ（最近なのか，過去か），それらの考えを放っておくことができましたか。ほんの少しでもかまいません。
- それによって，どのような違いが生じましたか。
- どうやってそうすることができましたか。
- これらの状況で他に何が役立ちましたか。
- 自分自身でそのような考えを止めることができた最初のときはいつでしたか。
- 過去に，これらの考えを放っておくために，どのようなリソースと個人的ストレングスを使いましたか。
- 今，あるいはこの先，そのストレングスを使うには，どのようにすればよさそうですか。

もう1つのメタ認知モデルはGADの「不確実状況への不耐（intolerance-of-uncertainty: IU）」モデルであり，不確実状況への不耐はGADの基礎である。このモデル（Dugas et al., 1997）では，不確実で曖昧な出来事に対して，その出来事の生起確率や，出来事に関連した結果に関わりなく生じる否定的な反応傾向がGADの基礎にあるという。

ポジティブCBTの観点からは，クライエントは不確実性や不耐に対する例外について，再度質問される。その質問は以下の通りである。

- 過去に，ある特定の状況で不確実性に（ほんの少しでも）耐えられたのはいつですか。
- それによって，どのような違いがありましたか。
- どのようにして，そうすることができたのですか。
- 現在，あるいは未来の状況下で，どのようにするとその能力を使えそうですか。
- その状況で，他に何が役立ちましたか。

スピリチュアルな視点

　オハンロン（O'Hanlon, 1999）は，レジリエンスの源として，スピリチュアリティの3つのCについて述べている。「つながり（Connection）」は，自分自身の小さな孤立した自我と性格を超えた，個人の内外にあるもっと大きな何かと関連づけることを意味する。「慈しみ（Compassion）」は，自分自身や他者，世界に対峙するのではなく，「共感する」ことで自分自身や他者，世界に対する態度をやわらげることを意味する。そして「貢献（Contribution）」は，他者や世界に対する無私の奉仕を意味する。

　ここで読者は，この本の最初にある24種類のストレングスの1つがスピリチュアル，目的意識，信念，信仰心であることを思い出すかもしれない。あなたには森羅万象の意味や崇高な目的に対しての一貫した強い信念がある。あなたは，より大きなスキーマと調和していることを知っている。あなたの信念はあなたの行為を形づくり，また快適さの源でもある。セリグマン（Seligman, 2011）は，「この半世紀，見過ごされてきたが，心理学者は再び精神性と信仰心を真剣に研究している。信念をもっている人々への，これらの重要性を最早無視することはできない。あなたは，宗教的であれ世俗的であれ，万物のなかにあなたの存在を位置づける明確な人生哲学をもっているだろうか。あなた自身よりも大きな何かとともにあることが，人生に意味を与えるのではないだろうか」(p.261) と述べている。現在，精神性の高さがウェルビーイングの高さ，精神疾患や薬物乱用の少なさ，安定した結婚生活につながっているというエビデンスが示されている（Myers, 2000）。

　クライエントは，数十年後，今よりももっと年をとって賢くなっている場合をイメージするように促される。クライエントは健康で，知的能力を十分に維持している。年をとって経験を積んで賢くなった自分自身に尋ねる質問は以下の通りである。

- 人生を振り返ったとして，若かった頃のあなたにどのようなアドバイスをしますか。

- 人生を振り返ったとして，あなたの送ってきた人生で何が一番よかったですか。
- 何かこれまでとは違ってほしいと思うことがありますか。
- あなたと過ごした人生の出来事で，子どもたちに思い出してほしいことは何ですか。
- 1～10のスケールで，それらの願いの現在の達成度は何点くらいですか。
- もう少し点数を上げるためにできるささやかなことは何ですか。

次のエクササイズのように，クライエントは年を重ねた賢い自分自身と共に歩むこともできるし，現在の自分へのアドバイスを求めることもできる。

Exercise 7.11

想像してください。あなたは年を重ねて賢明になりました。そして人生のこの困難な時期を振り返ります。この年を重ねた賢人は，現在の困難な時期を切り抜けるために，あなたに何をするようにアドバイスをするでしょうか。何を考えるべきだと言うでしょうか。過去から立ち直るために，一番よい方法は何だと言うでしょうか。あなた自身をどのように慰めればよいと言っていますか（そして，賢人の視点からすると，〈もし必要であれば〉心理療法はあなたにとって，どのように役立っていますか）。

悲しみとレジリエンス

喪失体験の肯定的な結果の1つは，失うことが「警告」のサインとなることである。喪失体験をした人にとって人生の優先事項は変わってしまう。もはや，彼らの優先事項は仕事の成功追求ではなくなり，親愛なる人々との関係を大切にし，改善することになった。過去や未来にとらわれず，現在に生きている，と話す人もいる。晴れた日を楽しみ，自然の美しさを慈しみ，素敵な人々との交流を楽しむことは，以前にもまして重要になる。コーピングに関する理論によれば，不運な出来事の後でレジリエンスを評価すること，そして人生の意味や重要な他者との関係を再考することは，喪失感や無力感を予防することができる。これは，生きていることは意味のあることだという経験，そして幸福感や自尊心にも関連する。トラウマになるような重大な出来事や，愛する人の喪失は，人生において更なる成長を確実にもたらすといえる。なぜなら，おそらく未亡人や家長のような新しい役割を担わなければならないからだろう。

ノーラン-フークセマ（Nolen-Hoeksema, 2000）は，死別を6, 13, 18か月前に体験した人々にインタビューした。6か月前に体験した人のなかには，喪失を何かしら肯定的なものと報告する群が見いだされた。彼らは，同じく6か月前に喪失体験をし，肯定

的と報告していない群に比べ，恐怖と抑うつの経験が少なかった。その差は，肯定的なものをいくつ探せたかではなく，すべてを肯定的と見なせるかどうかであった。両群ではコーピング・スタイルが異なっていた。肯定的と報告した群では，何かしら肯定的なものごとや援助を探し出し，感情を表出し，積極的に気晴らしを見つけることに多大な努力をしていた。「愛する人の喪失はとても悲痛な体験だろう。しかしその大部分の人は，喪失体験から何か肯定的なものを見つけたと報告している。肯定的テーマとして共通しているのは，自己の成長感と性格変容，自己のストレングスの認識，人生の優先順位の再設定，人間関係への感謝，死への恐怖の減少などであった。楽観的であることは，肯定的なコーピング・ストラテジーを使うことだけではなく，喪失のなかに肯定的なものを見つけることにも役立っていたようだ。同様に，喪失のなかに肯定的なものを見つけた人は，喪失への心理的適応が短期的にも長期的にも良好であった」(p.123)。

愛する人の喪失により，まさに悲嘆のなかにいても，何かしら肯定的なことを経験できる人は回復が早い (Ong et al., 2006)。たとえば，共に過ごした日々を思い返し，素晴らしいときだったと満足を感じる人がいる。また，困難ななかで家族や友人から受けた慰めや支えを見つける人もいる。自助グループを始めたりボランティアなどの利他的活動をしたりすることによって，人生の意義を発見することもある。いずれにせよ，今後の計画を立てて，未来のゴールを作ることができるようになるだろう。そうすることで拡がりができ，創造性も増す（フレドリクソンの拡張－形成理論を参照）。人々のなかには，より強くなったとか，レジリエンスが増大したと報告する者もいる。フレドリクソン (2009) は，この肯定性が危機の際の最大のリソースになり，否定的感情の悪循環を止め，立ち直りを可能にするためには不可欠である，と述べている。

ノーレン-フークセマとデイビス (Nolen-Hoeksema and Davis, 2005) は，喪失体験の後の楽観主義と，人生の意義を見つけることの間に強いつながりがあることを発見した。一般的に，前向きな予想ができる楽観主義の人々は，よくない時間をよい時間に変える方法を見つけ出そうとする。その状況を肯定的に見ることを積極的に行う。肯定的なものを探すことに没頭すると，肯定的なものが見つかる可能性は増える。これを，ギリシャの哲学者エピクテトス (Epictetus) が唱えた「何があなたに起こるか，ではなく，どのように対処するか，である」と比較してほしい。

ノーレン-フークセマとデイビスは，愛する人の喪失やトラウマ体験をした大多数の人々が，その経験から役立つことを得られることを見いだした。たとえば，自分自身の成長，新たな視点，他者とのつながりの強化である。喪失状態から昔の機能レベルへの回復だけに目を向けて注目してしまうと，多くの人々が体験している本来の変

容プロセスを見逃すことになる。喪失とトラウマを体験しているときに，その痛みを認めながらも人生の新しい意味を見つけ出そうという肯定的な感情を，セラピストが明らかにしていくことこそ重要である。セラピストは単にクライエントを「普通に戻す」ことに注目するのではなく，クライエントと協働し，肯定的な感情こそが個人の成長と新しい機能に寄与することにこそ目を向けるべきである。

Exercise 7.12

これは，愛する人を喪失した後，新しい人生の意味と肯定的な面を発見するためのエクササイズです。「愛する人を一度も失ったことがないよりも，愛してそして失ったことがある，と言うほうがいい」という格言は，肯定性の核心をついています。今朝，クライエントの一人がキャンセルの電話をしてきました。彼は，85歳の母親を亡くしたばかりでした。「とても悲しいけれど，母が長い間続いていた苦しみや依存，尊厳の喪失から逃れられて，私はほっとしています」と彼は話しました。彼はまた，母がほとんど苦しまずに亡くなったと知り，それが慰めにもなったと言っていました。

あなたがどんなに悲しくても，それが初めはどんなに難しいことだとわかっていても，その状況から肯定的な何かを見つけ出そうとしてください。きっとそこには，あなたが感謝できる何かがあるのではないでしょうか。もっと悪い状況になったことはありましたか。その状況をさらに悪くしないために役立ったものは何でしょうか。また，専門家とじっくりと話をすることも役立つでしょう。あなたが肯定的なことを見つけることができるならば，どんなに小さなものでもかまわないことが研究からわかっています。この小さな肯定的な事柄が種になり，やがてあなたは未来にたくさんの肯定性を手に入れることでしょう。

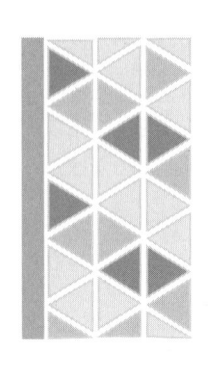

第8章
行為を変える

狂気。それは，同じ事を繰り返し行い，違う結果を予期することである。
アルバート・アインシュタイン（Albert Einstain）

はじめに

問題を解決する方法は，問題がなぜ生じたかを分析することではなく，繰り返している行動を解決のために変えることだ。何度も何度も同じように行動し続けていること（問題パターン）を同定し，そのやり方をやめて，何か違う行動を試してみることだ（パターンを崩す）。以下の2つのように具体的な行動に着目することで,問題行動の変容を促すことができる。

- クライエントや他の誰かが反復的なパターンに巻き込まれていないかどうかに注意する。そして，こういうパターンのうち，変えられるものを変えていく。
- ものごとがうまく進んでいるときのクライエントの行動に気づく。そして，クライエントにそれをもっとやってみるように勧める。

> **Story 8.1**「変わるために何か違うことをする」
>
> いつもしていることをいつもの通りするならば，
> いつも通りのものを得るでしょう。
> ですから，変わるために何か違うことをしてみましょう。
> 何か違うことをしてみましょう，変わるために。
>
> （作者不詳）

反復パターンの変更

　オハンロン（O'Hanlon, 1999）は，「多くの心理療法家は，深刻で長期間に及ぶ問題に対する大きな変化は何年もかかって得られるものだと考えている。しかし，解決志向アプローチは，人が短い期間で変われることを示してきた」と述べている。解決志向アプローチは，現在と未来に注目し，行動を起こし，視点を変えることを奨励する。過去は，私たちに影響を及ぼし，今ここに私たちを存在させている点で重要である。しかし，過去が未来を決定づけるのではない。オハンロンは，反復的な問題パターンを崩すための3つのポイントを示している。

1. 問題行動を変える。問題を解決したり，希望通りになってないことを変えたりするために，その状況で通常繰り返している行動の一部を変えてみる。問題をかかえているときに何か違うことをする。問題をかかえているときにいつもしていることに注目し，それとは違うことをする。たとえば，うつ状態であるときには，ベッドで休むのではなくて，外出して散歩をしてみる。
2. パラドックスを使う。問題の流れにまかせたり，もっと悪くなるようにしたり（もっと激しく，もっと頻繁に），意図的に問題を起こしたりしてみる。あるいは，ほんの少しだけ問題を手放し，その代わりにやさしく受け入れ，起こってくることを認める。問題を治そうとしたり，もっと状況をよくしようとしたりすることをやめてみる。これは，不眠症，不安，恐怖症，パニック，性的問題などの感情や身体の問題に最も役立つ。たとえば，「心配なことをかかえているときは，その状況を避けるのではなく，そのままにしてマインドフルネスのエクササイズを使って，不安が行ったり来たりするのを観察してみてください」と提案するとよい。
3. 問題パターンと新しい行動とを結びつける。問題があるときであっても，できていることを見つける。それはあなたにとってよいことに違いない。いつもしなければ，と思っていても避けてしまっていたり，先延ばしにしていたりすることを見つける。問題という「行為」にかきたてられるたびに，避けていた行動をとる。もしそうすることができないならば，そのときの問題が過ぎたあとに，問題行動をとる時間と同じくらいの間，回避していた行動をとってみる。あなたが不快に感じることを問題に結びつけることによって，問題を試練（ordeal）にしていく。問題が起こるたびに，新しい何か（これは通常は厄介なことだが）をその状況でやってみる。たとえば，「深酒をしてしまった次の日は，健康のための運動

をする」という具合である。

洞察ないし理解

　クライエントの精神性や，問題が起きた理由に注目する代わりに，行動を起こすことを促そう。グラントとオコナー（Grant and O'Connor, 2010）の研究によると，問題志向の質問（たとえば，「私にはどうしてこのような問題が起こるのだろう」「私はどこが悪いのだろう」「なぜ，このようなことがいつも起きるのだろう」）は，否定的な影響を減らして自己効力感を高めるが，時に問題の本質を理解できなかったり，望ましい効果を強化できなかったりすることが示された。解決志向アプローチ（たとえば，「状況を変えるために，私は何ができるだろう」「以前はどのようにやっていたのか」「今，何が役に立つだろうか」）は，望ましい影響を増やして否定的な影響を減らし，自己効力感を高め，さらには対象者の洞察と問題の本質の理解を進める。

　従来のCBTとポジティブCBTの違いの1つは（表2.1参照），伝統的な心理療法では洞察や理解が変化の前提条件であるという点だ。ところが，ポジティブCBTでは，洞察や理解は，変化の最中ないし変化の後に得るものであり，心理療法が成功するために必要不可欠とは考えていない（Klaver and Bannink, 2010）。「なぜ」を使う質問は，クライエントに説明を求めて何度も何度も同じ問題を繰り返すことで，クライエントを間違った方向へ導いてしまう。ポジティブCBTでは，「なぜ」の代わりに「何を」「どうやって」「どんなとき」という質問が使用される。そのほうが生産的である。

> **Story 8.2**「安全な港からの旅立ち」
> 　マーク・トウェイン（Mark Twin）は，かつて次のように語った。「これからの20年，あなたは自分がやってきたことよりも，しなかったことに失望するでしょう。さあ，ロープを捨てるのです。安全な港から離れて出航しましょう。帆で風を捉えましょう。探検し，夢をもち，発見しましょう」。

「望ましい習慣」の構築

　習慣とは，自動的に生じる行動のことである。それは，意識的な努力というよりも，むしろ環境のなかの何らかのきっかけによって引き起こされる。習慣について考えるとき，私たちはだいたい悪いことについて思い起こす。たとえば，何か心配なことがあるときに，爪を噛む，先延ばしにする，お菓子を食べてしまう，などだ。しかし，も

ちろん私たちはよい習慣ももっている。たとえば，ジョギングや歯磨きなどだ。ポジティブ CBT のセラピストは，クライエントが不健康な習慣や望ましくない習慣をやめることだけでなく，健康的な習慣や「望ましい習慣」の構築を支援する。

　健康的な習慣をつくるためにどれほどの時間が必要なのか，と不思議に思うかもしれない。健康的習慣づくりの研究（Lally et al., 2010）によると，習慣形成のために一般的に行われているパターンは，自動化を狙って，やり始めたときにその行動を何度も繰り返させることである。健康的で望ましい習慣の例は，夕食前に 15 分のジョギング，果物をランチ時に食べる，朝食のコーヒーの後には 50 回の腹筋運動をする，などである。これらが自動的に生じるようになるまでの平均日数は 66 日であった。新しい習慣を獲得するために必要な時間は，私たちの予想よりはるかに長い。新しい飲食習慣と比べると，運動が自動的に安定した習慣になるまでにかかった時間は，およそ 1.5 倍長かったという。昔の定説と異なり，1 日程度の休みはその後の自動化にはほとんど影響しなかった。

行動のきっかけ

　ゴルワイザー（Gollwizer, 1999）は，「メンタルプラン」を立てることが行動の動機づけにつながることを見いだした。いわゆる「行動のきっかけ（action triggers）」を設定することは，ある状況に遭遇したとき（朝起きる，仕事から帰宅する），特定の行動（ジョギング）を実行しようと決めることを意味する。その行動を行う時間と場所を前もって正確に意識することによって，大きな変化が生じる。ゴルワイザーは，行動のきっかけは私たちの決断をあらかじめ設定するところに価値があると指摘した。行動のきっかけがあることによって，ゴールから気がそれたり，ゴールを張り合ったり，悪い習慣を始めたりしないですむ。要するに，行動のきっかけは「即時的習慣」をつくりだすということである。ある調査では，胸の検査をする習慣がある女性の場合，毎月の自己検査が最大の予測因子であることを明らかにした。胸の検査をする習慣のない女性のグループに，行動のきっかけを設定することによって，最終的には長年習慣化していた女性たちと同じように行動するようになった。決断をあらかじめ設定しておくことによって，彼女たちは即時的習慣を獲得したのである。

　いわゆる実施意図を形づくることによって，ゴール志向の行動が始まるのを環境刺激にまかせることができる（「もし〜なら」の形式でいうと，「もしその状況 X に遭ったなら，私は Y の行動をとるだろう」）。実施意図を形成することで，困難な状況を見つけ，それに対応し，思い出すことが容易になる。さらに，困難な状況が目前にあるときには，特定のゴール志向の行動を速やかに効率的に始めることができ，そこには

意識的な努力を必要としない。

うまくいっているときへの注目

　トーマス・エジソン（Thomas Edison）は，かつてこのように述べた。「もしも私たちができうることすべてをやれたらなら，私たち自身がびっくり仰天してしまうだろう」。ポジティブCBTでは，ウェルビーイングやQOLを改善するために，症状や問題に注目させないようにして，クライエント自身を驚かせることがセラピストの仕事といえる。第5章では，いわゆる「拡大ゴール」の決め方について概説した。ここでいうゴールとは，クライエントが問題を「修復する」だけではなく，人としての成長を促進するゴールである。たとえば，「ただ」問題を解決するというよりも，拡大ゴールにはその人のウェルビーイングや人とのつながりを増やす可能性がある。拡大ゴールを途切れることなく設定して対処していくことによって，前向きでストレングスに基づく姿勢になっていく。

　オハンロン（1999）は，解決パターンを見つけて使うための4つのポイントをあげた。

1. その人自身として：問題が起きるだろうと思っていたのに，そうならなかったのはいつだったか。いつもの問題パターンの例外となったときを見つけ，意図的にその行動を繰り返すことで状況を変えていく。たとえば，相手とケンカになるだろうと思っていたのに，どうにかケンカを避けられたのはどんなときだったか。あなたはいつもと違って何をしただろうか。その際，相手との関係はどのように違っていただろうか。
2. 問題の終わりや終わりかけのときには何が起きているかに注目する。そして，問題が起きたらできるだけ早い段階で，役立つ行動を意図的にやってみる。たとえば，「いつもケンカはどのように終わっているか」ということである。
3. 役に立つ解決パターンを，他の状況から取り入れる。問題のある状況で効果的に使えるものを見つけるために，仕事，趣味，友人，また，他の文脈でのパターンを検討する（第6章の「能力の転移」参照）。たとえば，「現在，あなたの能力のなかで，問題を変えるために役立つものがありますか」。
4. 自分自身に問いかける。なぜ問題は悪化してないのだろう。問題が悪化しないように，気づかずに使っていたあなたの自然な能力を使う。たとえば，もしあなたに太りすぎの問題があったとして，なぜ現状よりも悪くなっていないのかを自問

する。「私は何をしただろう」「今以上に太らないために何をしているだろう」「体重が落ちていたとき，私はどのようにしたのだろう」と自分に問う。多くの場合クライエントは，私たちセラピストよりも何が役立ち何が役立たないのかを十分よくわかっている。変化のためには，現在していることと何か違う行動をとらなければならない。

自己コントロールの促進

　自己コントロールは，教えることのできる反応と定義される。つまり，自己コントロールを学び，使用することによって，外的なコントロールに頼る必要性が減っていく。

　自己コントロールはまた「衝動制御」や「自己調整」としても知られている。一部の心理学者は，「衝動制御」という用語のほうが正確だとしている。「自己調整」という語は，個人が衝動や感情を扱うプロセスのなかで使用されることが多い。したがって，自己調整もまた，意志力という概念を表しているといえる。自己調整は脳の極めて重要な実行機能の1つである。実行機能の欠如は，ADHD（注意欠如・多動性障害），反社会性人格障害，境界性人格障害，嗜癖，摂食障害，衝動制御障害など多くの精神的障害で見られる症状である。

　自己コントロールをCBTの方法で表すと，S→R→Cの枠組みとなる。Sは刺激（stimulus），Rは反応（response），Cは結果（consequence）を示す。従来のCBTでは，問題行動に注目する。その場合，S（望ましくない行動を引き起こす刺激）→R（反応：望ましくない行動）→C（望ましくない行動による肯定的な結果と否定的な結果），と説明できる。

　ポジティブCBTも同様に，S→R→Cの枠組みを使用する。S（刺激）は同じだが，R（反応）は未来の望ましい行動や問題に対する例外である。C（結果）は，望ましい行動による肯定的な結果であり，時には否定的な結果である。質問例を以下に示す。

- 望ましくない行動の代わりに，あなたはどのようにしたいですか。
- そうなるだろうと予想していたのに，問題が起こらなかったときはいつでしたか。
- あなたが……の衝動を克服するときに役立つ行動は何ですか。
- 他の人が……の衝動を克服する方法について，あなたはどんなことを知っていますか。
- （再び）こうすることができる自信はどれくらいありますか。

155

Part 2：実践

　1960年代後期から1970年代初期にかけて，ミシェル（Mischel, W.）は，満足を遅延させ自己コントロールを行う能力に関する実験研究を行った。強いプレッシャーにさらされたときや，感情的に「強い」誘惑に直面したときが選ばれた。1960年代後期に行われた就学前児（4歳児）を対象にした実験は，「マシュマロ実験」としてよく知られている。幼児は即時報酬（1個のマシュマロ）が与えられ，15分間食べるのを我慢するともっと大きな報酬（2個のマシュマロ）が与えられる。そのときのプロセスと精神的メカニズムが研究された。追跡調査により，就学前に満足を遅延させる能力のある幼児はその後どのようなライフコースをたどるのか検討された。そしてさまざまな重要な事柄（たとえば，社会的能力や認知的能力，学歴，薬物使用）の予測が可能となった。そして，彼らがさまざまな誘惑に対する重要な防御効果をもっていることが明らかにされた。この研究はさらに，意思決定における時間割引（temporal discounting）に道筋をつけた。最も重要なことには，認知的かつ感情的な自己コントロールを可能にする精神的メカニズムの研究の扉を開くこととなった。それゆえ，「意志力（willpower）」の謎を解くのに役立つ（Mischel et al., 1989; Mischel and Ayduk, 2004）。

　ミシェルらは，自己コントロールが人生におけるさまざまな望ましい成果と関連していると結論づけた。たとえば，幸せ，適応，そして，望ましい心理的要因との相関である。

Story 8.3 「チョコレートチップ・クッキー」

　バウマイスターら（Baumeister et al., 1998）は，自己コントロールが意志力と同義ではなく，それよりはむしろ有限の資源のようなものだと論じた。大学生は「食品の知覚（と言われる）」研究に参加した。大学生は実験前の3時間は何も食べないよう指示されていた。彼らはとてもよいにおいがする部屋に通された。研究者は，チョコレートチップ・クッキーを焼いていた。テーブルには2つのボウルがあり，1つにはチョコレートチップ・クッキーが，もう1つには大根が入っていた。

　研究者らは，クッキーと大根は，それぞれ特徴ある味なのでそれらを選んだということ，そして，明日，改めて味覚の記憶について尋ねる予定だということを学生たちに説明していた。参加者の半分は，大根を食べずにクッキーを2～3個食べるよう指示された。残り半分の参加者は，クッキーを食べずに大根を食べるよう求められた。よいにおいの誘惑にもかかわらず，参加者は指示通りのものを食べ，大根を食べるよう指示されたグループにおいてもクッキーをこっそり食べた者はいなかった。

そのとき，実験は「公式には」終わっていた。新たな研究者グループが来て，それまでとは関連のない別の実験が始まった。問題解決に優れているのは大学生なのか，高校生なのかを調べるものであった。大学生はもちろん，自分たちが優れていることを示したかった。彼らに与えられたのは，紙から鉛筆を一度も離さずに一筆で幾何学模様を描くパズル課題だった。実際は，そのパズル課題は解けないものだった。実は研究者が見たかったのは，学生たちがイライラしてそのパズルをやめてしまうまで，どれくらい固執するかであった。チョコレートチップ・クッキーを与えられて我慢する必要がなかった学生は，課題を34通り試して19分間を要した。一方，大根を食べるよう指示され，クッキーを我慢していた学生は，半分以下の8分間で課題を解くのをやめた。しかも彼らはわずか19通りしか試みなかった。

スモール・ステップ

ディ・シェイザー（De Shazer, 1985, p.33）は，「主訴の解決が始まるには最小の変化が必要である。そして，ひとたび変化が始まれば（セラピストの仕事），更なる変化がクライエントによって引き起こされる（波及強化）」と仮定した。大きな問題をかかえる状況であっても，ポジティブCBTでは，大きく前進するよりも一歩一歩小さい前進をすることに焦点が当てられる。問題が大きい場合，小さな前進をするほうが効果は大きいことさえある。解決が難しく圧倒されるような問題に取り組み始めるとき，スモール・ステップを踏むことが唯一の方法である場合もある。スモール・ステップ（ベビー・ステップとも呼ぶ）には，閾値やリスクが低く，成功の可能性が大きく，大きな変化につながる望ましい雪玉効果になり得るという利点がある。

希望理論（第5章を参照）の研究では，高い望みをもつ人は，大きなゴールを当たり前のように小さなサブゴールに分けていることが示されている。スモール・ステップは大きな変化につながるので，短期的な足掛かりとなるゴールを頻繁に設定することが重要である。クライエントはセラピー開始時に希望をもっていないことが多いが，前進するためにクライエントは自分自身のスモール・ステップを計画し，選択するよう勧められる。セラピストの提案が必要でないこともある。というのは，自分でやりたいというニーズや，正しい方向に進むには何をしたらよいかという考えがクライエントにあるからである。

クライエントが自分のステップをどう踏めばよいのか（まだ）わからない場合，ホームワークとして観察課題が役立つかもしれない。

Part 2：実践

- 次回の面接までの間に，ものごとが多少よくなっているときのこと，また，そのときにあなたが何をしたのかを観察してもらえますか。
- 問題が小さな場合，状況を観察することが多少なりとも役立つと思いますか。

　従来の CBT においては，行動を変えるための「変容の手続き」（たとえば，セルフコントロールや，曝露のような行動実験）をセラピストがアドバイスしてきた。CBT セラピストの役割は，この文脈でこの瞬間，このクライエントに何が効くかを専門的に知っていることである。ポジティブ CBT では，この点が異なっている。行動変容の手順はすでに準備されている。クライエントの役割は，この文脈でこの瞬間に自分にとって何が効くかを協働する専門家として知っておくことである。クライエントが変化をつくりだす要素であり，これまでも変化をつくってきたのである。また，問題には必ず例外がある。したがって，従来の CBT においてセラピストが行動変容の手順をアドバイスしてきたように，ポジティブ CBT では，クライエント自身が行動変容の手順を提案していく。それは以前に役立った手順であり，そのため「エビデンスに基づくもの」であり，これからも繰り返される可能性がある。このような具合に，「新しい行動を学ぶ」という言葉に代わって「もっとうまくなる」が用いられる。こういう言葉は，「学ぶ」に否定的なイメージをもつクライエントに適しているだろう。

Exercise 8.1

　あなたの孫（もしくはあなたが気にかけている小さな子ども）に対して，自分の人生をどう引き継いでもらいたいかを簡単に書き留めてください。数日後，書き留めたものを見直し，あなたの人生で足りないものは何かを吟味してください。次に，それを実現するために役立つことをしてみましょう。あなたのゴールにもっと近づくための最初のステップを踏み出してください。そして，それによってどんな違いが生じるかを見てみましょう。

Exercise 8.2

　以前はできなかったのに，現在できるようになったスキルについて，クライエントに考えてもらいましょう。どのようにしてその変化を得たのかクライエントに説明してもらってください。

レジリエンスの構築

　アメリカ心理学会（APA; www.apa.org）は，レジリエンスを構築する 10 の方法を

記載している。これらの方法は，ポジティブCBTの前提と一致している。

1. 結びつける：身近な家族，友だち，その他の人と密接な関係をもつことは重要である。あなたのことを気にかけ話を聞いてくれる人々からの助けやサポートを受け入れることは，レジリエンスを強化する。市民グループ，信仰を共にする集まり，あるいはその他の地元グループで活動することが社会的サポートとなり，希望を取り戻す助けになる人もいる。助けを必要としている人を援助することは，助けた側にも利益がある。
2. 危機を克服しがたい問題と捉えない：ストレスの高い出来事が起こることは変えられないが，解釈や対応の仕方は変えることができる。現在の状況を超えて，どのように未来の状況が少しよくなるか考えてみよう。困難な状況に対処したとき，いくらかよかったと思えた方法を書き出してみる。
3. 変化が生活の一部であることを認める：残念な状況の結果として，達成できないゴールもある。変えられない状況を受け入れることは，変えることのできる状況に集中する助けとなる。
4. 自分のゴールへ進む：現実的なゴールを築く。小さい達成であったとしても，必ずいつも何かをすることだ。それが自分のゴールへと前進することになる。実現できないような課題に注目する代わりに，「自分の進みたい方向へと向かう助けになるようなもので，何が今日できることか」と自分自身に問いかけてみる。
5. 断固たる行動を取る：困難な状況であっても，できる限り行動を起こしてみる。問題やストレスから離れたり，そういった状況が去ることをただ願ったりするのではなく，断固たる行動を取る。
6. 自己発見の機会を探す：私たちは自分自身について何かを学ぶことがある。努力の結果，失敗に終わっても，色々な点で成長したのがわかることもある。災難や困難などの経験がある人は，自分が弱くなっているときでさえストレングスを感じていたり，よい人間関係があったり，自分の価値を増やしたり，精神性を高めたり，人生に対する感謝の気持ちを深めたりすることができると報告している。
7. 自分自身に対する肯定的な見方を育てる：問題解決能力に対して自信をもち，自分の直観を信用することは，レジリエンスを構築する助けとなる。
8. ものごとを大局的に捉える：とてもつらい出来事に直面する場合でも，幅広い文脈でストレスフルな状況を捉え，長期的な見通しをもつことが大切である。その出来事を大げさに騒ぎ立てることは避ける。
9. 有望な見通しを保持する：楽観的な見通しによって，生活のなかでよいことが起

こるという期待をもつことができる。恐れていることについてあれこれ心配するよりも，自分の望みについて思い描くことが大切である。
10. 自分を大切にする：自分自身のニーズや気持ちに注意を向ける。楽しめてリラックスできる活動に参加するとよいだろう。定期的な運動も大切である。自分自身を大切にすることは，レジリエンスを必要とする状況に立ち向かう精神と肉体を保つ助けとなる。

レジリエンスを強化するために他の方法を試すことも効果があるかもしれない。たとえば，トラウマやストレスフルな出来事についての考えや感情を深く書いてみる人もいる。瞑想やスピリチャルな訓練は，結びつきを構築し希望を取り戻すのに役立つという人もいる。大切なことは，レジリエンスを強化する自分自身のストラテジーの一部として，自分によい方法を見つけることにある。

行動実験

　ベネット-レヴィら（Bennett-Levy et al., 2004, p.8）によると，行動実験の機能上の定義は次の通りである。行動実験とは，実験や観察に基づく計画された実験的活動である。それは，認知療法のセッション中やセッション間に患者によって行われるものである。行動実験のデザインは，問題がどう認識されているかという点から直接的に構築される。その主な目的は新情報を得ることである。そして，その情報は以下の助けとなる。

- 自分自身，他者，世界というものについての患者がもっている信念の妥当性をテストする。
- 新しい適応的な信念を構築ないしテストする。
- 認知の形成や検証を行う。

行動実験には，以下の3種類がある。

1. 環境の実験的な操作：これは，クライエントが特定の状況で通常行うこととは異なる何かをすることを必要とする。たとえば，「1人でスーパーマーケットへ行って，いつもやっている予防対策をしなかったら，（こうなるだろうという私の予測のように）本当に気絶するだろうか，あるいは，（代替理論の予測のように）単に不安になるだけだろうか」というように自問してみることである。

2. 観察実験:主要な変数を操作することができないときや不必要な場合にはこれを用いる。変数を操作する代わりに，クライエントは，自分がもつ特定の否定的な考え方や信念に関連する証拠を観察し集めていく。たとえば，「公共の場で私が汗をかいたら，周りの人は私が馬鹿だとか異常だと思うだろうか」と自問してみる。
3. 発見重視型の実験：ここでは，行動実験をする際にどんなことが起こるか，クライエントがほとんど見当をつけられないとき，そして，体系的にデータを収集して「理論構築」をする必要があるときにこれを使用する。たとえば，「あたかも自分が他の人から高く評価されているかのように振る舞ったらどうなるだろうか」と自問してみる。あるいは，こういう状況で，高く評価されている人はどのように行動するだろうかというデータを収集するため，クライエントは異なった方法で振る舞うように勧められるかもしれない。

ポジティブCBTは，同じような行動実験を利用するが，肯定的な面に着目する点で異なる。

1. 環境の実験的な操作：問題に対する例外を探すようクライエントは勧められる。「いつもと違うことで，どんなことをしてみましたか。ごく小さなことで結構です。それはどのように役立ちましたか。この解決方法をもう一度やってみるのはよいアイデアだと思いますか」
2. 観察実験:エビデンスを観察し収集するようにクライエントは勧められる。この場合のエビデンスとは，特定の望ましい考えや信念に関連したものである。たとえば，「このパーティーへ参加したら，私は好ましい人間だと思われるだろうか」という問いにクライエントは答えようとするだろう。クライエントが肯定的な考えや信念に注目すると肯定的なエビデンスを見つけ，否定的な考えや信念に注目すると否定的なエビデンスを見つける可能性が大きくなる。つまり，あなたが注目したもの自体が拡大するのである！
3. 発見重視型の実験：クライエントは（ミラクル・クエスチョンが提示されたとき）「あたかも」奇跡が起こったかのように行動する，あるいは，「あたかも」望ましい未来がすでにあったかのように行動するように促される。セッション中に，個人・カップル・家族はものごとがよくなったふりをし，生活や関係性がどのように違ってきて，どのような様子なのかを（数分間）セラピストに見せるよう促される。

Part 2：実践

　行動実験をホームワークとすることに関しての情報の詳細は第 10 章を参照されたい。

　解決志向ブリーフセラピーの創始者の 1 人であるディ・シェイザー（De Shazer, 1985）は，こう語った。「ある意味で，セラピーは何かを追加するものではない。セラピストは，クライエントにどう異なる方法を取ればよいかを指示するのではなく，新しいテクニックを教えるものでもない。こういう介入は，押しつけがましさは少ないが，その影響は大きすぎるように見える」（p.136）。

第9章

感情を変える

> 悪循環にのるか好循環にのるかは，選択可能である。
> フレドリクソン（Fredrickson, 2009, p.16）

はじめに

　従来の形式の心理療法は，感情について多く尋ねてきた。たとえば，「こういう悪夢を見ることについてどう感じていますか」「子どもが取り上げられてしまったとき，どんな気持ちだったでしょう」「飲み始めるときの気分を教えてください」という具合である。否定的な感情を探し出したり表現したりすることはクライエントを援助するうえで重要だと広く信じられてきた。

　しかし，否定的な感情を減らすことがそのまま肯定的な感情を増やすことにつながるわけではない。心理学や心理療法は，肯定的な感情を培う理論についてこれまで少しも注意を向けてこなかった。これは，ほとんどの学問にも同じように当てはまり，問題ばかりに注目した時代精神を表すものであろう。また，感情というもの自体の特徴が反映されているのかもしれない。実際，1970年から2000年までの間に出版された心理学の文献を見てみると，抑うつに関する論文は46,000本もあるにもかかわらず，喜びに関する論文はわずか400本にすぎない（Myers, 2000）。

　肯定的な感情を表す語彙数は否定的感情よりも少なく，肯定的感情が1に対して否定的感情はほぼ3〜4の割合である。このような，感情語の数のアンバランスは，ほとんどの言語に見られる。というのは，肯定的な感情は否定的感情よりも分化されていないことによる。

　本章では，否定的な感情をどのように減少させ，肯定的な感情をどのように築くか，そして，ポジティブCBTにおいて肯定的感情と否定的感情のどのようなバランスが重要であるかについて述べる。

Part 2：実践

否定的感情の低減

　ベック（Beck, 2011, p.158）は，感情をCBTにおける最も重要な要素とした。さらに，問題解決の視点から「何といっても，治療における主要ゴールは症状の軽減と患者の疾患の寛解である」と付け加えている。

　従来のCBTのやり方では，クライエントにとっての困難な状況を明確に捉えるために，感情と思考をしっかりと区別する。このプロセスを通して感情に共感し，感情に影響を及ぼす非機能的な思考についての理解を促していく。セラピストの仕事は否定的な影響を最小限にすることである。すなわち，クライエントのかかえる不安，怒り，抑うつなどを薬物処方や心理的介入によって低減させることである。しかしながら，セリグマンは，このようなアプローチは期待外れの結果であったとしている。「私はセラピストとして，患者の怒り，不安，悲しみなどを取り除く援助をすることがある。そうすれば患者が幸せになると思っていたが，そうなったためしがない。空っぽの患者がいただけであった。ずっと続く幸せを手に入れるためのスキル（肯定的な感情，意味・意義，よい仕事，望ましい関係をもつこと）は，苦しみを最小限にするスキルとは別物だからである」（Seligman, 2011, p.54）。

　リーバーマンら（Lieberman et al., 2007）は，感情をシンプルに表現するという感情の言語化が，恐怖やパニックなどの強烈な感情を扱う脳の扁桃体の部位の反応を減少させ，緊張を低減させることを明らかにした。一方で，衝動性をコントロールする脳部位である右腹外側前頭前野が活性化することも指摘している。セラピストに話をすることで気分がよくなるのは，このようなわけである。話し相手は，同情的なバーテンダーでもよいかもしれない。感情の言語化という同様のストラテジーは，マインドフルネス瞑想の実践で見られる。マインドフルネス瞑想は距離をおくことの本格的な実践であり，体験の流れを観察するものである。このプロセスを助ける手段がラベリングである。

　リーバーマンらは，情緒的体験の自己報告に及ぼす感情ラベリングの影響について4つの研究を行った。研究1では，否定的な感情を喚起する写真に対して，感情ラベリングをした群は，受身的に見せられた群に比べ，苦痛度が低いことが示された。研究2と3では，再評価と気ぞらしの条件が加えられた。これら2つの意図的な感情調整ストラテジーと感情ラベリングは，苦痛度の自己報告に対して類似した効果を示した。しかしながら，上記3つの研究において，感情ラベリング群の参加者は再評価群と気ぞらし群とは異なる予想をしていた。すなわち，感情ラベリングを効果的な感情調整ストラテジーだと信じず，感情ラベリングによって苦痛度の低減を経験した後で

あっても，将来的には苦痛度が増すと予想していたのである。研究4では，肯定的感情を喚起する写真が用いられた。その結果，感情ラベリング群では，受身的に見せられた群よりも，喜びが低減していた。この結果は，感情ラベリングが，否定的感情を特に軽減するというよりもむしろ，感情反応全般を低減させる傾向があることを示唆している。

これらの知見は，ウィルソンら（Wilson et al., 2005）の研究と一致している。ウィルソンらは，肯定的な出来事を理解する認知プロセスは，出来事がもたらす喜びを低減させてしまうことを見いだしている。つまり，十分な理解に達するまで喜びを分析できる肯定性よりも，説明できないような肯定性のほうが長く続いた。

否定的感情の低減が自動的に肯定的感情を増やすわけではないという例として，グラントとオコナー（Grant and O'Connor, 2010）によるコーチングの研究があげられる。その研究では，問題志向の質問は否定的感情を低減させ，自己効力感を増加させるが，問題の本質的な理解は進まず，肯定的感情を増やすわけではないことが明らかにされている。それに対して，解決志向の質問は，肯定的感情を増やし，否定的感情を低減させ，さらには参加者の洞察や問題の本質的理解を進め，自己効力感も高めることを示している。

肯定的感情の構築

クライエントとの良好な協働関係をつくるためには，対話のなかで必ずしも感情を取り上げる必要はない。しかし，問題の難しさや苦しさをクライエントが訴えるときには，セラピストが自然に示す共感的理解が必要であり助けになる。「最近，ものごとがうまくいかなくなってきたのですね」と，クライエントの見方を共感的に確認することは役に立つ。その後に，話題を，クライエントが生活のなかで変わってきてほしいと望んでいることや，悪化の波に飲み込まれないためにしていることに移すことができる。感情を扱う際には，怒り，フラストレーション，悲しみという否定的感情を認める一方で，「この件について，あなたの感情が非常に強いものであることがわかりました。将来的には，その感情の代わりにどんなことを感じたいですか」と可能性を探ることも有用である。マイナス10（非常に落ち込んでいる）から0（まったく落ち込んでいない）への推移と，0（まったく落ち込んでいない）からプラス10（気分爽快で絶好調）への推移のストラテジーは異なるものであることに留意すべきである。

ポジティブCBTにおける手続きのわかりやすさは，困りごとに潜む感情的エネルギーが減少することからも確かめられる。セラピストはクライエントに，問題の代わり

Part 2：実践

になる肯定的な要素にクライエントと共に注目していくことを説明する。つまり，望ましくないことではなく望ましいことに注目するということである。この提案は，ほとんどのクライエントに受け入れられる。

選択的注意理論は，人の注意が拡張することを見いだした。この理論は，感情に応用することができる。怒りのような否定的感情に注目すれば怒りは増大し，悲しみに注目すると悲しみはさらに増していく。こういう例は，精神分析的な「カタルシス」の方法に見られるものであり，浄化プロセスを促進するために感情を表に出すべきであるとされた。

ポジティブCBTでは，否定的感情の代わりに肯定的感情に焦点を当て，肯定的感情と否定的感情のバランスをとることに着目する。たとえば，「期待通りの結果になったとき，どんなふうに感じますか」「よい方向に進んでいると気づいたときに，思考，行動，感情がどのように変わってくるでしょうか」という質問をする。さらに，肯定的感情のきっかけとなる，以前の成功や能力について質問し，過去から最善の状態を引き出すこともある。

「肯定的感情の拡張 – 形成理論」（後述）は，否定的な感情は思考 – 行動のレパートリーを狭くし，逆に，肯定的な感情は私たちの意識を広げ，新しく多様で探索的な思考と行動を促進することを示している。ポジティブCBTにおける，「どのようにしてこのセッションが役立ったことがわかるでしょうか」「どのようにしてその問題が解決されたことがわかりますか」「何がうまくいっていますか」「何がよくなりましたか」という質問は，思考 – 行動の配列を拡張する役目を果たす。また，「ミラクル・クエスチョン」のような想像力を活用する質問は，肯定的な感情を生みだし，思考と行動を拡張する能力に絶大な効果を及ぼす。これは推論にすぎないが，イメージと結びつくことで，ミラクル・クエスチョンに答えられるようになるのだろう。というのも，イメージは右脳の処理であり，私たちの思考を拡張する脳の全体処理能力とも結びついているからである。右脳は森を見て，左脳は木々を見る。「どのようにしてそれをうまくやり遂げたのですか」「どのようにしてそれをすることに決めましたか」というコンプリメントや，能力を問う質問も肯定的感情を喚起する。ポジティブCBTのセラピストのすべきことは，クライエントのスキルとリソースに気づき，コンプリメントし，それらのリソースをクライエントに還元することである。

要するに，肯定的なゴールに注目し，希望とそれが現実になったときに生じる生活の違いに着目し，問題に対する例外とそれを起こしたクライエントの能力に注目することである。こういうことのすべてが，肯定的な感情を高める雰囲気を生む助けとなり，問題はクライエントの望ましい将来という肯定的なものに形を変えることになる。

Exercise 9.1

クライエントに自分の生活のなかでの幸せな出来事について尋ね，それを説明してもらいましょう。もしくは，クライエントに自分が誇れるものについて思い描いてもらいます。

イセン（Isen, 2005）は，肯定的感情は重要な社会的行動や思考プロセスの拡張を促すことを，多くの研究が指摘していると述べた。およそ過去10年間の研究によると，肯定的な感情によって，素晴らしい創造性，交渉のプロセスや結果の改善，偏見のなさ，柔軟な思考，問題解決などを得ることが示されている。加えて，初期の研究では，肯定的感情は，対人間の相互作用において寛大さと社会的責任を促進させることが指摘されている。

交渉に関する研究では，ちょっとしたプレゼント（メモ帳など）や漫画によって喚起された肯定的感情であっても，対面交渉で合意に達し，互いに最善の成果を得る傾向を有意に増加させたことが示されている。イセンは，「肯定的感情群は，統制群よりも交渉結果がよく，課題そのものを楽しみ，さらに相手の視点をもつことができていた」と述べている。

文献によると，自分が幸福であると感じている人は，ほとんどの環境下において，やりたいことをやれている。彼らのやりたいこととは，社会的責任を伴い，役に立ち，必要とされ，その行為自体を楽しめることである。そういう人は，ゴールを実現する意欲があり，情報を広く求め，明瞭に考えることができる。肯定的感情が認知に与える最もわかりやすく特徴的な影響は，柔軟性と創造性が増すことである。これは神経伝達物質であるドーパミンの放出によって生じているのかもしれない。ドーパミンはおそらく肯定的感情に影響をもたらすのであろう。この「ドーパミン仮説」は，行動と認知のレベルにおいて，肯定的な感情が認知の柔軟性や視点の切り替えを促したという観察が元になっている。なお，脳の前帯状皮質におけるドーパミンは，柔軟な視点を取得したり切り替えを可能にしたりすると理解されている。

イセンとリーブ（Isen and Reeve, 2005）によって行われた別のタイプの研究では，肯定的感情が内発的動機づけを高めることが示されている。このことは自由選択場面における選択行動，そして新奇課題や困難課題の楽しさの評価に反映される。そればかりでなく，面白味はなくても取り組まなければいけない課題状況であっても，肯定的感情によって責任ある行動が促進されることが明らかになっている。これは肯定的感情が自己コントロールや自己制御の側面に関連することを示唆する。

Part 2：実践

Exercise 9.2

　このエクササイズは「最高の瞬間」と言います。あなたが最もよかった頃のことを思い出してください。どこにいましたか。誰といましたか。何を考え，何を感じていたのでしょう。思い出してください。誕生日，結婚式，就職面接，人生における何か重要なことを成し遂げたときなどのように，楽しかった思い出です。写真アルバム，休暇中に手に入れたお土産，トロフィーや賞状，大切な手紙，電子メールを印刷したもの，大学の学位記などの記念の品々を用いてこのエクササイズをすると，思い出しやすくなるでしょう。こういう出来事を思い出した後に，数分間，過去の成功やこの体験によって得た楽しい感情にただ浸ってください。そして，思い出の細部や，肯定的感情にまであなたの注意を行きわたらせてください。その体験のあら捜しをしたり，なぜそういったことが起こったのかを突き止めたりしないでください。肯定的な体験のなかでそのような分析をするのは逆効果でまったく意味がありません。その代わりに，その経験の「再現」に注目してください。このエクササイズは肯定的感情と自信を生みだすものです。

肯定的感情の拡張－形成理論

　肯定的感情の拡張－形成理論（Fredrickson, 2003）では，肯定的な感情（興味，満足，楽しみ，平穏，幸福，喜び，誇り，安心，好み，愛）は，人の気づきを拡げ，新しく多様で探索的な思考と行動を促すと考えられる。時間とともに，この拡張された行動レパートリーはスキルとリソースを構築していく。たとえば，地形に関する興味は道案内に役立つ知識となり，見知らぬ人との楽しい交流は支えてくれる友人関係になり，無目的に身体を動かして遊んでもエクササイズや身体能力を向上させる。

　これは，否定的な感情とは対照的である。否定的感情は，注意の幅を狭めるものであり，直接的な生存行動を促進させる。肯定的な感情と否定的感情は，結びつく行動が異なっている。たとえば，心配という否定的感情は，即時に生存のための特定の闘争反応や逃走反応に結びつく。生き延びるために，私たちの注意は，逃げるか闘うかという特異的行動反応にすぐに向けられる。そうすると私たちの思考は，他にも行動の選択肢があることにまで拡がらない。それに対して，肯定的感情は直接的な生存価値をもたない。肯定的感情をもっているときは，当面のニーズやストレッサーを忘れているからである。とは言え，やがて，拡張された行動により養われたスキルやリソースが生存を高めるようになる。

　フレドリクソンは，否定的感情が肯定的感情と異なるのは，この思考と行動のレパートリーを狭める効果であると述べた。問題に伴う否定的な感情を体験していると，私たちの注意は狭まり行動レパートリーが制限されて解決はおぼつかない。それはまる

で「はまり込む」感じである。この場合，通常は問題をもっと調べることで，時にはセラピストの力を借りて，解決策を見つけようとする。このようなアプローチは，その事態を長引かせてしまう場合がある。というのは，否定的感情は私たちの注意を狭め，さらには，はまり込む感じを永続させてしまうからである。

　否定的感情が思考と行動のレパートリーを狭めることと対照的に，肯定的感情は思考と行動のレパートリーを拡げ，身体的，知的，心理的，社会的なリソースを持続的に養うことをフレドリクソンは指摘した。

　肯定的な感情をいだく人は，柔軟で，斬新で，創造的で，包括的な思考パターンを示す。そういう人の思考は，さまざまな情報や選択肢に対して効率的で開かれている傾向がある。肯定的感情は，認知の枠組みを拡げ，脳のドーパミンレベルを高める効果のあることが示唆されている。

　拡張-形成理論は，肯定的感情の新たな機能を検討するものであり，確固とした根拠をもつ。フレドリクソンは，無作為比較対照実験を行った。その実験では，楽しみや安心のような肯定的感情が喚起される群，恐怖や悲しみという否定的感情が喚起される群，感情が喚起されない群の3群が設定され，それぞれの参加者が映像を視聴した。肯定的感情群では他の群よりも，創造性，創意性，知覚焦点という「大局観」が高くなった。長期的な介入研究によると，肯定的感情は心理的レジリエンスや持続的幸福という長期的なリソースの開発に役立つことが示された。肯定的感情を表した参加者は，建設的で柔軟な対処ができ，抽象的で長期的な思考ができ，ストレスのかかる否定的出来事に対して心理的距離をとれることが明らかになった。

Exercise 9.3

　一冊の本はたくさんの章から構成されています。私たちの人生も一冊の本と見ることができます。あなたの人生の物語を書いてみましょう。エクササイズとして書くならば，第1章からではなく第2章から始めてもよいでしょう。現在，何か問題をもっているとして，それを書かないでおくこともできます。人生の物語を書くことで，どのような望ましい変化が生じるでしょうか。第2章を構成するために，誰を入れずに誰を残すのでしょうか。第2章のなかには，どんなストレングスやリソースがあるでしょうか。第2章に書かれているもので，どんなよい考えをすでに使っているでしょうか。エクササイズとして，あなた自身の人生の物語を第2章から書いてみましょう。

打消し効果

　フレドリクソン（2000）は，思考と行動のレパートリーを狭める否定的感情の影響に

対して，肯定的感情が解毒効果をもつことを見いだした。つまり，肯定的感情と否定的感情は両立し得ないため，肯定的感情には否定的感情を打ち消す効果があるということである。さらに，否定的感情で狭まった思考と行動のレパートリー（つまり，特異的行動傾向）は，その行動が出現するような生理学的変化を喚起する。肯定的感情は思考と行動のレパートリーを拡張することで特異的行動への生理学的な準備状態を，ある程度鎮静させ弛緩させるだろう。つまり肯定的感情は，身体の生理的活性水準をベースラインまで戻すことによって，行動レパートリーを拡大し，幅広い思考と行動のレパートリーに向けての生理的基盤をつくる。肯定的感情は，否定的感情による心血管への後続作用を減少させる独特な機能も有している。肯定的感情は，すばやい生理的回復だけではなく，狭まった思考と行動のレパートリーから生じる否定的感情のどのような側面に対しても対抗作用をもつ。否定的感情は，それによって引き起こされた特異的行動傾向と一致するように思考も狭める。たとえば，怒りを感じているときであれば復讐や仕返しが，不安や恐怖の場合には逃避や回避が，悲嘆や抑うつのときには喪失が頭のなかを占め，他のことは考えられなくなるだろう。

Exercise 9.4

　私たちには肯定性のスイッチを入れたり切ったりする力が備わっています。このエクササイズで，今すぐに肯定性のスイッチを入れてみましょう。少し時間を取って，周りの様子に注意を向けてください。リビングルームにいたりお風呂に入っていたり，バスや電車に乗っていたりしても，こんなふうに自分自身に問いかけてみましょう。「自分が現在おかれている状況のよいところは何だろうか」「何が自分を幸せにしているのか」「大切な宝物が隠されていると考えるならば，現状のどの側面だろうか」「そう考えることはどのように役立つのか」。時間を取ってこのように問いかけてみると，感謝の心に火を灯すことができます。少しの間，自分自身で生みだした肯定的な感情を，よく味わって楽しんでみましょう。

　さて，次は肯定性のスイッチを切ってみましょう。肯定性を損なう質問とはこういうものです。「何が悪いのか」「何が私を悩ませているのか」「何を変えなくてはならないのか」「改善しなくてはいけないのは何か」「誰のせいか」。こういう問いかけを自分にして，そこから生じる思考の連鎖を辿り，肯定性がどれだけ下がるか体験してみましょう（Fredrickson, 2009）。

「感謝」の肯定的な影響に関する研究成果（Seligman, 2002）は次の通りであった。

- 感謝することによって，短期的（数週間）に幸福レベルが25％上昇する。習慣的に感謝する人は，そうでない人よりも幸福である。
- 1週間に起こった出来事のうち，気に入らない点を記録した人や，出来事を単に記録するよう求められた人と比べ，感謝すべきことを記録した人は幸福レベルが25％上昇していた。
- 抑うつ尺度で重度の抑うつ症状を示した人が，15日間毎日，その日に起こった「3つのよい出来事」を思い出して書き出した。その結果，94％の人が重度の抑うつから中等度の抑うつに回復した。

肯定的・否定的感情のバランス

「およそ40年前，私がセラピストとして仕事を始めた頃，どの患者も『先生，私は幸せになりたいだけなのです』と訴えていた。私はこれを『要するに，抑うつをなくしてほしいんですね』と解釈していた。当時の私にはウェルビーイングを形成する手段がなく，ジクムント・フロイト（Sigmund Freud）やアルトゥル・ショーペンハウアー（Arthur Schopenhauer: 人間がこれまでに成し遂げた最良のことは，自分自身の惨めさを最小限にすることである，と教えた人物）に夢中になっていたので，幸せになることと苦痛を緩和することとの違いに気づきようもなかった。私が身につけていたのは抑うつを軽減する手段のみであった。しかし，すべての人，すべての患者は，ただ『幸せになりたい』のだ。そして，この正当なゴールは，苦しみの軽減とウェルビーイングの形成を組み合わせることでなされる。私の考える治療とは，投薬や心理療法といったあらゆるものを活用して悲惨な状況を最小限にし，それにポジティブ心理学を加えることである」（Seligman, 2011, p. 54）。

このゴールはベック（2011, p. 158）とも重なる。「CBTの目的はあらゆるストレスを取り除くことではない。否定的感情は，肯定的感情と同程度に，生活の豊かさの一部を占めている。また，身体的な痛みと同じく重要な機能を果たし，時には取り組むべき潜在的な問題について私たちに警告することもある。合わせて，患者の肯定的感情を高めようとしてセラピストは，患者の関心事，その週に起こった肯定的な出来事，これまでの肯定的な思い出について，（比較的短い時間の）話し合いをするだろう。また，患者が達成感や楽しみを得られる活動を増やすように，セラピストがホームワークを出すことも多い」。

否定的な影響を減少させ，肯定的な影響を増加させる方法の例として，クランツら（Kranz et al., 2010）が，コーピングの観点から行った，慢性疼痛の受容と感情的

なウェルビーイングの関連についての研究があげられる。「総合疼痛研究センターの150名の患者から，疼痛受容，肯定的感情，否定的感情，適応的柔軟性に関する自己報告式データが提供された。仮説は，痛みへの態度（痛みがコントロール不能であるという認識を含めた，疼痛を受容する態度の要素）が主として負の影響を減少させ，さらに，活動への取り組み（痛みがありながらも日々の活動を追及することを含めた，痛みを受容する行動の要素）が正の影響を生みだすというものである。その結果，2変量相関と重相関のパターンは仮説と一致した。加えて，このデータは，活動への取り組みは，痛みへの態度と肯定的感情を媒介することを示唆している。調整効果の分析では，適応的柔軟性（個人の目標を状況の制約に適合させる一般的なレディネス）は，特に平均的な痛みの強度が高まった際に，痛みへの態度と活動への従事の双方を促進することが示された。結論としては，慢性疼痛患者のウェルビーイングは，痛み受容を前提とした生活活動の維持と密接に結びついているという見解を支持した」。

第6章で詳細に説明した通り，私たちはみな喜びを感じ，痛みを回避しようとする。人は一般的には幸福を好むが，長期的な利得があるならば時に怒りや心配を感じることも好む。タミールら（Tamir et al., 2008）によると，人は通常，楽しい感情（たとえば興奮など）を好み，不快な感情（たとえば怒りなど）を避ける。そこでタミールらは，不快な感情体験が役に立つならば，人はそれを選ぶかどうかを検討した。そこで，怒りが遂行を促進することが予想される課題を実施する際に，怒りの程度を増大させようとするか否かを調べた。参加者は，暴力的または非暴力的なコンピューターゲームのどちらか一方で遊ぶことになると伝えられた。次に彼らは，ゲームで遊ぶ前にどの活動に従事したいか，その程度を評定するように求められた。その結果，暴力的なゲームで遊ぶことを予想した参加者は，怒りを喚起するような活動（たとえば，怒りを引き起こす音楽を聞くことや，過去に腹を立てた出来事を思い出すような活動）を選んだ。対照的に，非暴力的なゲームで遊ぶことを予想した参加者は楽しい活動を選んだ。

増加した怒りが課題遂行を促進するか否かを明らかにするために，参加者は3種類の感情（怒り・中性的・楽しみ）のどれかを喚起する条件にランダムに割り当てられ，その後，暴力的ゲームと非暴力的なゲームで遊んだ。仮説通りに，怒り喚起条件の参加者は，他の2条件の参加者よりも暴力的なゲームの成績が高く，より多くの敵を倒した。しかし，客に給仕するような非暴力的ゲームにおいては，怒り喚起条件の参加者の遂行が他条件の参加者を上回ってはいなかった。この結果は，人が特定の瞬間に選ぶ感情は，ある程度は，そこから何を得たいかによることを示している。考慮され

るべき点は，この研究では怒りを扱っていることだろう。怒りは強い感情で，それ故，はっきりと感じることができる。興味深いことに，怒りよりも刺激が少なく，それでいて楽しくはない感情が選ばれることがある。接近ゴールではなく，回避ゴールに向かっているときには，特にそうである（詳しくは第6章参照）。接近ゴールとは肯定的な結果を求めるもので，たとえば，明朝調子よくいたいので，今夜は早く眠りたい，といったものである。回避ゴールとは否定的な結果を回避しようとするもので，明日仕事で居眠りをしたくないので，今夜は遅く寝たくはない，といったものである。タミールらは，回避ゴールを追及している場合には恐怖を好むことを明らかにした。恐怖がもたらす不快感にもかかわらず，このタイプのゴールに到達するには，恐怖が役立つと人は認識しているようである。

肯定性比率

フレドリクソン（2009）は，私たちの日々の生活における思考や感情，活動を肯定的と否定的に分け，その比を肯定性比率（positivity ratio）とした。肯定性と否定性の比がおよそ3対1であるときに転換点がある。肯定性比率が3対1以下の場合は，肯定性は不活性で役立たず，3対1を超えると，肯定性は開放的であり増進することが予測された。「その人たちだけが肯定性のおいしいところを真に堪能した」（p.135）。

ゴットマン（Gottman, 1994）は，結婚生活における肯定性比率を算出する方法を開発した。彼は結婚生活を2群に分けた。1つは，結婚生活が続いており，互いにパートナーに満足している，いわば「幸福な結婚生活」といえる群であった。もう1つは，パートナーに不満をもっている，気持ちが離れている，別居している，離婚してしまったといった結婚生活が駄目になってしまった群であった。結婚生活が幸福な群では，肯定性比率が5対1であった。一方，結婚生活が沈滞していたり失敗してしまったりした群では，肯定性比率が1対1にも満たないという，鮮明な違いがあった。

ゴットマンは，幸福な関係を持続するためには，非難めいた発言や否定的サイン1つに対して，5つの肯定的なものが必要であると指摘する。パートナーと別居した関係では，肯定的感情よりも否定的感情を多く経験しており，比率は1対1以下まで落ち込んだ。彼はこの研究に参加した700組の夫婦が10年後も連れ添っているか，離婚しているかを94％の精度で予測することができた。それは各夫婦の15分間の映像から，彼らの肯定的・否定的な相互作用の比率を算出するといった方法に基づくものであった。

Part 2：実践

フレドリクソン（2009, p.133）によると，「個人でも，夫婦やビジネスチームでも，繁栄したり，うまくいっていたりするものは肯定性比率が3対1以上になっている。対照的に，抑うつを克服できない人や結婚生活に失敗した人，人気がなく利益があがらないビジネスチームでは，1対1未満の比率である」。3対1未満の場合，肯定性は，より大きな否定性によって圧倒され不活性状態になっているかもしれない。転換点に達してしまうまで，肯定性をある程度蓄積し，まとめる必要がある。まとまって初めて，肯定性の拡張 − 形成効果が発揮され，自身の生活や交友関係，仕事において肯定性の驚くべき恵みが開花するだろう。一方で，繁栄のための上限はアメリカにおいて11対1とされている。これは他の文化圏では異なるかもしれない。

Story 9.1「ヨットについて考える」

ヨットを想像してみよう。風を受ける帆を支えるために，大きなマストが立っている。このマストがヨットを進める。喫水線の下には数トンにもなる竜骨がある。空に伸びるマストを肯定性と，水面に沈んでいる竜骨を否定性と考えてみよう。ヨットを操船したことのある人はわかるだろうが，竜骨がなければどこにも行くことはできない。試してみたとしても，当てもなく水面を彷徨うのがせいぜいで，最悪の場合には転覆するだろう。肯定性のマストは帆に風を受け推進力を与えるが，船の進路を保ち，操船可能にしているのは否定性の竜骨である。また，風上に向かって船を進めるときこそ竜骨が最も重要であるように，困難な事態において最も重要なのは適切な否定性である。

(Fredrickson, 2009, p.137)

Exercise 9.5

あなた自身の肯定的な「ムード・ボード（mood board）」をつくってください。ムード・ボードとは，考えているイメージを視覚的に示すために（グラフィック）デザイナーがよく使うものです。ムード・ボードは物を書く際にも，プロットや筋書の設定を視覚的に説明するためにも用いることができます。要するに，ムード・ボードは，視覚的な対象に限定されずに，デザイナーがつくろうとしている全般的な「感じ（や流れ）」を手早く人に伝えるための視覚的なツールとしても役立ちます。コンピューターを使えば，手早く簡単にムード・ボードをつくれるでしょう。しかし実物でつくると，感覚に訴えることができインパクトも大きいでしょう。

Exercise 9.6

　このエクササイズは「その日を味わう」と呼ばれるものです。2～3分間，その日経験した楽しい出来事や，その瞬間を2つ思い出し，そしてできるだけ長くその楽しみが続くようにしてみてください。このエクササイズは，現在の瞬間に注意を向けることで，肯定的な感情を増大し持続させます。

Story 9.2 「修道女研究」

「そして，彼らはずっと幸せに暮らしましたとさ」。180人のカトリック修道女の自筆の自叙伝（執筆時の平均年齢22歳）を対象に，感情の記述を得点化し，75歳から90歳までの生存との関連が調べられた。肯定的な感情の記述と，高齢期の死亡リスクとの間には強い負の相関が認められた。人生の初期における肯定的感情の記述量が4分の1増すごとに，死亡率のリスクが徐々に減少し，最大で2.5倍の違いがあることが明らかになった。人生の初期の自叙伝に肯定的な感情を記述することは60年後の寿命に強く関連していることが明らかになった。

(Danner et al., 2001)

医療現場における肯定的感情

　このセクションでは，医療現場における肯定的感情に関する知見についてみる。
　どの精神科医が処方しても，薬の効果は等しいのだろうか。この質問に答えるためにマッケイラ（McKay et al., 2006）は，研究を行った。その結果，抑うつ治療のアウトカムには，精神科医と治療との双方が寄与していた。アウトカムの変動に精神科医が影響を与えているとすれば，効果的に薬を処方する精神科医は，ちょうどプラセボが効果をもつように，抗うつ剤の有効成分の効果を増大すると結論づけられるかもしれない。
　一方，アンカーバーグとフォーケンストローム（Ankarberg and Falkenstrom, 2008）は，これまでのエビデンスによれば抗うつ剤によるうつ病治療は，本質的には心理療法であったと主張している。この結論は，現代のうつ病治療の科学的趨勢に広範な影響を及ぼす。同時に，抗うつ剤治療の際に医師が注意すべき点や，治療抵抗性のある患者への対応の仕方にも影響する。治験の結果を再現するには，服用量などの薬理学的な条件よりも，医師からの量的，質的な支持が重要になる。治療抵抗性がある患者に対しては，薬理学的な要因よりも，治療関係に注意を向けるべきである。

医療過誤で訴えられる危険性と医療ミスの数との関連は，ほとんどないように思われる。医療過誤訴訟の分析によると，非常に熟練したスキルを有しているにもかかわらず何度も訴えられる医師がいる一方で，多くのミスを犯しているにもかかわらず一度も訴えられていない医師がいることが明らかになっている。言い換えれば，いい加減な医療で被害を受けただけで患者が訴訟を起こすわけではない。それに何かが加わったときに患者は訴訟を起こすのである。

医療研究者のレビンソン（Levinson）は，医師と患者間の何百にもおよぶ会話を記録した（Gladwell, 2005 による）。およそ半数の医師は訴訟経験がなく，残りの半数の医師は2度以上訴えられていた。会話を分析してレビンソンは，両群間の明確な違いを見つけ出した。訴えられていなかった医師は，訴えられた医師よりも，各患者に対して3分以上長く会話をしていた（前者は18.3分，後者は15分）。訴えられていない医師は次のような説明をしていた。「最初にあなたを診察しましょう。その後，一緒に問題について話しましょう」。このような説明によって，患者は，医師に質問をするタイミングを理解し，また診察に訪れた目的が達成されるだろうとの期待をいだく。さらに，彼らは積極的傾聴をし，「どうぞ続けてください。そしてもっとそのことについて教えてください」というような発言をしていた。また診察中の冗談や笑いが多い傾向があった。興味深いことに，両群の医師たちが患者に与えた情報の量や質にはまったく違いはなく，訴えられたことがない群の医師が投薬や症状に関する詳細な情報を多く与えていた訳ではなかった。違いはもっぱら，医師の話し方にあった。

心理学者のアンバディ（Ambady）は，レビンソンが記録した医師と患者の会話のテープを聞いた。彼女は，医師1人につき患者2人ずつの会話を抽出した。さらに，各々の会話から10秒の会話を2つずつ，つまり1人の医師から合計40秒の会話を切り出した。そして高い周波数をカットして，個々の単語を聞き取り難くした。残されたものはイントネーションやピッチ，リズムだけで，文脈はわからなくなっていた。その部分を評定するだけで，驚いたことに彼女には，どちらの群の会話かを予測することができた。テープの評定者は，医師の経験値，技術レベル，訓練歴，得意な手法などについてはいっさい知らなかった。

評定者は，医師が患者に何と言っているかさえ知りもしなかった。予測に用いたのは医師の口調の分析のみであった。結果は根本的なものであった。医師の声が権威的に聞こえると判断された場合，その医師は起訴された群である傾向があった。音声がさほど権威的ではなく，気遣いが感じられた場合には，その医師は起訴されていない群に属している傾向があった。医療過誤は複雑で多次元の問題である。しかし，結局のところ，敬意の問題に帰結する。敬意を伝える最も単純な方法は口調であり，医師

の場合は最もひどい口調は権威的な口調である。

　エストラーダら（Estrada et al., 1994）は，医師を対象に，肯定的感情の喚起が創造的問題解決と，医療実践における満足感の原因帰属に与える影響を調べた。医師（内科医）は肯定的感情喚起群と統制群にランダムに割り付けられた。肯定的感情喚起群の医師はキャンディの小さな包みを受け取り，統制群の医師は何も受け取らなかった。医師に説明された研究目的は，内科医がどのように臨床事例を解決するかを分析することであった。また肯定的感情喚起群には，キャンディの袋は研究参加への小さな感謝のしるしであると伝えられた。

　感情喚起群は統制群と比較して，創造性が高得点であった。医療実践満足度に関しては，すべての医師が外的な動機づけよりも，人道主義により多く帰属させていた。しかしながら，感情と満足感の帰属先との間に有意な交互作用があり，群間比較を行ったところ，統制群よりも感情喚起群で人道主義により多く，外的動機づけにより少なく帰属させていたことが明らかになった。対照的に，医療からの人道主義的満足感を反映した文章を読むよう指示された第3の医師群では，創造性尺度と実践満足度尺度は統制群と同じ結果であった。以上からエストラーダらは，次のように結論づけた。

- 肯定的感情の喚起は，医師の創造的問題解決を向上させ，実践満足度の帰属に影響を与える。
- 医療現場は深刻な事態が起こる場面ではあるが，そのような場面においても肯定的感情を喚起することは可能であろう。成功感や有能感，同僚や患者との愉快なやりとり，人を救い感謝される感覚を仕事場面において維持することが，日常の肯定的出来事に加え，臨床現場に肯定的感情を持ち込む数少ない方法であると思われる。
- 創造性の促進に関して，肯定的感情は，臨床医が概念，着想，症状の関連性を見る能力を高め，適切な診断項目を組み立て，医学的診断と治療の意思決定を促す手助けとなる。
- 肯定的感情を喚起すると医師は人道主義的配慮をするようになる。

　家庭医であるハーシュバーガー（Hershberger, 2005）は，精神的そして感情的ウェルビーイングの育成を奨励する。健康増進や第1次予防の一部として，家庭医は患者に身体活動を勧める。家庭医の間ではまだ一般的ではないが，精神的健康の増進と生活満足度の向上を同質のものと考えることは理にかなっている。医師-患者間のコミュニケーション・ストラテジーでは否定的感情を適度に喚起することが重要である

と言われているが，同じストラテジーで，よい経験や，それに関連する肯定的感情を患者が共有する手助けをすることもできる。幸福な人はQOLが高い。行動的，社会的，医学的研究は，幸福のその他の利得を明らかにし続けており，健康もそのなかに含まれる。精神的，そして感情的ウェルビーイングの増進と，身体的健康増進とは相乗効果をもつと考えられている。その一例で，そしておそらく最も影響力のあるものが，肯定的見通しや気分を，身体的健康と繋ぐもの，つまり健康行動である。これは楽観主義と健康との関連から明らかになった。さらに，年を重ねることに対して肯定的見方をする人は長寿である傾向があるといった縦断研究によっても支持されている。自身の幸福や満足，人生の意味について関心を注ぐ家庭医は，おそらく，患者の治療においても，患者の幸福，満足，人生の意味を促進するであろう。特に家庭医学を教える者は，包括的治療の重要な部分として感情的ウェルビーイングの増進を力説できる優れた立場にある。そういった試みが家庭医学の一部になりうる（そして恐らくそうすべきである）という見解を採択することが，出発点になる。

第10章

ホームワークの設定

> 必要なのは，ほんのわずかな変化である。
> スティーブ・ディ・シェイザー（Steve de Shazer, 1985, p.33）

はじめに

　従来のCBTでは，ホームワークを重視している。たとえば，セルフ・モニタリングはCBTで最も広く用いられている技法であり，最初のアセスメントの段階だけでなく，介入の結果をモニターするためにも用いられる。

　ポジティブCBTでは，セルフ・モニタリングなどのホームワークは，それをすることが役立つと考えているクライエントにのみ重要となる。というのは，セッションの後だけでなく，セッション内で，すでに思考や行動，感情の変化が生じているからである。クライエントのなかには「ホームワーク（宿題）」や「課題」という言葉を嫌がる者もいる。彼らは学生時代のことを想起するのだろう。宿題をすることに楽しい思い出をもつ者などいない。否定的な出来事との関連づけを避けるために，ポジティブCBTのセラピストは，「ホームワーク」の代わりに「次回までの間にすることの提案」と言うかもしれない。また，ホームワークや課題を「実験」とか「ちょっとした試み」などと表現すると，その課題を完璧にやらねばならないというプレッシャーが減り，クライエントもそれに挑戦しやすくなるであろう。このような提案をする前に，ホームワークをしたいかどうか尋ねることも有効である。クライエントがホームワークをしたくないと答えるならば，何らかの理由があるだろう。ホームワークの必要性を認めていなかったり，次のセッションまでにする時間がなかったりするのかもしれない。このような場合，セラピストはホームワークを出す必要はない。

　従来のCBTでは，ホームワークが重要であるとしているが，解決志向ブリーフセラピーではもはや有用であるとは考えていない。ディ・シェイザー（1985, p.21）は，次

のように述べている。「クライエントが課題をしてこない場合でも，してきたときと同じくらい多くの情報が得られることがわかった。それだけでなく，課題をやってこないということは，（「抵抗」のサインではなく）クライエントのものごとへの取り組み方に関するメッセージとして捉えられることもわかってきた。また，そう捉えることで，課題を与えることではできなかったような協働的な関係を築くことができる。このことは衝撃的であった。というのは，行動変容のためには，課題は欠かせないものと信じられてきたからである。このようにして，私たちは前よりも少ないセッションで，多くのクライエントに成功をおさめるようになった」。

一般的な提案

ポジティブCBTでは，各セッションの終わりに，クライエントにいくつかの提案を行うことがある。これらは，ゴールを実現するために役立つ体験や状況に，クライエントの注意を向けることを意図している。提案をするときに，セラピストは次の3つの質問を心に留めておくとよい。

1. 私とクライエントの関係性は，ビジター，コンプレイナント，カスタマーのどれだろうか。（これらの用語の詳細については第5章を参照）
2. クライエントには明確なゴールがあるだろうか。
3. ゴールに関係する例外のうち，自然に起きたものや意図的に起こしたものはどれだろうか。

ビジター関係においては課題を出すことはない。クライエントは強制されて来談していたり，問題が定まっていなかったり，ゴールやそれに関連した例外について話し合えていなかったりする。おそらくクライエントの周りの人が，クライエントを問題とみなしていたり，クライエントを心配していたりするのだろう。この場合，周りにいる人たちとの面接はコンプレイナント関係になることが多い。セラピストはクライエントの世界観に寄り添い，クライエントのストレングスやリソース，ここに相談に来たことを承認し，コンプリメントする。

コンプレイナント関係においては，クライエントは自分自身が問題や解決の一部であることに気づいていない。他の誰かが変わることや何かの事態が変わることを望んでいるので，観察課題のみを出す。コンプレイナント関係のクライエントは，漠然とした不満をかかえているが，例外やゴールをはっきりと述べることができないことも

ある。そのような場合，セラピストは次のような観察課題を与えるとよいだろう。

- あなたの生活のなかで，この問題が解決できそうという感じを与える出来事は何でしょうか。それに注意を向けてください。
- セッションを通して達成したいことは何か，よく考えてみてください。
- うまくいっていることに注意を向けてみましょう。うまくいっていることは同じように続けてください。また，あなたの生活のなかでこれからも引き続き起こってほしいことに注意を向けてみましょう。
- あなたの生活のなかの好ましい瞬間を観察し，それについて次回教えてください。
- ものごとがうまくいっているときに注意を向け，それについて次回教えてください。
- スケーリング・クエスチョン（第6章を参照）を用いてみましょう。1点上がると，あなたや身近な人はこれまでと違うどんなことをしているでしょうか。それについて観察してきてください。
- 問題が解決できるという希望をあなたに与えるものは何でしょうか。それについて注意を向けてください。

観察課題は，例外がまた起こり得るものであることを示唆している。また，クライエントが自分自身の体験のなかから有用な情報を探せることも示している（Do Jong and Berg, 2002）。このようにして，観察課題はクライエントの気分を期待に満ちたものにする。

ディ・シェイザー（1988）は，それに予想の要素を付け加えることが役立つと述べている。彼は，そのような課題によって暗示の力が作用するとしている。すでに例外がある場合，「予想の課題」を出すことによって例外がもう一度起きることを暗示しているのである。例外は，クライエントが想像するよりも早く生じるかもしれない。クライエントに望ましい一日を予想させると，そのような一日であることを確認する肯定的なサインを探すようになる（肯定的な予言の自己成就）。コンプレイナント関係にあるクライエントであっても，自然発生的な例外を見つけることができる人であれば，次のような予想の課題を提案することもできる。

- 明日がどのようになるかを想像して，明日の晩に，そのような一日になった理由を考えてみましょう。そしてまた，次の日の予想をしてみましょう。
- ある例外が起きたときには，どうしてそれが生じたかについて，私に説明できるように注意を払ってみましょう。何がいつもと違うのでしょうか。身近な人はい

つもと違ってどんなことをしているのでしょうか。
- コンプレイナント関係にあるクライエントの場合：あなたが望んでいた以上のことをその人がしたときに注意を向けてみましょう。それはいつもと何が違っているのでしょうか。その人は，あなたのしたどのようなことが役立つと思っているのでしょうか。
- 他の人のしたことで，自分のためになったり心地よいと感じたりすることに注意を向けてみましょう。何がそうさせたのかについて，次回話してください。

カスタマー関係にあるクライエントは，問題や解決を自分のこととして捉えている。変化への動機づけも十分であるため，行動課題や観察課題を出すのがよい。カスタマー関係にあるクライエントが，ゴールを明確に設定し例外を探すことができるのであれば，セラピストは次のような提案をするとよい。

- うまくいっていることを続けてください。これまでに気づかなかったことで，あなたの役に立つような事柄に注意を向けていきましょう（行動課題と観察課題の組み合わせ）。
- あなたにとって一番うまくいく方法を探していきましょう（行動課題と観察課題の組み合わせ）。
- うまくいっていることを繰り返してください。
- うまくいっていることのなかで，最も簡単なことをやりましょう。
- 他に役立つことについて考えましょう。
- 奇跡やゴールをちょっとだけやってみましょう。
- たまたま起きたように見える例外をもっと発見してみてください。
- たまたま起きたような例外を予想してみて，その結果を説明してください。

カスタマー関係にあるクライエントは，動機づけが高いようにみえる。しかし，まだはっきりとした奇跡やゴールのイメージをもっていない場合，例外を探せない場合，複数のクライエント同士が対立している場合には，次のように提案するとよいだろう。「何か他のことをやってみてください。これまで思いもしなかったことがよいですね。そして，これまでとの違いに気づきましょう」。

カスタマー関係にあるクライエントが，はっきりとした奇跡やゴールのイメージはあるが，例外に気づけていない場合には，セラピストは次のようなホームワークを提案するとよいであろう。

第 10 章　ホームワークの設定

- 奇跡が起こったふりをしてみましょう。次の 1 週間で，奇跡が起きたようなふりを一日（丸一日でなくてもよい）してみて，これまでと何が違うのかに注意を向けてください。
- 次の 1 週間のうち一日を選んで，スケーリングの点数が 1 点か 2 点上がったふりをして，何が違うのかに注意を向けてみましょう。特に，あなたにとって重要な人物の反応に注目してください。

　以上のように，ポジティブ CBT では，セラピストとクライエントとの間の不必要な争い（問題志向セラピーにおける「抵抗」や「非協力」）を防いでいく。やることに合意していたホームワークをクライエントがやってこなかったとする。その時，問題志向のセラピストはクライエントにホームワークの重要性を話し，クライエントがホームワークをやってこなかった理由を知ろうとするであろう。一方，ポジティブ CBT のセラピストは，クライエントがホームワークをやっていなくてもその理由がはっきりしていなくても，気にしないだろう。クライエントはホームワークよりも役立つことをやってきたはずであると考え，セラピストはそれを尋ねていく。このようにして，クライエントとの協働を改善していく。

　私はこれまで 30 年間，CBT のトレーナーとして，またスーパーバイザーとしても活動してきた。その経験から言えることは，ビジター関係であれコンプレイナント関係であれ，セラピストとクライエントの治療同盟を崩壊させる一番の要因は，課題に取り組む動機づけが十分でないうちにクライエントに大きな行動課題を与えることである。

　クライエントへの提案は，実行可能で現実的であることが重要である。ポイントは，シンプルさを保つことであり，提案は 1 つか 2 つで十分である。提案されたことを覚えておくために，クライエントはそれらをセッションが終わるまでに書き留めたりするであろう。ホームワークの提案は，「次のときにうまくいったことを教えていただくために」（カスタマー関係にあるクライエントへの行動課題）とか，「次回，それについて何かお話いただきたいので」（コンプレイナント関係にあるクライエントへの観察課題）というふうに締めくくるとよい。つまり，提案と次のセッションとを関連づけることが重要である。

●Case 10.1

　ある女性が家庭医から CBT を紹介された。彼女は気分がすぐれないということを家庭医にも話していた。最近，その女性は抑うつの症状を示していた。クライエントはヤラ

183

ピーの必要性がわからなかったが，医師が強く主張した。そのことをセラピストが承認すると，クライエントとの関係はすぐにカスタマー関係に変わった。ホームワークを設定するための提案として，あなたが気分をよくするためにしたいことは何か，医師がこれまでと違う見方をするにはあなたの何が変わればよいのか，医師はよくなるために何をせよと言うか，などの質問が向けられた。こうすると，あたかも医師が部屋のなかにいるかのようであった。彼女自身の改善のためのアイデア，そして，医師が考えるであろうこと，この両者を実行することによって，数回のセッションで彼女は日常生活に戻っていった。

基本的なホームワーク

ウォルターとペラー（Walter & Peller, 1992）は，ホームワークの基本的な課題を4つあげた。これらの課題は，前述のホームワークの一般的な提示と重なっているところもある。

1. 肯定的な部分を観察する：次回までに，あなたの生活（夫婦関係，家族関係，仕事など）において，引き続き起こってほしいと思うものについて観察してきてください。
2. クライエントが意図的にコントロールできる肯定的な部分や例外を繰り返す：あなたの行動で役に立つことを続けていきましょう。役に立っていることを観察して，次回お会いしたときに教えてください。
3. 偶然に起こる例外を見つける：1週間のうち奇数日に，これまでと違う気分であるふりをして，そこから何が起きるか観察してきてください。違う気分のふりをしても常にその気分になるわけではないでしょう。今まで通りの気分のこともあるでしょう。けれども，あなたが違う気分のふりをすると，思考や行動がこれまでとは違ってくる可能性があると私たちは考えています。そこで，1日おきに，これまでと違う気分のふりをして過ごし，偶数日にはいつも通りに過ごしてみてください。そうやって何が違うのか気づいたことを教えてください。
4. 想定した解決の一部を試してみる：この新しいアイデアをやってみることをお勧めします。あなたは他人に譲りがちですから，自己主張するのは，初めはちょっとやりにくいことでしょう。少しやってみて，それが気に入るかどうか試してみてください。

ウォルターとペラーは，セッションのなかでクライエントが変化をためらうようなときは，何かをさせるよりも観察させることを勧めるという（たとえば，コンプレイナント関係のクライエント）。何かをすると考えるのは，大きすぎるステップかもしれない。観察課題は難しいものではない。「次回お会いするときまでに，ほんの少しでもあなたがしたいように行動できたときに，何をしていて何がこれまでと違っているのか観察しておいてください。記録できなかったら，頭のノートに書いておいて次回教えてください」。この課題は，クライエントが望んでいる行動をすでにしていることを前提にしており，恐れを感じるようなことは何もする必要のないことを意味している。

クライエントは，新しいことをするというプレッシャーがなく，これまでやっていたことを観察するだけでよい。こうすることによって，クライエントはその次のセッションで多くの例外をあげるようになる。また，実行する前に，変化について考えたいクライエントにとっては，このような観察課題は適している。

● Case 10.2

ポジティブCBTでは，セラピストは次のような提案をクライエントに行う。「次回お会いするときまでに，あなたの生活（カップル・セラピーであれば相手との関係）のなかで起こった出来事で，今後も引き続き起こってほしいことを観察して，詳しく話してください」。これがいわゆる「初回面接公式課題」である。この介入は，セラピーで扱うのは過去ではなく，現在や未来であることを示す。セラピストは何か価値のあることが起きるのを期待しているが，それはクライエントが期待していることでもある。このような視点から，課題が与えられることで，クライエントはセラピストが変化を望んでいることを知ることになり，これから変化が生じてくることに自信をもつ。課題を出すことは，クライエントと協働するための簡単な方法である。何か新しいことを要求する必要はなく，ただ観察の提案をすればよい。この課題は，クライエントを観察の対象に方向づけようとするものであり，クライエントはいろいろな方法でこれを行うだろう。

セルフ・モニタリング

第6章でも解説したように，従来のCBTでは，症状を正確に記述するためにセルフ・モニタリングが用いられる（思い出してもらうよりもよい）。それにより，クライエントの改善につながる介入を調整し，その改善についてのフィードバックをクライエントに提供する。セルフ・モニタリングは，出来事への反応の仕方（生理的反応，行動，認知，感情）を評価することによって，クライエントがセラピーへの主体的で

Part 2：実践

協働的な参加者になることを助ける手段の1つである。セルフ・モニタリングは，セッションにおいても，ホームワークとしても，セラピーに加えられることが多い。

ポジティブCBTにおけるセルフ・モニタリングは，クライエントの症状や問題についてモニターさせるだけではなく，ストレングスや問題の例外をモニターさせる。この点が従来のCBTとポジティブCBTとの違いである。このような肯定的なセルフ・モニタリングを通して，クライエントは自分の能力にもっと気づくようになるだろう。そして，問題状況を改善させるために，うまくいっていることをさらに繰り返すという選択が可能になる。頻度に関するセルフ・モニタリングであれば，望むような状況や行動（もしくは認知や感情）がどのくらい起こったかに関心を向けることになる。たとえば，パニック発作を引き起こすようなストレス状況だとしよう。穏やかにすごせたり少しでも落ち着いていられたときはどのくらいあったのだろうか。どのようにしてクライエントはそのような状況において機能的な考えをもてたのだろうか。この後は，「どのようにして，そのようにうまくやれたのですか」というコンピテンス・クエスチョンが加わっていくだろう。言い換えれば，例外探しがねらいということである。強度に関するセルフ・モニタリングであれば，望ましくない行動や認知に関連する否定的な感情にかわって，望ましい状況や行動，認知に関連する肯定的な感情がどの程度生じたのかクライエントに尋ねていく。

以下では，肯定的なセルフ・モニタリングの方法を詳しく解説する。すなわち，ストレングスや，問題に対する例外についてのセルフ・モニタリング，ストレングスの記録，よかったことノート，感謝ノート，未来からの手紙，楽観主義トレーニングである。

ストレングスに関するセルフ・モニタリング

一日を通して自分の体験をモニターする追跡システムを確立する。1時間ごとに，ストレングスについて1つ以上思い出すようにする（第4章の24のストレングスの特徴を概観したり，インターネットのVIAストレングス・テストを受けたりするとよい）。自分の用いたストレングスをこと細かく思い出せるように，アラームや何らかの手がかりを用意しておくとよいだろう。

例外に関するセルフ・モニタリング

ポジティブCBTでは，3通りの方法でセルフ・モニタリングを用いる。すなわち，①思考記録の使用，②肯定的な変化の観察，③問題における例外の観察（第6章参照）。例外の観察においては，問題が起きているときとどう違うかを，特に注意深く観察し

なければならない。従来のCBTのセラピストには，いつ，どこで，誰が，何をしているのかと，問題を具体的に見ていくことが求められる。それに対して，ポジティブCBTのセラピストは，いつ，どこで，だれが，何をしているのかに関心を向けて，問題に対する例外を観察する。例外探しの質問は以下の通りである。

- 予想した問題が起きなかったのはいつですか。
- 問題が終わるときや収束に向かうときには，何が起きていますか。
- その問題は悪化していますか。どうして悪くならないのでしょう。
- 問題がなかったり比較的少なかったりしたのはいつですか。
- すでによくなっているのはどんなことでしょうか。

例外のモニタリングについては，付録H を参照のこと。

Exercise 10.1

　1週間の日記をつけてみてください。あなたの生活のなかで，すでにうまくいっているので続けていきたいこと（問題に対する例外にあたる）に注意を向けて，それらを書き留めてみましょう。あなたの日記に書かれていることをもとに，一日の終わりにあなた自身にコンプリメントしてください。そのコンプリメントも書いておきましょう。

ストレングスの記録

　自分のストレングスを書き出す。自分自身に問いかけて探していく。たとえば，あなたが慎重さというストレングスを確立したい場合，葛藤場面を想像し，慎重であることの利益と不利益の両面を書き出せばよい。

よかったことノート

　1週間，その日に起こったよいことを3つずつ記録してみる。これは「3つの嬉しかったことエクササイズ」と呼ばれている。ここの3つは些細だが重要なこと（計画していたよりも早く寝床に入ることができた）や大きな出来事（ずっと思いを寄せていた相手からデートに誘われた）を書く。それぞれの肯定的な出来事の続きに，「この，よい出来事はどのようにして起こったのか」「私にとってどんな意味があるか」「これからの生活のなかで，このよい出来事にもっと出会うためにはどうしたらよいか」を書いていく。

Part 2：実践

感謝ノート

　きれいなノートを買って自分の「感謝ノート」にすることを検討してみよう。感謝ノートには，あなたが日々感謝したことを記録する。生活のなかのよかったことを単に箇条書きにするだけでなく，そのような感謝したいことがどのようにして起こったのかを記していこう。そうすることで，あなたは，よいことの前触れを感じられるようになるであろう。

未来からの手紙

　X年後の自分から現在のあなたに手紙を書く。Xが何年かはあなたの状況による。1年後，2年後，また5年後か10年後でもよい。
　元気でやっていて，どこにいて，何をし，そこに辿り着くまでにどんなことをしてきたか，などを記していく。そこに至るまでの気づきや経験のなかで欠くことのできないことを自分に伝える。最後に，賢明さと思いやりをもって，未来から自分自身にアドバイスする。

楽観主義トレーニング

　セリグマン（Seligman, 2002）は，自分の研究を「学習性絶望感」から「学習性楽観主義」に変更した。悲観的なクライエントであっても（第7章参照），楽観的な考え方を学習することができる。セリグマンは，自分自身の悲観的な見方と戦ってきた。「私は典型点な楽観主義ではない。根っからの悲観主義者だ。そんな悲観主義者だからこそ，楽観主義についてのバランスの取れた実用的な書籍を執筆できると信じている。私は『学習性楽観主義』の本を毎日執筆するという方法を用いた。そうやって楽観主義に毎日接することで，悲観主義から脱した」(p.24)。
　寝床に入る前に，毎日，その一日で最もよかった出来事を，1つ書いてみる。その出来事の原因を，一般的で，全般的で，自分がコントロールできるものに帰属させる（なぜなら私が～であるから，なぜなら私が～できたから）。たとえば，同僚が今日手伝ってくれたとするならば，「私が普段から周りの人を手伝って助けていて，それを同僚が知っていたから」という具合である。
　同じように，その一日で最も悪かった出来事を1つ書いてみる。その出来事の原因を，特別で，一時的で，自分のコントロール外にあることに帰属させる（なぜならXだったからYになった）。たとえば，バスが遅れたから，歯医者の予約時間に間に合わなかったという具合である。

行動実験

行動実験には次のような3つのタイプがある。詳細は第8章で述べた。

1. 環境への実験的操作：クライエントがある特定の状況でいつもしていることと違う何かをする。変化のために何か違うことをする。
2. 観察実験：カギとなる変数の操作は必須ではない。そのかわりに観察して，クライエント特有の否定的思考や信念に関する証拠を集めるように提案する。
3. 探索的な実験：クライエントが行動実験をいつどのように実行するかあまりアイデアをもっていない場合，「理論を組み立てる」ために体系的にデータを集める必要がある。

ディ・シェイザー（1985）は，「万能鍵（skeleton keys）」という，異なる鍵穴にも合うような鍵について論じている。万能鍵はこれらの3つの行動実験のタイプに基づいている。ディ・シェイザーの「公式課題」は，万能鍵のよい例である。それぞれの鍵穴（問題）に対して異なる鍵（解決）をもっておくことが必要ではなく，その鍵穴についての分析から始める必要はない。セラピストはその問題がどんな問題かを詳しく知らなくても，介入を始めることができる。その介入に求められているのは，新しい行動パターンが現れることだけである。新しい習慣や「望ましい習慣」（第8章参照）を組み立てる鍵は，その行動を繰り返し練習することである。ディ・シェイザーは，以下のように万能鍵の例をあげている。

書いて，読んで，焼く

この課題は，強迫的な思考や抑うつ的思考に悩まされているクライエントに用いられる。ディ・シェイザーは，恋愛関係が破綻した後に何か月も，前の彼氏について強迫的に考える女性の事例を報告している。その女性は，自分の過去の振る舞いを後悔したり繰り返し自問したりしていた。ディ・シェイザーは，クライエントが一歩を踏み出せるように次のような課題を与えた。それは，毎日，同じ時刻に1時間から1時間半，快適な場所にこもるようにすることだった。奇数日には，その時間に前の彼氏のよい思い出と悪い思い出をすべて書き出す。偶数日には，前日に書いたことを読み返し，それから書いたものを燃やす。もし望まない考えが，決められた時間以外に浮かんできた場合は，「今，私は他のことをしなければいけない。それについて考えるのは決められた時間だけにしよう」と自分に声をかけるようにした。また，決められた

時間に思い出すように考えをメモしておくことにした．それからわずか数日で，そのような考えはほとんど消失した．

構造化された喧嘩
　この課題は，周りの人との口論が続いてなかなか決着しないという不満をもつクライエントに適用できるであろう．この課題は4つのステップからなる．

1. コインを投げて，順番を決める．
2. 先手は，10分間さえぎられることなしに相手を責め立てる．
3. 次に，役割を交替して，後手が同じように責め立てる．
4. 10分間，両者とも沈黙し，その後，次のコインを投げる．

何か違うことをする課題
　この課題は，クライエントが他人への不平を訴え，「あらゆることをやってきた」と言う場合に適用できる．解決には，これまでとは異なる何かに取り組むことが必要である．ディ・シェイザーは，10歳の男の子が校舎をうろついて逮捕された事例をあげている．その少年は，やり忘れた宿題を取りに行くために校内に侵入した．しかし，彼は警察官の質問に答えることを拒んだ．警察はあらゆる方法で彼に話させようと試みた．その少年がどうして学校に侵入したのかを説明するまで，自分は息をとめると脅かした．この脅しはその少年には効いたようであった．少年は落第をおそれて，宿題を取りに行くために侵入したと打ち明けた．

衝動を克服する際にしていることに注意を払う
　この課題は，クライエントに例外を探して使用することを促すために用いることができる．また何か違うことをする課題に代わるものとしても使うことができる．クライエントは問題行動（たとえば，薬物使用，ギャンブル，爪かみ）がいつでも起きていると訴えるが，問題行動が現れていない状況も存在する．これらはクライエントが構築した例外である．というのは，すでにクライエントのレパートリーの一部であるからである．この課題は，クライエントが衝動をしっかりと克服しており，その事態を乗り越えるために何か違うことをしていることが前提になる．クライエントは内側の衝動ではなく，自分自身の行動に注意を向けている．また，似たような状況で他の人はどのように行動しているのかに注意を向けることもしばしば役に立つ．

初回面接公式課題

　この課題は，クライエントの注意を過去から現在や未来に向け，変化への期待を高めるために用いられる。この課題を通して，セラピストが肯定的な期待をいだいていることが伝わる。「次回お会いするまでの間に，あなたの生活（家族，結婚，夫婦関係，仕事）のなかで，これからも続いてほしいと思うことが起きたときのことを観察しておいてください」。

ふりをする課題

　たくさんの選択肢がクライエントにあり，選ぶのが難しい場合には観察課題が有用であろう。

- クライエントが何をすべきかはっきりわかったときのことを観察し，次回の来談時に話すように提案する。
- クライエントはコインを投げる。毎晩，寝る前に，クライエントはコインを投げて，明日何を行うかを決定する。表が出たら，クライエントはAという決定を実行し（たとえば，妻と一緒にいる），裏が出たら，Bという決定を実行する（たとえば妻と離れる）。この課題によって，クライエントは自分の決定を明確に行えるようになる。これは行動課題である。
- 選択が問題になっている場合，将来に投映することは役立つ技法である。クライエントは，AかBか（もしくはC）という選択を行った場合，将来（1年後，5年語，10年後）がどのようになっているかを想像する。これによって，クライエントは，未来から現在を振り返ることができるため，選択をしやすくなる。

　クライエントが何も変わらないことに対して，セラピストに否定的な感情があるならば，セラピストは，次のように実験を提案してみるとよい。

- 腹が立ったり悲しかったりしたときに，そうでないふりをしてみてください。そして，何が違うか，何が起こるのかを観察してみましょう。
- 違う気分であるかのようなふりをしてみましょう（たとえば，奇数日に実行する）。

　これらも行動課題であり，クライエントに変化への動機づけのあることが条件である。つまりカスタマー関係にあるクライエントでなければならない。

Part 2：実践

マインドフルネス・エクササイズ

　静かになれる場所を見つける。何かに邪魔されることなく，心地よく座れる場所である。手をひざの上において手の平を広げる。目を閉じ，数回深呼吸をし，それから普通の呼吸に戻る。ただそのままにして，呼吸を観察し続ける。呼吸に注目するのは，今ここにいるためである。浮かんだ思考は押さえ込む必要はなく，ただ，そのままにする。そして，考えが浮かんでは消えていくのに気づく。

　マインドフルネス・エクササイズは，慈しみを養うために行われる（第3章を参照）。誘導イメージのように肯定的な感情を自分の周りにも広げていく。最初にあなたが暖かみや思いやりを感じるような人や動物に向けていく。このような感情をいったん保ち，肯定的な気持ちを自分のなかにつくっていき，そのイメージをそのままにして，その感情をただ保つ。それから，生まれたての子どもに愛情を向けるように，その感情を自分に広げ，深く純粋に自分自身を慈しむ。次に，その温かくて，思いやりのある感情を他者にも広げていく。最初は親しい人へ，それから，他の友人や家族，あなたがこれまでに縁のあった人全員に広げていく。最終的に，慈しみの感情をこの地球上の生きとし生けるものに広げていく。すべての人々が幸せになるように（Fredrickson, 2009, p.209）。

コンパッション・エクササイズ

　自己の違和感を覚える部分，問題となる部分に，慈しみをもって関わる方法は，イメージのなかにある。クライエントが，これを少し練習すると，慈しみのある自己に焦点を当てることを学べるようになる。たとえば，何かに非常に不安をいだいているとする。静かに座って，自分の呼吸に注意を向け，自分が慈しみのある人間であることを想像する。そのような感情を自分のなかで広げていき，それから不安になっている自分を自分の前に想像する。その自分の表情を見てみる。その間に浮かんでくる感情を心に留めておく。ただ座って，慈しみを感じる。そして，不安を感じている自分に対して慈しみの感情を送る。不安に苦しむ自分を慈しみと理解の感情で包み込む。不安に対しての慈しみとアクセプタンスの他には何もする必要はない。不安を感じている部分が必要とする程度の慈しみと理解を送ることをイメージする。必要とされる理解と支持のすべてを得たときに，不安を感じる部分に何が起きているのか想像したいと思うかもしれない（Gilbert, 2010, p.171）。

素敵な一日をデザインするエクササイズ

　次の土曜日，一日予定を入れず，自分自身で素敵な一日をデザインする。その日に

やってみたいこと，行ってみたい所など，一緒にいたい人と楽しいことを計画する。

　素敵な一日ないし半日をデザインする際に，自分のストレングスや能力を使う。たとえば，あなたのストレングスの1つとして，好奇心や勉強好きということがあれば，博物館に行ったり，読む価値があると思う本を1冊読んだりすることを計画に入れてもよい。素敵な一日が訪れたとき，こういう喜びを高めるためには，マインドフルネスのスキルを活用する。

感謝の訪問

　目を閉じ，あなたの人生をよい方向に変えた人や変えるような言葉を言った人（まだ存命である人）の顔を思い浮かべる。直接会えるような人もそうでない人もいるだろう。思い浮かべられただろうか。感謝の手紙をその人物に書いて手渡す。その手紙には，その人があなたにしてくれたことや，それがあなたの人生にどのように影響したかを，具体的に300字程度で書く。あなたが現在していることをその人物に伝え，してもらったことを忘れていないことを伝える。手紙を書き上げたなら，その人物に連絡して訪問してよいか尋ねてみる。ただし，そのときはどういう目的で会いにいくのかについては告げてはいけない。このエクササイズは，サプライズで行うほうが楽しいからだ。その相手に会ったら，あなたが書いた手紙を読み上げていく。相手の反応にも自分の反応にも注目する。もしも相手が手紙を読み上げるのを遮ったなら，終わりまでしっかり聞いてほしいことを伝える。手紙を読み終わった後，その内容やお互いに対する気持ちを話し合う。研究結果によると，このエクササイズの後，1か月の間にもっと幸せを感じたり，抑うつ気分が減少したりするという。

Exercise 10.2

　このエクササイズは，4つのステップからなるポジティブCBTの感謝のエクササイズです。このエクササイズを行うことで，より満足感や幸福感を得られます。4つのステップは次の通りです。

1. 否定的な考えに注意を向ける。
2. そのかわりの感謝の考えを思い浮かべる。
3. 不満などの否定的な考えのかわりに，感謝の考えをおく。
4. 肯定的な感情を行動に変える。肯定的な気持ちとともに何か行動する。

　研究結果によると，親切な行為の実践は，試されたエクササイズのうち最もウェル

ビーイングを増加させることが示されている。期待されていないような親切な事柄を見つけ，明日，それを実行する。そして自分の気分に何が起きるか注意を向ける。

ルボミルスキー（Lyubomirsky, 2008）は，新たな親切な行為を一日に5つ実行することが，幸福感によい影響を与えることを明らかにした。そのように，一日に5つの親切をするという目標を立ててみる（しかし，毎日は行わないほうがよいだろう。毎日すると，飽きて効果がなくなるからである）。親切な行為をする目的は，いつもと異なることを行い，あなたがコストを払うことにある。たとえば，献血，隣人の家の手伝い，病気の父親の慢性疼痛を管理する手助け，などがある。創造力豊かに思慮深く，あなたの周りの人が必要とするものを探し，ある一日にそれらすべてを実行する。その日の終わりに，親切心が増えたことによる幸せな気分に注意を向ける。その気持ちをもち続けるために，週に一度は親切にする日をつくる。他の人の生活のなかに肯定的な変化をつくるための新しい方法を見つける。数か月間それを試し，生じる変化に注目する。

ストレングスを学び応用するエクササイズ

まずウェブサイト（www. authentichappiness.com）で，人格的ストレングスについて調べる。その質問に答えると，自分を特徴づける24のストレングスの程度とその順位が書かれたレポートを受け取ることができる。そのレポートには，あなたのストレングスのトップ5が示されており，自分にぴったりくるものがあるだろう。

また，あなたのストレングスを探す別のやり方として，あなたの周囲の信頼できる10人か20人くらいの人に，あなたが価値を高めたり大きな貢献をしたりしたことについて3つの詳しいエピソードを語ってもらう。そのフィードバックから，それらの共通点やテーマを見つける。そのなかで注目すべきものを集めて，自分の長所について短いエッセイを書いてみる。いったん，自分のストレングスがわかれば，毎日それらを使えるので仕事や生活を再設計していくことができる（Fredrickson, 2009, p.206）。

ストレングスについて語るエクササイズ

自分のもつストレングスについて他の人と話す。ストレングスが自分にどのように役立っているか，調子のよいときにストレングスがどのように発揮されているか，という話である。会話のなかでもストレングスを使っていくことができる。たとえば，好奇心というストレングスを養いたいならば，純粋に興味のあることについて質問するとよい。

いわゆる「投資（capitalization）」に関する研究から，人生のなかで起きた肯定的な

出来事を他者に語ることは，気分を高揚させ，その出来事に関した肯定的な気分をさらに高めることがわかっている。その効果に関してはいくつかのメカニズムが考えられている。第一に，肯定的な出来事を共有するためにはその出来事について語り直すことが必要だ。それによって，その出来事から安心を得て再体験する機会になる。さらに，そのような伝達行為には，リハーサルや推敲が伴うだろう。それらによって，出来事の特徴が際立ち，記憶へのアクセスが増えることで，体験がさらに強められるようだ。このようにして，投資は，個人的なリソースや社会的リソースを形づくる（Gable et al., 2004）。

従来のCBTのような問題志向のセラピーとは異なり，ポジティブCBTのセラピストは，クライエントにこれまでと違うやり方にすべきだとか，新しいやり方を学ぶべきと言うことはない。それにもかかわらず，ポジティブCBTは，小さな変化がどのように大きな変化につながるかを示しているため，大きなインパクトを与える。セラピストは，今あるスキルをどのように改善していけるかをクライエントとともに考えていくのであって，まったく身につけていない新しいスキルを学習させることはない。したがって，私は「学習」という言葉を使うのではなく，その代わりに「改善」を用いたほうがよいと考えている。CBTでよく使われる「学習する」という言葉は，旅慣れた道ではなく，これまでにやってきたことを捨ててゼロから始めなければならないという印象を与えるからである。

定期的なアウトカムの測定

標準的な治療を受けたクライエントは，受けていない人の約80％よりも良好な状態であった（Duncan et al., 2010）。しかし，残念なことではあるが，ドロップアウトは重要な問題である。セラピーは，多くのクライエントにとって役立つものであるが，そうでない人も少なくない。別の観点として，セラピストの多様性についても考えなくてはならない。セラピストのなかには，他よりもはるかによい治療結果を残す者もいる（第12章参照）。実際のところ，セラピストの効果には20〜70％の幅がある。さらには，有能な臨床家であっても，状態の悪いクライエントを把握する力は低いことを知っておかなくてはならない（Duncan, 2010）。ハンナンらの研究（Hannan et al., 2005）では，アウトカムの指標に精通していて，その基本率が8％であることも知っており，それらの研究目的を知っているセラピストですら，550ケースのうちわずか1ケースしか状態の悪化を正確に予測できなかった。言い換えれば，悪化状態にあるクライエント40人のうち，39人は識別できないということになる。

他の研究では次のようなことがわかっている。セラピストは慣例的に自分たちの治療効果を過大に見積もる。セラピーのアウトカムを日常的に評価しているセラピストはわずか3％で，症状の悪化やドロップアウト，否定的なアウトカムというようなリスクのあるクライエントを見落としてしまっている。

これらの問題を解決するには，クライエント独自の変化の道筋を上手に導く羅針盤として，クライエントからのフィードバックを用いることである。ダンカン (Duncan, 2010) は，これを「実践に基づくエビデンス（practice-based evidence）」と呼んでいる。ダンカンによれば，セラピーは発見志向の旅であるべきであり，フィードバックによって錨を落としながら，不確実な部分を扱っていくとしている。

アメリカ心理学会主宰エビデンスに基づく実践特別委員会 (APA Presidential Task Force on Evidence-Based Practice, 2006) によると，「研究のエビデンスをクライエントに適用することは，見込みによる期待も常に含んでいる。それゆえ，クライエントの進歩を常にモニターし，治療を調整していくことが，本質的に求められる」(p.280)。

Story 10.1 「素晴らしい洞察」

1950年代から1960年代において，人間の活動におけるフィードバックの性質と効果に関する興味深い一連の実験が行われた。その研究の1つで，2名の実験参加者が，正常ないし異常の細胞の写真を見せられた。どちらの参加者も相手を見ることができず，試行錯誤を通して細胞の正常と異常の区別を学ばなければならなかった。参加者は，自分の解答が正しいか誤っているかを小さなライトでフィードバックされた。

そこには，どちらの参加者も気づいていない「仕掛け」があった。彼らのうち，一方は，解答に対して正しいフィードバックを受けた。彼が正しい選択をすると光が点き，解答が合っていたと思うようになる。一方，2番目の参加者へのフィードバックは，自分自身の解答ではなく，1番目の参加者の解答に基づいていた。彼の選択には関係なく，言い換えれば，1番目の参加者が正しければ彼も「正解」であり，1番目の参加者が間違えば彼も「不正解」になった。彼らはそのことを知らなかった。その結果，1番目の参加者は，細胞の正常と異常を見分けることができるようになり，その正答率は80％になった。それに対して，2番目の参加者は，チャンスレートつまり50％にも満たなかった。

この2種類のフィードバックによって，参加した2名は，細胞の正常と異常を区別する，興味深い理論をそれぞれに打ち立てていた。正確なフィードバックを受けていた1番目の参加者は，シンプルで具体的で節約的な説明をした。一方，2番目の参加者は，

複雑で緻密で手の込んだ理論を考えた。

　この2番目の参加者は，フィードバックが彼の反応に随伴していなかったことをまったく知らなかった。たまに彼の正しい答えにフィードバックが一致することがあったが，そうでないこともあった。一致しない（あてにならない）フィードバックによって，彼は正確に学習できなかったのである。

　このような結果はさほど驚くことではない。しかし，2名の参加者がそれぞれの理論を互いに説明したときに，さらに驚くようなことが起こった。予想や期待に反して，最初の参加者は，もう一人の提唱する複雑で神秘的で信頼性に欠ける理論に感銘を受けたのである。一方，2番目の参加者は1番目の参加者の「単純で簡潔」な理論は退けてしまった。その後にそれぞれに正確なフィードバックを与えて再テストした。2番目の参加者はチャンスレートよりも多少成績がよかった。しかしながら，1番目の参加者の成績は，もう一人の参加者の述べた「素晴らしい洞察」に影響を受けたのであろう。統計的にも有意に成績が低下していたのである！

(Watzlawick, 1976)

　ダンカンら（Duncan et al., 2004）は，クライエントからのフィードバックは不可欠なものであり，治療を成功に導くと考えている。セラピストは，所定の診断に対して用いるアプローチを事前に知っておく必要はないが，現在のセラピスト−クライエント関係が適切で利益を提供しているかについては検討する必要がある。そして，もしそうでないならば，成功の機会を最大限にするために，関係を調整し，適切なものにしていくことが求められる。

　オハンロンとローワン（O'Hanlon and Rowan, 2003）は，変化の可能性を取り巻く，セラピストとクライエント両者の信念パターンを変化させることの重要性を述べている。クライエントを非難したり，落胆したり，価値を認めなかったり，無理だとみなしたりするのをやめるのが重要である（第7章参照）。

　CBTを含む伝統的な心理療法では，セラピーの終結時にだけ，進歩の評価を行うことが多い。進歩とは，問題行動の減少が測定されることであり，セラピーの終結を決めるのはいつもセラピストである。しかし，セッションごとのアウトカムをモニターすることは重要である。それゆえ，ポジティブCBTでは，毎回，セッション中とセッション後に進歩を評価する。問題行動の減少のみを進歩の指標とするのではなく，望ましい行動や状況の増加についても測定する。アウトカム評価尺度（ORS）やセッシ

ョン評価尺度（SRS）などを用いて，クライエントからフィードバックを得る。さらに，セラピーの終結時期はクライエントが決める。

クイケンら（Kuyken et al., 2009）によると，セラピストは，クライエントのストレスの改善がセラピーにおける最も重要なアウトカムだと考えることが多いという。CBTのセラピストは，それを第一のアウトカムとして捉えており，クライエントも当然そうだと思っている。しかしながら，メンタルヘルスサービスを受けた人々の大規模調査から，クライエントにとって重要なアウトカムは次のものであることがわかっている。それは，楽観性や自信のような肯定的なメンタルヘルスの質の向上，普段通りの自分に戻ること，いつもの機能レベルに戻ること，症状からの解放である（Zimmerman et al., 2006）。したがって，問題の減少と，問題の代わりに望むことの増加の両方について，セラピーのアウトカムを評価することが役立つ。

- ストレスの改善
- レジリエンスの形成
- 肯定的な個人のゴールに積極的に向かうこと

心理療法に関しては，経験的に支持された治療を主張する者と共通要因の重要性を主張する者との間で議論が繰り返されてきた。結局のところ，アウトカムのモニターは，どちらにとっても共通の基盤を提供することになるだろう。

クライエントとアウトカムに学ぶ

ミラーら（Miller et al., 1996）は，心理療法のアウトカム研究に関する40年間のデータを収集した。そのデータは，変化の過程において，セラピストではなく，クライエントがセラピーをつくっている，すなわちクライエントの役割が重要なことを示す実証的エビデンスを提供した。ここから，セラピーは，クライエントのリソース，知覚，体験，思考などから構成されるべきことがわかる。クライエントの問題や解決について，優先すべき仮説があるのではない。特別の質問があるのでもなく，成功するために従うべき不変の方法論があるわけでもない。むしろ，セラピストには，クライエントの指向性を踏まえることが求められる。クライエントのリードに従い，クライエントの言葉，世界観，ゴール，問題の捉え方を取り入れ，変化の過程についてのクライエントの体験を肯定することである。成功を導くために最も重要な要因は，クライエントそのものや，クライエント自身の変化への姿勢であり，医学モデルではない。変化のための努力を方向づけるのはクライエントであり，セラピストではない。

伝統的に治療の効果は治療者によって評価されてきた。しかし，効果の証明は，セラピーのパートナーであるクライエントの知覚や経験によって明らかにできる。
　変化についてのクライエントの考え方は，セラピーについてのさまざまな見方を統合する方法を提供する。クライエントの考え方を尊重してセラピーを行うと，クライエント独自の考えや置かれた状況に注意深く目を向けることになる。研究結果によると，モデルやテクニックの要因はアウトカムの15％にしか影響しない。それはクライエントの状況においては役立つかもしれないし，そうでないかもしれない。それゆえ，セラピストの考え方が強調されるべきではなく，クライエントの考え方が注目されるべきである。クライエントの考え方を知ろうとすることには利点が多い。

- 会話において，クライエントを話の中心にもっていく。
- クライエントの関与を促す。
- クライエントの肯定的な体験を，専門家として確実なものとする。
- 会話を構成し変化のプロセスを方向づける。

　研究によると，クライエントに関する事柄としては，リソース，関与，治療同盟の評価，協働，問題や解決の捉え方があげられる。セラピストの技術は，クライエントがそれを信頼するときにだけ効果的に作用するという。
　たとえば，誰が間違っていて非難されるべきか長々と話すのが役立つというのがクライエントの変化についての考え方ならば，セラピストは次のように尋ねるだろう。

- こうやって話すことがどのように役立つと思いますか。
- このような話が望ましい未来につながることについて，あなたはどのように考えていますか。
- この話から，対人関係において得る利益はどのようなものでしょうか。
- こういう話がどのように役立つでしょうか。もっとよくなるためには，次回どんなことが必要でしょうか。こういう会話が役立つならば，もっと話さなくてはなりませんね。

　世間一般の通念では，セラピストの能力がセラピーの効果を生むとされている。そのため，セラピーの成果を上げるためにセラピストには継続的な教育が求められる。これらのトレーニングは，特定のセラピーのスタイルに関するスキルや技術を学ぶことに重点が置かれていて，アプローチの有効性を評価するような方法はほとんど入って

いない。

しかし，能力対効果を強調することは，有効性や効果を減少させる。研究結果から，経験レベルと専門家としての治療効果の間には関連がほとんどないことがわかっている (Clement, 1994)。そのデータは, 専門家としてのトレーニングや経験の量やタイプを増やすと，セラピーの効果を下げる可能性のあることを示している。実力のないセラピストと有能なセラピストの違いを見いだすことに成功した論文がある (Hiatt and Hargrave, 1995)。その研究によると，実力の乏しい群のセラピストは，有能なセラピストよりも実践経験が長いことがわかった。また，実力の乏しいセラピスト自身は実力に欠けていることに気づいていなかった。もっと悪いことに，彼らは自分自身を大変有能なセラピストであると信じていたのである！

ミラーら (Miller et al., 1997) は，セラピーのあらゆる側面において，クライエントを同等のパートナーにするには，クライエントにフィードバックを求めることが重要であると述べている。クライエントをバスの後部に座らせるのではなく，運転席に座らせるならば，この道の向こうに望ましいアウトカムがあるという確信をもたせることができる。「セラピーの進歩や適応感に関して，クライエントが系統的に評価することは重要である。臨床家は経験的にクライエントのニーズや特性にセラピーを合わせることができるからである。このように，クライエントからアウトカムを得ると，セラピストのほとんどは自分自身のセラピーを考えるようになる。クライエントのフィードバックに敏感になり，その結果に関心をもつであろう。アウトカムから情報を得ることによって，クライエントの声を反映しやすくなるだけでなく，効果を改善するための実証的で重要な方法を手に入れることになる」(Duncan et al., 2004, p.16)。それらは次のような等式で表される。

〈クライエントのリソースとレジリエンス〉＋〈クライエントの変化についての考え方〉＋〈サービスの適合性と利得に関するクライエントからのフィードバック〉＝〈望む結果に関するクライエントの認識〉

フィードバック文化の構築

ポジティブCBTを受けるクライエントは，セッション中のスケーリング・クエスチョンとは別に，各セッションのはじめにアウトカム評価尺度 (Outcome Rating Scale: ORS) に回答し，終わりにはセッション評価尺度 (Session Rating Scale: SRS) に回答するように求められる。このシステムの中心にアウトカム調査票45 (Outcome Questionnaire 45) があり，この尺度は，クライエントの機能について，3つの次元

（症状，対人関係の機能，社会的役割機能）から測定する。

ORS は臨床的なツールで，個人のこと，対人関係，社会，全般的な領域についての一般的なアウトカムを測るものであり，特定の内容について調べることができない。この尺度の教示は以下の通りである。「この1週間を振り返って，あなたの生活の次の領域で，どのくらいうまくやれていたかを評価してみましょう。それによってあなたがどのように感じているかを理解することができます。この線の左側が低い値を，右側が高い値を示します」。各セッションの前に ORS を実施することによって，クライエントに協働的なパートナーとしての構えをさせることになる。

SRS は，フィードバックのツールである。この 10 年の研究によって明らかになった，変化を起こす関係の質を3領域に分けて測定する。

1. セラピストとクライエントとの関係（同盟関係）
2. ゴールと話題
3. アプローチや方法

クライエントは尺度の線上にマークする。左側は低い値を，右側は高い値を示す。教示は次の通りである。「今日のセッションについて，あなたが経験したものに最もふさわしいと思うところに印をつけてください」。

それぞれ 10 点満点で，全体的印象を加えて，合計 40 点になる。クライエントが印をつけた線の長さをものさしで測定する。よい変化や悪い変化の間のカットオフ・ポイントが特にあるわけではない。高得点（30 点以上）は，変化の見込みがあることを示し，低得点の場合は何か特別な注意が必要であることを示している。低得点の場合，セラピストは「次回，あなた（クライエント）にもっと高い点数をつけてもらうためには，私（セラピスト）は何をすべきでしょうか」と尋ねるとよい。ORS や SRS についてのより詳細な情報は，ダンカン（2010）を参照されたい。

SRS は，関与の程度を測るものであり，この尺度によってクライエントが治療同盟について自由な意見を述べることができる。尺度それ自体には仕掛けはなく，クライエントとのやりとりを始めることをねらいとしている。他でもないこのクライエントのために，よいセラピーをしたいと願うセラピストが実施するものである。SRSを行わなかったとしたら，ドロップアウト率も高いであろう。ORS や SRS（www.centerforclinicalexcellence.com から無料でダウンロードできる）の結果を長期的にグラフに表すことは役に立つ。これによって，セラピストはよいフィードバックを得て，展望が開ける。点数のほんの少しの減少もシグナルであり，セラピストはクライエン

トとの関係を見直すべきである。

「改善の程度をモニターすることは，成功の機会を本質的かつ劇的に増やす。治療計画がうまくいっているかどうかを知っているならば，完璧なアプローチについて知る必要はない。もしも計画がうまく進んでいないのであれば，最大限の改善を目指して素早く戦略を立て直す方法を知る必要があろう」（Duncan, 2005, p.183）。早期に改善がもたらされないならば，現在のやり方で治そうというクライエントの動機が減少してしまう。研究結果によると，3回目までに何も改善が得られない場合は，全体の治療もうまく進まない傾向にあることが報告されている。さらに，6回のセッションまでにセラピーが助けになると感じられなかった人は，セラピーを続けても，利益を得られない傾向にあった。クライエントの診断名や受けた治療のタイプは，提供された治療がうまく機能していたかを知る上で重要ではなかった。進歩がないとセラピストに伝えたクライエントは，伝えていなかった者の65％よりも，終結時においてよい状態になっていた。クライエントがセラピーを役立たないと感じていることを知るのは，セラピストがアプローチを修正し，変化を促進することにつながる。SRSなどを通じて改善についての評価ができているクライエントは，セラピーのなかで悪化することがなく，臨床的に有意な変化が2倍であった。心理療法の歴史において，これほど治療効果が増えたことはない！

　クライエント中心のアウトカムから情報を得たセラピーは，シンプルでありわかりやすい。この領域でこれまでやってきた学派志向の努力でなく，クライエントからのアウトカムを管理することは有意な改善を生む。従来のモデルやテクニックから自由になることによって，セラピストは自分の仕事に求められていることに気づくことができる。それは変化を助けるものである。付録Ⅰ にはSRSの例を掲載している。

セッションの振り返り

　ポジティブCBTのセラピストは，うまくいったケースであれ，失敗や停滞しているケースであれ，セッションについて振り返りをするだろう。セッションでは何がうまくいったか。また次に同じような状況に出くわしたらどうするか。何がうまくいかなかったか。また同じような状況になったなら，何を変えればよいのか。セラピストは誰もが，自分の行ったセッションについて考える。振り返りは，同僚と行うこともあるし，ピア・コンサルテーションやスーパービジョンで行うこともあろう。

　ポジティブCBTのセラピストは，セッションの終わりに，自分自身にいくつかの質問を投げかける。その質問はセッションでの自分の取り組みを振り返ることに役立

つ。そして，ポジティブCBTのスキルを向上するのにも役立つ。相互作用マトリックス（ 付録F を参照）は，その点で有用であろう。専門的な関わりについてセラピストが自問する質問は，以下の通りである。

- このセッションをもう一度すると想像してみる。何をすれば，もっとうまくいくだろうか。
- これまでと違うことや，もっとよい関わりをすると，クライエントは何と言うだろうか。
- そうすることで，クライエントにとって何が違ってくるだろうか。
- セラピストにとっては何が違ってくるだろうか。
- 0〜10点のスケールで，セラピストの関わりにクライエントはどの程度満足しているだろうか。
- その点数を得るためにセラピストは何をしたと，クライエントは答えるだろうか。
- その点数が1点高くなると，クライエントにとって何が違ってくるだろうか。
- 0〜10点のスケールで，セラピスト自身は自分の関わりにどの程度満足しているだろうか。
- その点数を得るためにセラピストは何をしただろうか。
- その点数が1点高くなると，何が違ってくるだろうか。
- そのセラピーはこれまでと何が違うだろうか。
- このセラピーの肯定的な側面は何だろうか。
- クライエントから得た有益な情報は何だろうか。
- ストレングスやコンピテンスのなかのどれをコンプリメントするとよいのか。
- 私との面接のなかで，クライエントは何を目指しているのか。
- 今の状況からゴールに到達できるように，問題解決に利用できるクライエントのストレングスやコンピテンスは何か。
- セラピストがうまく活かせていない，クライエントのストレングスやリソースは何か。
- クライエントの周囲にあるリソースのうち，どのようなものがクライエントの役に立つのか。どのようなリソースがすでに利用可能だろうか。
- クライエントがゴールに到達できることを私が理解するには，クライエント（パートナー，家族，チーム）のなかに何を見ればよいか。

バーグとスティナー（Berg and Steiner, 2003）は，もし進展が見られない場合には，

Part 2：実践

次のように自問をするよう提案している。

- 自分のセラピーがどのように役立っているかクライエントに尋ねたとすると，どのように反応するだろうか。
- クライエントにとってセラピーがうまくいったと思うサインは何か。
- アウトカムはどの程度現実的か。
- セラピスト自身は，セラピーの成功のサインは何と考えているか。
- もしクライエントとセラピストの見方が違っていたとしたら，同じゴールに向かって取り組むためには何をすればよいか。
- 0～10点のスケールにおいて，クライエントは今どのあたりにいると答えるだろうか。
- クライエントの評定を10点に近づけるためには，何が起きることが必要か。

2回目以降のセッションでは，一人ひとりのクライエントについて，セラピストの臨床的見解と治療的取り組みをモニターするために，同じように自分自身で批判的に振り返りをすることができる。2～3か月後のフォローアップ・セッションは，クライエントの現在の状況を把握できるだけでなく，最終セッション以降どのようにしてよい状態を維持し，どのような改善があったかの情報を得られるかもしれない。さらに，クライエントは，このようなアフターケアの気遣いを喜ぶことが多い。短期的なフォローアップ・セッションでは，電話やスカイプ，電子メールを用いるかもしれない。フォローアップ・セッションは，慣習的に行われてきたものよりも，もう少し頻繁に行ったほうがよいと筆者は考えている。

第11章

2回目以降のセッション

顔を太陽に向けると影は後ろにおちる。

（作者不詳）

はじめに

　ポジティブCBTにおける2回目以降のセッションでは，クライエントとセラピストは，何が改善しているかを注意深く探す。セラピストは，クライエントに望ましい例外の具体的な説明を求め，コンプリメントをする。また，解決を見つける際のクライエントの努力を強調する。毎回のセッションの終わりに，次のセッションがまだ必要で，それが役立つと思うかどうかをクライエントに尋ねる。クライエントがそう思うなら次のセッションを行う。実際，他のタイプのセラピーに比べて，再びセッションを行う必要や，さらに予約をとる必要を感じないクライエントも多い。

　ディ・シェイザー（De Shazer, 1994）によれば，2回目以降のセッションのゴールは次の通りである。

- 先のセッション以降に見つけた進歩について詳細に尋ねる。注意深く創造的に探すなら，常に改善を見つけることができる（と言ってもよい）。
- クライエントは，前回のセッションを役立ったと感じているか，またはうまくいっていると感じているかを見る。
- 改善につながること，また改善のためにクライエント自身がしていることを見いだせるように援助する。そうすると，クライエントは何をもっと行えばよいかを知ることができる。
- セッションがもはや必要ないほど改善しているかどうかをクライエントが見きわめるよう援助する。

Part 2：実践

- セラピストとクライエントは，うまくいかないことは繰り返さないことを確認する。もし，クライエントに改善がまったくみられないならば，新たなやり方を見つける。

進歩

　2回目以降のセッションはすべて，進歩についての質問で始まる。「何がよくなりましたか」という質問は，何かがうまくいっていること，そして注目すべきはうまくいっていることだけであると暗に示している。セラピストがこのような質問をすると，進歩についての回答が帰ってくる。だから，この質問は「何かよくなりましたか」「どんな具合ですか」「前回のセッションからどんな様子ですか」などとは根本的に異なる。

　セラピーの初め，たいていのクライエントは予期していないこのような質問に驚く。クライエントはまず，「何もない」と答えることがある。実際，クライエントの視点からは，何かがうまくいっているという経験を何ももてていないのだろう。このような場合，セラピストは最近の出来事について尋ね，問題がなかったときや問題が軽かったときを探すことができる。もし例外を探そうとするならば，いつでも例外を見つけることができるという前提（第4章参照）のもと，セラピストは例外があったかどうかではなく，例外があったときや，あり続けているときについて尋ねる。

　筆者の経験では，セラピストがすべてのセッションをこの質問で始めると，クライエントは質問を予想し，セッションの前に答えを考えるようになる。

　2回目以降毎回のセッションで，第4章であげた4つの解決志向の基本的な質問を行うだろう。これらの質問（たとえば，このセッションで，あなたが最も望むことは何ですか）は，各回のセッション，セラピー全体，クライエントの人生の一部になるかもしれない。

　ディヤングとバーグ（De Jong and Berg, 2002）は2回目以降のセッションでの作業の目安を，"EARS"の頭文字にまとめた。Eは引き出す（eliciting）ことを表し，進歩や例外についてのストーリーを引き出す。Aは拡大（amplifying）を表す。まずクライエントに，問題が起こったときと例外が起こったときの違いについて具体的に話してもらう。その後で，どのようにして例外が起こったか，特に例外のなかでクライエントがとった役割について検討する。Rは強化（reinforcing）を表す。例外を詳細に調べて，セラピストは，クライエントの成功や例外につながる要因を強化し，コンプリメントする。最後のSは最初に戻ってもう一度始めること（start again）を表す。セラピストは，「他に何がうまくいっていますか」と尋ねる。

Exercise 11.1

次の10回か20回のセッションを「何がよくなりましたか」の質問で始めましょう。思い切って聞いてみましょう！ すると次のセッションの前にクライエントが質問を予想し，よくなった点を思い返して話すようになることに気づくでしょう。残念なことに「よいことは何もない」，「悪いまま」という答えなら，彼らの失望を認め，その後の可能性に目を向け，どのようにすれば望ましい方向にクライエントとともに進んでいけるかを考えましょう。

何がうまくいっているかというような質問に対して，クライエントは異なる4種類の反応を示す可能性がある。(Selekman, 1997; Bannink, 2007a, 2007b, 2009e, 2010a)。クライエントがどの程度うまくいっているか，ホームワークが彼らに合っているかによって，これまでと同じようにセラピーを続けるべきか，何か他のことをすべきかが決まる。セラピストとクライエントとの関係（たとえば，ビジタータイプ，コンプレイナントタイプ，カスタマータイプ）によって，セラピストは質問やホームワークを常に慎重に調整しなければならない。クライエントは問題の解決を望んではいるが，一方で，悲観的で懐疑的であることもある。そのため，クライエントがどのように変わろうとしているかをきちんと聞き，吟味することが大切である。続くセッションでは，クライエントとの関係を活用し，すでに生じた進歩を維持し増強することになる。加えて，ホームワークはクライエントに役立ち，意味のあるものになっているか，変化が後退していないかについても確かめておく。可能性のある4種類の反応には，①改善している，②（クライエントが複数ならば）意見の相違がある，③変化なし，④悪化している，がある。

改善している場合は，クライエントの様子が物語っている。以前よりもうまくいっているように見え，しばしば，いくつかの変化に気づいている。セラピストは，よくなった点の詳細を尋ね，以前との違いを強調し，コンプリメントをする。改善を報告するクライエントへの質問は次の通りである。

- どのようにして，そうなったのですか。
- どのようにして対処したのですか。
- どのようにして，このような大きな進歩ができたのですか。
- どのようにして，そのような素晴らしいアイデアを思いついたのですか。
- そのようにするのを助けるため，自分自身に何と語りかけたのですか。
- それがもっと起きるためには，何をし続けなければなりませんか。

Part 2：実践

- それは，あなたに，どのような違いをもたらしましたか。
- 1か月後に再びお会いしたとします。そのときあなたは，どのような変化を話すでしょうか。
- あなたは，セラピーを終結してもよいとの十分な自信をもったとします。どうすれば私にそのことがわかるでしょう。
- 以前の考えと，どのように違ってきましたか（たとえば，自分自身についての）。
- 振り出しにもどるために，何をしなければならないですか。
- 0〜10のスケールで，10が素晴らしくうまくいっているとしたら，今日，あなたはどのあたりですか。
- 問題を乗り越えた勝利を，あなたはどのように祝いますか。
- 勝利を祝うパーティーに，誰を招きますか。
- そのパーティーで，あなたはどんなスピーチをしますか。

　毎回のセッションの終わりに，セラピストは，「次のセッションは必要そうですか。何か役立ちそうですか」と尋ねる。もしそうだとクライエントが言うならば，「いつにしましょうか」とセラピストは聞く。もしクライエントがうまく答えられなければ，セラピストは，クライエントが自分自身でものごとをうまくやれるという自信を示すため，セッションの間隔を徐々にあける。
　改善を報告したクライエントへのホームワークの提案は，次の通りである。

- うまくいっていることを，そのまま続けてください。
- うまくいっていることをもっとしてください。

　クライエントが複数人で，進歩についての意見が違っていたり，十分に進歩していないことを心配していたりするならば，問題をノーマライズするのも1つの方法だ。進歩というものは3歩進んで，1，2歩下がるようにして進むことを，セラピストは説明できる。どのような場合でも，ほんの少しの変化であっても，よくなりつつあることを一緒に見つけることは役に立つ。セラピストは，差異を拡大し，コンプリメントができる。さらに，小さな違いは，後に重要な変化につながることを指摘する。
　クライエント同士の意見が異なる場合「お互いにもう4週間様子を見てみたとします。そのときに，あなたが達成したい変化は何ですか」という質問は有益である。それでもまだ心配しているクライエント（特に，しばしば「はい，でも」と言うコンプレイナント関係のクライエント）がいるならば，セラピストはコンピテンス・クエス

チョンができる。

- 状況は悪くなりましたか。
- どのようにしているから，状況が悪くならないのでしょうか。
- 状況が悪くならないために，どのようなことをしていますか。
- 状況が悪くならないために，他に何が役に立ちますか。
- それは，どのような違いをもたらしますか。

セラピストは，次のような質問で自問することができる。

- クライエントとの関係は，カスタマー，コンプレイナント，それともビジターのどのタイプだろうか。
- ゴールはあるのか，そしてうまく形づくられているだろうか。
- どのようなホームワークがクライエントに最も適しているのだろうか。
- クライエントが選べるように，ホームワークの選択肢を用意できているだろうか。

クライエント同士の意見が異なる場合に提案するホームワークは次の通りである。

- あるクライエントが，望ましい行動をしようとする他のクライエントを傷つけようとしているならば，観察課題を出すことができる。1週間かもう少しの間，クライエントたちは他のクライエントの好ましい行動を観察し記録する。クライエントたちは，そのノートを次のセッションに持参する。彼らは，セッションの前に，一緒にノートを見ることは許されてはいない。
- ホームワークが役立つものであったとしても，クライエントのどちらか，または両者が楽しいとも，役立つものとも感じなければ，セラピストはクライエントたちと一緒に，どのように課題を改善すればよいか考える。
- 多くの例外が必要ならば，セラピストは，「サプライズ課題」を提案できるだろう。これはこり固まった考えを変化させるための遊びを取り入れた方法である。クライエントたちは，合意のうえで互いに肯定的な方法で他の人を驚かすちょっとしたことか，または人目をひくことをする。何をするかは，それぞれのクライエントに任される。他の人は何がサプライズかを推測し，次のセッションでそれについて話す。子どもや青年は，このような課題で特に大喜びする。
- クライエントが2人とも互いの望ましくない相互作用パターンで膠着状態にある

209

ならば,セラピストは,「何か違うことをする課題(do-something-different task)」を提案できる。ここでもクライエントたちは,次のセラピーまでの間,これまでと違う何かをするよう自分で決める。固定したパターンを崩すことが目的であり,何をするかは重要ではない。家族療法の例だが,思春期の息子と娘が両親のルールに従わなかったため,しばしば深刻な口論になった。次の口論のとき,両親は床に寝そべり口をつぐんだので,子どもたちはショックを受けた。彼らは両親のことを心配して,次のセッションに同行した。

- 他の可能性は,「奇跡が起こったふりをする課題(pretend-the-miracle-has-happened)」である。すべてのクライエントは,1日か2日(大がかりな奇跡であることがわかっている場合は,半日または1時間の短い間)奇跡が起こっているふりをし,そのときの違いに注意を向けるよう求められる。誰かが奇跡が起こったふりをし,他のクライエントは,その日を当てる。クライエントは見つけたことを心にとどめておき,セラピストと次のセッションで共有する。結論からいえば,間違った日を言い当てることになるだろう。

- 「予想の課題(prediction task)」を提案できる。クライエントは明日がどういう日になるかを毎日予想する。この課題は,うまくいっていることの情報を提供するよう意図されている。結局,クライエントたちは予想が当たるか,そして,それに何が関係しているかを考える。この課題の変法として,クライエントは昨晩の予想があたるかどうかを毎朝予想することもできる。

カスタマー関係にあるクライエントへの行動課題と,コンプレイナント関係にあるクライエントへの観察課題の区別は重要である。「何か違うことをする課題」と「奇跡が起こったふりをする課題」は行動課題で,「予想の課題」は観察課題である。後者では,クライエントは,行動を変える必要は(まだ)ない。

クライエントは,状況は同じで何も変わっていないと感じているかもしれない。このような場合でさえ,その状況での小さい変化が明らかになったときを見つけることは有益である。再現が可能な例外であれば,クライエントは,それをすべて利用することができる。状況が変わらないこと自体が最大の結果である場合がある。進歩がいつも得られるわけでもない。

変化がないと報告するクライエントへの質問は以下の通りである。

- どのようにして状況を維持しているのですか。
- あなたのことをよく知っている人に私が尋ねたとします。その人はあなたの改善

について何と言うでしょうか。
- 0～10のスケールで，現在の状況は何点くらいだと思いますか。
- この点数を今後も維持するためには，何が必要ですか。
- あなたの大切な人のなかで，最もあなたのことを心配している人は誰ですか。
- 0～10のスケールで，その人はどのくらい心配していると思いますか。

問題の解決法を見つける手助けとして，クライエントの大切な人を招いてセッションを継続することは役に立つだろう。もし，クライエントが消極的なままで，例外が見つかっていないならばコンピテンスク・エスチョンを用いて，「あなたは，どうやって対処しているのですか」「あなたは，セッションを続けるために，どのようなことをしているのですか」と尋ねることができる。

セラピストは，以下のように自問するかもしれない。

- このクライエントとの関係は，カスタマー，コンプレイナント，またはビジター関係のどれなのか。
- 私たちは，ゴールを見直す必要はないのか。

状況に変化がないというクライエントに対するホームワークの提案は次の通りである。

- 何か違うことをする課題をまだ出していない場合，実験的にこの課題を導入してもよい。特にマンネリに陥っているクライエントに対して試してみる意義はあるだろう。
- 相互作用のパターンに新しい要素を加えたり，わざと誇張したりすることで，パターンを変えることができる。
- クライエントが，問題を何もコントロールできないならば，その問題を外在化するように，クライエントに伝えることができる（付録E 参照）。

状況が悪くなっていると訴えるクライエントは，何年もの間，失敗を繰り返していたり，大きい問題と戦っていたりすることがある。あまりにも楽観的すぎるセラピストは，このようなクライエントを助けることができないだろう。こうしたクライエントは，しばしば，以前のセラピストとの好ましくない経験を含め，問題について語る時間が必要なことが多い。このようなケースでは，セラピストは「グリーク・コーラ

Part 2：実践

ス」の技法（Papp, 1983）を適用するとよい。ウディ・アレン（Woody Allen）の1995年の映画『誘惑のアフロディーテ（*Mighty Aphrodite*）』を観たことのある人は，場面の合間にコーラスが潜在的危険性を警告するのを覚えていることだろう。グリーク・コーラスの技法を用いて，セラピストは，いつも変化に向けた態度をとる。その一方で，セラピストの仲間チームは変化に否定的な態度をとる。セラピストがチームではなく一人で面接をしているならば，悲観的なスーパーバイザーを導入することで，この技法を適用することができる。そのとき，クライエントはセラピストと一緒にチームまたはスーパービジョンの間違いを証明するよう勧められる。セラピストは，事態が悪くなっていると報告するクライエントに悲観的な質問をする。

- これらの状況のもと，どのように対処しているのですか。
- どのようにして，今まで，あきらめずにいられたのですか。
- どのようにしているから，状況がもっと悪くなっていないのですか。
- ほんの少しの変化をもたらすのに，あなたができるちょっとしたことは何ですか。
- 同じことをちょっとでも起こすには，今どうすればよいですか。
- あなたのために，他の人ができることは何ですか。
- 再び挑戦できるようになるために，役立ちそうなものといえば何を思い出しますか。
- あなたが，やる気を取り戻し，困難に向き合うのを最も助けるのは何ですか。
- どうやって，朝，ベッドから起きてここに来ることができたのですか。

クライエントを専門家として位置づけ，彼らにコンサルタントとして，自分の治療がどうあるべきかを尋ねるのは役に立つ。専門家としてのクライエントに対する質問は以下の通りである。

- 前のセラピストは，何を見逃したのですか。
- これまでのセラピストが行ったことのうち，あなたが最も不愉快だったことは何でしたか。
- どのようにしたら，私は，もっとお役に立てるでしょうか。
- あなたが理想とするセラピストがもつ資質は何ですか。そのセラピストはどういうことをするでしょう。
- あなたの理想的とするセラピストは，あなたにどのような質問をするでしょう。そして，その後，セラピーがどのように進むのが，あなたとしては好ましいですか。

- 私が，あなたと同じ境遇にあるクライエントと面接をするならば，私が彼らの役に立てるように，どのようなアドバイスをあなたは私にしてくれますか。
- 私があなたに最高の援助をするため，どのような質問をしたらいいと思いますか。

セラピストは，次のように自問するかもしれない。

- 私とクライエントとの関係は，カスタマー関係，コンプレイナント関係，ビジター関係のどれか。
- 私たちは，ゴールを再設定する必要があるか。

状況が悪くなっていると報告するクライエントに対するホームワークの提案は次の通りである。

- 過度に悲観的なクライエントには，次の危機がいつ，どのように生じるかを詳細に予想してもらうことが役立つだろう。結果的に，危機は生じないかもしれず，クライエントは状況に対処するよい方法を発見するかもしれない。
- クライエントはまた，問題を悪化させるよういわれる。これは，逆説のホームワークである。この課題をクライエントが行いたがらないならば，結果として，問題の重大さはすぐに減少するかもしれない。クライエントが問題を悪化させるならば，当初クライエントが考えていた以上に，問題をコントロールしていることを経験するだろう。
- クライエントが再び取り組めるストラテジーを見つけるために，セラピストは，問題解決におけるクライエントの初期の成功を調べるかもしれない。

何もうまくいかないと訴えるクライエントに対し，セラピストは同じストラテジーを展開することができる。一人で面接をしているセラピストならば，同僚に陪席してもらいフィードバックを得ることは有益だろう。このタイプのクライエントには問題の外在化技法が適用できる（付録E を参照）。もし，どのようなストラテジーでもうまくいかないのならば，最後の手立てとして，セラピストは交代したほうがよい。クライエントを十分に理解していないことや，専門的な援助を提供できないことをセラピストは説明し，新しいアイデアをもっている他のセラピストの援助を得たほうがよいと伝えるだろう。クライエントはこの提案に賛成するかもしれない。あるいは，この提案の後も協働が可能であれば，もっと現実的な期待の定式化を始めるかもしれな

い。2回目以降のセッションの治療計画は，付録C を参照のこと。

● Case 11.1

グリーク・コーラスを利用した一例である。18歳のクライエントは，毎日，2～3本のマリファナ・タバコを吸っていた。彼は，「この癖を直さなければ，学校を卒業できそうにはない，最終試験をパスしたい」と言っていた。セラピストは，彼に悲観的な同僚を紹介した。同僚のセラピストは，彼がマリファナをやめたとしても間違いなくぶり返すだろうと予測した。なぜなら，クライエントは以前に何度も同じようなことを繰り返していたからである。クライエントは狼狽して，どうすればよいかはわかっていて，いったん決断すれば，必ずやり遂げることを説明した。次のセッションで彼は，ほとんどタバコに触れていないことを報告した。セラピストはコンプリメントを行った。彼は意志の固い人に間違いなかった。クライエントは，セラピストに言ったことをやってのけた。セラピストに尋ねられ彼は答えた。彼の人生でこのような決断をしたのは初めてではなかったと。

行動の維持

　従来のCBTにおいて「再発予防」は，セラピーの終結に向けての標準的な介入である。しかし再発の可能性についてクライエントと話すことは，何を暗示し予言しているのだろうか。間違いなく再発のリスクである。もう1つの問題は，再発予防についてすべてのクライエントと話すことが必要か，それとも，この話題について話すことが必要だと思うクライエントとのみ話すのか，という点である。筆者の考えは，単純に，クライエントに尋ねてみるというものだ。クライエントがこの話題に関心をもっている場合や，セラピーで彼らがなした変化を維持する方法がわかっていない場合には，再発予防について話しておく必要があるかどうかをクライエントに尋ねる。クライエントに関心がなければ，この話題についてセラピストと協力して取り組もうとしないだろうし，再発予防に必要なこともしないだろう。

　もちろん，苦労して得た変化を維持することは常に簡単というわけではなく，クライエントは一生懸命に取り組む決意を示さなければならない。そのため，再発や，その予防について話すかわりに，ポジティブCBTは得られた進歩やそれらの望ましい変化を維持する方法について話すほうを好む。このような訳で，「再発予防」は「行動の維持」の問題となる。

変化をつくり維持するため，セラピストは固定マインドセット（fixed mindset）のかわりに，「成長マインドセット（growth mindset）」をもち，それをクライエントに注ぎ込んでいかねばならない（Dweck, 2006）。固定マインドセットの人（セラピストも含む）は，能力は基本的には変わらないと信じている。スキルによっては少しよくなったり悪くなったりするが，能力は生来の傾向を基本的に反映していると信じている。固定マインドセットの人は，挑戦を避ける傾向にある。もし失敗した場合，それは実力が反映されたものであり敗者である，という他人の評価を恐れているからだ。彼らは，否定的フィードバックに恐れを感じる。それはまるで，批判者のほうがうまくやれる，能力が高いと誇示しているように見えるからだ。一方，成長マインドセットをもつ人は，能力は筋肉のようなものであり，実践によって鍛えられると信じている。彼らは，失敗のリスクにかかわらず，挑戦を受け入れる傾向にある。彼らは，仕事で挑戦的な課題を求め，批判も受け入れる傾向にある。なぜなら，それは結局，自分たちをより高めるからだ。ドゥエック（Dweck, 2006）は，もし人がすべての潜在能力を伸ばし，ほとんどすべてのことで成功したいなら，成長マインドセットが必要だ，という。

　もし，変化には必然的に失敗が伴うならば，クライエントが失敗をどう理解するかが重要になる。成長マインドセットの逆説とは，失敗に注意を向けるように見え，実際，失敗を探すよう促すが，それによって人は楽観的になることである。なぜなら，最後には成功するからだ。

　ドゥエックの研究では，固定マインドセットの学生は，成長マインドセットの学生に比べ，抑圧的な不満を強くもっている。固定マインドセットの学生は，失敗に直面し過ちに対処するときに停止する。そして，抑うつ的になるほど，問題を解決するためのさらなる試みをしなくなり，あきらめる。それとは反対に，成長マインドセットの学生は，抑うつ的な不満を被ったときに異なった行動をとる。彼らは抑うつを報告するにつれ，問題解決のために行動するようになり，より熱心に取り組み，生活を整えるために活動的になる。要するに，成長マインドセットをもつ人は自らの個人的な資質がさらに発展すると信じるとき，失敗にもかかわらず，悲観的にならない。なぜなら，彼らは失敗に規定されないからだ。変化と成長は可能性であり，成功への開かれた道である。

　成長マインドセットについて尋ねるときに使われる質問は以下の通りである。

- どうやってこれをしたのですか。
- それを生じさせるために何をしましたか。

Part 2：実践

- これは，あなたが以前やっていた方法とどこが違いますか。
- 次にするとき，何がもっとうまくできそうですか。
- その，どこを気に入っていますか。
- あなたが，すでに理解しているものは何で，まだ理解していないものは何ですか。
- 私のやり方について，何かフィードバックをもらえますか。

　メニンガー（Menninger, 1959）によれば，予期は最良の防衛である。しかし，何を予期すべきなのか。彼は，再発と後退の危険性の予期について的確に言及していた。肯定的な面に注目した予期とは，何がうまくいっているか，クライエントが繁栄し成功するためには，何をすべきかを予測し分析することである。一方，否定的な面に注目した予期とは，うまくいかないこと，再発を避けるためにすべきこと，対処すべきこと，生き残るためにすべきことは何かを予測し分析することである。後者を行うと，否定的な認知と感情を増加させるというリスクがある。後者は回避ゴールと関連しているからだ。クライエントは，自分が恐れているものに注目し，恐れている結果と現状との距離をできるだけ大きくし続けようとするだろう。行動の維持は，これと対照的で接近ゴール（approach goal）である。クライエントは，彼らが最も望むものに注目し，好ましい未来と現状との距離をできるだけ小さくし続けようとするだろう。そうすると，クライエントの肯定的な認識と感情は増加する。

　セラピーでクライエントはセラピーの効果を維持する方法を考えるよう促される。するとクライエントのなかにロードマップが作られる。クライエントは望ましい未来をイメージし，その未来を現実のものにするために，いかに自らのストレングスとリソースを用いることができるか考えるよう求められる。スナイダー（Snyder, C. R.）の研究（第5章参照）では，希望をもつ人は，希望をもたない人に比べて，当初の道筋が妨害されても，別の道筋を考えつくことを示した。困難が実際に生じる前に，将来的に起こりそうな障害への取り組み方について検討しておくことは，他の問題解決策を考え出す手段として役に立つ。これはコーピング・ストラテジーをつくり，「経路思考」を促進する。すると再発のリスクを下げ，より望ましくは，行動を維持する機会を高める。

　ファーマンとアホラ（Furman and Ahola, 2007）は，子どもを対象とするセラピーとして「キッズ・スキル（Kid's Skill）」を開発した。そのなかには「忘却（forgetting）」の用語に関するステップがある。再発，後退，問題の再燃の概念は「忘却」で置き換えられる。新しいスキルを学ぶときに，そのスキルを一時的に失念することは，いつもありうる。「忘却」は普通の現象であり，わざわざ「再発」とか「後退」と名づける

必要はない。単純にスキルの一時的な失念とか，「忘却」と捉えられる。うっかり古い行動をしてしまう瞬間を，現在学んでいるスキルの一時的な「忘却」や，ど忘れとして見ることは有益だ。「忘却」の語をあえて使うと，子どもがスキルを忘れた際に，どうすれば今学んでいるスキルを思い出させるかを議論することができる。すると子どもに，「あなたが同じこと（問題行動）を繰り返したとき，私たちは何をしましょうか」と聞く替わりに，「もし，あなたがたまにスキル（好ましい行動）を忘れたとしたら，どのようにして，そのスキルを思い出させてほしいですか」と尋ねることができる。忘却と捉えると，学習プロセスでは避けられないこの現象に，他の人たちがどう対応するかを決定する際に子どもを関与させることができる。キッズスキルの15のステップは，第14章に述べている。

　もし後退が生じたら，セラピストはそれをノーマライズ（normalize）するのがよい。進歩はしばしば，3歩進んで1歩，2歩下がることを意味する（たった1歩でもあきらめるのは残念だろう）。セラピストもまた，後退を肯定的に理解するかもしれない。結局，後退はクライエントに練習の機会を再び提供する。エリクソン（Erickson, M.）がかつて述べたように，「前のめりに倒れたとしても，少なくとも，頭は正しい方向を指している」（O'Hanlon, 2000）。

　ポジティブCBTでは，再発の原因やその結果をあれこれ考える必要はない。セラピストは，再発に対するクライエントの失望を理解していることを表すことで，クライエントへの承認を示すのがよい。続いて，これが最も重要なのだが，前回再発したときに，どのようにしてクライエントは元の状態に回復できたのかを探る。もし直近の再発でクライエントが動揺しているままであれば，クライエントとセラピストは回復へのステップを考える。

　セッションでは，軽く，冗談めかした感じで再発を扱うこともできる。たとえばセラピストは，「どうやったら低い点数を出したり，振り出しに戻ったり，できるのですか」と尋ねるだろう。これは，間違ったアプローチが何かを示すとともに，しばしば会話に気楽な雰囲気をもたらす。

強化の質問

　セレクマン（Selekman, 1993）は，終結時に，クライエントに差異について話させる効果的な方法として，「強化の質問（consolidating questions）」の利用について語っている。この質問は，達成された結果の永続化を意図する。たとえば以下の通りである。

Part 2：実践

- 後退するために，あなたがなすべきことは何ですか。
- 再発を防ぐために，あなたがすべきことは何ですか。
- これらの変化を維持するために，あなたがし続けることは何ですか。

セレクマン（1993, p.156）は，「想像された水晶玉」を用いて，クライエントが創造した未来における変化を話すよう求めた。数セッションのセラピーで迅速な変化が生じ治療が終結すると，精神分析的な仮説では「健康への逃避」とされるが，セレクマンは，その仮説を信じていない。クライエントは，セラピーのゴールのみならず，いつ終結するかも決めるべきだ，と考える。つまり，「解決志向のセラピストとしての私の仕事は，人を治すことではなく，クライエントがもっと生活に満足するよう助けることだと考えている。もし，クライエントがうまくいきはじめたように感じ，終結をしたいと連絡してきたら，セッションの必要性を感じたならば，いつでも連絡できることを伝える」。

これを読むと，ポジティブCBTのセラピストは，家庭医のような役割であると筆者は感じる。患者は何年もの間，医者を訪ねないことがよくあるが，時に2, 3回連続して通ったりする。クライエントが再びセラピーにやって来たとき，「どうやって，今日までセラピーに来ないでいられたのですか」というような肯定的な質問が行われる。患者を健康にし，その後ずっと健康でいられるようにすることが家庭医の目的ではない。多くの専門家は，ほとんどのクライエントよりも非常に高い目標を念頭においている。セラピストがクライエントのゴールにもっと合わせることができるなら，セラピーは短くなり，おそらく，もっと成功するだろう。問題志向のセラピーでは，再発予防やフォローアップのために数セッションの予約を設けるのが常である。筆者の経験では，ポジティブCBTでは，このようなことはまれである。追加の数セッションの主眼は，クライエントのニーズを満たすということよりも，セラピストが安心するためのように見える。

ロスマン（Rothman, 2000）は，人が行動変容を始める際の決定基準は，行動を維持する際とは異なることを見いだした。行動の開始は，未来の結果についての好ましい期待により決定される。これは，接近に基づく自己調節システムとして概念化される。ここでは，ゴールに向けての進歩は，現在の状況と望ましい状況との差が減ることで示される。行動の維持は，受け取った結果の主観的満足度により決定される。これは，回避に基づく自己調節システムとして概念化できる。ここでの進歩とは，現況と望ましくない状態との差が持続することで示される。他の研究（Ross and Wilson, 2002）によれば，変化前の古い自分を第三者的視点から振り返ると，個人的な変化を維持す

るのに役立つ。すばらしい変化が認められたのは，このようなケースで，第三者的視点から見て，知覚された変化が大きくなると，これまでの自分の努力への満足度が大きくなる。すると努力を維持するために必要なリソースを喚起しやすくなる。過去の否定的自分から心理的に距離をとり，過去の肯定的自分に近づくと，ウェルビーイングを高める。有効な質問は以下の通りである。

- どうやって，生活の他の部分で変化を持続できたのですか。そのためのストラテジーのうち，今どれが役立ちそうですか。
- 自分が起こした肯定的な変化を，0～10のスケールで表せば，満足度はどれくらいですか。
- 1点高くなると，どうなっているでしょうか。
- 1点上げるために何ができますか。
- 明日がどのような日になるのか予想し，明日の夜に，明日がそのような一日になった理由を見つけます。そして，次の日についての新たな予想をします。予想が当たったならば，どうやってそれがわかったのでしょう。予想がはずれたなら，どのようにして予想が間違っていたのでしょうか。
- あなたが成し遂げた変化の維持を助けるサポーターを見つけてください。誰をサポーターにしますか。どうやってサポート体制を現状に合わせ続けますか。あなたは，どうやって彼らのサポートに感謝しますか。
- 過去のあなたしか知らない人は，あなたの今の生活で何がうまくいっていると言うでしょう。

あなたは，ポール・サイモン（Paul Simon）の『恋人と別れる50の方法（*Fifty Way to Leave Your Lover*）』という歌を覚えているだろうか。長いリストをクライエントに作らせるのは，楽しい，意欲をそそる課題である。

- 達成した望ましい変化を維持するうまい理由を50個考えよう。
- これらの望ましい変化を維持する方法を50個（または100個）考えよう。
- これらの望ましい変化を維持することで生じる（あなたの大切な人にとっての）望ましい結果を50個考えよう。

● Case 11.2

あるクライエントは大きくため息をついて言った「私の生活のなかで起こっているこ

とのすべてを維持できるかどうかわからない」。セラピストは彼女に，維持するためにしている方法を50個ここで書くよう勧めた。「つまり5つの対処法を書けってことですか」と，うんざりとして彼女は尋ねた。「いいえ，5つではなく，50通りです」とセラピストは答えた。セラピストは，「今ここでしますか。それとも，ホームワークにして家でしますか」と聞いた。クライエントはセラピストを疑いの目で見たが，とにかく始めた。既に役立っていること（たとえば，週に一度は早く就寝する，子どもをスポーツ活動に連れていってくれるよう妹に依頼する，など）を見つけるにつれ，彼女の様子が活気づいてきた。クライエントは，セッションのなかで43の方法をなんとか見つけ，帰る頃には残りの7つも見つけられる確固とした自信をもっていた。フィードバックのとき，彼女は，「問題は，維持し続けられるかどうかではなく，そのために私にはどうすることができるかであることを，このセッションは教えてくれました」と言った。

回復の計画

予防や回復のためにクライエント（や周りの人）が過去に何をしたかに焦点を当てることは有益だ（O'Hanlon and Rowan, 2003）。予防計画が失敗したときや，実行されなかったときには，「回復プラン」を詳細に計画するだろう。特に，精神病，大うつ病，自殺念慮などいくつもの精神的な問題をもつクライエントでは，その必要性が高い。回復プランは通常，先の危機の後で均衡を取り戻すとき，何が起こったかを尋ねることから引き出される。たとえば，「再びよくなったと感じはじめたとき，何をしましたか」「抑うつ的な時期から脱しはじめたとき，通常は何が起こりますか」「先の入院から，この状況で役立つかもしれないどのようなことを学びましたか」などである。

失敗

10章で説明したように，普通の治療を受けたクライエントは，治療を受けていない人の約80％よりもよくなっている（Duncan et al., 2010）。セラピーから利益を得るクライエントは多いが，そうではない者も少なくない。ドロップアウトは残念な，そして重大な問題である。来談するたびに，良くならずに悪くなったとか，何も変化がないと言うクライエントもいる。これは，セラピストだけではなくクライエントも失望させるだろう。両者がセラピーに一生懸命に取り組んできたときに，それは顕著だろう。失敗や後退を報告しなければならないとき，クライエントは困惑や恥ずかしさを感じるかもしれない。この章の後の部分で，クライエントの面目を保つことの重要性について述べる。

他の関心事は，セラピスト間の違いである。あるセラピストは，他のセラピストよりも良好な結果を得る（12章参照）。実際，セラピストの効果は20％～70％である。しかも，とても有能な臨床家でさえ，悪化するクライエントを見きわめることは難しい（Duncan, 2010）。
　セラピーにおける失敗はセラピーの破綻を引き起こし,「このような面接をいつ終えることができるのか，どうすれば私たちにわかるのでしょう」（De Shazer, 1994）。との疑問が生じる。クライエントとセラピストは，問題がないことを十分に望ましいゴールとして快諾するが，問題がないことの証明は決してできない。そのため，クライエントもセラピストもセラピーが成功しているのか失敗なのかを判断できない。初めに明確にゴールを設定していないと，明らかな変化があったとしても，問題の消失を証明するには不十分である。そのため，「一番の望みは何ですか」や，「それが得られると，何が違ってきますか」などの質問は，セラピーにおいてうまく定義されたゴール（well-defined goal）を形成するために不可欠である。
　問題志向の会話から解決志向の会話への変換が困難なことに関係している失敗もある。この失敗は，クライエントの側，セラピストの側どちらか一方ではなく，両者にある。セラピストによくあることは，問題に対する例外を，差異をつくりだす差異として，つまり，ゴールの前兆としてクライエントが見るように援助できないことだ。
　セラピストもまた，失敗を引き起こす。エッチンゲン（Oettingen, 1999）と，エッチンゲンら（Oettingen et al., 2000）は，ゴール設定に関する「心的対比（mental contrasting）」技法を説明している（第6章参照）。「心的対比は，期待に基づいた道筋であり，今存在する現実の側面と望ましい未来に関する側面とを心のなかで対比させるような空想である。今の現実を望ましい未来に変化させる必要性を強調する。この行動を起こす必要性によって，成功への妥当な期待を活性化し，ゴールへのコミットメントをはっきりさせる。この順序を逆にして（つまり，逆心的対比），従来のCBTが通常行っているように，初めに否定的な現実をつくりあげ，次に望ましい未来を具体化すると，成功への期待とゴールへのコミットメントを引き出すことができない（Oettingen et al., 2001）。

● Case 11.3

　体重を減らす，禁煙する，もっと運動をするなど，行動を変えようとするクライエントは，心的対比に基づく「もしーそのとき（IF-THEN）」トレーニングに参加するよう勧められる。参加者は，3つの「もしーそのとき」の仮定を書く。

Part 2：実践

- 問題を克服するため：もし仕事が終わって疲れを感じているなら，そのとき私は，ランニングシューズを履いて近所をジョギングする。
- 問題を予防するため：もし5時のチャイムを聞いたなら，そのとき私は，机を片づけジョギングをするためにオフィスを出る。
- 行動を起こす好機を明確にするため：もし天気が良ければ，そのとき私は，公園を30分ジョギングする。

ゴルビツァー（1999）は，いわゆる実行手がかり（「もし―そのとき計画」のフォーマットでいえば「もし状況Xに遭遇したら，そのとき私は行動Yをするだろう」）を形成することで，ゴール志向行動の開始を環境刺激に委ねることができることを見いだした。実行手がかりを形成すると，決定的状況を見つけ，注目し，思い出すことが容易になる。さらに，決定的状況がある場合，決めていたゴール志向行動が即座に効率的に開始され，意識的な意図を必要としない。

Exercise 11.2

クライエントが願う未来について尋ねてみましょう。「ここにもう来なくてよいということを，どのようにして知るでしょうか」。または，「このような面接を終えてもよいことを，どのようにして私たちは知るでしょうか」。そしてフォローアップ・クエスチョンとして次のように尋ねます。「あなたが欲しているものに向かっていることを，どの程度確信していますか」。これらの質問に対する回答が次のステップのためのヒントになるでしょう。クライエントは，「向かっている」と答えるでしょうか。彼らが用いている個人的なストレングスと解決は何でしょうか。道に横たわる障害物を乗り越えるのに，他に何が役立つでしょうか。

治療不能への道

ダンカンら（Duncan et al., 1997）は，治療不能への4つの道について述べた。第1の道は，治療不能を予測することから生じる。歴史的に，治療不能はクライエントに帰属されてきた。よく知られている実験で，ローゼンハン（Rosenhan, 1973）は，精神病院に入院させるために健常者に協力を依頼し（その1人はマーティン・セリグマンで，ポジティブ心理学の創始者の1人である）訓練した。入院許可を得るため，彼らは1つの精神病症状（幻聴）のふりをした。医師は，偽患者を，精神病と診断し，7日～52日間の入院を認めた。入院中，偽患者は精神病の症状を示さなかったが，最初の診断はそのままだった。ローゼンハンは，臨床家の最初の予測が，確証バイアスと

していかに働くかも示した。たとえば，スタッフが聴取した偽患者の偽りのない履歴情報は，統合失調症に関する一般的な理論概念に合致するものだった。したがって治療不能の予測によって新しい情報はセラピストの予測に合うように歪められることになろう。

　治療不能への第2の道は，専門家の伝統や慣習である。セラピストは，自分の理論をどのクライエントにも当てはめ確証を得ようとする。そして理論はしばしば，過剰に適用される。ハンマーを買ったが故に，あらゆるものが釘打ちを必要としているように見えた男の話を聞いたことがあるだろうか。

　クライエントは自分の人生や問題について自身の理論をもっている。そして，その観点をセラピストの枠組みが無視したり却下したりすると，クライエントはセラピストに従わず，抵抗すること予想される。クライエントはセラピストを無能と見て，感じて，振る舞いはじめる。セラピストは，手の施しようがないとクライエントを見て，関心を失う。セラピーは，援助関係から勝利者が誰もいない文化衝突に変わる。10章で述べたように，クライエントとアウトカムに学ぶセラピーは，不可能への第2の道への答えかもしれない。

　治療不能への第3の道は，うまくいかないアプローチに固執することである。ワツラウィックら（Watzlawick et al., 1974）は，しばしば「慢性」と呼ばれる扱いにくい問題は，クライエントの生来の特性からは十分に説明できず，問題が手強く手に負えないのは，問題を解決しようとする，正にその努力から生じると結論づけた。困難さが問題に発展するには2つの条件が満たされる必要がある。1つは，困難さを扱い損ね，解決努力がうまくいかないことである。2つ目は，困難が手におえないとわかっても，同じような効果のない解決策がさらに用いられ，もともとの困難さが悪化することである。そのうちに悪循環が生じ，本来ただの困難さだったものを出口の見えない，規模も影響もとても大きなものにしてしまう。

　効果的ではないとすべてのエビデンスが示しているにもかかわらず，同じストラテジーを繰り返すセラピストは，粘り強さが最後は勝利をもたらすと確信しているようだ。すべての理論的なモデルやストラテジーにはもともと限界があり，それらが繰り返されることで治療不能が生じる。ワムポルド（Wampold, 2001）は，3回目のセッションまでに改善が見られない場合，セラピーが失敗する確率は75％であることを明らかにした。6セッション目でも改善が見られない場合には，この確率は90％になる。ランバートら（Lambert et al., 2002）の研究は，初期のセッションで進歩がほとんど見られないときには，セラピーは短期間にすべきことを示した。セラピーは，クライエントの単なる支持や維持を目的として行われるべきではない。クライエントが顕著

Part 2：実践

な進歩をしないかぎり，また，継続に関心を示さないかぎりセラピーを続けるべきではない。

パイパー（Piper, 1999）は，ドロップアウトがクライエントの変数ではなく，治療プロセスの変数によって予測できることを示した。言い換えれば，クライエントが誰で，クライエントが何を治療プロセスにもたらしたかではなく，セッションのなかで何が起こったかということだけが，クライエントが再びセラピーに戻って来るか否かを予測する。10章で詳細に述べたように，アウトカム評価尺度（Outcome Rating Scale）やセッション評価尺度（Session Rating Scale）は，望ましい進歩や変化を測定するためのすぐれたツールである。

治療不能への4つ目そして最後の道は，クライエントの動機をセラピストが無視したときにつくりだされる。動機づけられていないクライエントなどいない。クライエントは，セラピストの考えやゴールを共有してはいないかもしれないが，強い動機をもっている。非生産的なセラピーでは，クライエントが達成したいことを見落としたり，とり違えたり，変化へのクライエントの準備性を誤解したりする。また，セラピスト本人の動機を追及したりする。心理療法における決定的なプロセスとアウトカムは，肯定的な作業同盟へのクライエントの参加の質であることが明らかになった（5章参照）。クライエントの動機づけは，セラピストのオフィスで座っていることだけではなく，彼ら自身のゴールを達成すること，理解されること，尊敬されること，セラピーに積極的に参加することも含まれる。そうすることがほとんどなく，理論的な正当性やセラピストの個人的なバイアスによって動機づけられたアジェンダが押しつけられたりすると，クライエントによかれと思っていたとしても，治療不能を引き起こす。

● Case 11.4

クライエントは，改善する前に悪化するものだろうか。もちろん，そうではない。クライエントの状況がよくなる前に悪化するという考えを中心に，相当数の臨床的な言い伝えが築きあげられている。回復への過程でこのようなことが生じるのはまれであり，実際には，最後の否定的なアウトカムの前兆である。この考えは，クライエントの悪化をセラピストが多少なりとも無視することにもつながる（Lambert and Ogles, 2004）。

トップ・パフォーマーは，自らのパフォーマンスの詳細を見直すことで的確な動きを確認したり，ゴール達成のためのストラテジーを変更したりする。成功しない人は失敗を外的でコントロールできない要因に帰属する（「私は，ちょうど調子が悪い日だ

った」)が，エキスパートは，何をなすべきかを正確に知っており，コントロールできる要因に言及することが多い(「あれではなく，これをすべきだ」)。平均的なセラピストは，失敗したストラテジーについて考えを巡らす。多分，うまくいかなかった理由を理解することが成功を生むと信じているのだろう。そしてうまくいくストラテジーについて考える時間はほとんどなくなる。ウォルターとペラー(Walter and Peller, 1992)は，進歩がないように見える状況での質問を提供している。

- 誰がクライエントで(誰がカスタマー関係にあり)，誰が変化を望んでいるのか。
- クライエントのゴールは何か。
- 望みではなく，ゴールが明らかになっているか。ゴールはよく定義され，クライエントがコントロールできる範囲のものか。
- あなたとクライエントは，多くのことを短時間で得ようとしてはいないか。小さい変化を求めよう。
- セラピストは期待しているにもかかわらず，クライエントは課題を行わないのだろうか。行動課題ではなく，考えることに対してフィードバックをすることができる。
- これらすべてのステップをやり通したなら，何か別のことを行う必要があるだろうか。私たちは，森を見るのに木に近すぎることがある。「木を見て森を見ず」と言うが，クライエントに目を向けていても，セラピストとクライエントの間の非生産的なパターンには気づかないことがある。チームやコンサルタントは，距離を取った参照枠を提供すると役立つだろう。

●Case **11.5**

　ブラウン夫妻は，セラピストのオフィスにいた。ブラウン氏が，「私は，このセラピーがうまくいっているとは思わない」と言った。「前のセラピストも私たちの助けにはならなかった。私たちは，夫婦の関係を変えようとしていた。しかし，セッションのなかで作った計画は，夫婦の間では決して実行されず，口論になっただけだった」。過剰なまでに楽観的なセラピストは，長期間に渡るセラピーが行き詰るまで無視していた。

　セラピストは，ブラウン氏の疑いを承認し，彼の自信と希望についてスケーリング・クエスチョンを行うことで，その疑いを確認することもできただろう。すると，彼の自信と希望を高めるきっかけが見つかったかもしれない。「もう少し希望をもてたとしたら，何が違ってきますか」と尋ねることも，「以前の経験にもかかわらず，セラピストのオフィスで，こうして座っているためには，どのようなことをしているのですか」と尋ねるこ

ともできる。

面目を保つ

　ダンカン（Duncan, 2010）は，クライエントの面目を保つことを考慮しなければならないと述べている。うちのめされ，立ち往生しているとクライエントが感じるとき，問題をどうすることもできないと経験しがちである。助けを求めると，何かがよくなるとの期待をもてる。同時に，自分自身では問題を解決できなかったことを示してもいる。実際，激しい失敗感が望ましい自己評価を押し潰してしまう。このような状況でセラピーに行くと，クライエントが自身の困難さを処理できなかった不快な記憶を思い出すことになる。自尊心の傷つきに恥が加えられる。そのとき，クライエントの視点を否定するような素振りをセラピストが示したり，クライエントを見下して無力感を与えたりするようであれば，抵抗が生じるだろう。たとえ今は取り乱していなくても，失敗や批判，評価を思い出させられたり，服従感をもたせられたりするのを好む者はいない。私たちが「抵抗」と呼んでいるものは，時に自尊心のかけらを救い出そうとするクライエントの試みを反映しているのかもしれない。このように，治療不能な事例は，単にクライエントの面目や尊厳を尊重しないことで生じることもあろう。おそらく，このようなことをエリクソンは考えて，セラピーの技術は「クライエントが優雅に症状から身を引く」（Duncan et al., 1997, p.12）のを助けることを中心に展開するものだと述べたのだろう。クライエントは変化しようとする要求と，尊厳をおとしめる変化から身を守ろうとする自然な傾向とを同時にもっていることをエリクソンは知っていた。

Story 11.1　「1千万ドルの損失」

　1960年代，IBMは1人の重役が下した判断により，1千万ドルの損失を負った。IBMの最高経営者トム・ワトソンは，その重役を本社にある自分のオフィスに呼んだ。あるジャーナリストがその後のことを記している。

　重役が小さくなっていると，「私が君をここに呼んだ理由を君はわかっているかね」とワトソンは尋ねた。重役は「私はクビを言い渡されるために呼ばれたのではないでしょうか」と答えた。するとワトソンは，驚いた様子で「クビにするだって？　とんでもない。君の訓練費として1千万ドル使ったばかりなのだから」と言った。

（Heath and Heath, 2010）

第 11 章　2 回目以降のセッション

Exercise 11.3

セッションで，何がうまくいっているか，何が違っているか，どのようにクライエントがそれらをつくりだしているかに注意を向け続けてみましょう。続く各セッションでは，少なくとも，3つのコンプリメントをクライエントに与え，次のようなコンピテンス・クエスチョンをします。「どのようにしたのですか」「どうやって，それをすることができたのですか」「どうやって，それをしようと決められたのですか」。こうすることで，クライエント（とセラピストとしてのあなた）に生じる違いに目を向けましょう。

終結

　ディ・シェイザー（De Shazer, 1991）は，セラピーの開始時に，問題についてのクライエントの語りをセラピストが受け入れるなら，同じ理屈で，十分に改善されたので終結したいというクライエントの主張をも受け入れなければならない，と述べた。
　ポジティブ CBT のセッション数は決まっていない。クライエントが治療のゴールを満足がいく程度に達成したなら終結する。第 2 セッション以降，セッションの間隔は，だんだんと長くなる。初回と 2 回目のセッションまでの 1 週間という時間は，一般的にはよい間隔である（しかし，クライエントの希望があれば長くすることもできる）。原則的には，1 回 1 回のセッションが最後のセッションと見なされ，クライエントのゴールがはっきりすれば 1 回のセッションで十分かもしれない。「このような面接をいつ終えるのか，私たちはどうやって知ることができるのだろう」という課題を取り上げた章でディ・シェイザー（1991）は，どうすればセッションでクライエントのゴールがみえてくるかについて述べている。クライエントとセラピストは，以下のことに注意を向ける。

- 例外の出現とクライエントの好ましい未来（ゴール）の一部の存在：それは，望んでいる変化が生じていることを示している。
- 新しい生活についてのクライエントのビジョンと陳述。
- 変化が起こっていて，クライエントの新しい生活が実際に始まっているという証拠。

　問題志向のセラピストとは対照的に，解決志向のセラピストはセラピーを始めてすぐに終結を話題にする。これは，クライエントがゴールの形成について尋ねられる質問から明らかである。「これらのセッションが価値のあることだったというためには，

Part 2：実践

あなたの生活のなかでどのような変化が必要ですか」，また「ここにもう来る必要がないほどうまくやれていることに，何から気づきますか」。セラピストがここで引き出そうとしているのは，クライエントが成功の結果と考えていることを，具体的で測定可能な行動の言葉で記述することである。好ましい未来の状況について語ったことを記録しておくのは，とても役立つ。「以前語っていた，あなたが好ましいとする状況のなかで，これまでとは違う何をしますか」。

　セッションの初めから望ましい結果について検討すると，楽観的な雰囲気をつくりだし，問題が（十分な程度）解決できるという希望をクライエントに与える。これが，適切なゴール形成の重要性を強調してもしすぎることのない理由である。セラピストは，ゴール形成のために，十分な時間を気兼ねなく確保するべきだ。筆者の経験では，ゴールがうまく形成されれば仕事の半分は終わったも同然で，クライエントは普通，ゴールに近づくために何をすべきかを正確に知るからである。これは，セラピストの仕事はタグボートのようであるというイメージに関連している。クライエントを浅瀬から引っ張り出せば，人の力を借りずに航行できる。多くの場合，セラピストはクライエントにそれ以上同行する必要はない。

　セッションを終えるときもまた，スケーリング・クエスチョンで明らかになる。ゴール形成の後，セラピストはクライエントの現在の状態を 0 ～ 10 のスケールで尋ねる。そして，もうセラピーに来なくてもよいと思える点数を聞く。経験的には，クライエントが満足して終結できるとき，クライエントは 7 や 8 で幸福であり，9 や 10 に達する必要はないことを示している。セラピーが低い点で終わることもある。なぜならクライエントは，最終的に到達したい数値に向けて一人で行ける自信を十分にもっているためである。ポジティブ CBT では，セラピストとの綿密な協力関係のもと，クライエントがセラピーを終えるときを決める。バニンク（Bannink, 2010a）は，セラピーを終えるためのいくつかの創造的なアイデアを提供した。たとえば証明書を与える，成功を祝う，絵や手紙を使う，シンボルをデザインする，成功を共有するためにクライエントを招待するなどである。

セッションの間隔

　最後にセラピーの間隔について述べたい。伝統的なセラピーのモデルでは，CBT のように，1 回またはそれ以上のセッションの予定を毎週または隔週というように定期的に組む。ポジティブ CBT では，各セッションは次のような点を考慮して予定される。

- ホームワークの実施に必要な時間
- 解決への自信の促進
- セラピーからの自立の促進
- セラピーに対するクライエントの責任

　ホームワークには，実施したり，意味ある違いに気づいたりするまでに時間がかかるものもある。セッションまでの間隔をあけることで，クライエントは解決構築の長期的な見通しができる。また見通しのなかに後退を含めることもできる。2, 3週間から6週間へとセッションの間隔をあけることで，問題解決への自信を促す。なぜならクライエントのなかには，変化はセラピーによって生じ，セラピストが変化に対する責任をもつ，と考える者もいるからだ。セッションの間隔は，セラピストではなくクライエントによって決められる。そのためにセラピストは，「次のセッションを予約することが役に立つと思いますか」，と尋ね，イエスならば，「では，いつ頃がよろしいですか」などの質問を行う。クライエントは，セラピーに対する責任をもっている。ポジティブCBTのセラピストは，ホームワークに費やす時間や，次のセッションまでの間隔をクライエントとともに決める。それは，クライエント自身がストレングスと解決をもっているとセラピストが確信しているからだ。

第 12 章

ポジティブ CBT のセラピストの役割

> 雑草ではなく，花に水を遣りましょう。
>
> フレッチャー・ピーコック（Fletcher Peacock, 2001）

はじめに

　従来の問題志向の心理療法は，一般的に実施が難しく，まったく面白味もなく，クライエントの生活に取り入れることが難しいという特徴があった。ポープとタバクニック（Pope and Tabachnick, 1994）によれば，臨床心理の実践家約 500 人のうち 61％が在任中に抑うつエピソードを報告し，29％は自殺念慮を経験し，4％が自殺を試みた。2006 年に，アメリカ心理学会専門家委員会の同僚支援に関する諮問委員会は，実践家のストレスや障害に関する報告書を刊行した。この報告書では，抑うつの測定法にもよるが，実践家における抑うつの生涯有病率は 11％〜 61％までの範囲であることが指摘されている。加えて，メンタルヘルスの実践家は，高水準のストレス，バーンアウト，物質乱用，代理トラウマにさらされている。セリグマン（Seligman, 2011, p.1）は次のように述べている。「私たちは，クライエントのウェルビーイングを増やすために少なからず努力をしてきた。一方で，心理学の実践家のウェルビーイングに対して一般的な心理学は概して多くのことをしてこなかった。実践家に何らかの変化が生じるとすれば，うつになることくらいだ」。それゆえ，今は，心理療法への肯定的な姿勢をとることによってセラピストとしての自分自身をよりよくケアするときである。「最少負担の原理」は，クライエントにだけではなく，セラピストとしての私たちにも当てはまる。心理療法への肯定的な姿勢は，クライエントや私たちのなかにある引き延ばしたい部分に注目することでなされる。

花への水やり

　解決志向ブリーフセラピーもポジティブ心理学も，セラピストの仕事の負担を軽くし，最終的にストレスを減らすことに繋がる。これは，クライエントの引き延ばしたい部分に注目することによってなされる。『咲かせたい花に水をあげましょう』の著者であるピーコック（Peacock, 2001, p.39）は，次のストーリーを語った。「250人のマネージャーが参加したセミナーの後で，参加者の半分はジョウロを買った。彼らは，サイズも形も違うジョウロをよく見えるようにオフィスに置いた。こうすると，自分が園芸家であること，そして自分の仕事は組織や個人生活でうまくいっているものに水をやることだと思い出せる。肯定的なものとうまくいっているものに『元気を与えよう！』」。

　エリクソン（Erickson; in Rossi, 1980）は次のように述べている。「肯定的なものと，小さなものであってもよい方向への変化に着目し，そのよい変化を増幅しよう。そうすることで，他の人たち（パートナー，両親，子どもたち，同僚，クライエント）との協力関係が確かになるだろう」。

　セラピストが，次の3タイプの質問をすることによって，クライエントが解決，変化，リソースについて話す可能性が約4倍になる。

1. 引き出す質問：たとえば「問題ではなく，好きなものは何ですか」
2. 詳細についての質問：たとえば「それをどうやったのですか。具体的には，これまでと何を変えたのですか」
3. 言語的報酬：コンプリメントをすること（「わぁ，よくできたね」）と，コンピテンス・クエスチョン（「どうやって，そんなふうにできたのですか」「その名案をどこで手に入れたの」）をすること。

　セリグマン（2011, p.53）は，水やりをもっと文学的に表現している。「私はバラを育てている。灌木を一掃し，除草するためにかなりの時間を費やす。雑草はバラの邪魔をする。雑草はバラをダメにする条件だ。だが，バラを咲かせたければ，雑草を取り除くだけではとても十分とは言えない。ピートモスで土壌を改善し，よいバラを植え，水をやり，栄養分を与える必要がある。見事な花を咲かせる条件を与えてやる必要があるのだ」。

Part 2：実践

ポジティブ CBT セラピストの役割

　ポジティブ CBT セラピストの姿勢は，従来のセラピストのものとは異なる。その姿勢は，「一歩下がってリードする姿勢」，「知らない姿勢」と表現することができる。
　ポジティブ CBT セラピストは，クライエントが自分自身の経験と，その意味についての専門家であることを認めて協働する。解決志向の観点からは，クライエントを導く最良の方法は，「一歩下がってリードする」ことである。比喩的に言えば，セラピストはクライエントの後ろに立ち，解決志向の質問でクライエントの背中を押す。そしてクライエントが好ましい未来を見られるようにし，このゴールを達成するために，クライエントは広範な可能性を思い描く。
　セラピストは，「知らない」姿勢で，クライエントが自分自身のことや自らの状況を話すように面接技法を発展させる。解決はクライエントの生活の文脈から生まれるので，セラピストはクライエントが情報を提供するままにする。セラピストはクライエントを押したり引いたりせず，指導もアドバイスもしない。クライエントを自身の人生についての専門家であると考え，セラピストは質問することで，クライエントから情報を得るとともに，問題の解決法を思いつけるよう導く。この姿勢は，未来に対するクライエントの希望，信頼，そして確信を促進する。ポジティブ心理学の観点からは，セラピストは専門家以上の存在である。セラピストはアドバイザーの一人であり（第 10 章「ホームワーク課題」を参照），よりよくなるためにクライエントがすべきことを教える（たとえば，抑うつを感じるクライエントに感謝の意を表す訪問を提案し，対人的問題をもつカップルには「ストレングス・デート」を設定する）。
　いろいろな問題は，主として人々がお互いにどのように反応するかで決定される。レアリー（Leary, 1957）は，社会関係をカテゴリー化するための実践的モデルの 1 つであるレアリーのバラ（Leary's Rose）を開発した。彼は 2 つの主要な次元を区別した。縦軸の一方には，権力と影響力（上位）が，反対側にはそれらの欠如（下位）が配置される。横軸の一方には，人への近接と共同が，他方には隔たり（対立）が置かれる。これら 2 つの次元は，人々の相互作用の仕方を規定する。権力欲求を強くもつ人は，自分を他者よりも高い位置に置く。彼らは好戦的で，あれこれと指示をする。スペクトラムの反対の端にいる人は，追従的または依存的位置にいる。影響の部分が等しいならば，その関係は対称的であり，等しくなければ，その関係は相補的である。他の人と一緒に働くことに幸せを感じる人がいる。このような人には，支援と援助を提供するような協働的行動が適している。スペクトラムの反対の端にいる人は，距離を取り，対立を意味する行動に結びつく。

これらの次元をもとに，レアリーは，4つのコミュニケーションの位置を考案した。すなわち，「下位と共同」「上位と共同」「下位と対立」「上位と対立」である。クライエントとセラピストは，これら4象限のなかの好きな位置をとる。好みが2つ以上に変わることもあろう。一方がとるコミュニケーションの位置は，相手に補完的（相補的）位置を促すか，または，対立的（対称的）な相互作用の位置を促す。上位は下位を，下位は上位を，共同は対立を，対立は共同を生みだす。それゆえに，コミュニケーション行動がこれらのルールに従って進む。相互作用の崩壊も同じルールで進む。セラピストは，自分自身の反応や，言わば強いられた相互作用の位置をもとに，この行動を見きわめる。セラピストは，クライエントの位置変えを助けることができる。たとえば，解決志向の「知らない（not-knowing）」姿勢をとることで，またはクライエントを能力があり専門家であると考えることによって，クライエントを「下位と共同」の位置から「上位と共同」へと変えることができる。

4つの主要な位置は次の通りである。

1. 上位と共同：私はリーダーシップと連帯の位置を選び，相手に思いやりのある従順さを求める。
2. 下位と共同：私は相手との関係で依存と思いやりのある位置を選び，相手に好意的に主導権をとるよう求める。
3. 下位と対立：私は相手との関係で依存と疑念の位置を選び，相手に私を無視する（反対や不満を言う）よう求める。
4. 上位と対立：私は相手との関係で優位で対立の位置を選び，相手に私を畏怖するよう求める。

医学モデルにおいて，専門家であるセラピストは「上位と共同」の位置をしばしば選び，自動的に，クライエントを「下位と親和（または対立）」の位置に置く。解決志向のセッションでは，セラピストは可能な限り「下位と共同」の位置をとり（一歩下がってリードする姿勢と知らない姿勢），クライエントを外見的には自動的に「上位と共同」の位置，つまり協働専門家の位置まで移動させる。セラピストは，クライエントの好みの位置に注意を払うことにより，または，セラピスト自身の位置を「上位と共同」から「下位と共同」に移動させることによって，クライエントの協力，コミットメント，動機づけを高める。同様に，クライエントのアイデアや能力に関する質問は，セラピストとクライエントとの間の同格な協力を生む。

カスタマー関係（第5章参照）にあるクライエントは，共同の位置にいるが，コンプ

Part 2：実践

レイナント関係であるクライエントは行動の変化に関する限り対立の位置にいる。もし，自分自身がイライラし不安で落胆しているとセラピストが気づくならば，陰性の逆転移，つまり，クライエントの行動に対してセラピストが否定的に反応している状態である。実践においては，ビジターまたはコンプレイナント関係のクライエントをセラピストが誤ってカスタマー関係と考えたとき，このような問題は生じやすい。

要約すると，ポジティブCBTのセラピストは，自分が最も適する位置を選ぶだろう。専門家―助言者の位置である人もいれば，クライエントの専門性を引き出す面接者の位置をとる人もいる。

スーパーセラピスト

すべてのセラピストが同じようには成功していないことは明らかである。ワムポルド（Wampold, 2001）は，次のように述べている。ある法律家はよりよい成果をあげ，ある芸術家は驚くべき芸術作品をつくり，ある先生は他の先生よりも生徒によい成績を取らせる。同様に，あるセラピストは他のセラピストよりもよい成績を示すだろう。それゆえ，私たちの多くは，友人や親戚に，調停者，法律家，医師，セラピストを推薦するとき，その人の理論的な背景よりも能力や専門性を重視する。

ミラーら（Miller et al., 2007）は，最近の研究から，高い効果をあげているセラピスト（ミラーらは「スーパーシュリンクス（Supershrinks: スーパー精神科医）」と呼ぶ）と他のセラピストを区別する明確な実証的証拠を示した。データによれば，スーパーシュリンクスの改善率は平均的なセラピストよりも50％以上高く，ドロップアウト率は50％以下である。驚くべきことに，この成果に，トレーニング，資格，スーパービジョン，経験年数，エビデンスに基づいた実践の使用は無関係であった。ほとんどのセラピストが時間や経験とともに成長すると信じている事実にもかかわらず，ここ30年の記録を調べると，効率は訓練の初期に頭打ちになる。

セラピーにおいて，セラピストの役割は重要である。それにもかかわらず，この領域の研究は大きく遅れている。たとえば有能で有効なスーパーセラピストに特有の変数と資質についての研究はほとんどない。そして，これらの変数とセラピー学派におけるアプローチの違いとの相互作用についてわかっていることはごくわずかである。ましてや，クライエントの変数と，スーパーセラピストの変数との相互作用についてほとんど何もわかっていない。

ワムポルドは，心理療法の研究を概観した。彼は著書の1章を「忠誠心（allegiance）」，すなわち，セラピストが立脚している治療モデルに対するセラピスト

自身の信頼にあてている。治療に対する信頼と，その治療がクライエントに変化をもたらす効力に対する信頼は，有能なセラピストの重要な資質である。セラピストが治療に十分な力を注がないと治療成果を危険にさらすことになろう。治療に対する忠誠心の背景にある考えは，セラピストがある治療法を好み，その治療の望ましい効果を経験していれば，より根気強く，熱心に，希望と能力をもって治療するだろうというものである。

　セラピストに特有な諸変数に関する研究では，能力が高く創造的で献身的なセラピストは，彼らの年齢，ジェンダー，肌の色等の制約から無縁であることが示されている（Beutler et al., 2004）。セラピストの肯定的で友好的な態度と望ましいアウトカムとの間には，一貫した関係がある。批判的で敵対的な態度は，逆の効果をもつ。スーパーセラピストは，クライエントにセラピーへの関与を求め，協力を得て，それを維持する。もう1つの一貫したアウトカムは，セラピストがある程度積極的で指示的なことである。クライエントに機能不全のパターンを繰り返させているのではなく，クライエント自身の認知と行動に立ち向かわせるために，セラピストは面接を構造化することが重要である。

　ミラーら（2007）は，セラピストが自らの仕事の質や治療同盟への貢献についてクライエントに尋ねた場合，優秀なセラピストのほうが否定的なフィードバックを受け取る可能性が高いと報告した。最良のセラピストとは治療成果の上位25％にいる人だが，治療の初期の段階で，標準化された治療同盟測度において一貫して低い得点だった。多分，クライエントからの率直な感想を彼らは粘り強く依頼したか，クライエントがそれを信頼したのだろう。その結果セラピストは治療関係において潜在的に存在する問題であっても扱えるようになる。逆に，平均的なセラピストが否定的なフィードバックを受け取るのは，治療の後期，つまり，治療関係が破綻しかけているときや，ドロップアウトの危機が高くなったときである。以上の理由で，スーパーセラピストは，ドロップアウトの危機や治療の失敗に対して格別に気を配る。

　セラピストの関わり方の多くの側面は，セラピストがクライエントの嗜好や希望，性格に合わせられるかどうかに強く左右される。セラピストの提案に応じないクライエントに対しては，中程度の刺激がクライエンントに変化をもたらすようであれば，セラピストは刺激しすぎないように，かつ刺激しなさすぎないように自分のスタイルを合わせる。それゆえ，信頼関係を構築することと柔軟性が，セラピストにとって不可欠な資質となる。肯定的な治療同盟の形成に有効なセラピストの関わり方は，クライエント一人ひとりによって違っている。優秀なセラピストは，クライエントの反応に敏感で，このフィードバックを基にしてクライエントとの相互作用を調整することが

Part 2：実践

できる（Duncan et al., 2004）。

ノークロス（Norcross, 2002），ワムポルドとバティ（Wampold and Bhati, 2004）は，面接の仕方よりもセラピストのパーソナリティやクライエントとの治療同盟が，面接成果の強力な決定因であることを見いだした。親密な対人関係にセラピストが安らぎを感じる程度，敵意の低さ，高いソーシャルサポートは，治療初期においてクライエントが治療同盟をどのように評価するかを予測する。加えて，ノークロス，ワムポルドらの所見では，セラピストの経験は，治療関係に関する予測力をまったくもたない。

要約すると，セラピストは多くの点で変化に関連している。変化に関するモデルのほとんどは，セラピストが中心であり，変化のメカニズムが治療過程で働くかどうか，また，どのように働くかはセラピストに左右される。セラピストの役割の研究は，医師，弁護士，調停者のような他の専門家にも適用できることが期待される（Bannink, 2010b）。

Exercise 12.1

あなた自身の能力に関する証明書をつくりましょう（ジョーン・ウイラー〈John Wheeler〉のウェブサイトを参照）。この資格証明書は，専門家の実践を効果的にするセルフ・コーチングのツールです。

1. 仕事をするとき，インスピレーションを与えてくれる人を以下にあげましょう。
   [   ]
   [   ]
   [   ]
2. 1.の人たちが教えてくれた，仕事をするときに思い出すべき大切なことを以下にあげましょう。
   [   ]
   [   ]
   [   ]
3. 私がこの仕事をするよう励ましてくれる人たちを以下にあげましょう。
   [   ]
   [   ]
   [   ]

4. 3. の人たちが私を励ましてくれるのは，私の以下の点に気づいているからです。
   [   ]
   [   ]
   [   ]
5. 仕事で私が担当する人たちは，私がもっている以下の資質と能力を評価しています。
   [   ]
   [   ]
   [   ]
6. 私のサポート・ネットワークにいる以下の人たちは，私が5. の資質と能力をもっていることを知っています。
   [   ]
   [   ]
   [   ]
7. 仕事上のプレッシャーで自分の資質や能力を1つしか思い出すことができないとしたら，私が思い出すのは次の点です。
   [   ]

気楽さと楽しさ

　もしセラピストがクライエントよりも一生懸命働いているならば，もしセラピーがやっかいな仕事に思えてきたならば，そしてもし面接中にクライエントと一緒にセラピストが笑うことがなくなったならば，おそらくセラピストはこれまでのやり方を止め，何か他のことをするべきだろう。余裕をもって，いろいろと尋ねることから始めるべきである。このセラピストは，ゴールに到達したいとクライエント以上に思ってしまったのかもしれない。または，クライエントのゴールがいまだに明らかになっていないのかもしれないし，クライエントには変化への動機があるとセラピストは思っているが，実はコンプレイナント関係なのかもしれない。セラピストのゴールがクライエントよりも高かったり，クライエントのゴールと違っていたりするのかもしれない。このようなときは，冗談を時折交ぜながら，クライエントのストレングスとリソースについて尋ねてみるとよい。このような状況になったならば，セラピストは振り出しに戻り，初回面接の計画書（付録A 参照）の1つを使用することができる。クライエントのほうは面接後に楽しいことができそうなのに，セラピストのほうは何もできないほど疲れ，ストレスを感じている。これが従来のセラピーだとするならば，ポ

Part 2：実践

ジティブ CBT は，素晴らしい代案になるだろう！
　ここまで見てきたように，よい治療同盟に対する責任はクライエントだけでなく，私たちセラピストにもある。進展が見られない場合は，セラピストは次のように自問することができる。

- ほんのわずかかもしれないが私がどのくらい役に立ったかをクライエントに尋ねると，どのように答えるだろうか。
- クライエントにとっての成功の兆しは何か。
- この結果はどの程度現実的か。
- 私にとっての成功の兆しは何か。
- 私の考えとクライエントの考えが異なる場合，クライエントのゴールに向けて働くために，私は何をする必要があるか。
- 10～0までのスケールで，クライエントは今何点だと言うだろうか。
- クライエントが得点を 10 に近づけるには，何が起きればよいだろうか。
- セラピストとして私は，このセラピーが成功することへの動機づけと，希望と自信をどの程度もっているだろうか。私がもっと多くの動機づけ，希望，自信をもつとすれば，そのとき，私は今と違ったどのようなことをしているだろうか。そのとき，クライエントにはどんな違いが生じるだろうか。

　クライエントが好ましい未来に到達する手助けができるという動機づけ，自信，希望をセラピストがもはやもてなくなったとすると，それらを取り戻すために何をすべきかを検討する。とは言え，コンプレイナント関係にあるクライエントとのセラピーでは，進展がなく，セラピストがイライラや落胆を感じたり，セラピストが何かを始める前に，クライエントがまず何かをしなければならないと思ったりすることがある。またクライエントと肯定的な協働関係を再確立しようとする意欲を失うこともあろう。このような場合，セラピストを交代することが望ましい。

●Case 12.1

　これまでのところ，クライエントにはほとんど進展が見られなかった。セラピストは多少イライラを感じながらも，一生懸命働いていた。それなのに，クライエントはセラピストの説明やアドバイスのほとんどすべてに対して「はい，しかし……」と答えていた。クライエントは自分の行動を変えるために何もしていないので，セラピストは，このクライエントに対してもう何もしたくないと思い始めていることに気づいた。

そこでセラピストは，すべての面接で少なくとも3つのコンプリメントをすることにした。これは，コンプリメントをするところを探すために，セラピストはクライエントが行っていることに熱心に注意を向けなければならないことでもあった。セラピストがクライエントのストレングスとうまくいっている点に焦点を当てるにつれて，3つのコンプリメントは思っていた以上に簡単であることが明らかになった。その結果，治療同盟が劇的に改善し，クライエントも進歩した。

Exercise 12.2

今あなたが専門家としてやっていることに役立った3つのストレングスを検討してみましょう。同僚にも尋ねてみましょう。同僚は，あなたのどのようなストレングスを3つ指摘するでしょうか。その後，役割を交替することもできます。

治療同盟の再検討

臨床研究者は，心理療法において変化をほとんど生じさせないような側面，つまり実施されたセラピーのタイプに注目し続けてきた。セラピー・タイプの違い以上に，アウトカムに対して影響力をもつ要因がある。最も研究された共通要因は，セラピストとクライエントとの間のいわゆる治療同盟についてである。治療同盟は，セラピーの初期に測定されたときでさえ，アウトカムに対する強力な予測因であることが報告されてきた（Wampold, 2001）。理論的立場や専門領域にかかわらず，セラピストとクライエントの関係の強さは，効果的な治療成果に一貫して関連する。この関連は，治療同盟をセラピストではなく，クライエントが査定した場合に特に当てはまる。治療同盟についてのセラピストの評定よりも，クライエントの評定がアウトカムに強く相関する。さらに，治療の初期の段階での評定は，後の治療過程での評定よりもアウトカムの予測力がより強い。

治療同盟の影響を無視するとアウトカムを正当に評価できないという事実があるにもかかわらず，治療同盟の影響を査定するために計画された研究は，ごく少数であった。「エビデンスに基づいた治療」の流れは各種治療法の効果を重視する。しかしそのとき，アウトカムの変動性は治療タイプによってほとんど説明されず，セラピストやクライエントによって評価された治療の諸側面によって説明されることは無視されてきた。

特に治療の初期段階で測定された治療同盟はアウトカムを予測し，治療同盟のまずさは，クライエントのドロップアウトを予測することを示す研究がある。この知見は，

Part 2：実践

治療開始後すぐに治療同盟に注意をはらわなければならないことを意味する。

マイクロ分析

　バベラスら（Bavelas et al., 2000）は，「治療器具が外科医の道具であるように，コミュニケーションはセラピーの道具である。治療的コミュニケーションを治療器具と同じように注意深く，正確に取り扱うことが私たちの責務である」と述べた。対話のマイクロ分析の目的は，セラピストとクライエントとの間の観察可能なコミュニケーション系列を，その機能を重視しながら逐次見ていくことで，詳細で再現可能な検討をすることである。ビデオ記録された対話は2つの手段で分析される。すなわち，確認の分析と質問の分析である。確認は，クライエントの発言に対するセラピストの理解を示す方法である。

- クライエントは情報を提供する（「私はもう何をすべきかわからない」）
- セラピストは，1つの確認をもって自分が理解したことを示す（「途方に暮れている，ということですか」）
- クライエントは，その確認が正確な理解であるか（どうか）を明示的または暗示的に認める（「はい，その通りです」）

　質問の分析では，質問が治療的介入として意図的であろうとなかろうと，どのように機能しているかを分析する。ある質問の影響力は，質問の背景にある（たいていは潜在的な）前提や仮定から生じる。異なる治療アプローチからの質問を分析すると，セラピストの経歴がつくりあげた質問の前提がわかる。問題志向CBTの会話では，「あなたが今日話したい問題について，もっとたくさん私に話してくれませんか」という質問になるかもしれない。一方，解決志向の会話では，「今日，ここで，どのようなことが話し合えれば最もよいでしょうか」となるだろう。
　それぞれの質問や確認の内容は，肯定的，否定的，中立的に分類できる。
　トモリとバベラス（Tomori and Bavelas, 2007）はマイクロ分析を使用して解決志向ブリーフセラピーとクライエント中心療法のエキスパートの面接を分析した。解決志向のエキスパートはディ・シェイザー（De Shazer, S.）とバーグ（Berg, I. K.）で，クライエント中心療法はロジャース（Rogers, C. R.）とラスキン（Raskin, N. J.）であった。双方のエキスパートでは，セッションの組み立て方が異なっていた。クライエント中心療法のセラピストは，クライエントの発言（contributions）に反応し，もっ

ぱら確認のみを使用していた。解決志向のエキスパートは，確認と質問の両方を使用しており，質問によってクライエントに発言を開始させ，それに反応した。双方の立場では，発言の傾向も異なっていた。解決志向のセラピストの質問と確認は主に肯定的であったが，クライエント中心療法では多くは否定的で，たまに中立的か肯定的であった。

セラピストの肯定的な発言内容とは，セラピストの質問，確認，示唆によってクライエントが自分の生活の肯定的な側面（たとえば，関係性，特性，過去・現在・未来の経験）に注目するようになるものである。クライエントの肯定的な発言内容とは，クライエント自身の質問，発言，確認，示唆により生活の肯定的な側面に着目するものである。セラピストやクライエントの否定的発言内容は，肯定的な内容の逆である。

もう1つの研究知見では，セラピストの発言が肯定的だとクライエントの発言も肯定的になり，セラピストの発言が否定的だとクライエントの発言も否定的になる傾向があった。

スモックら（Smock et al., 2013）は，解決志向ブリーフセラピーと認知行動療法のエキスパートそれぞれ3人の面接で，肯定的内容と否定的内容を比較した（CBTセラピストの一人は，マイケンバウム〈Meichenbaum〉であった）。SFBTのセラピストは，CBTの面接に比べ肯定的な内容が有意に多く，否定的なものは有意に少なかった。すべてのセラピストに対して，クライエントは同じような対応をした。すわなち，肯定的な会話に対してはより肯定的な会話で応じ，否定的な会話にはより否定的な会話で応じた。このように，セラピストが肯定的内容を用いると，全体として肯定的なセッションの協働構築に貢献するようである。否定的内容では，これが逆になるだろう。研究知見の3つ目は，集団として見ると，SFBTのエキスパートは全員が一貫して肯定的であり，CBTのエキスパートは集団内でかなり異なる（Franklin et al., 2012）ことであった。この知見は，第1章での筆者の見解と一致する。すなわち，CBTは単一の形式ではなく，むしろ技法の1つのクラスであり，同じ特徴を共通にもつが，重要な点では違いもある。

Exercise 12.3

どのような言葉で最初の面接を始めるか，考えてみましょう。あなたは問題志向の質問を選ぶことができます。たとえば，「問題は何ですか」「あなたを困らせているのは何ですか」などです。中立的な質問を選ぶかもしれません。すなわち，「どうされましたか」。一生懸命働くことを暗示する質問を選ぶかもしれません。「私にできることが何かありますか」。または，セッションのゴールに関する解決志向の質問を選ぶこともできま

す。「来談の目的は何ですか」「ここに来て役に立ったと言えるためには，このセッション（治療）が終わるまでに何が達成される必要がありますか」「ここに，もう来る必要はないと思えるには，あなたの生活で何が変わればよいでしょうか」「問題の代わりに，どうなればよいでしょうか」。もしくは，「ミラクル・クエスチョン」をすることもできるでしょう。「想像してみてください。あなたが今夜寝ているときに，奇跡が起こります。その奇跡とは，あなたをここに連れて来た問題が（十分な程度）解決されていることです。しかし，あなたは眠っていたので，そのことに気づきません。明日の朝，この奇跡が起こったことに，どのようにして最初に気づくのでしょうか。何が違っていて，あなたが違うようにしているのは何でしょうか。他には？　あなたの後に，奇跡が起きたことに気づく最初の人は誰でしょうか。その人はどのように違った反応をするでしょうか。そして，次にあなたはその人にどのように反応するでしょうか。奇跡（仕事や人間関係等）が生じたその日のなかで，他にどのようにして奇跡が起きたことに気づくでしょうか。それは仕事のなかで，でしょうか。対人関係で，でしょうか。それとも他の何かでしょうか」。次の質問も可能でしょう。「あなたの一番の願いは何ですか」「その希望は，どんな違いをつくりますか」。

　あらゆる可能性を試してみましょう。そして，クライエントの反応の違いと面接の雰囲気の違いに注目してみましょう。

言葉の重要性

　先述したように，マイクロ分析は，セラピストがセッションで何をしているのか，また言語の協働構築的性質が対話のなかでいかに重要かについてのエビデンスを提供することによって，アウトカム研究を補うことができる。対話の協働構築は，セラピストとクライエントの間のダンスやデュエットに喩えられるだろう。言葉を注意深く使うためのアイデアは，次の通りである。

- 「もし（if）」を「ときに（when）」にする：「もし，この抑うつから抜け出せるならば，私の望むことができるだろう」を「私がこの抑うつから抜け出すときに，私の望むことができるだろう」にする。
- 「できない（can't）」を「まだ〜ない（not yet）」にする：「私は体重を減らすことができない」を「私はまだ体重を減らしていない」にする。
- 問題を内的から外的に移動させる：「私は抑うつ状態だ」を「しばらくの間，抑うつが私のところに訪れている」にする。また，「私は否定的な人間だ」を「ネガティブさがしょっちゅう私に話しかけ，私はたいていそれに耳を傾ける」にする。

- 問題について話すときは過去時制を用いて、クライエントが生活上の違いを望むときは未来時制を用いる：たとえば「今まであなたは安定した関係をもつことができなかった」を「ガールフレンドができると、あなたの人生はどのようになるのでしょうか」にする。

セラピストにとってのメリット

「私たちは、クライエントのウェルビーイングを増やすために少なからず努力をしてきた一方で、一般的な心理学は概してその実践家のウェルビーイングに対して多くのことをしてこなかった。実践家に何らかの変化が生じるとすれば、パーソナリティが抑うつに向けて変化することくらいだ」（Seligman, 2011, p.1）。

本章の初めですでに述べた研究では、臨床心理の実践家のうつ病の生涯有病率は、11％〜61％の範囲を示す。加えて、メンタルヘルスの実践家は、高水準のストレス、バーンアウト、物質乱用、代理トラウマにさらされている。健康、またはメンタルヘルスに従事している誰もが、「共感疲労（compassion fatigue）」がつきものであると知っている。これは、2次的心的外傷ストレス障害としても知られている。この状態になると、共感が徐々に減少し、あわせて絶望、快経験の減少、ストレスや不安や広範な否定的態度の増加などの症状が現れる。次に、生産性が減少し、集中ができなくなり、無能感、自己不信感が生まれるかもしれない。医学的に、この状態はしばしば「バーンアウト」と呼ばれる。

先述したようにマイクロ分析研究は、肯定的な会話はさらに多くの肯定的な会話を生み、否定的な会話はさらに多くの否定的な会話を生むことを示す。したがって、セラピストが肯定的な内容を使用すると、全体的に肯定的なセッションが協働構築され、他方、否定的な内容は逆に働くようである。

それゆえ、今は、セラピストとして自分たち自身をよりよくケアするときである。そのためには、私たちが見たいものをクライエントや私たち自身から心理療法全体に拡げて注意を向け、心理療法への肯定的な立場をとる必要がある。

セリグマン（2011, p.2）は、ポジティブ心理学が実践家に与えた影響について述べている。「ポジティブ心理学は、人々をもっと幸せにする。ポジティブ心理学を教える、ポジティブ心理学を研究する、コーチまたはセラピストとしてポジティブ心理学を使う、教室で高校1年生にポジティブ心理学のエクササイズを実施する、ポジティブ心理学を用いて子育てをする、心的外傷後成長についての教授法を新兵訓練係の軍曹に教える、ポジティブ心理学の研究者に会う、ポジティブ心理学の本を読む、こういっ

Part 2：実践

たことのすべてが，人々をより幸せにする。ポジティブ心理学の分野で働いている人は，私が今まで知っているなかで最も高いウェルビーイングをもっている」。

　ディヤングとバーグ（De Jong and Berg, 2002, p.322）は，実践家に及ぼす解決志向ブリーフセラピーの影響について述べている。彼らが言及している実践家の活動領域は，ドメスティック・バイオレンス，成人の薬物乱用違反者，保護観察中の青年の両親，地域のメンタル・ヘルス・クリニックにいるクライエントである。「解決志向を実践すると，実践者としての私たちにとても大きな違いが生じる。私たちが問題志向の面接をしていた頃，私たちはいつも疲れていたように思えた。私たちは，クライエントがいつ治療を終結にするのか知るよしもないと思い，セラピストがすべての仕事をこなしている気がし，『エキスパート』でいなければならず，クライエントを『治し』『治療する』方法を見つけなければならないと考えていた。クライエントの生活の問題についてのストーリーを聴くことに何時間も費やし，効果的であるためには，うまくいかないことについてさらに多くの質問をする必要があった。解決志向セラピーは新鮮な空気であった。突然，終結を決めるのはクライエントになった。ゴールに到達したときの，はっきりとした行動指標があった。私たちはもはや『エキスパート』である重荷を背負わなくなり，役立つことを見つけるためにクライエントとの協働作業をした。私たちはもはや問題について何か月も聴くことはせず，ストレングス，有能さ，能力に耳を傾けた。クライエントを診断名で見ることはなく，可能性に満ちた驚くべき存在として見た。面接は楽しくなり，クライエントの役に立てている感じがした。面接以外の生活でも同じような影響を受けた。あなたが肯定的なものを探しているとき，また，人生の質を決めるのは自分自身の行動だと認識するとき，どんな違いが生じるだろうか。私たちは，現実は，他者との会話において言語を使って創造されることを発見した。過去のあなたに起きた経験を通してではない。私たちは，現在に生きており，もっと楽しい時間を間違いなく過ごしていることに気づいた」。

専門家としての成長

　多くのセラピストは疲れてきて，そもそもこの難しい仕事に就いた理由を知りたいと思い始める。では，なぜバーンアウトにならないのだろうか，なぜもっと面白い仕事に就かないのだろうか。オーリンスキーとロンネスタッド（Orlinsky and Ronnestad, 2005）は，約5,000人のセラピストに対する多国籍研究を15年間行い，セラピストが専門家としてとどまっている理由は，物質的報酬や出世への期待ではなく，何にもましてクライエントとの深い結びつきと，クライエントの改善を手伝うことに価値を置いていることを見いだした。それに加えて，セラピストは自分たちの専門を学び続け

る強い欲求を実践経験年数にかかわらず一貫して報告している。オーリンスキーとロンネスタッドは，専門家としての成長は強い誘因であり，バーンアウトに対する重要な緩衝材であると指摘した。セラピストが仕事に求め，仕事から受け取る満足は「治療のやりがい（healing involvement）」と呼ばれる。この概念は，セラピストが最もうまくやっている状態を示している。セラピストの報告によれば，自ら関与し，高い水準の共感を伝え，効果的と感じ，困難に前向きに対処できるという経験である。この治療のやりがいは，彼らの絶え間ない職業的成長から生じている。彼らは自分たちの臨床的スキルを向上させ，専門的技能を高めているが，治療のやりがいを促進させるさらに強力な要因は，現在成長を経験しているというセラピストの実感，つまり日々の臨床活動から学び，面接のたびに自分たちの理解を深め，高めているという実感である。この成長は，私たちの積極的な労働意欲や臨床への情熱を維持する根本である。現在成長しているという実感は，セラピストの士気をさらに高め，バーンアウトに対抗する最大の味方となる。

　ダンカン（Duncan, 2011）は，治療のやりがいという実感を得るには，過去の自分と現在との継続的な比較が必要であると述べた。研究は，すべてのセラピストが同等にうまくやれるのではなく，クライエントの悪化をうまく把握できていないセラピストも多いという明確な証拠を提供する。彼らは，自分自身の仕事ぶりに対しても評価できていない。サピタら（Sapyta et al., 2005）は，あらゆるタイプのセラピストに，自分の仕事をA＋からFまでで評定するように依頼した。およそ66％が自分自身にAかそれ以上の評価をつけた。自分自身を平均未満に評価した者は一人としていなかった！　もし，あなたが正規分布曲線の意味を覚えていれば，これは論理的にありえないとわかるだろう。

　したがって，評価のためには定量的な基準が必要不可欠となる。第10章で紹介したアウトカム評価尺度（ORS）とセッション評価尺度（SRS）を使用して，アウトカムを測定するために時間をとることは，私たちの専門的技能の進歩に気づくこと，そして専門家としての現在の成長感を経験することに関連する。この意味で，これらのフィードバック尺度を使うと，クライエントだけではなく，私たちセラピストも同様に恩恵を受けることは明らかである。カップル・セラピーに関して今まで行われた最大の無作為化臨床試験において，アンカーら（Anker et al., 2009）によれば，ORSとSRSによって面接の適合性と利得をセラピストにフィードバックしたクライエントは，フィードバックを与えないクライエントよりも約4倍臨床的に有意な変化に至った。アウトカムの振り返りもまた，10人のうち9人のセラピストの結果を改善した。この知見は，セラピスト自身およびクライエントの成長の追跡に積極的であるならば，私た

Part 2：実践

ち多くのセラピストが「スーパーセラピスト」になり得ることを示唆する。

発展

Part 3

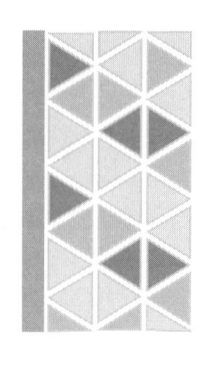

第 13 章

カップルとグループへの
ポジティブ CBT

賢明であるコツは，何に目をつぶるかを知ることである。

ウィリアム・ジェームズ（William James）

はじめに

　ポジティブ心理学の創始者の一人であるクリストファー・ピーターソン（Christopher Peterson）は，ポジティブ心理学を一言で説明するように請われて，「他の人々」と答えた。他の人々から孤立した生活には肯定的な要素がほとんど見当たらないからだ。あなたには，朝 4 時に遠慮なく電話をかけ，悩みを相談できる人が誰かいるだろうか。答えが「はい」なら，「いいえ」と答えた人より長生きできるだろう。人間の最大のストレングスは愛される能力にある。イサコウィッツら（Isaacowitz et al., 2003）は，「グラント研究」（第 4 章参照）から，80 歳の時点で主観的ウェルビーイングに最も明確に関連しているのは，人を愛し人から愛される能力であることを見いだした。

　人は，人とのつながりを求め，孤独を避けたいと思うのが一般的である。このために接近と回避の動機づけやゴールは，社会的に異なった結果につながる（第 6 章も参照）。社会的な接近ゴールは，所属や親密さなど社会が提供する報酬，つまり人との結びつきや親密さを得られるかに強く影響される。接近志向で，人とのつながりをつくり，報酬が豊富な環境にいる人にとっての快適な相互作用や関係とは，親交や協調という報酬が提供されることである。逆に，不快な関係とは，こうした報酬が得られないことである。一方，社会的な回避ゴールは，たとえば拒否や対立などの罰の出現に強く関連している。回避志向で，孤独を避け，脅威だらけの環境にいる人にとっての快適な相互作用や関係は，不確実性や不一致，不安がないことである。他方，不快な関係とは，それらの否定的な特性を伴うことである。このような社会的な結果（たと

えば，親密，対立）は，組み合わされて社会的絆と社会的関係の質に関する全般的な感覚を形成することが予測される。

　良好な適応には接近ゴールと回避ゴールの両方が欠かせないとしても，一般的には回避ゴールよりも接近ゴールのほうがよい結果やウェルビーイングに結びついている。接近動機が成長と繁栄を促進するのに対し，回避動機は保護と生存を助長する。

　ゲーブル（Gable, 2006）は，強い接近動機をもつ人は短期的な社会的接近ゴールを選び，回避動機が強い人は短期的な社会的回避ゴールを選ぶ傾向があることを見いだした。たとえば，接近動機をもつ人は，新しい友人をつくること，思いやりをもつことをゴールとし，回避動機をもつ人は孤独にならないこと，パートナーとの対立を避けることをゴールとする傾向がある。さらに，動機やゴールが異なると，それぞれの社会的結果も異なっていた。つまり，接近動機や接近ゴールは，肯定的な社会的態度や社会的絆に対する満足につながり，回避動機や回避ゴールは，否定的な社会的態度や不安定な関係につながっていた。

カップルへのポジティブCBT

　恋人関係を対象にしても，接近動機と回避動機，そしてそれぞれの帰結の関連が調べられてきた（Impett et al., 2005）。恋人同士が日常の関係で示す犠牲（パートナーが参加する退屈なイベントへの同行，友人づきあいの減少，気分がのらないときのセックスなど）の動機について，縦断的な要素を考慮しながら日々の経験を調べた。それによると，犠牲が接近動機（たとえば親密さを増すため）で行われた場合，肯定的な感情と関係への満足感が報告された。しかし，回避動機（たとえば対立を避ける）で行われた場合には，同じ行動に対して否定的感情と，関係への満足感が低下し，葛藤が報告された。回避動機による犠牲は，関係を長期間維持するためにはことさら有害である。研究の期間中ずっと，回避動機で犠牲となっていた人は，6週間後のその2人の関係に対する満足感は低下し，別れてしまうことも多かった。関係の初期の満足感を統制した研究でも同様の結果が得られた。

　多くの研究は，意識を「拡大」し，社会的ネットワークを「形成」するためには，肯定的感情と接近思考の感情が重要であると主張している（Fredrickson, 1998）。

　安定した関係にあるパートナー間では，怒りや回避感情といった否定的な感情よりも5倍の肯定的な接近感情を表す傾向があることが示された（Gottman, 1994）。ゴットマン（Gottman）が結婚における肯定性比率（positivity ratio）を計算したところ，うまくいっている結婚ではおよそ5対1の比率であることがわかった。それとは対照

Part 3：発展

的に，うまくいかず失敗に終わる結婚での肯定性比率は1対1よりも低くなっていた（詳細は，第9章参照）。

　先述した研究と同様に，ゲーブルら（2004）は，どのように戦うよりも，どのように祝福するかということが，関係の強さを予測することを示した。パートナーが，勝利や歓喜，あるいはよい出来事を伝えてきたときに，どのように応じるかによって，お互いの関係を形成することもできれば，崩すこともできる。たとえば，パートナーがよい出来事を報告したことに対しての応答には，次の4つの基本的なパターンがある。

1. 積極的で建設的
   言語的：「それは素晴らしい。おめでとう。それがどれほど君にとって重要かわかるよ」
   非言語的：アイコンタクトを続ける，肯定的な感情を表出する。たとえば微笑，笑顔などのように。
2. 受動的で建設的
   言語的：「それはよいニュースだ」
   非言語的：感情表出がほとんどない。
3. 積極的で破壊的
   言語的：「大きな責任を背負い込んじゃったようだね。これからは帰りが遅くなるの？」
   非言語的：否定的な感情の表出。たとえば，顔をしかめる，泣くなど。
4. 受動的で破壊的
   言語的：「今日の夕食は何？」
   非言語的：ほとんどアイコンタクトを取らない，背を向ける，部屋を出る。

　最初の方法だけが，肯定的な関係を築く際に役立つ。親しい人が，その人に起こったよいことを話してくるときは，いつでも注意を払って聴き，積極的で建設的に応えるのがよいだろう。そして，その人たちにあなたとの出来事を思い起こすよう頼んでみる。彼らがより多くの時間を使って思い起こすほどよい。積極的で建設的な応答について，セリグマン（2011, p.51）は次のように語っている。「いったんあなたがそれを始めれば，他の人々はあなたをもっと好きになる。そして，もっと多くの時間を過ごし，プライベートな事柄についても話すようになるだろう。あなたは自分をもっと肯定的に感じ，それらすべてが，積極的，建設的応答のスキルを増強する」。

第 13 章　カップルとグループへのポジティブ CBT

　同様のものとして「投資（capitalization）」の研究がある。投資とは，自分の生活の肯定的な出来事を他者に伝え，それに対し相手が活発で肯定的に応答することである。こうすることは，さらなる感情を生み，語られた出来事に関連する肯定的感情が強められる（第 10 章参照）。さらに，コミュニケーションにはリハーサルや精緻化が含まれており，それらが記憶中のその出来事の特徴やアクセスを増すことによって，その経験を強調し持続させる。このようにして投資は個人および社会的リソースを形成するのである。

Exercise 13.1

　これは，積極的で建設的な応答を練習するエクササイズです。ここでは，よい知らせの出来事を共有する相手に対し，心からの喜び，興奮，そして積極的な質問といった態度で応答します。こうすることで，相手の人はその出来事の喜びを再体験でき，話し手と聞き手の関係がもっと強く肯定的になっていきます。

カップルへのポジティブ CBT の実践

　まずは両者と肯定的な同盟関係を築くことから始める。その際，不本意ながら来談した人との同盟関係を確実にする。一方が他方に変わってもらいたくてセラピーに連れて来る場合もあるからだ。ストレングスやリソースについて質問してみよう。「あなたのパートナーは何が得意ですか」「パートナーにどんな感謝をしていますか」「パートナーのどこが好きですか」「あなたが誇りに思っている点は何ですか」「2 人の関係には，どのような好ましい面がありますか」。クライエントが互いのストレングスについて述べコンプリメントし合うこのプロセスは，希望と友好的な関係を生みだすのに役立ち，ほとんどの場合セッションがより早く，より肯定的な雰囲気で進行することになる。

　言うまでもないが，カップルセラピーにおいては，セラピストがバランスをとることが必要である。どちらのクライエントにも，自分のことを話し，よりよい未来に向けた希望やアイデアを表明する時間が平等に与えられなければならない。

　次にパートナー双方に対し，2 人の生活や関係がどう変わってほしいか（来談のゴール）を質問する。これによりクライエントは，2 人の関係における過去の問題や挫折から離れ，より生産的で満足感のあるところへ移ることができる。共通のゴールに向かうために次の質問をする。「2 人の関係は，どのように変わればよいのでしょうか」「あなたの望むように相手が変わったならば，何が違ってくるでしょうか。2 人の間で何が変わるでしょうか」。

ウォルターとペラー（Walter and Peller, 2000）によると，クライエントは往々にして，望まないことや，生活から取り除きたいことについて話す。相互作用の状況では，クライエントは相手にしてほしくないことを話すことが多い。そのようなときの行動方針とは，相手がしている問題とされる行動をやめさせるということのみである。一方，相手も微妙な立場に置かれており，選択肢は，その行動を守るか，相手がそれほどまでに問題視している行動をやめるかのどちらかしかない。彼あるいは彼女には，何が起こってほしいと相手が思っているのかはわからないままである。それを話し合うことで，面接がより建設的な方向に進むことがある。

次に例外についての質問やスケーリング・クエスチョンをする。「今より少しでも状態がよいと感じたときはいつですか」と尋ねることもできよう。クライエントがこのような例外を思いつくことができない場合，次のセッションまでにこれについて観察してもらう。「最もよい状態を 10，考えられる最悪の状態を 1 とした場合，今は 0 から 10 のどこにいますか」「セラピーを終結するためには，このスケール上でどの辺になりたいですか」と尋ねる。

● **Case 13.1**

カップルセラピーにおいては，関係を修復したいという共通のゴールを共有する。ポジティブ CBT のセラピストは「関係性の質問」によって，面接に他の視点を取り込む（第 7 章参照）。

夫に対しては次のように尋ねる。「夫婦として望ましい方向に進み始めたと奥様が言えるようになるには，あなたはどうすればよいでしょうか」「そのとき奥様は，あなたの振る舞いがこれまでとどのように違うと言うでしょうか」「そのとき奥様はどのような反応をするでしょうか」。

妻に対しては，こう質問する。「あなたが夫婦として望ましい方向に戻ったとご主人が言えるようになるには，どうすればよいでしょうか」「そのときご主人は，あなたの振る舞いがこれまでとどのように違うと言うでしょうか」「そうするためには，ご主人が何と言えば役立つでしょうか」。

夫婦に対して，セラピストはこう質問する。「2 人の間がよくなった，とお子さんたちが言えるようになったとしたら，どうですか」「あなたたちがこれまでとは違ってどんなことをしているのを，子どもたちは目にするでしょうか」。

それに加えポジティブ CBT セラピストは，それぞれに VIA テスト（第 4 章参照）を実施し，彼らの性格ストレングス上位 5 つを発揮する「ストレングス・デート」を，2 週間おきに設定することを勧める（後述）。たとえば，夫妻の上位 5 つのストレングスの 1

つとして「好奇心」が共通している場合，デートでどこか新しい博物館を訪れ，一緒に時間を過ごすことに決める。

Exercise 13.2

「ストレングス・デート」を計画することは，大切なパートナーとあなたの性格ストレングスを互いに理解し，認め合い，称え合うことで2人の結びつきを強め，肯定的な感情をもたらす，素晴らしい方法です。ストレングス・デートを計画する際には，まず性格ストレングスのVIA質問紙（第4章参照）を実施し，互いの上位5つのストレングスを見つけます。上位のストレングスを好きなだけ選び，自分と最愛のパートナーのそれぞれのストレングスを使う活動を一緒につくりあげていきます。

Story 13.1 「ノルウェー・フィードバック・プロジェクト」

ノルウェーでのカップルセラピーにおいて，治療経過と治療同盟の情報をクライエントとセラピスト双方にフィードバックする効果について検討された。地域の家族カウンセリングを行うクリニックにおいて，外来患者が無作為に2群に分けられた。一方の群は従来通りの治療を受け，もう一方の群ではアウトカム評価尺度とセッション評価尺度（第10章参照）によるフィードバックが提供された。治療後の評価では，従来通りの治療に比べフィードバック群のカップルにおいて，臨床的に重要な変化が約4倍生じていた。主要な測度については，6か月後のフォローアップでも有意な改善が維持され，別居や離婚に至った割合は有意に低かった（Anker et al., 2009）。

アンカーら（Anker et al., 2010）による2つ目の研究では，フィードバックをする介入の実行可能性と重要性を裏づけている。治療同盟はアウトカムと初期の変化を有意に予測していた。これは，治療同盟はクライエントの改善に関わる誤差要因（artifact）ではなく，それ自体変化に対する主要因であることを示している。この研究では，治療同盟得点が上昇したカップルは，これに改善が見られなかったカップルに比べて，有意によいアウトカムを示すことも見いだされた。こうした所見をまとめることで，セラピストは治療同盟を偶然に任せるのではなく，毎回のセッションでこれを評価し，クライエントと検討すべきであることが示唆される。

ベック（Beck, 1988, p.5）によると，苦悩しているカップルは「誤解を正すこと，コミュニケーションのもつれをほどくこと，パートナーのシグナルを正確に見たり聞いたりする能力を調整すること」に助けが必要である。

Part 3：発展

　ポジティブCBTの視点からすると，行き詰まったカップルに必要なのは，どの解釈がすでに正しく，変える必要がないのはどれで，もっとすべきことは何かを見きわめるための助けである。コミュニケーションのもつれをほどく代わりに，彼らのコミュニケーションにおいて正常を保っている部分を見きわめ，そこに焦点を当てる。そしてコミュニケーションではなくむしろ寛容さに焦点を当てるべきかもしれない（後述）。最終的に，自分がすでに持っている（若干の調整は必要かもしれないが）相手の否定的なシグナルよりも肯定的なシグナルを見たり聞いたりする能力に気づくだろう。

　マレーら（Murray et al., 2003）は，幸せな結婚生活に関する一連の研究を行った。彼らは，人々が自分の配偶者をどのように思っているかを入念に測定した。すなわち，容姿，親切，面白さ，思いやり，知性の程度を調べた。配偶者に対するこの質問を，配偶者の親しい友人たちにも行い，配偶者の評価得点から友人の評価得点を引いて差異得点（discrepancy score）を算出した。自分の配偶者に対し，友人よりも高い評価をしていた場合，差異得点は正の値である。友人とまったく同じ評価をしていた場合，差異得点はゼロである。友人よりも批判的な評価を下した場合，差異得点は負の値をとる。

　差異得点が，大きい正の値であるほど，夫婦関係が強いことを示す。結婚相手に幸せな勘違いをしている夫婦のほうが，はるかによい結婚生活を送っている。そのメカニズムは，配偶者は相手の勘違いを知っていて，それに見合った生き方をしようとするということであろう。結論としては，楽観主義は愛情を助長し，悲観主義は愛情を傷つけるということである。

　長い間，対人関係における困難の原因は，コミュニケーション不足であるとされてきた。その結果，専門家は，パートナー間のコミュニケーションの改善，特に問題や感情の表現の改善に力を注いできた。文献上では，効果的なコミュニケーションが結婚満足度と関連づけられてきた。一方，ゴードンら（Gordon et al., 1999）は，寛容さを教えることが時には効果的であると示唆している。特に，パートナー間にすでにあるコミュニケーション・パターンに自分の期待を合わせると，互いにもっと寛容になることができる。たとえば，問題の議論を避けたり感情を共有したりすることが，結婚満足度や幸福感につながらないカップルもいる。そのようなカップルは，感情的に，そして心理的に距離があることを好み，共同での意思決定をあまり望まない傾向がある。

　バニンク（Bannink, 2010a, 2010b）は，問題や葛藤をかかえるカップルに多くのヒントや質問を提示している。そのいくつかを紹介する。

- 2人のクライエントの間に権力争いがある場合，他の何か，できれば何か予想外

のことをするよう提案する。そして，それがつくりだす違いに注目させる。
- 論争があるならば，何に同意するのかをクライエントに尋ねる。
- 論争があるならば，状況がもっと悪くなる可能性があるか尋ねる。もしその答えがイエスならば，そうなっていない理由を尋ねる。
- 対立しているならば，彼らが違った態度をとるようにするためにパートナーに何ができたか，どちらにも尋ねる。
- 対立しているならば，対立を解消できるという希望が見つかった小さなサインは何か，どちらにも尋ねる。

Exercise 13.3

あるカップルに，次のホームワークを提案します。「今週は，相手があなたとの関係を改善するために行っていることを2つ見つけてきてください。この内容については2人で話し合わず，次のセッションであなたが見つけたことを教えてください」。

この提案の目的は，否定的なやりとりではなく肯定的なやりとりに，パートナー双方が目を向けようとすることにあります。また，観察され報告されるとわかっているので，たいてい，互いにいつもより気を配り，パートナーのために望ましいことをしようと努めるものです。

フィードバック

心理療法においてフィードバックを習慣化することは重要であり，カップルを対象にする際も同様である。アウトカム評価尺度（ORS）とセッション評価尺度（SRS）の使用に関する詳細な情報は，第10章で紹介している。カップルセラピーでは，カップルの双方がSRSを記入し，セラピストにフィードバックをする。セッションの終わりに時間がまだ残っていれば，評価についてすぐに話すことができる。時間がない場合は次のセッションの最初に評価について話すことができる。その評価がどれだけ良かったとしても，次の回でも高い評価を得るためにセラピストができる何か別のやり方はないか，いつでもカップルに質問するとよい。さらなる詳細情報は，www.centerforclinicalexcellence.com で公開している。

グループへのポジティブ CBT

グループセラピーでは，小規模なグループで生まれる対人関係の過程を通して，クライエントは各自のゴールを達成する。「グループセラピー」という言葉は，グループ

Part 3：発展

という形態で実施されるすべての心理療法を指すが，通常は，精神力動的なグループセラピーや CBT のセラピーに適用される。グループにはさまざまな種類があり，アルコホーリクス・アノニマス（Alcoholics Anonymous）のような支援団体，スキル訓練グループ（アンガー・マネジメント・グループ），心理教育のグループなどである。グループセラピーは，個人のゴール達成とは別に，たとえばグループのメンバーが精神科施設や知的障害者施設などに住むような場合は，居住施設を肯定的な雰囲気にするなど，共通のゴールを目指して実施することもある（Westra and Bannink, 2006a, 2006b; Roeden and Bnnink. 2007a, 2007b, 2009）。

これまで，グループセラピーは，一般的に問題志向であり，そのゴールはクライエント個人の問題にグループ全体で立ち向かうことであった。ポジティブ CBT のグループにおいては，ゴールは少し異なり，グループのメンバーが自分の問題に対する解決策を見つけられるためにグループを力強くする，というものである。グループは問題を共有し，支援や提案をするために自分たちの経験や質問，意欲で貢献する責任があり，一方セラピストは，グループの雰囲気やメンバーの交流，そして進行状況を監督する責任がある。セラピストの仕事は，会話を促進し，全員を参加させ，配慮が必要な人に対応することである。ポジティブ CBT のセラピストがグループを扱う際のヒントを少し紹介する。

- グループにおいて個々のカウンセリングはしない。
- グループのメンバー全員とのアイコンタクトを続け，一人ひとりに注意を向ける。
- グループメンバーが話し，答え，反応し合って，お互いを助けるよう促す。
- セラピストが答えを与えるのではなく，グループのメンバーに促す。
- メンバー個々との関係を扱うのではなく，グループの関係を活気づける。
- セラピストとメンバーとで話さずに，論議はグループメンバー同士間だけでする。
- セラピストの個人的な見解は述べない。
- メンバー全員のストレングスとリソースを見つけ（たとえば，インターネットで VIA をする。第 4 章参照），レジリエンスを探す。

セレクマン（Selekman, 1997）は，グループセラピーの成功につながる以下の 6 つの原則をあげた。

1. お互いに尊重し，許容し，信頼する雰囲気をつくる。誰もが等しく意見を述べ，それが等しく尊重されること。

2. コミュニケーションは柔軟で自発的になされること。構造化をしすぎるとうまくいかない。問題志向の会話を解決志向に変える。すると互いに感謝し合えるようになり，グループの皆がアイデアを出し合って解決法を見つけやすくなる。
3. 異なるアイデアが互いを補い合うような文脈を準備すること。問題を新たな視点から見つめることができれば，「問題が存在しない（problem-free）」ストーリーが見つかるかもしれない。そうすればメンバーはグループセラピーの効果を再確認するだろう。
4. いろいろな視点から試してみる機会を設けること。すると不確かな状況を発見の機会と考えるようになる。
5. 意見の一致は，新しい可能性を切り開いたり見つけたりする際に不要で，また関連もない。合意に達することが重要なのではなく，1つの状況にもたくさんの見方ができ，誰かが正しくて誰かが間違っているというわけでもないということもわかるだろう。
6. 誰が何をするかについて制限するものはない。多くの場合，誰かに任務や責任を果たすように指示する必要もない。もしメンバーは，自分の知識や専門性が必要とされていると気づけば，自分から進んで危険を冒してでも今以上の働きをするだろう。

Exercise 13.4

　このエクササイズは「映し出された最高の自分（Reflected Best Self）」と呼ばれています。あなたの周りの10人から20人の人に依頼し，あなたが積極的な貢献をしたときの話を3つずつ書き出してもらいます。すべての話を集めてまとめ，共通するテーマ，予想外の内容，洞察を得たことを探し出してみましょう。それらを統合して「最高の自画像」をつくりあげます。探し出したものをまとめたり，統合した内容に基づいて企画を立てたりします。あなたの大切な人たちと結果を共有します。このエクササイズを自分のVIAの結果と組み合わせる人も多く，それによって，自身の性格ストレングスがどのようにして活かされるかが明確になります。また，自覚している自分のストレングスが，他者から見た自分のストレングスにどれほど合致するかを確認することもできます。

　20人というと大変な数に聞こえるかもしれませんが，この影響力を考えてみましょう。たとえば，人生で関わりをもった20人の人間と有意義な会話を交わすことができるでしょう。20人に肯定的で魅力的なコメントを求めることで，個人的，社会的，仕事上，あるいは精神的などといった，人生におけるさまざまな領域で人々とつながるでしょう等々。このエクササイズは，あなた，他の人，そしてその関係に，どれだけ変化を与え

られるかを考えてみましょう。

リチーミング

ファーマンとアホラ（Furman and Ahola, 2007）は，「リチーミング（Reteaming）」と呼ばれるモデルを説明している。これは 12 の連続する論理的なステップからなり，ゴール設定を容易にし，その達成に必要な動機づけを高めたり協力を強めたりすることで，個人やグループがよりよい方向へと向かう手助けをする。リチーミングは，希望と楽観性を生みだし，動機づけを築き，そして創造性と相互協力を後押しする。リチーミングにおいて変化は，他者とともになされる集合的なプロセスである。変化をもたらすためには，個人は多くの場合，周囲からの手助け，支援，そして励ましを必要とする。その 12 のステップは次の通りである。

1. 夢を表現する
2. ゴールを見きわめる
3. 支援者を集める
4. ゴールの利益を明確にする
5. すでになされている進歩に気づく
6. やがてくる進歩を思い描く
7. 困難を認める
8. 信頼の根拠を見つける
9. 約束をする
10. 進歩を追跡する
11. 起こりうる後退に備える
12. 成功を祝福し，支援者に感謝する

より詳細なリチーミングのプロセスは，www.reteaming.com を参照されたい。

Exercise 13.5

グループのメンバーは丸く円になって座ります。全員に 1 枚ずつ紙を渡します。メンバーは，その紙に各自の名前を書き，この紙を回します。受け取った人は，名前が書かれた人のストレングスを書き，隣の人に渡します。紙はコンプリメントで埋めつくされ，最終的に自分に戻って来ます。紙を蛇腹状に折りたたむことで，書かれた内容を他人に見られずに回すことができます。

グループへのホームワーク

　メトカフ（Metcalf, 1998）は，グループセラピー向けに開発したホームワークを紹介している。グループのクライエント全員のゴールが明確になっている場合，セラピストは，次のグループセッションまでの間，ゴールに向けて取り組むよう彼らを励ます。たとえば，次のように伝えるかもしれない。「皆さんは，自分の問題がどんなときに軽くなるか，よくわかっています。さて，次のミーティングまでの間，この問題をコントロールし続けるために，何ができるかを話し合いましょう」。ゴールがまだ明確でない場合には，セラピストは，次のセッションまでの時間を有効に使うよう，クライエントの意欲を引き出す。次回セッションまでの間，毎日の行動を念入りに観察し，問題にそれほど悩まされないのはどのようなときかに注意を払わせる。クライエントのゴールは，問題の起こらない状況を把握し，次のグループセッションで報告することである。初回のグループセッションの終わりにメトカフは以下のような質問をしている。

- あなたが生活を支配している状態を「10」とし，問題があなたを支配している状態を「1」とした場合，今あなたはそのスケール上のどこにいますか。
- 次のセッションのとき，そのスケールのどこにいたいですか。
- 今日のセッションで自分自身について学んだどのようなことが，その数値に達するために役立ちそうですか。
- 誰か，他の人のために何か思いついた人はいませんか。

　このホームワークを実行しているうちに，クライエントは，自分が生活をコントロールしているときに気づいていく。

Exercise 13.6

　カップル，子ども，家族，グループへのセラピーで，セラピストはクライエントに「コンプリメント箱」をつくるよう勧めてもよいでしょう。セッションの終わりに，クライエントは，他のクライエントに対するコンプリメントが書かれたメモを箱に入れます。これらのメモは，次のセッションで声に出して読みあげられます。そのメモに署名しても，または匿名でも構いません。

　コンプリメント箱を少し変えたものに「サクセス箱」があります。これはグループセラピーに適しています。まず初めに，グループのメンバー全員で，素敵な箱を作るか，買って来ます。メンバーは全員，問題に向き合ったり，解決したりするためにうまくいっ

Part 3：発展

た方法を書いた，3つのメモを匿名で箱に入れます。解決の例としては，「友人と話し合った」「長い散歩をした」「うまくいったときの記録をつけた」などがあるでしょう。すべてのメモが箱に入れられたら，箱から出してテーブルに並べます。各メンバーは自分にとって新しい（あるいは，再び試してみたい）手法が書かれたメモを1つか2つ選んで，行動実験としてそれを試してみます。

フィードバック

　心理療法においてフィードバックの習慣を築くことは必要不可欠であり，グループを対象にする場合も同様である。アウトカム評価尺度（ORS）とセッション評価尺度（SRS）の使用に関する詳細な情報は，第10章で紹介している。

　グループセッション評価尺度（Group Session Rating Scale: GSRS）は，グループを扱うために開発されたフィードバック手段の1つである。フィードバックはSRSと同じ3点で，各メンバーに，「リーダーやグループとの関係」「ゴールと話題」「アプローチや方法」についてである。さらに，すべての話題をカバーする全体的なフィードバックも行われる。詳細情報については，www.centerforclinicalexcellence.com を参照されたい。

第14章
子どもと家族へのポジティブCBT

> 発達は，知的な理解からではなく，活動することから生じる。
> マリア・モンテッソーリ（Maria Montessori）

はじめに

　ディヤングとバーグ（De Jong and Berg, 2002）は，家族に対するセラピーの留意点を述べている。セラピストが家族に初めて会うとき，その家族は互いへの気遣いをすっかり忘れてしまったかのように見えやすい。というのは，お互いに対して大変怒り，傷つけ合い，失望しているように見えるからである。その一方で，気遣われ，尊重され，認められ，愛されたいと願っていることも忘れてはならない。表面に見えている側だけでなく，両面の感情に気づくことは常に役立つものである。忘れてはならないのは，相手に対してまったく関心がないならば，騒ぐことなく対立から静かに去っていくだけということだ。クライエントが互いにイライラしているのは，相手のことを深く気遣っていることの表れである。このようにものごとの両面を頭に入れておけば，セラピストが質問を向け，クライエントの満足を築くのが容易になる。クライエント同士の気遣いや好意の兆しに光を当て，互いの関係について希望を強くもたせることが，セラピストのなすべきことである。家族が以前にうまくやれていたことは何か。家族のストレングスは何か。セラピーがもう要らなくなったときにどうなっていたいのか。こういうことについて家族で話し合うことが，前向きな「自己成就的予言（self-fulfilling prophecies）」をつくることになる。

　たとえ家族の1人がセラピーに来ることを拒んだとしても，ポジティブCBTのセラピストは家族の他のメンバーと一緒に家族関係について考えることができる。その場にいない人を含めてセラピーを進めていくためには，いわゆる「関係性の質問」が有効である。たとえば，セラピーを拒む10代の若者の両親と面接しているなら，セラ

ピストは次のように両親に尋ねるとよい。

- 息子（娘）さんに対して，ご両親と彼（彼女）の間で何が違っているとよいか尋ねたとすると，どのように答えると思いますか。
- 息子（娘）さんがここにいるとしましょう。自分のことと同じように，彼（彼女）のことがよくわかっていますね。もし私が，彼（彼女）にとってどんな未来が好ましいかを尋ねたら，どう答えると思いますか。

子どものためのポジティブCBT

　セラピストの出会う子どもたちは，来たくて来るのではなく，強いられて来る子がほとんどである。その子たちの生活では，あれは成功でこれは問題だと大人が決めてかかる。子どもがセラピストのもとに連れて来られるまでに，周りの大人はすでに色々なことを試し，そのほとんどは失敗に終わっている。もっともなことだが，子どもを変えようとして，大人は不満，怒り，不安をかかえている。また，子どものほうも否定的な言葉ばかり聞かされ，身近な大人との間で争いごとが絶えないため，不満をためて落ち込んでいることが多い。

　大人になるためには，ある程度の争いごとは避けて通れない。子どもや10代の若者は，成長して新しいスキルを身につけるために，権威者や仲間との間で役割を交代しながら人間関係の境界がどこか探っていく。やってみようという「接近感情」があれば，限界に挑戦する行動になるが，その反対に，やめておこうという「回避感情」が勝れば，衝突を避けて安定を求めるようになり，人との関係や信頼はそのまま据え置かれる。親も教師も，時には若者自身も，この類の成長時の葛藤のためにセラピーを受けに来る。このようなものの多くは成長のために避けて通れない葛藤であり，精神病理や心理的機能不全とは異なる。

　子ども（と両親）に対してセラピーを始める際，「ゴールを達成してセラピーを受ける必要がなくなったときにどのようなお祝いをしたいですか」と尋ねるのはよいやり方である。セラピーの終結が嬉しいことであるのが子どもにもわかり，両親もまたこういう質問を好む。というのは，ものごとはよい方へ変えられるものであり，セラピーの終結時にはお祝いが待っているという希望を生みだすからである。

楽観主義

　セリグマンら（Seligman et al., 1995）は，悲観的な子どもよりも楽観的な子どもの

ほうが，学業やスポーツの成績がよいことを明らかにした。また，彼らは，楽観的な若者があまり怒ることはなく，薬物やアルコール依存に陥ることが少ないことも指摘した。セリグマンらは，子どもたちの楽観主義の成長に影響を及ぼす要因を以下の4つにまとめている。

1. 遺伝的定義
2. 子どもの現在の環境：子どもの楽観的なものの受けとめ方には親が強い影響を与える。とりわけ母親のものごとへの対処法（母親の解釈や期待）と子どもの対処法には強い関係がある。母親が楽天的であれば，子どももほとんどそうなる。親は模範であり，子どもは親のまねをする。同様に，悲観主義的な母親と悲観主義的な子どもの間にも相関がある。さらに，感謝の気持ちを表す能力の発達にも同じことが言える。
3. 広範囲の環境からの影響：親と教師の両方からの教育の効果。子どもが自律性に欠けると母親が思えば思うほど，その子どもは抑うつ的で悲観的になっていく。子どもを管理しようとしても，楽観的な子どもになることはない。親や教師，コーチ，他の大人からの批判も同様に作用する。たとえば，大人が「お前には絶対できない」などと子どもの可能性を否定すると，ものごとを悲観的に考え始めるきっかけになるかもしれない。子どもが大きくなるにつれて，子どものウェルビーイングにしつけの果たす役割は小さくなる。その代わりに，友だちや仲間が重要な役割を務めるようになる。しかしながら，そうなってもまだ自律性をもった行動やその範囲について，親には依然として重要な役割がある。
4. 子どもが経験する出来事：コントロール感と無力感はいずれも経験から得る。セリグマンらは，楽観主義には限界があると述べている。人生の挑戦を受けるつもりであるなら，子どもは現実的に自分自身を見ることが求められる。

希望

子どもがどのように困難な出来事に対処し，どのように問題行動を起こさずに過ごし，過去の成功体験をどう活用するのかを理解したいなら，希望が重要な概念であることを踏まえておきたい。希望と知性は関連づけられないが，ほとんどの子どもは，希望や目的をもって考える知的能力がある。子どもの希望の容量は，彼らの学校での振る舞いに影響する。少年と少女はともに希望に満ちあふれている。そして，未来に関する子どもの考えは，前向きすぎることもある。しかしながら，肯定的な考え方やその維持に寄与するので悪いことではない。

Part 3：発展

　研究によると，希望にあふれた子どもほど，困難に出会ってもうまく対処する。子どもたちのいだく希望の大きさは，自己表現の能力の高さに関係している。希望にあふれた子どもは自尊心も高く，抑うつ的になることが少ない。そのうえ，子どもの自尊心は希望の成長と結びついている。深刻な貧血の遺伝型の１つである鎌状赤血球貧血の子どもを対象にした研究において，この子どもたちのグループで希望と順応性との間に正の相関があり，希望と恐怖の間には負の相関があった。また，子どもの頃に重度の火傷を負った青年について，各自の希望の大きさを調べた調査がある。希望は行動上の問題の発生を予測するものであり，希望が大きいほど，行動上の問題は少ない。さらに，ソーシャルサポートによって得られた希望が自尊感情に大きな影響を与えている。10代の若者の希望と暴力にさらされる程度とを調べた研究もある。この場合，若者が暴力の犠牲者側になった状況を想定したものだが，若者が暴力を目撃するだけで直接暴力にさらされるのでない限り，高いレベルの希望を保ち続けることができることが明らかになった。こういう理由から，研究者たちは，学校では希望に満ちたストーリーを子どもたちに聞かせるべきだと主張する。こうした物語を読んだ後で，どうしたら希望が本当にかなうか子どもたちと話をするとよい。こうして，子どもたちは希望にあふれた感情を増やしていくことができる。

Story 14.1 「小さなイカ」

　むかしむかし，海岸近くの温かい浅瀬に，一匹の小さなイカが住んでいました。イカは，サンゴ礁をくぐり，美しく色とりどりの魚の間を泳いでいました。ある日，イカが泳いでいると，奇妙な物に気づきました。それは，いかりの付いた大きな船の底でした。小さなイカは，未知の深海の水をしっかりと感じるかのように，足でそのいかりを抱きました。イカが恐る恐るいかりに張り付いている間に，いかりは深く沈み始め，だんだんと水が冷たく暗くなっていきました。小さなイカは，水圧が増しているのを感じましたが，いかりを放すのか，あるいは張り付いたままでいるのか，どうすればよいのかわかりませんでした。結局，いかりは大きな鈍い音とともに海の底に達しました。小さなイカは，たいへん脅え，絶望の状態にいたので，さらにしっかりといかりに張り付いていました。すると，そのとき，暗闇から一匹の魚が現れました。小さなイカは，か細い声で助けを求めました。魚は，イカの声を聞いて言いました。「私はあなたを助けることはできますが，あなたは自分でいかりを放さなければなりません。そうすれば，私はここから抜け出す方法を教えることができるのです」。小さなイカがどのようにしていかり

を放すことができたのか．一度に1つずつの足を放したのか，一気に放したのかわかりません。親切な魚は根気よく待ち，その途中途中で励ましました。小さなイカがいかりから開放されると，魚は「私についてきてください」と言いました。魚は，左右にそしてゆっくりと上向きに泳ぎ始めました。上へ行く旅は，小さなイカが思っていたよりもかなり長いものでした。イカは，速く上がることはたいへん危険なのだと知りました。このようにして，小さなイカは深い深い底から安全に上がっていく方法を学んだのです。イカは，それを大冒険だと考え始めてさえいました！　上に行けばいくほど温かく明るくなっていきました。暗い海が後ろに遠ざかり，暗闇と絶望は消えていきました。イカは，魚に追いつき，一緒に泳いでいきました。　間もなくして，魚は言いました。「もうこれ以上私は必要ではありません。もうあなたは自分で進むことができます。望んでいたことを手に入れる方法を学んだのです」。小さなイカは魚に何度もお礼を言い，さらに上へと泳いでいきました。何かが変わりました。イカの周りだけではなく，イカ自身のなかでも変化していました。いかりを放し深海を後にして，イカはとても幸福でした。　小さいイカは安心し，周りの美しいものをすべて楽しみながら学んだことを思い返しました。イカは，強さや幸せを感じ，思う存分に生活を楽しみました。

(作者不詳)

レジリエンス

　グロートバーグ（Grotberg, 1995）は，国際レジリエンス計画の一環として，レジリエンスに関する，子どもたちと幅広い社会環境との相互作用について，14か国で調査を進めた。グロートバーグは，子どもたちに働きかけるときにはレジリエンスに焦点を当てるのが大切だという。「レジリエンスさえあれば，子どもたちはトラウマに打ち勝つことができる。レジリエンスがなければ，逆にトラウマや逆境に打ち負かされてしまう」（p.6）。

　その調査は，589名の子どもとその家族や養育者を対象としていた。全体的にみて，高得点を得た大人は38％しかいなかった。親は子どもよりレジリエンスを伸ばしやすく，年長の子どもは低年齢の子どもよりレジリエンスを伸ばしやすい。これらの調査結果から，6歳以下の小さな子どもにとっては親や大人の行動が子どものレジリエンス促進に大きく影響するが，9歳から11歳の子どもになると，自分自身でレジリエンスを助長できることがわかる。半分以上がレジリエンスをほとんど伸ばすことができなかったのであるから，レジリエンスを伸ばす取り組みが大切である。おそらく，子どものレジリエンスを促進するには大人が手助けをしなければならないだろう。レジ

Part 3：発展

リエンスは，何もせずに伸びるものではなく，文脈のなかで養われるものである。子どもは成長するにつれ，自分でレジリエンスを高められるようになってくる。しかし，それはあくまでも，子どもが獲得したスキル，内面のストレングス，これまでに受けたサポートなどの文脈が必要である。そうすると，次の課題は，幼い子どものレジリエンスを伸ばす方法であり，大人からの効果的な支援法であり，大人も子どもも含めてレジリエンスを伸ばす方法である。

最近まで，子どもの発達や疾患の治療に関する研究は，病理学とリスク要因に焦点を当てていた。今日では，子どもの定型発達や「持続的成功」の方法と同様に，子どもとその環境の保護要因やレジリエンスの促進要因が注目されている（Kuiper and Bannink, 近刊）。

調査対象になった14か国の子どもたちは，レジリエンスを生む共通要因を用いていた。それは3つのカテゴリー（私のもっているもの，私の特徴，私のできること）に分けることができ，それらが組み合わさるとレジリエンスをさらに強める。いずれのカテゴリーも5つの要素に分割でき，それぞれが各カテゴリーにおいて重要である。

私のもっているもの：このカテゴリーの要素は，すべて外的なもので，周囲からのリソースやサポートである。
1. 私は，信頼できる関係をもっている
2. 役割のモデル
3. 健康，教育，福祉，安全につながる方法
4. 自律の奨励
5. 家族と家族のルール

私の特徴：このカテゴリーの要素は子どもの内的な個人的能力を表している。
1. 私は，愛らしい。そして，私の性格は魅力的である。
2. 自律していて，責任感がある。
3. 希望，信仰（faith），信頼（trust）で満たされている。
4. 愛情があり，共感的で，利他的である。
5. 自分を誇りに思う。

私はできる：このカテゴリーの要素は子どもの社会的な対人間のスキルを表している。
1. 私はコミュニケーションすることができる。

2. 私の感情や衝動を管理できる。
3. 自分自身と他人の性格を判断できる。
4. 問題を解決できる。
5. 信頼できる関係を構築できる。

ポジティブCBTでは，こういうストレングスのうちどれをすでにもっているのか，必要ならば，どのストレングスを高めるべきか，子どもやその家族で話すよう勧める。

ウェルビーイング

　ウェルビーイングにはさまざまな要素が関与しており，身体的健康，精神的健康，スピリチュアルな面，社会的側面などがある。大人を対象とした研究においては，ウェルビーイングは「生活の質（QOL）」と定義づけられている。この領域では，子どもを対象とした研究はほとんど進んではいない。アンケートを用いて子どものウェルビーイングを調査する際は，誰がこれらの質問に回答するのが適当か，しっかりと見定めるのが重要である。子ども自身なのか，親か，教師か，それとも養育者が回答するのだろうか。アンケートの項目では，通常用いられるような否定的な表現（先週，あなたの子どもは……で苦しみましたか）ではなく，肯定的な表現を用いたほうが効果的だろう。できていないことではなく，できていることに焦点を当てるべきである。幼少期の養育，特に母子のきずなは，精神的健康，子どものウェルビーイング，そしてその後の心理的問題の発生に影響を与える。幸せな子どもには，愛情深い両親が存在するものだ。大人のウェルビーイングは，特に幼少期に母親の示した関心や親密さに関連していることが，研究で明らかになっている。それは，男性であっても女性であっても同じ結果であった。子どものウェルビーイングにおいて，環境の調整は重要な役割を担う。たとえば，深刻な病気を患う子どもができる限り気分よく過ごすのは，環境調整にかかってくる。医師や看護師が子どもの要求に注目するにはどのように訓練すればよいか，子どもが治療により関わり，自分でコントロールできるようになるにはどうしたらよいか，これらはいずれも環境調整にかかっている。

ストレングスと可能性に焦点を当てる

　子どもを対象としたポジティブCBTでは，大人との面接と同様の基本原理を適用する。弱みやできないことではなく，ストレングスと可能性に重点をおくのである。そのため，問題と障害とを区別することが重要である。問題は解決することができるが，障害（たとえば，知的障害を伴う自閉症）の場合は，子どもや周囲の者が適応する方

法を学ぶべきであり，障害そのものの解決はない。大人に対する場合よりも「プロブレム・トーク」をセラピストは制限する必要がある。とはいうものの，親は子どもについて多くの不満があるので，このような会話を避けるのは難しいことが多い。まずセラピストがこの苛立ちを認める必要がある。しかし，子どものよいところを最大限に引き出すためには，できるだけ早く「ストレングスとソリューション・トーク」へと移行する。

　8歳から17歳の子どもを対象としたVIAストレングス・テストには，子どもを評定する198項目の質問がある。このテストは，大人向けのものと同様，子どものもつ24のストレングスを見いだすことができる。

ペン・レジリエンス計画

　ペン・レジリエンス計画（Penn Resiliency Project: PRP）は，抑うつの危険性がある小学校の高学年や中学校の児童生徒のためのグループへの介入である。そのカリキュラムは，認知行動的スキル，社会的問題解決スキルを教えるものであり，ベック，エリス，セリグマンによるうつに対するCBTの理論に一部基づいている。PRPの中核を成すのはエリスのABC理論であり，出来事に対する信念が感情や行動に影響をもたらす，という考え方である。このモデルを通して，生徒は誤った思考を見つけることを学び，それらの思考の正確性（accuracy）を評価し，他の解釈の可能性を検討することで否定的な信念に挑むことを学んでいく。また，PRPは，問題解決や，困難な状況や感情への対処に使えるさまざまなストラテジーを教える。生徒は，自己主張，交渉，意思決定，社会的問題解決，リラクセーションなどの技術を身につける。プログラムで得たスキルは，友人や家族との人間関係や学業や他の活動の成就など，人生のさまざまな場面で適用できる。各レッスンでは，レジリエンスの概念やスキルが提示され，さまざまな方法でこれを実践する。現在のところ，PRPによる介入は従来のCBTに基づいており，問題解決パラダイムを使用している。願わくは，プロジェクトが近い将来，ポジティブCBTの解決構築パラダイムへと移行することを期待している。

Exercise 14.1

　　　子どもに，自分を動物にたとえると何であり，将来はどの動物になりたいかを尋ねてみてください。子どもに6コマ漫画を描かせます。まず初めに彼がなりたい動物を描きます（6コマ目）。次に今の彼にあたる動物を描きます（1コマ目）。続いて，好きな順番で残りの絵を描きます（2〜5コマ目）。最後に，希望する動物へと姿を変える際，最初

の絵の動物のどのストレングスをもっていきたいかを聞いてみます。セラピストは子どもとこれらの漫画について話し合い，子どもの生活に置き換えてもよいでしょう。

キッズスキル

ファーマンとアホラ（Furman and Ahola, 2007）は，1990年代にフィンランドでキッズスキル（Kids' Skills）を開発した。それは，解決志向の手法で，子どもが感情的あるいは行動的問題を乗り越えるのを支援するものである。親，友人，子どもの身近にいる人の助けを借りながら，15の段階的なステップを踏んでいく。キッズスキルは，子どもやその家族を対象にする際のポジティブCBTの手法と捉えてよいだろう。子どもは問題について話し合うことを避けたがる。そこで，キッズスキルでは，面白く満足を得られる方法でスキルの習得を楽しむようにしている。それに加え，キッズスキルは，子どもがこれらのスキルを身につけるのを意欲的に支援する有能なパートナーとして親を捉えることで，親との協力関係を促す。

キッズスキルの15段階は，以下の通りである。

1. 問題を学習するスキルに変換する。
2. 学習するスキルを子どもと決める。
3. そのスキルに名前をつける。
4. そのスキルを学ぶことの利点を探る。
5. そのスキルの学習を助けるキャラクター（動物や漫画）を選ぶ。
6. サポーター（家族，きょうだい，友人）を募る。
7. 自信をもたせる。
8. お祝い会を計画する。
9. スキルを明確にする（ロールプレイや現実生活の状況のなかで）。
10. 学んでいるスキルを公表する。
11. スキルを繰り返し練習する。
12. スキルを忘れないようにリマインダーをつくる（第11章参照）。
13. お祝い会を開く。支えてくれた人に感謝する。
14. スキルを他の人に伝える。
15. （必要な場合は）新しいスキルを決める。

Part 3：発展

● **Case 14.1**

　ポジティブCBTのセラピストのもとに，15歳の娘を両親が連れて訪れた。両親は娘の体重を非常に心配していた。彼女の体重は88ポンド（約39kg）で，今もまだ減り続けている。かかりつけの医師は両親に彼女の入院を提案していた。父親は，彼女のサンドイッチにひそかにバターを塗り，少しでも脂肪分をとらせようとする。両親は途方にくれ，「何とかしてください」と言うが，娘のほうはやせすぎとは少しも思っておらず，実際まだ重たいと思っている。両親は娘が変わることを望んでおり，セラピストにそうしてくれるよう求めているため，セラピストと両親はコンプレイナント関係にあるといえる（第6章参照）。娘は自分の体重や食事のとり方に問題があるとは認識していないため，セラピストと娘はビジター関係である。セラピストはセラピーを受けに来たことについてコンプリメントした。特に娘には「セラピストや両親といるよりも，他に楽しいことがあっただろうに，よく来たね！」と伝えた。せっかくセラピストのもとに来たのだからと　セラピーのゴールを尋ねると，娘は，両親に放っておいてほしいと答える。セラピストは，両親が一歩下がって娘を見守りもう少し安心できるようになるには，彼女の行動や状況の何を変える必要があると思うかと質問した。「もっと学校に行くようにすればよい」と彼女は答えた。セラピストは望ましい結果に関する質問をする（望ましい行動についての機能的行動分析：FBA）。その結果，娘はもっと自由な時間を増やすため，登校することを望んでいることがわかってくる。この件をゴールにしている限り，セラピストと娘はカスタマー関係となる。また，このことが彼女と両親の関係にどのような望ましい結果をもたらすかということもセラピストは尋ねた。加えて，両親が安心することにもつながる登校意欲についてセラピストはコンプリメントした。セラピーの後半段階で，ようやく彼女の体重についての話し合いができるようになった。

Exercise 14.2

　このバルーンゲームでは，参加する子ども全員が，2分で自分の得意なことを書きます。その後，ペアをつくり，ペアごとに風船をふくらませます。ゲームのルールは次の通りです。

1. スコアが5ポイントになるまでプレーします。
2. 得意なこと（たとえば，「私はチェスが得意です」）を言ってから，手で風船を打ちます。
3. 風船は宙に浮いたままにしなければなりません。相手が風船を逃したり風船が床に落ちたり，得意なことを言えなかったりしたときは，ポイントがあなたに入ります。

4. ゲーム中に2度，相手をチェックすることができます。「チェック」と言って，相手の言ったことが本当かどうか根拠を尋ねます。

このエクササイズは，子どもをひきつけるエクササイズです。というのは，ゲームの最初にリストをつくったときよりも，ずっと多くの得意なことがあがってくるからです。また，このエクササイズは自尊心の低い大人にも適しています。

子どもと家族のためのホームワークの提案

バーグとステイナー（Berg and Steiner, 2003）は，子どもや家族に対するホームワークを数多くあげているが，それらは次の2つのカテゴリーに分けられる。1つは，「うまくいっていることをもっとする」ものであり，幅広く使える課題である。もう1つは，「何か違うことをする」ものであり，特殊な状況下でのみ提案される課題である。この課題は，10代の若者が関わっているようなときに，用いられることがある。ホームワークを提案することで，セラピーをセラピールームの外のクライエント（子どもと，できれば両親）の実生活へと移す。バーグらは，ホームワークを提案するためにガイドラインや原則を示した。

- 最初のセッションのなかで検討されたようなクライエントの望みと，ホームワークによる体験は関連づけておくべきである。
- ホームワークによる体験は実施可能なものであり，クライエントのゴールへの小さなステップとなるべきである。事態をゆっくり進めるのが重要である。
- 体験の主な目的は，子どもの生活で重要な役割を担う人から，さまざまな反応を引き出すことにある。体験やホームワークのみでは，状況はあまり変わらない。重要なのは，子どもがその体験をしたときに，他の人がどんな反応をするかである。子どもだけが新しい行動を知っていた場合にはあまり効果は見られない。周囲の大切な人々の注目と反応などの波及効果が重要である。
- セラピストが体験を思いつかない場合，無理に考え出す必要はない。ちょっとしたコンプリメントが，新しい行動をもたらすのに十分な場合も多い。
- ほとんどの体験は，「うまくいっていることをもっとする」というカテゴリーに当てはまる。
- 「何か違うことをする」という課題は，子どもの場合できるだけ少なくおさえるべきである。こういうエクササイズは，誰もがイライラする慢性的なパターンを崩すときに役立つものである。

Part 3：発展

バーグとステイナーは，ホームワークの例として以下をあげている。

- コインを投げる。朝起きたときに子どもがコインを投げる。裏が出た場合，新しい秘密の活動を行う。表が出た場合，いつもと同じ一日を過ごし，子どもは通常と異なることは何もしない。そして親は，毎朝，表と裏のどちらが出たかを推測する。子どもはそれを秘密にしておかなくてはならない。次のセラピストとのセッションで，親と子どもで答えあわせをする。
- サプライズ・タスク。セラピストは子どもと一緒に親を驚かせるためにできること（朝食をつくる，部屋を掃除するなど）を見つけ，子どもはこのサプライズを自分で実行する。子どもには，周りの反応をよく見ておくように伝える。このサプライズ・タスクは，パターン崩しの技法とも言われる。親が「もうやれることはすべて試した」と主張する場合に，サプライズ・タスクで進展がみられることが多い。子どもの行動に対する親の反応は予測されやすいが，たとえば，サプライズでキスをするとか怒るかわりに優しくするなど，親がいつもと違うことをすることでその予測を崩すことができる。
- サプライズには「驚き袋（wonder bag）」を使うこともできる。子どもと親は，それぞれ別の紙に5つの願いごとを書く。子どもと親の願いごとを別々の袋に入れ，その袋を交換する。毎週，交換した袋のなかから1つを取り出し，それぞれが1週間の間にその願いごとを実行する。たとえば，親が子どもに本を読む，両親のうち1人がスポーツ活動に参加する，子どもが自分の机を整頓するなどの願いごとであり，課題ではない。
- 奇跡が起こったふりをする。どんな奇跡であるか明確な説明があった後，子どもは，どの日あるいは一日のどの時点において奇跡が起きるかを選ぶ。指定した日，子どもは奇跡が起こったかのように振る舞う。子どもはこのとき，奇跡が起こったふりをしていることやいつもと違うどんなことをしているかに，誰が気づくかに注意を払う。
- 一般的な観察課題。この課題は子どもや親に課すものである。子どもに対して，「誰にも言われずに宿題を始めるとき，お母さんがどんな表情をしているかをよく見ておきなさい」と伝えるとよい。親に対しては，「家のなかでものごとがうまくいっているときの状況をよく見ておいてください」「ものごとがうまくいき，何も変える必要ないときの状況をよく見ておいてください」と伝えるとよい。

Exercise 14.3

　親と子どもで，子どもの好ましい行動のリストをつくりましょう。子どもが，親の与えた課題を実行したとき，子どもが望ましい行動をとるたびに，親はガラス瓶にビー玉を１つ入れます。夜，親と子どもは簡単な話し合いの場を設け，一つひとつのビー玉が何を意味し，その日何がうまくいったかを話します。瓶がいっぱいになると，子どもはご褒美がもらえます。

　子どもとの時間を楽しむことは，望ましい行動を強化するのに，よい方法である。バーグとステイナーはさらに３つの活動を提案している。最初の活動は「魔法の５分」というものである。子どもがその日どう行動したかにかかわらず，親は子どもと毎日この５分間を過ごす。この時間をどのように使うかは，子どもが決められる。２つ目の活動は，毎日子どもとふざける時間を設けるというものである。そして，３つ目は，食事の準備やお使いなど，親が子どもに「大きな責任」をもたせるというものである。これにより子どもは自分が重要であると感じ，家族の生活に対し積極的に貢献するようになる。

　バーグとステイナーは，親や教師は気づいていないかもしれないが，自由に使える技がたくさん詰まった「宝箱」をもっていると指摘する。したがって，親や教師は「うまくいっていることを繰り返す」だけで十分である。また，親と子どもが使える方法として，催眠療法に由来する技法をバーグらはいくつか提案している。

- 「手をあなたの手の上に」という技法は，催眠を用いた合図による条件づけである。これによって，子どもが，以前の状況で体感した肯定的な感情をその感情が必要な場面へと移行させるものである。肯定的な感情と，子どもの手首に触れるという行為との間に関連をもたせる。親は，子どもと一緒に子どもの手に触れることで，この技法をすればよい。子どもが自分で手首にふれることで，すぐに肯定的な感情を呼び起こすことができるようになることを目指す。
- 親指と人差し指をこすり合わせたり，頭に手を乗せたりして集中する技法があり，子どもが授業に集中するのに使用できる。以下に例を示す。
- 子どもと一緒に安全な場所を想像することは，子どもに安心感を与える技法である。実在する場所でも想像でつくりあげた場所でもよい。子どもが安心し落ち着く必要があれば，いつでも心のなかで訪れることができる。

前述の技法に役立てるために，「コンプリメントの箱」をつくることを勧めたい。「コ

Part 3：発展

ンプリメントの箱」をつくるには，毎日家族の全メンバーが，他のメンバーに対するコンプリメントを書いたメモを箱に入れる。これによって，互いを肯定的な視点から見ることができるようになる。夕食時に箱からメモを取り出し，お互いに読み上げる。筆者の経験では，まだ自分を変える気のない家族のメンバーがいる（セラピストとクライエントはカスタマー関係である）場合も，当初は気が進まなくても，他のメンバーの雰囲気が改善されていることに気づくとたいてい乗り気になるものだ。

正の強化

　正の強化は，親，教師，養育者が子どもに対して自由に使える，最も重要なツールの1つである。問題の状況，立場，性質にかかわらず，誰に対しても非常に望ましい影響力がある。正の強化は，問題解決にも役立つが，気分を楽にし，快適な人間関係の維持にも助けになる。お菓子などの物質性強化や外出などの活動性強化を用いることに加え，笑顔，アイコンタクト，交流，コンプリメント，肩を軽くたたくなどの社会性強化もある。特に社会的強化は有効であるが，残念ながらあまり活用されていない。あらゆる社会的状況において，5：1の黄金律が適用できる。5：1の比率は最も効果的である。すなわち，5：1とは，5つのコンプリメントや承認，そして，1つの批判や否定的な意見である（Flora, 2000）。

　しかしながら，正の強化と肯定的なアプローチには違いもある。強化されるのは人ではなく，その人の行動である。肯定的アプローチも実用的であり，その人のウェルビーイングのうえで，よい結果をもたらす。行動の強化がその効果を発揮するためにはその行動の直後に強化する必要がある。また，ある行動では強化となっても，他の行動でも効果があるとは限らない。

　強化子の種類が多ければ，お金もかからず，色々なものが利用でき，その効果も維持される。正の強化子として使えるのは，（食べ物や飲み物などの）消費物，（好きなゲームなどの）活動，操作可能な物，所有できる物，誰かと一緒にいることやスキンシップなどの社会的強化などである。食べ物や暖かさなどの人間が当たり前に必要とするものは一次性強化子と呼ばれる。お金などそれ以外のものは，条件性強化子と呼ばれる。これは一次性強化子と組み合わさるとそれ自体が強化子として機能する。出来事や物品は正の強化子となり得る。しかし，それは直前の行動の頻度，比率，持続時間，強度が実際に増加した場合に限られる。

　育児，教育，その他のガイダンスを効果的に進めるには，望ましい結果つまり正の強化を体系的に用いることがある。それにより，新たな適応力のある行動を形成する。正の強化は，より健康で幸福な人生へと通じる「魔法」である（Plaud, 2001）。

子どもの養育や学校において，正の強化を用いることで，子どもに自信を与え能力を伸ばすことの可能性をもっと認識すべきである。これは，成功に焦点をおき，やる気のなさや不十分な成果を罰するような学校とは対照的である。ポジティブ心理学の創始者の1人である，チクセントミハイ（Csikszentmihalyi, M.）は，モンテッソーリ教育の原則や実践が「フロー（flow）」の可能性を数多く提供することを見いだした。研究の結果，これがモンテッソーリ教育において当てはまることを彼は確かめた。その例としてあげられるのが課題の過剰学習である。過剰学習とは，子どもがある課題を完璧に習得した後も，何度かそれを繰り返し学習することである。チクセントミハイによると，このようなチャレンジにより，フローを獲得できるという。

Exercise 14.4

クラスのなかで何人かの子どもを「幸せ探偵（happiness detectives）」に任命します。そのグループの役目は，クラスがもっと喜びとウェルビーイングのある場所になることにつながる，他の子どもたちのすべての行動を見つけ出すことです。ウェルビーイングにつながるすべてのアイデアを，まずはリストにしてみましょう。それから1週間後に再び集まり，それぞれの発見を共有します。その後，1か月ごとに定期的にグループで集まり，クラスのなかで見たウェルビーイングの出来事について話し合います。このようなグループは，障害のある子どもや生徒を支援するために始めてもよいし，また，特別な理由なしに始めてもよいでしょう。グループメンバーは時々入れ変えるとよいでしょう。

この「幸せ探偵」を学校で始めた教師たちは，ある期間「幸せ探偵」として活躍した子どもたちは，望ましいソーシャルスキルや自信を得て，クラスのなかでより協力的な行動を示すということを発見しています。「幸せ探偵」は，グループセラピー，ライフグループ，職場におけるグループなどにも適用できます。

肯定的な前提

SFBTの提唱者の1人であるバーグ（Berg〈www.Brief-therapy.org〉）は，子どもと親を対象として望ましい取り組みのための前提をいくつもあげている。これらの前提は，セラピストが子どもやその家族とセラピーに取り組む際，肯定的な視点を維持するのに役立つ。これらの前提は，以下の通りである。

違うことが立証されない限り，あらゆる子どもがこう願っていると信じる。

- 自分のことを両親から誇りにされたい。

- 両親や他の大人を喜ばせたい。
- 社会集団の一員として,認められたい。
- 活動したい。他の人と一緒に活動したい。
- 新しいことを学びたい。
- 驚いたり,他の人を驚かせたりしたい。
- 自分の意見や選択を主張したい。
- 機会を与えられたとき,選択したい。

そうでないと立証されない限り,すべての親がこう願っていると信じる。

- 子どもを誇りに思いたい。
- 子どもに望ましい影響力をもっていたい。
- 子どもについてのよいニュースや子どもが得意なことについて聞きたい。
- よい教育を子どもに与えたい。人生において成功する機会（彼らが定めるどんなものでも）を与えたい。
- 子どもの未来が自分たちのものよりもよくあってほしい。
- 子どもとよい関係をもちたい。
- 子どもに関して,希望をもっていたい。
- 自分たちがよい親であると感じていたい。

フィードバック

心理療法においてフィードバックを習慣にすることは重要であり,グループを対象とする場合であっても同様である。第10章では,アウトカム評価尺度とセッション評価尺度の使用について詳しい情報を載せている。

児童用アウトカム評価尺度（Child Outcome Rating Scale）および児童用セッション評価尺度（Child Session Rating Scale）は,子どものために開発されたものである。幼児用アウトカム評価尺度（Young Child Outcome Rating Scale）と幼児用セッション評価尺度（Young Child Session Rating Scale）では,言葉ではなく顔文字（スマイリー）を使用する。また,さらなる情報は,www.centerforclinicalexcellence.com で公開している。

家族へのポジティブ CBT

ポジティブ・ジェノグラム

　ジェノグラム（genogram）は，家族の人間関係と既往歴を図示したものである。従来の「家系図」の枠を超えるものであり，利用者は遺伝様式や心理的要因を視覚的に確認できる。問題志向の方法では，繰り返される否定的な行動パターンを特定し，遺伝的な傾向を認識するのに使われる。問題志向の家族療法では，家族メンバー間の関係性のパターンと，これらのパターンを生みだすメンバーそれぞれの特徴を，調べて記録するためにジェノグラムが用いられる。家族療法家はジェノグラムを用いることで，関係性のパターンを適切にアセスメントできる。そして家族の機能不全や彼らがセラピーを受けに来るきっかけとなった問題状況を軽減するためにはどこに介入すればよいのかについて，ジェノグラムにより，適切にアセスメントできる。

　ポジティブ CBT による家族療法では，ジェノグラムや家系図は，すでにある望ましい関係性のパターンや，肯定的な遺伝的傾向，そして，それらをつくりあげ維持するためのストレングスを，調べて記録するために使われる。参加している家族メンバー全員に対し，家族のストレングスやリソースは何であると考えるか尋ねる。そして，もしそれらのストレングスやリソースを有益であると家族が考えるならば，それをもっと活用するにはどうすればよいかを質問する。また，家族の肯定的な「人生のモットー」（たとえば，「必ず乗り切る」「何が起ころうと，いつもお互いがいる」など）を聞くのもよい。

Exercise 14.5

　　これは，悲観的なクライエントや心配性のクライエントを対象としたエクササイズです。誰かを訪問する予定があったり，家族との休暇を予定していたりして，そのことについて心配しているならば，自分が映画監督になったと考えてみてください。その映画で，家族はいつも通りの役割を演じ（あなたや他の人間を怒らせる），監督である自分の役目は家族に台詞を言わせたりいつもの行動を完璧にこなさせたりすることです。訪問や休暇の前に「最悪のシナリオ」をいくつか想像し，そのシナリオと実際に起こったことを比較しましょう。最悪のシナリオに近いことが起きているでしょうか。

家族へのホームワークの提案

　セレクマン（Selekman, 1993）は，場合によっては逆説的である家族のためのホームワーク課題をいくつか提案している。

Part 3：発展

- 解決促進の課題。この課題は，「衝動に打ち勝つ際に自分が何をするかに注意を払う」課題（第10章参照）に相当するものである。クライエントは，役立つ解決策をカードに書き出し，困難にぶつかったときに読むために，これらの「解決カード」を持ち歩く。
- コイン投げ課題。一日の初めに両親はコインを投げ，その日の子どもの教育について責任者を決める。この課題は，子どもの養育方法や罰し方に合意できていない親に役立つ。また，この技法は，チームのメンバーが対立する意見をもつ場合にも使用できる。
- 習慣コントロールの儀式。この課題は，長期間にわたる問題をかかえている家族に効果がある。「問題の外在化」（付録E 参照）と呼ばれるナラティヴセラピーの技法を基本としている。毎日，家族のメンバーは，問題に向き合い，問題に振り回されないようにするために，自分たちが何をしているかを観察する。また，自分よりも問題のほうが優勢になるのはどんなときであるかにも注意を払う。夜，その日がどうであったかについて家族で話し合い，改善のためのストラテジーを練る。このバリエーションの1つとして，象徴的外在化の儀式がある。家族のメンバーは，問題を象徴するシンボルを選び，そのシンボルとの関係，そのシンボルに対して何が言いたいか，そして，打ち勝ったときそれをどうしたいかについて話す。
- 手紙を書く。手紙を書くことは，特に学校という場において，役に立つ。セレクマンは，教師と生徒との間の対立の例をあげている。セレクマンは生徒の母親が教師に手紙を書くのを手伝った。手紙のなかで，母親は息子に対する教師の辛抱強さと気遣いをコンプリメントし，息子の学校生活が改善することへの期待感を表した。母親は教師への手紙のなかで，息子に課題を与えたことを伝えた。それは，教師のどこが好きかに注意を払い，それらを書き出し，帰宅後に母親にそれを伝えるというものであった。これは，教師と生徒の関係を大きく変えた。
- 試練を与える。エリクソン（Erickson, in Rossi, 1980）は，この治療ストラテジーを最終手段として開発した。クライエントが問題の維持が困難になるようにした。セレクマンは，クライエントが何も改善せず，悪化していると訴えてきたとき，このストラテジーを使用している。これは非常に困難な課題を伴う課題である。たとえば，エリクソンは，抑うつのクライエントに，抑うつという重荷のシンボルとして，数ポンドのレンガの入った買い物袋をしばらく持ち歩かせたという。
- 次の危機を予測。セレクマンは，危機状態によく陥る悲観的なクライエントや家族に対し，この課題を用いている。セラピストは次の危機についていくつも詳細

に質問する。誰が関わっているか，どこで起きるのか，他の人間にどのように影響するのか，などの質問である。以前の危機はどのように解決したか，前に効果があったのは何か，また利用できるのは何か，などの質問は，セラピストとクライエントが危機に耐える方法を探すことができるため，これまでのパターンを打破するのに役立つであろう。

- 問題を誇張する。クライエントが問題を誇張してやってみると，思っていたよりもそれを統制できることがある。この課題は変化のきっかけになり得るものである。

親グループ

セレクマン（1993）が，思春期の子どもをもつ親のグループセラピーを紹介している。これらのグループは親向けであり，子どもは参加しない。6回のセッションからなる。各回の間隔は徐々に広がるが，これはグループに対するセラピストの信頼の証である。これらの親グループでは，参加者にいくつもの質問が向けられる。そして，各セッションの終わりには，以下のホームワークを親に提案する。

- 第1セッション：うまくいっていること（家庭，子どもとの関係，子どもの行動），そして，そのまま維持すべきことについて注意を向ける。
- 第2セッション：自分たちのゴールにつながるステップは何かを観察する。また，次のセッションにおいて話すことができるように，子どもがどのようにそれに反応するのかを観察する。
- 第3セッション：今うまくいっていることをもっとする。
- 第4セッション：うまくいかない場合，何か違うことをする。そして，うまくいっていることに注意を向け，それをもっとする。
- 第5セッション：うまくいっていることをもっとする。少しも進歩を報告しない親には，奇跡が起こったふりをさせ，子どもがどうこれに反応するかを観察させる。
- 第6セッション：最後のセッションでは，終了式が催される。軽食と飲み物があり，親は「解決志向の親」であることの証明書を受け取る。そして，親グループの参加者は皆，自分が親としてどう成長したかについて簡単なスピーチをする。さらに，彼らは「解決志向の親の同窓会」に加わり，将来の子育てグループのコンサルタントになる。

Part 3：発展

席の配置

　局在化された視点の利用（topographic interventions）は，セラピストが監督となり，クライエントがどこに座るか指示する介入である。席順などは，偶然で重要ではないと考えてはいけない。各人の座っている位置がセラピーを進めるにあたり機能的かどうかを考えなくてはならない。エリクソン（in Rossi, 1980）は，このような介入をよく用いた。たとえば，子どもにしばらく部屋を出るように伝え，母親を子どもの席に座らせた。母親が子どもの席に座ったところ，子どものことやその視点をもっとはっきりと理解することができた。

　セラピスト自身も自分の席にこだわりすぎてはならない。クライエントを支持する場合，席を少し近づけてもよい。また，席を少し後ろにずらすことで，その会話に参加したくないことを示すことができる。席の配置にはそれぞれ効果がある。クライエント同士やセラピストにとって，どこにクライエントが座るかは，重要な構造的介入である。非言語的なやり方で，クライエントに何が求められ，他の参加者やセラピストの前でどのように振る舞えばよいかを明らかにする。セラピストの立場と権限，そしてコミュニケーションがどのように行われるべきかを強調することができる。

　セラピストは，席順をセッションの初めや途中で変更してもよく，クライエントを皆，別の部屋に移動させてもよい。セレクマン（1997, p.57）は，問題志向の部屋と，解決志向の部屋というように，部屋を2つ用意している。「アセスメント・セッションの段階に入るとき，別の部屋に移動することができる。そして私はこう言う。『さて，解決と変化について考えていきましょう。つまり，ここで成果があったとき，自分がどうなっていたいかということです』」。すべてのセラピストが「問題部屋」と「解決部屋」をもてるわけではなく，もちろんなくてはならないものではない。

　メトカフ（Metcalf, 1998）は，さまざまなバリエーションを提示している。彼女はグループセラピーのなかで，局在化された視点の利用と「時間の投影」を組み合わせた，「3つの椅子技法」を使用する。1番目の椅子は何年も前の自分，2番目の椅子は現在，3番目の椅子は5年後の自分を表す。それぞれの時間的間隔は減らしたり増やしたりすることができる。グループメンバーは皆，この3つの椅子に座り，今はその椅子の示す期間にいると仮定して自分のことを話す。グループの他のメンバーは，以下のような質問をする。

- あなたは幸福ですか。
- あなたが最も恐れていたのは何ですか。
- どの椅子で恐怖が少なかったですか。どの椅子で多くの幸福を感じましたか。

- これまで，どのようにして問題を解決してきたのですか。
- どんなアドバイスが，そのときのあなたの役に立ちましたか。

「リフレクティング・チーム（reflecting team）」は，間接的な学習形態であり，直接的な指示よりも効果が大きいことがある。特に思春期の子どもをもつ親にとって有効である。

リフレクティング・チームのルールは簡単である。クライエントは部屋のなかで，他の参加者やセラピストが座っているテーブルからやや離れて座る。2人以上の人間（たとえば，母親と教師）がクライエントについて話をする。

- クライエントは注意深く会話を聞き，新しい視点や思い浮かんだアイデアをメモしなければならない。クライエントはこの会話には参加しない。
- クライエントに関する会話は，次のようなものである。
  - クライエントのストレングス。
  - この数週間にうまくいったこと。
  - 改善が観察できたところ。
  - 望んだゴールを「10」とするなら，クライエントは何点か。
  - 1点上がると，他の人はクライエントのどのような違いに気づくか。
  - クライエントが1点上げるために，すでにもっているストレングスや能力のどれを使えばよいのか。

20〜30分後，セラピストはクライエントのもとに行き，どのような新しい視点を得たか，新しいアイデアはあったかを尋ねる。他の参加者はこの会話を聞き，ノートに書き出してもよい。その後，セラピストはテーブルに戻り，クライエントの発言を取り上げて，クライエントを尊重した会話が交わされる。この際のルールとして，発言は肯定的で相手を尊重するものでなくてはならない。

フィードバック

心理療法においてフィードバックを習慣化することは重要である。これは家族に対するセラピーでも同様である。家族の各メンバーは，セッション評価尺度にそれぞれ記入する。

アウトカム評価尺度とセッション評価尺度の詳細については，第10章を参照されたい。また，さらなる情報は，www.centerforclinicalexcellence.com で公開している。

Part 3：発展

異文化間のポジティブCBT

　CBTは，ベックとエリス（Beck and Ellis）の取り組みから生まれた。しかし，提唱者2人の研究グループにとどまらず，CBTは世界中へと広まった。CBTが今までに例のないほど拡大していることを踏まえると，問題となるのは，現在のCBTは今なお整合性のある均一的なアプローチかどうかということだ。そのため，アジア，ヨーロッパ，南アメリカ，アメリカの代表的なCBTの組織の代表者（理事長や役員など）に対し，インタビューが行われた。興味深いことに，理論的にも実践的なレベルにおいても，見方は比較的一貫していた。この認知行動アプローチは，文化的適応を伴う確固たるアプローチであり，CBTの理論や実践の主要構造に文化的適応は影響を与えないことが示された（David, 2007）。

　しかしながら，従来のCBTは，西洋の考え方や疾患モデルに基づいている。その焦点は，個人と個人のセラピーである。この点は困難を生みだす可能性がある。というのは，原家族や拡大家族，自分の所属するコミュニティという文脈のなかで自分自身を捉える人もいるためである。CBTの批判者は，個人に焦点を当てることにより，家族，コミュニティ，また社会の課題が，無視されたり取り組まれないままになったりすると主張している。

　国境なき医師団の精神保健チームのトレーナーとし私は働いており，世界中の数々の国を訪れるという恩恵を与えられている。そこで私は，騒乱や紛争のある地域で働くカウンセラー，また医師や助産師などの専門職を対象にして，一般的な精神医学，心的外傷後ストレス，スタッフケアなどの題材について教育する。生きのびようとする人々のレジリエンスや強い希望，時には非常に厳しい環境下にありながら前進しようとする姿に，私は常に強い感銘を受けてきた。私のトレーニング法はポジティブCBTに基づいている。そのコースはゴール主導であり（参加者のあなたにとって，このトレーニングの最良の結果とはどういうものですか），参加者のストレングスや能力を発見し利用すること，参加者が直面している問題に対して解決や成功を適用することに焦点を当てる。毎回のトレーニング・セッションの終わりに，生徒たちからグループ用セッション評価スケールを使ってフィードバックを受けている（第13章参照）。

第15章

職場におけるポジティブ CBT

> あなたがこのチームで見たいと願う変化に，あなた自身がなりなさい。
> フレドリケ・バニンク（Fredrike Bannink, 2012, Gandhi からの引用を修正）

はじめに

　私たちは人生の3分の1を仕事に費やす。だからこそ職場はできる限り健全に保たれるべきことは言うまでもない。健全な職場環境を論じるとき，物理的環境と精神的ウェルビーイングとの両方について考える必要がある。従業員が，仕事にどの程度満足しているか，仕事にどの程度積極的に関与する気があるか，そして職場をどのように見ているかは重要な一面である。仕事におけるウェルビーイングは，よい健康状態と明らかな関係がある。仕事でのウェルビーイングは職場だけではなく，生活のすべての領域における充足感のレベルに間接的に影響を及ぼす。望ましい心理的発達は，仕事によって得られる。そのような仕事とは，その遂行にあたり，かなりの程度の裁量権と社会的なサポートがあるようなものである。かつての職場では，従業員が自由にできることは，ほとんどなかった（ベルトコンベアを思い浮かべてみよう）。

　ターナーら（Turner et al., 2005）は，職場を改善する最良の方法は，従業員が自らの業務と，自分を取り巻く環境の両方に，積極的に関わるようになる仕事をつくることだと述べている。自主性，やりがいのある仕事，そして社会的接触の可能性のすべてが，従業員の有能感に寄与している。彼らは「職務特性モデル」について論じ，重要な3つの要素を以下のように指摘している。

- 仕事が役に立つ経験
- 責任感
- 成果に関する情報の把握

やりがいのある仕事とは，個々ができることよりも大きな意義やゴールを与えてくれるものである。従業員が目的意識を持ち続ければ，やる気や肯定的な感情も高まるだろう。これを達成するには，従業員に確固たる将来展望と使命をもたせ，それを会議でもっと話させることである。従業員の仕事が顧客の心を動かしていることを思い起こさせる話をすることも役立つ。

チームにおけるポジティブCBT

ウェルビーイング

チームで働くと，チームのメンバーそれぞれがウェルビーイングを得ることができる。チームで働くことで社会的ネットワークを手に入れ，サポートや所属感を得る。ゴール達成の可能性が明確で，ゴールへの動機づけが非常に高ければ，チームのウェルビーイングは一段と増すだろう。なすべき課題をはっきりと理解しているメンバーは，課題を理解していない者や一人で働いている者よりも，心理的に健康である。それゆえに職場の社会的な状況は重要である。チームに対する動機づけが高い者は，組織全体に貢献したいという動機づけも高いことがわかった。同時に，組織に対する好感情が増加するとウェルビーイングも増加するという関連が見いだされた（Turner et al., 2005）。

自分の仕事を楽しむ者は業績もよく，積極的な態度の者はウェルビーイングも高いという関連が明らかである。したがって，ウェルビーイングはよりよい成果を生みだす。積極的な態度はポジティブさの上昇スパイラルを生み，より快適でよい仕事を実現する。

Exercise 15.1

以下の質問を使って，同僚にインタビューをしてみましょう。

- 仕事がうまくいった場面を同僚に選んでもらいましょう。
- そのときどのようにしたのか詳細に尋ねてみましょう。どのように，何を，いつ，どこで，誰としたのでしょうか。
- 他に重要だったことは何ですか。
- どのような能力やストレングスが役に立ったのでしょうか。
- お客さんに尋ねたならば，彼のしたことの何がよかったと言うでしょうか。
- 0～10のスケールで，もう一度同じようにうまくやれる自信は何点くらいでしょうか。

- もう一度同じようにうまくやれる可能性を増やすためには，何に注目しなければならないでしょうか。

レジリエンス

　レジリエンス (resilience) は逆境を跳ね返すことを意味する。「跳ね返す (bouncing back)」という言葉は，努力を要しない簡単な回復を連想するので，著者はむしろ「生還 (coming back)」という表現を好む。「生還」するためには，苦闘やたいへんな努力を伴うからだ。

　ここ数年レジリエンスは，個人だけではなくチームについても関心を集めている。当初，レジリエンスはチームの成果や従業員それぞれの資質に反映されなかった。レジリエンスのあるチームとは，特徴づけられたやり方で，メンバーが相互に反応し協働するチームである。レジリエンスのあるチームの従業員の特徴は以下の通りである。

- 業績を上げるために助け合う。
- 相互評価を包み隠さず共有する。
- 同僚のアドバイスに真摯に耳を傾ける。
- 批判的な意見も容認し，受け入れる。
- 仕事に喜びを感じ，ユーモアを楽しむ。
- 困難のなかでも同僚をサポートする。
- 解決を常に探し求める。
- 意見の再調整を嫌がらない。
- 対立を避けるのではなく，建設的に利用し深い意見交換につなげる。
- 創造と成功のために，十分なスペースを互いに認める。
- 謙虚さを保ち，互いに学び合う。

　チームのレジリエンスはメンバー個々のレジリエンスの総和より大きい。チームのレジリエンスはメンバー間の相互作用の質による。それは次のストーリーで語られている。

Story 15.1「雁から学ぶこと」

　雁が羽ばたくと，後続する雁のための揚力が生まれる。群れがＶ字で飛ぶことによって，単独で飛んだ場合よりも航行距離が71％延びる。自分自身でできることは多くあり，同僚や仲間とともにできることもたくさんあるが，自分がグループに対してできることはごく僅かであると考えている人は多い。

　教訓：方向性と連帯感を共有すると，互いの推進力で，より速くより簡単にゴールに到達できる。

　編隊から外れ単独で飛ぼうとした雁は抗力と抵抗を感じ，先を行く雁の揚力を利用するためにすぐに編隊に戻る。

　教訓：私たちが雁と同じようなセンスをもっているなら，隊列にとどまり，行く先に向かって先頭をきって飛ぶ雁の助けを喜んで受け入れるべきである。それと同時に，サポートを求めている人に私たちのものを与えるとよい。

　先導する雁が疲れたときには，編隊の後ろに下がり，別の雁が先頭になる。

　教訓：これは，すべてのグループワークに当てはまる。難しい仕事やリーダーシップを代わることは有意義である。雁と同じように，私たちは互いの技術や才能，能力やリソースの独特な組み合わせに相互依存している。一人の人間がいつでもいかなる状況でもリードするのは適切ではない。リーダーは時には手放すことを学ぶ必要がある。そのとき他のメンバーは，謙虚さを装うのではなく，自分の権力や地位のためでもなく，快く進み出なければならない。

　雁が病気になったり負傷したり撃ち落とされたりすると，2羽の雁が編隊から外れ，その雁を守るため一緒に降りていく。その雁が再び飛べるようになるか死ぬまで2羽は共にとどまり，その後違う群れと一緒に飛び立つか，元の群れに追いつく。

　教訓：私たちが雁と同じようなセンスをもっているならば，私たちも健やかなときも困難なときも互いにそばにいるだろう。

　先導する雁の速度を維持するため，後に続く雁は励ますように後ろから鳴く。

　教訓：後ろから鳴くことは，励まし（encouragement）以外の何ものでもないことを確認しておこう。逆境のなかでも大きな励ましがあるグループでは，励ましの力で生産性がはるかに大きくなることがある。「勇気（courage）」という言葉は，その人の心のそばにいて，本質に寄り添い，誰かの本質を励まし，誰かの心を励ますことを意味する。それが鳴くことの核心である。

（作者不詳）

Exercise 15.2

否定的な噂話を終わらせ,「肯定的な噂話」に置き換えることによって,あなたのチームのネガティブさを減らし,ポジティブさの上昇スパイラルを生みだしましょう。肯定的な噂話とは,誰かの成功や貢献について話すことです。同僚についての肯定的な噂話を拡げることによって,知らず知らずのうちに,同僚と周りの人との関係は変わっていくでしょう。同僚について肯定的に考えてみましょう。あなたは同僚のどのような資質に価値をおくでしょうか。どのようなストレングスがあるでしょうか。どのようにチームに貢献するでしょうか。 同僚が目の前にいてもいなくても,肯定的な噂話を他の人にしてみましょう。肯定的であれ否定的であれ誰かを指さすとき,あなたの3本の指はあなた自身に向かっていることを忘れてはいけません。

肯定的感情

このチームのストレングスとリソースは何だろうか。

ゴットマン(Gottman, 1994)は,否定的で不満を感じる関係においても,その関係に楽しさを感じることもあるならば,その関係には肯定的な側面もあるに違いないと述べている。フレドリクソンはロサダとともに,肯定的感情に関する自身の「拡張－形成理論」の基礎となる数理モデルを展開するために研究を行った。ロサダは高い機能性をもつチームの研究に何年も従事していた。彼の計算によれば,肯定性の黄金比率は2.9013対1で,四捨五入すると3対1だった(Fredrickson and Losada, 2005)。うまくやれているチームからまったくやれていないチームまでを対象に,それらの違いについて,多くの研究が他にもなされてきた。うまく機能しているチームでは,肯定性比率は5対1から6対1であった(Losada and Heaphy, 2004)。

グラス(Glass, 2009, p.39)は肯定的感情の拡張－形成理論(Fredrickson, 第9章参照)と解決志向を比較し,多くの類似点を見いだした。肯定的感情は,開かれた肯定的な質問が,想像や記憶,そしてリソースと組み合わされることによって生成され,思考や行動のより広いレパートリーを形成する。それによって,人は自分自身のために多くの解決を見つけるだけでなく,他者の考えに対しても好奇心をもち,開かれ受容するようになる。このようにして,チームの連携が増し,組織の生産性も向上する。「職場にポジティブ心理学の成果を持ち込むにあたり,フレドリクソンの理論は解決志向の効果を支持するだけではない。それに加え,組織中での解決志向の用い方,その効果を最大限にするために,実践者が注目すべき側面について考える際の材料を提供している」。

Part 3：発展

Exercise 15.3

　以下の4つの提案は，職場での人間関係の質を高めるために役立つことでしょう。以下の方法を組み合わせるとポジティブさは，さらに増していきます。一日のなかのいつでも実践することができます。このエクササイズは，他の人を無視することや，誹謗中傷することと，どのように違うのか記録してみましょう。また，他の人がどのように反応するか，そしてこれが職場の関係にどのような違いを生ずるか注意を払ってみましょう。

- 周りの人を尊敬しましょう。その人たちのためにあなたはいるのです。その人たちに注意を向けます。
- いつでも，できる限り他の人をサポートしましょう。
- 他の人を信頼しましょう。信頼していることをその人に伝えましょう。
- 何かのためではなく，ともに楽しい時間を過ごしましょう。

「はい，しかし」と「はい，そして」

　「はい，しかし（yes, but）」という言い方は驚くほど使われている。その実，ほとんどの人は「しかし」を使うことの微妙な否定的影響に気がついていない。「はい，しかし」から「はい，そして（yes, and）」へ快く切り替えられるように練習をすることは価値がある。「はい，しかし」の代わりに「はい，そして」を使うのは，「はい，そして」が会話に肯定的な影響を及ぼすからである。「しかし」の代わりに「そして」を使うと，排除され否定される感じではなく，包まれ受け入れられる感じが生まれる。

　「はい，しかし」はチームや組織内でよく耳にする。実は「はい，しかし」は「いいえ，なぜなら」と同じ意味であり，直接には表現していないにすぎない。「はい，しかし…私の考えは違う」「もちろんあなたは正しい。でも…」。「はい，しかし…」と言うことは，相手の発言に軽く噛みつくことだ。会話や会議での「はい，しかし」は瞬時に否定的な感情をつくりだし，会話は行き所を失い，続いて否定的な下降スパイラルが起こる。したがって，肯定的感情を生むには「はい，そして」を使うことが有益だ。すると，すぐに新しい可能性が現れ，肯定的な上昇スパイラルがつくられる。それは他の人との協力とチーム内のレジリエンスを活気づける。「はい，しかし」をできる限り避け，「はい，そして」をチームで実践しよう。たとえば，会議の間，リマインダーとして「はい，しかし」のサインボードをテーブルの中心に置いておこう。

表15.1 「はい，しかし」と「はい，そして」の違い

「はい，しかし」	「はい，そして」
先に述べられたことを除外し退ける	先に述べられたことを発展し包括する
先に述べられたことを否定し，価値を下げ，取り消す	先に述べられたことを承認する
同意していないと認識されやすい	中立的ないし肯定的なものと認識されやすい
先に述べられたことは，新たに述べることより劣ることを示唆する	言及すべき，2つの等しい事柄のあることを示唆する

ポジティブ・コーチング

　チーム・コーチングの手法は以前からたくさんあったが，すべて問題志向であった。しかし，近年ポジティブ心理学や解決志向ブリーフセラピーが次第に注目されてきている。それらによって出発点は，問題からストレングスと解決に変わった。問題について話すことは問題を生じさせ，解決について話すことは解決をつくりだす。チームや個人に対するポジティブ・コーチングはゴールや能力を志向するコーチングである。それは楽観主義と希望を生みだし，自己効力感や自尊心を増大させる。そしてたとえ対立があってもチームが機能するのを助ける（Bannink, 2006b, 2008c, 2009b, 2009c, 2009d, 2010b, 2011）。

　成長マインドセット（growth mindset）をチーム内で奨励することは重要である。成長マインドセットをもつ人は，勤勉と努力によって能力が開発され，向上すると信じられている（第11章参照）。たとえ知的に上回っていても，知能は固定されていて変えることができないと信じている者（固定マインドセットの者）よりも，成長マインドセットの者は仕事ができる傾向がある。成長を象徴している写真（たとえば花など）を飾り，成長マインドセットを増強する環境を用意することはよいアイデアと思われる。チーム・メンバーにフィードバックを伝えるときには，否定的な言い方ではなく肯定的な言い方をする（たとえば「～すると，あなたはさらによくなると思う」など）。

　チーム・コーチングをする際に使える肯定的なエクササイズを以下で紹介する。

Exercise 15.4

　職場の同僚と「輝いた瞬間」というテーマでお互いにインタビューしてみましょう。

Part 3：発展

1. あなたが最高の状態だったときや輝いたときのことを思い出して，それを簡潔に話してください。
2. あなたにとって，そのときを際立たせているものは何だったのでしょうか。
3. そのときのあなた自身について，楽しく思い出されるのは何でしょうか。
4. そのとき，あなたについてチーム・メンバーが気づいたことは何だと思いますか。
5. 他に，どんな楽しいことに気づきましたか。他には？　そして他には？
6. これらの特質があなたの生活でさらに大きな役割を果たすならば，誰が最初に気づくでしょうか。彼らは何に気づくでしょうか。そこから，どんな違いが生じるでしょうか。

Exercise 15.5

　否定的認知への挑戦はチームに役立つでしょう。このエクササイズは，できるだけ速くチームの否定的思考を打ち消すものです。時折心に湧き上がる，チームに対する典型的な否定的思考をチーム・メンバーと書き留めてみましょう。たとえば「このチームは，これまでやりがいのある何かを成し遂げられたためしがない」とか，「私たちは一緒に働けるとは思わない」かもしれません。これらの考えをインデックスカードに書き留めるとよいでしょう。お決まりの否定的思考をいくつかカードに書いたら，無作為に1枚取り出し，それを声に出して読んでみましょう。そして思いつくあらゆる論拠をみんなで素早く指摘して，否定的信念に反論します。これは「事実の連射（Rapid Fire Facts）」と呼ばれるもので，肯定的な事実を素早く浴びせることで否定的な意見を反駁します。根拠となる事実がなくなったら，別のカードを取り，肯定的な事実を矢継ぎ早に繰り返します。これを続けるうちに，反証となる事実を容易に見つけられるようになるでしょう。このエクササイズによってあなたのチームは否定的思考を迅速に反駁することを学びます。このエクササイズは個人療法で使うこともできます。

組織におけるポジティブCBT

望ましい未来

　ベックハードとハリス（Beckhard and Harris, 1987）は，組織を計画的に変更するモデルを開発した。

現在の状態　→　移行期の状態　→　望ましい未来の状態

このモデルは計画的に変更する過程と段階を深く理解するのに役立つ。最初のステップは，望ましい未来の状態を思い描くことであり（第6章内の「ゴールのアセスメント」を参照），変化のゴールを確立するのを助ける。また凝り固まった現在の状態を溶かし，変化を受け入れ始める目的ももつ。リンダマンとリピット（Lindaman and Lippit, 1979）は，将来望むものから開始すると，計画とその実施への気力，熱意，動機づけと積極的参加が生まれることを示している。次のステップでは，未来から現在に戻って，組織の現在の状態，現在の可能性や能力などを査定する。未来を思い描き，現状の査定をしたならば，その次の段階は，移行期の状態を考え出すことである。この段階のある部分は，現在の状態と希望する未来の状態の間のギャップに基づく。これらのギャップは緊張を引き起こし，移行期の状態の推進力として役立つ。移行期の状態とは，システムにとって変化と安定の必要性のバランスを調整することである。このモデルは一般に，複雑な組織変革に使われることが多いが，その考え方は小さいグループや個人にも適用可能である。

解決志向の精神科医でありトレーナーでもある，ファーマン（Furman, 1998）は，「ドリーム・チーム・クエスチョン（dream team question）」を用いる。それは「あなたのチームがドリーム・チームのように一致協力して働くとするなら，そのチームは将来どのように機能しているでしょうか」というものである。続いて彼は，ゴール定式化とゴールが達成されたときの利点について尋ねる。この質問は動機づけを高める働きがある。彼は，スモール・ステップでクライエントにゴールへの道筋をイメージさせ，明日，来週，来月に何をする必要があるかを尋ねる。彼はまた，組織内外のストレングスとリソースを調べ，スタッフに例外を探す質問をする。「例外」という言葉の代わりに，彼は別のプロジェクトでは「先に述べたゴールに向けての進歩が起こったとき」と呼んだ。これに関する質問は次の通りである。

- 誰がそれに貢献しましたか。
- 最近の進歩はどうですか。違いをつくったのは，誰ですか。何ですか。
- あなたはどのようなことをしましたか。

フォローアップ会議では査定が行われ，生じた変化はどのようなものか，その進歩に貢献したのは誰かを探し出す。

チーム・メンバーに，好ましい将来とそこへの経路を計画するよう促すもう1つの方法は，こう尋ねることだ。「私たちは空港で出会ったと想像してください。そしてあなたは私に，ベストチームのコンテストで一位を獲得したと話します。あなたのチー

Part 3：発展

ムは受賞式に出席するために，飛行機に乗り込もうとしています。授賞式では，もちろんスピーチをすることでしょう。スピーチでは何を話しますか。どうやって最高のチームになることができたのでしょうか。誰の助けに感謝をしますか」。

価値の探求

価値の探求（Appreciative Inquiry: AI）は，クーパーライダーとホイットニー（Cooperrider and Whitney, 2005）によって開発され，ポジティブ心理学と解決志向と多くの共通点をもつ。AIは，人や組織，そして，それらに関連する世界における最善を探すことで，組織の肯定的な変化を実現する方法である。AIでは，生命系が経済的，生態学的，人間的に最も活発に，最も有効に，最も建設的に機能しているときに，何がそうさせているかを系統的に調べる。そのためには，システムの肯定的な潜在能力を把握し，予想し，高め，システムの能力を強めるように質問する技術と実践が必要である。そこには否定や批判，堂々巡りの原因分析の代わりに，発見，夢，設計図がある。AIは，すべての生命系は未開発で，豊かで，刺激的な肯定さをもっていると仮定している。問題に焦点を当てる問題解決モデルと対照的に，AIはすでに組織内にある肯定的な要素に注目する。さらに根本的な違いとして，AIでは，必要とされる変化の開始時点から，すべての従業員が変化に深く関わり合っている。そうすることで，基本的条件が最大化されるので，大きな変化を非常に短い時間で実現することができる。たとえば，不満を訴える顧客に組織が出会った場合，AIの姿勢では「顧客を不満にさせた，どのような間違いをしたのか」ではなく，「この組織に顧客が実際に満足しているのはどのようなポイントか」と尋ねる。チームに対しては「対立が多い理由を教えてください」ではなく，「あなたのチームの最高の状態を教えてください」と尋ねる。

Exercise 15.6

このエクササイズは「価値の壁（appreciation wall）」といい，30分もあればチームで実施できます。このエクササイズのねらいは，仕事でするべきことを明確にし，活気を生みだし，チーム内の関係と信頼を強化することです。大きな紙を壁に貼ります。そこにチーム・メンバーすべての名前を書き入れ，紙の上のほうに「互いに価値を認めている点は何か」書きます。

次に，紙に書かれた名前の真下に，その人の価値を認めている点を参加者が各々記入していきます。15分ほどして全員が書き終わったら，何が書かれているかをチームで見ます。書かれたコメントについて，少し話をしてみるのも興味深いことでしょう。チー

ムリーダーは次のように質問してもよいでしょう。たとえば,「誰がこのコンプリメントを書いたのでしょうか」「この人のこのストレングスに,どのようにして気づいたのですか」「そのストレングスの,どのような点を認めていますか」「このようなことをする同僚がいることは,あなたにとって,どのような価値がありますか」などです。このエクササイズで盛り上がることは珍しくありません。直接的にコンプリメントすること,そしてそのコンプリメントを受け入れることは時には気恥ずかしいものです。しかしこのエクササイズならば気楽にできるでしょう。

Story 15.2 「群知能」

本章の初めに紹介した雁の話に即して,スタムとバニンク(Stam and Bannink, 2008),バニンク(2010c)は,鳥の群れのアルゴリズムを使って,うまくいっている組織を説明している。人間の心や知能は実社会の相互作用のなかで生じる社会現象である。したがって,人間の知能はコミュニケーションの結果である。知能は評価や模倣,そして他の人の行動との比較や,他の人の経験や成功した解決策から学ぶことによって生じる。このような知能は「群知能(swarm intelligence)」と呼ばれることがある。この考え方は,個々の鳥の脳容量はわずかであるにもかかわらず,群れは非常に知的で複雑な行動を示す理由を説明する。ゆえに群れは社会的なシステムである。人間における群れ行動は,思想,宗教的信念,態度,行動,その他すべての心理現象に現れている。チームや組織についても同様のことがいえる。この複雑な群れ行動をシミュレートするために開発されたコンピューターモデルは,3つのルールだけで動いている。

- 他の鳥と衝突する前に距離を取る。
- 群れのなかで,隣の鳥と同じような速さで飛ぶ。
- 今現在の位置から見て,群れの中心と思える方向に飛ぶ。

このルールを検討すると,すべてのルールが1羽の鳥を他とつないでいることが明らかである。ルールは,システム(チームや組織)のなかに個々を密接に結びつける。これらの単純な3つのルールだけで,シミュレーション画面上の点はまるで鳥や魚,蜂の群れのように動いた。鳥の渡りは,磁場への鋭い感受性と共通のゴール(たとえばフランス南部の牧草地)を組み合わせる鳥の能力によって説明できるかもしれない。チームや組織の感受性は,磁場ではなくコミュニケーションに合わせられ,以下の解決志向のルールを適用する。

- もしそれがうまくいくなら,同じことをせよ。

Part 3：発展

> - もしそれがうまくいかないのなら，何か違うことをせよ。
> - もしそれがうまくいくなら，互いに学び，互いに教え合え。
>
> チームや組織の誰もが，自らの対人相互作用の質に共同責任を負う。ガンジーはかつて「あなたがこの世で見たいと願う変化に，あなた自身がなりなさい」と語った。この名言をチームのために改作することができる。「あなたがこのチームで見たいと願う変化に，あなた自身がなりなさい」。

肯定的リーダーシップ

　肯定的なリーダーシップの原則を採用している組織は，平均的な組織に比べて，よい成果を成し遂げ長期の成功を享受する。よい成果とは，高収益だけでなく，順調な成長，拡大，人的リソースの最適化においても現れる。それをもたらしたのはリーダーの特質ではなく，リーダーシップの特質である。単に問題を解決し，障害を取り除き，競争力を高め，効率を上げるのではなく，並外れた有益な成果を得るために，肯定的なリーダーは組織の繁栄とメンバーの動機づけに力を注ぐ。このやり方はどのような状況でも適用でき，困難な状況に限ったことではない。そのカギは肯定面を強調することにある。人は肯定的な展開よりも，むしろ否定的なことに注意を向ける傾向がある。管理職は特にその傾向が高い。彼らのほとんどは，自分の役割は問題解決者であると考えている。アメリカのビジネス論文で使われた用語を調べると，肯定的な用語（美徳，共感，配慮，親切）はほとんどなく，敗北，戦い，競争といった否定的な用語の使用量は，ここ数年で4倍になっていた。肯定的なリーダーは，肯定的な根拠が少ないときでさえも肯定的な面を主張し続ける。管理職が従業員の間の共感をかき立て，失敗を受け入れ，感謝を表明すると，生産性，収益性，品質，革新，そして顧客満足の向上に役立つ。そのうえ，職員の配置転換率も減少させる（Cameron, 2008）。
　ハイト（Haidt, 2006）は，象使いのメタファーを使っている。象使いは，私たちの意識的な思考（そして感情）である。象は，無意識の感情（そして思考）である。象使いは，意識であり心の分析的な部分である。この部分は容量が非常に限られていて，かなりの努力を必要とし，間違いが生じやすい。象は，分析し，組織化し，優先を順位つけ，決定に至るために複合的な要因を検討することにとても優れている。意識的な心は，正確に予測することと，ルールに従うことに優れている。とはいえ，ステレオタイプ化や，枠にはまって生じる誤謬の原因ともなる。これは，意識的な心が，限られたデータ処理能力を管理する手段と見られる。しかしながら，象使いは，他の象

使いと情報交換すること，そしてゴール設定や計画立案ができる。

　フレドリクソンが提唱した肯定的感情の拡張−形成理論（第9章参照）は，象使いと象が息ぴったりに，そして調子よく一緒に働いているときに，私たちは肯定的感情を経験することを示唆している。しかし，象が象使いと同調できなくなると，象使いはやっかいなことになる。

　ハイトによると，頻繁な変化は失敗しやすい。象使いが，長い時間象に言うことを聞かせているのは難しいため，ゆっくりと変化を起こすほうが理にかなっている。肯定的なリーダーシップにおいても同じようなものである。管理において重要な点は，象使いと象が調和し続けることであり，そうすることでうまく働くリーダーシップが達成される可能性が増加する。従業員は象使いであり，象でもあると理解することは，管理職にとって重要である。彼らはどの程度調和しているだろうか。調和を促進させるために，あなたの組織では何をしているだろうか。チーム・メンバーは自らの象の能力を引き出しているだろうか。

　肯定的なリーダーシップは以下の要素を含む。

- 高潔，責任，誠実さ，そして希望のようないくつかの個人の価値観を明確に述べることから始める。同僚にそれらの価値を伝え，価値に従ってふるまう。
- たとえばPDCAサイクル（計画〈plan〉，実行〈do〉，評価〈check〉，改善〈action〉：Deming, 1986）を用いてゴールを設定する。それらのゴールをあなたの個人的価値に結びつける。たとえば，ある管理職の個人的価値が「誠実さ」であったならば，彼が1つの部署を閉じざるを得なくなり，同僚が他の部署に配置転換になる場合にも「誠実さ」が前提となろう。
- 具体的なゴールを設定する。
- ゴールに達するために人格的ストレングスを用いる。ストレングスを知るために，VIAストレングス・テストを使うことができる（第4章参照）。
- 進捗状況をチェックして，ゴール達成に必要な自分自身の能力への確信を絶えず問い直す。
- ゴールが重要かつ実現可能であることを確認する。希望理論（第5章参照）によると，達成が難しすぎたり，簡単すぎたりするゴールは，努力する気をなくすとされる。
- 設定されたプロジェクトのゴールが達成不能になったときは，プロジェクトを継続するか中止するかの間で妥協点を探す。
- 肯定的な自己成就的予言をもって働き，「現実的な楽観主義者」になって同僚に肯

定的なフィードバックを与えていく。
- 障害に直面したときにはレジリエンスを発揮し，初めに決めたゴールへの道筋が難しいならば代わりの道を探し出す（希望理論によれば，障害に直面したとき，希望に欠けている人に比べ希望に満ちた人はゴールへの代わりの道を速く見つけることができる）。

マクカーゴ（McKergow, 2009）は，リーダーシップについての既存の考えである英雄型と従者型を踏まえ，「ホストとしてのリーダー」のメタファーを使っている。英雄と従者は，リーダーシップのスペクトラムの両端に位置している。ホストはこのスペクトラムに対してメタ・ポジションにある。ホストは柔軟で文脈依存的な役割であり，時には英雄の行動，時には従者の行動，そして多くはその間で振る舞うことを求められる。

私たちはホストが何をするかよく知っている。パーティーを開いたり，誰かをディナーに招いたり，誕生日を祝ったりしたことがない人がいるだろうか。誰もがホストの役割を知っている。またゲストとしてパーティーに出席したり，週末に誰かの家に泊まったりしたことのない人もいないだろう。このように，ホストに対するものが「ゲスト」であることを皆知っている。両方の役割を私たちは知っており，両方とも責任と期待を伴う。確かに，ゲストなしではホストにはなりえない。他の人のための場所と，そこでの活動をつくることは，ホストとしてのリーダーシップのスタイルでは必須のポイントである。解決志向は，リーダーシップについてホストのメタファーで語っている。その長所は，イメージが身近であることだとマクカーゴは言う。ホストとゲストは，相互に定義される。ホストをすることは，人の特徴というよりむしろ活動を定義している。ホストをすることで，イベントの成功に対して何らかの責任が生じる。そしてホストの役割として，完全な英雄か絶対的な従者としてふるまうことが求められる。

Story 15.3 「自分が費やした分だけ自分に返ってくる」

1850年代のアメリカの新移民は，生きていくための仕事をする覚悟があれば，無料で土地を手にすることができた。東海岸に住んでいた家族は，数か月の長い旅を試みて，ついに大陸の中央のカンザスへ到着した。彼らが動物や子どもたちに食事を与えるため川の近くで立ち止まると，長年その地域に住んでいる年老いた農夫に出会った。家族は農夫に尋ねた。「この辺りはどんな様子ですか。種を植え，農場を造り，子どもたちを育

てるのに適した場所ですか。ここの人々はどうですか。いい人たちですか。協力的ですか」。 農夫は答えて言った。「おまえさんたちが前に住んでいた東の人たちはどうだったかい」。家長は答えた。「ああ，ひどい奴らで，全然協力的ではなかったです」。年老いた農夫は言った。「残念だが，ここもまったく同じだ。おまえさんは旅を続け，新しい家のために他の場所を探したほうがいいだろうよ」。

その後，別の家族が到着した。彼らも長い間，東から旅をしてきた。偶然に彼らも同じ川で立ち止まり，動物や子どもたちに食事を与え，同じ年老いた農夫に出会った。

最初の家族のように彼らは尋ねた。「この辺りはどんな様子ですか。種を植え，農場を造り，子どもたちを育てるのに適した場所ですか。ここの人々はどうですか」。農夫は答えた「東の人たちはどうだったかい」。するとこの家族は答えた。「ええ，とても親切で，面倒見がよくて，とても協力的でした」。年老いた農夫は答えた。「ここもまったく同じだ。親愛なる隣人よ，新天地へようこそ！」。

(Peacock, 2001)

肯定的なミーティング，スーパービジョン，ピア・コンサルテーション

職場で肯定的なミーティングを実施する方法，肯定的なスーパービジョン，肯定的なピア・コンサルテーションに関する詳細な情報は，バニンク（2010a, 2010c）に記載されている。次のエクササイズは，肯定的なミーティングと肯定的なピア・コンサルテーションの実施例である。

Exercise 15.7

ミーティング，チーム・ディスカッション，ピア・コンサルテーションを実施するには，まず4〜5人のグループをつくります。次の5分間，参加者は仕事や家庭のなかで満足していることを話します。あるいはメンバーの何人かが，先週あったうまくいったことを手短に話してもよいでしょう。肯定的なやり方でミーティングを始めると，好ましい雰囲気でミーティングが続いていきます。「3つのよいこと」エクササイズ（第7章，第9章参照）のバリエーションで，前回のミーティング以降の「うまくいったこと」についてみんなで話すこともミーティング開始時のアイス・ブレイクとして使用することができます。

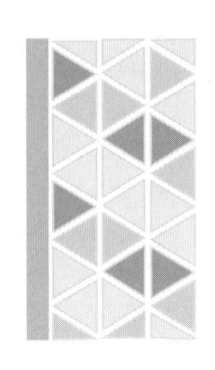

第 16 章

ポジティブ CBT とその未来

真の発見の旅とは,新しい景色を探すことではなく,新しい目で見ることからなされる。

マルセル・プルースト(Marcel Proust)

はじめに

「人間は過去に突き動かされるよりも,未来に引き寄せられるものである。そのため,習慣や動因,環境の科学よりも,予期や計画,意識的選択を測定し形成する科学のほうが影響力がある。私たちが過去に突き動かされるよりも未来に引き寄せられることは非常に重要である。それは,社会科学の遺産や心理学の歴史に真っ向から反しているにもかかわらず,ポジティブ心理学の基礎的かつ暗黙の前提である」(Seligman, 2011, p.106)。人間を繁栄させる科学を発展させ,完全な精神的健康を達成するためには,予防であれ治療であれ,科学者は精神的健康に関連する病因論と治療について究明し研究し,精神的健康の科学を発展させるべきである。

研究

予防

残念なことに,医学的モデルは重篤な問題の予防にあまり役立たなかった。予防モデルのほとんどは,弱点の修正ではなく,能力形成の観点から開発されている。勇気,楽観主義,人間関係のスキル,信頼,希望,誠実,忍耐,フロー,洞察力などのストレングスが精神疾患に対する緩衝体となることが明らかになった。したがって,人間のストレングスに関する科学は,若者がもつこうした美徳を育成する方法を理解し習得するのに役立つように作られるだろう。人格的欠点や損傷を受けた脳を扱うことで,

科学は効果的な予防ができにくくなっている。「実践家にわかってほしいことがある。それは，彼らが面接室ですでに行っている最良の仕事とは，クライエントの欠点を直すことではなく，クライエントのストレングスを増強することである」(Seligman and Csikszentmihalyi, 2000, p.6)。

治療

　ポジティブ CBT のモデルは新しいものである。本書は，従来の CBT とポジティブ心理学，解決志向ブリーフセラピーといった最良の3つのアプローチを組み合わせた有望なアプローチについての処女作と言える。つまり，これまでのところ，このモデルに関する研究がまったく行われていないことを示唆している。このモデルを経験的に検証し，客観的に評価していく必要があることは言うまでもない。たとえば次の検討課題が指摘されよう。このモデルを検証するためには，どのような基準を用いるべきか。このモデルがよりよいアウトカムに結びつくかどうかをどのようにして知ることができるか。どのような変容メカニズムがポジティブ CBT とそのアウトカムに作用しているのか。ポジティブ CBT は，従来の CBT，解決志向ブリーフセラピー，クライエント中心療法，精神力動的心理療法などのアプローチとどのように異なるのだろうか。

　ポジティブ CBT の特定の要素に関する研究が今後行われるだろう。ポジティブ CBT の要素は，どのようにして特定の集団や条件の下で役に立つのか。セラピストがバーンアウトせず，仕事を続けるだけではなく，成長していくためにはどのようにすべきか，などが課題となろう。

　ポジティブ CBT の会話についてのマイクロ分析（第12章参照）は，この目的に有用であろう。なぜなら，ポジティブ CBT におけるコミュニケーションが，ポジティブ CBT のモデルと一致しているかどうか，他のモデルと異なっているかどうかについて，今現在まだ明らかになっていないからである。

　このアプローチの有効性を判断するためには，予備的研究や無作為化比較対照試験（RCT）による大規模調査が必要である。そうした研究はポジティブ CBT の有効性に関する基礎的エビデンスを提供するのに役立ち，さらには，ポジティブ CBT が心理療法を超えて，教育，社会福祉，コーチング，組織，政府 などの他領域へ拡張していくのに寄与するだろう。

　研究がうまく進めば，従来の CBT アプローチから恩恵を得るクライアントを増やす助けとなろう。社会や技術の変化に伴う費用対効果を考えると，電話やスカイプ，インターネットによるポジティブ CBT は，将来もっと好まれるアプローチとなりうる。

その理由の1つは、ポジティブCBTのプロトコルはソーシャルメディアに向いているからである。

トレーニング

肯定的側面への注目

最近まで、サイコロジストと精神科医のトレーニングにおいては、欠点を重視していた。そのため、サイコロジストと精神科医は、セリグマンがTED.comで述べたように「被害者学者や病理生産者」となった。しかし従来のCBTは、徐々にではあるが確実にポジティブ志向に変わりつつある（第3章参照）。本書では、この変化の要素を追ってみよう。

未来のトレーニングでは、クライエントや彼らの環境における病理とストレングスの双方にバランスよく注目しなければならないだろう。従来のCBTにおいては否定的なレンズが用いられてきた。それに加え、これからのCBTのトレーニングではポジティブCBTで用いているような肯定的なレンズが強調されるようになるだろう。ポジティブCBTのセラピストが他のセラピストにポジティブCBTを教えていき、最終的にはポジティブCBTセラピストの大集団をつくることが目的である。将来的には、すべてのCBTセラピストが従来のCBTとポジティブCBTの双方を使えるようになることが理想である。なぜなら、両者は表裏一体であるからだ。どちらのCBTを好むかは、クライエントが選択するかもしれない。解決志向の基本原理には「うまくいっているならば、それを繰り返せ。うまくいっていないならば、何か違うことをせよ」がある。解決志向の介入よりも問題志向の介入が有効なこともあろう。このような場合、問題志向の介入を続けることが解決志向のやり方でもあることを心に留めておこう。

アウトカムの測定もCBTのトレーニングにおける重要なポイントとなる。一般的には、セラピストの能力が良好なアウトカムを生むと考えられている。この考えが、継続教育の必要性を生んだ。良好なアウトカムにつながる知識の進歩からセラピストが取り残されないようにするためである。とはいえ継続教育プログラムのほとんどが、アプローチの有効性を評価する方法を少しも含まず、特定のブランドやスタイルのセラピーにおけるスキルや技法の習得に重点が置かれている。しかし、能力とアウトカムの関連を重視すると、セラピーの効果と効率は減少してしまう。セラピストの経験値と治療効果とはほとんど関係がないことが、すでに示されている（Clement, 1994）からだ。この領域でこれまで行われてきた技法開発への努力ではなく、アウトカム評価

尺度などを用いてアウトカムを管理することで，治療効果は著しく高まる。従来重視していたモデルやテクニックといった観点から解放されると，セラピストがこの仕事で常に主張してきたこと，すなわち変化の支援にこれまで以上に精進することができるだろう。

クライエントのウェルビーイングへの注目

人は言葉を使い互いに話し合うことで現実の意味や定義をつくりだす。クライエントの変化の程度は，ものごとを違った視点で見る能力に関連する。ディヤングとバーグ（De Jong and Berg, 2002, p.349）は，次のように述べている。「クライエントに生じた，現実の見方や定義の変化は，クライエントが解決をつくっていく過程の一部である。そのような変化は他の未来や有用な例外についての会話のなかで容易に生じる。解決は，問題の科学的定義や専門的アセスメント，専門的介入よりも，願望とそれを実現する方法の定義を展開し拡張するクライエントの力にかかっている。セラピストがスキルを用いて，目的ある会話を続けることで，クライエントは満足し生産的な生活の見方と定義を展開し拡張できるようになる。厳密に言えば，実践家がクライエントをエンパワーしたり，他の意味をつくりだしたりすることはない。クライエントのみが自身のためにできることである。とは言え，実践家はクライエントには能力があると考え，それを尊重して，クライエントが生活に望むものをつくりだせるような巧みな会話をすることができる」。

したがって，従来のCBTにおける技法に心理療法の技（art）の視点が加えられ，精神疾患に精神的健康の視点が加えられるだろう。悲惨な人々をさほど悲惨でなくすることによって苦痛を減らすことは，私たちの仕事の一方の面でしかない。もう一面は，その人たちの幸福が持続するように手助けをすることによって成功をつくることである（したがってこの本の副題となっている）。

「愛し愛される能力，気にかけ気にかけられる能力は，ウェルビーイングの重要な構成要素の1つである。それを科学が示し続けることができれば，心理療法や介入，トレーニングはそれらを志向するようになり，クリニック，学校，職場において行われることになろう」（Gilbert, 2010, p.197）。

セラピストのウェルビーイングへの注目

第1章で紹介した研究を思い出してもらいたい。それによれば，心理実践家の11〜61％が生涯において少なくとも一度は抑うつエピソードを経験していた。ポジティブCBTはセラピストの緊張を緩和し，気軽な会話を可能にする。その結果として，セラ

Part 3：発展

ピストのストレス，抑うつ，バーンアウト，2次的トラウマを少なくする。第3章で述べられていた「最少負担の原理」はクライエントだけでなく，私たちセラピストにも当てはまる。

セリグマン（Seligman, 2011, p.2）は，以下のように述べている。「ポジティブ心理学は人々をもっと幸福にする。ポジティブ心理学を教える，ポジティブ心理学を研究する，コーチやセラピストとしてポジティブ心理学を使う，教室で高校1年生にポジティブ心理学のエクササイズを実施する，ポジティブ心理学を用いて子育てをする，心的外傷後成長についての教授法を新兵訓練係の軍曹に教える，ポジティブ心理学者に会う，ポジティブ心理学の本を読む，こういったことのすべてが，人々をより幸せにする。ポジティブ心理学の分野で働いている人は，私が今まで知っているなかで最も高いウェルビーイングをもっている」。

「この45年間，私は心理学のほとんどすべてのトピックを教えてきた。しかし，ポジティブ心理学を教えるときほど楽しく，また学生たちからの授業評価も高かったときはなかった。異常心理学について25年間教鞭をとっていたときは，学生に有意義で体験的なホームワークを課すことができなかった。彼らは，週末に統合失調症になってみることができなかったわけである。授業はすべて座学であり，学生は狂気そのものを知ることができなかった。しかし，ポジティブ心理学を教える際には，学生に感謝の訪問や，『うまくいったこと』エクササイズを与えることができる」（Seligman, 2011, p.34）。

解決志向の実践家（セラピスト，コーチ，仲裁者，教師）は，同様の体験を報告している。つまり，それぞれの仕事をするなかで肯定面に注目すると，実践家自身のウェルビーイングが高まる。解決志向の実践家やトレーナーの多くは，他の心理療法よりも，短期間の訓練と経験で，適切なスキルに達することができると確信している。

ここでポジティブCBTの利点を2つ指摘したい。1つ目は，ポジティブ・スーパービジョン・モデルとピア・コンサルテーション・モデルの使用である（Bannink, 2010a）。これらのモデルに準じると，はるかに多くのケースをより短時間で検討することができる。同僚の欠点や失敗に注目するのではなく，長所と成功に注目することで，よりよい結果に結びつく。2つ目の利点は，昨今の不景気な時代においては，ポジティブCBTのように，短期間で，ゴール志向で，ストレングスに基づいた専門技術をもつセラピストは需要が多くなるであろう。

第3章では，ポジティブCBTの可能性とCBTの好ましい未来に関する筆者の意見を述べた。

橋を架ける

これまで，従来のCBTとポジティブ心理学，解決志向ブリーフセラピーの領域は遠く離れていた。実際のところ，互いのことをほとんど知らない。本書の目的は，心理療法の枠内の異なった領域間に橋を架け，また心理療法と外の領域を越えて橋を架けることである。その理由の1つは，筆者がオランダに住んでいるからであろう。オランダでは生きていくために，そして繁栄するために橋を架ける（オランダに住む私たちは，世界のなかでも幸福な国民である）。もう1つの確かな理由は，この世界をよりよいものにすること（たとえどんなに小さなことであっても）が筆者の使命と考えているからである。調停者として筆者がよく用いることわざに，「隔たりが大きいほど，橋は美しい」というものがある。

筆者の願望は，従来のCBTとポジティブ心理学，解決志向ブリーフセラピーとをポジティブCBTの橋で繋ぐことである。そうすることで，互いにメリットがあるだろう。そして，この世界がクライエントや私たち自身にとってよりよいものになるように協働できるようになるだろう。

「著者紹介」にあるように，オランダ行動・認知療法学会（VGCt）は2006年に解決志向認知行動療法セクションを設立した。その結果として，オランダのCBTセラピストの1割が前向きな解決志向の方法をとっている。私たちの望みは，この影響が他の国々でも同様に広まっていくことである。景色は同じままであるが，しかし，新しい目で見れば，真の発見の旅があなたを待っている！

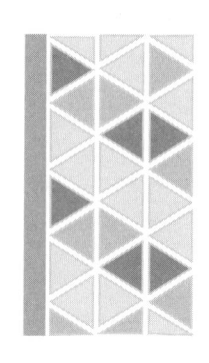

第 17 章

よくある質問（FAQ）

賢人とは，正しく答える人ではなく，正しい質問をする人である。

クロウド・レヴィ-ストロース（Claude Levi-Strauss）

はじめに

よくある質問（FAQ）には，特定のトピックスに関してよく尋ねられる質問とその回答が収められている。以下にポジティブ CBT に関連した 20 のよくある質問に対する筆者の回答をあげた。読者がよい回答を思いついたなら，それを soluitons@fredrikebannink.com まで送ってほしい。

20 の質問と回答

質問 1：ストレングスをクライエントが見つけられない場合は，どうしたらよいですか。

- 生活のなかで比較的うまくいっているところを探すようクライエントを援助してください。問題の領域ではなく，クライエントの生活のなかのあらゆるものに対する好奇心を表現させてみるとよいでしょう。
- 生活のなかでこれからも体験し続けたいことについて，どのように起きたのかを尋ね，それをクライエントのストレングスに結びつけてください。
- これらのうまくいっているところを治療ゴールに結びつけてください。
- コーピング・クエスチョンとコンピテンス・クエスチョンを用いるとよいでしょう。たとえば，「どのようにしてなんとかしているのですか」「この状況にどのように対処していますか」「どうして状況がもっと悪くならないのでしょうか」

第 17 章　よくある質問（FAQ）

- インターネット上の VIA ストレングス・テストをクライエントに勧めてください。
- 第三者の視点（第 7 章参照）を使用してみましょう。「あなたに双子のきょうだいがいるとして，あなたの後ろに座っていると想像してみてください。きょうだいはあなたのストレングスを何と言うでしょうか」

質問 2：問題に対する例外をクライエントが見つけられない場合はどうしたらよいですか。

- あなたはクライエントと「コンプレイナント関係」（第 5 章参照）にあるのでしょうか。そういうときには，観察課題だけ出してください。行動実験を提示してはいけません。観察課題の例は以下の通りです。
- クライエントにうまくいっていることに注意を向けさせ，同じ状態にとどまらせるようにしてください。または，これからもずっと続いてほしい生活上の出来事に注意を向けさせましょう。
- 生活のなかの望ましい瞬間をクライエントに観察させ，次回の面接で話すことができるようにしてください。
- クライエントの注意をものごとがうまくいっているときに向けさせ，次回の面接で話すことができるようにしてください。
- スケーリング・クエスチョンをしてみましょう。「スケール上で 1 つ上がると，あなたや身近な人がどのような違う行動をとるか観察しておいてください」
- 問題解決の希望をもたせるものにクライエントの注意を向けさせましょう。
- 予想課題（prediction homework）を使ってください。「明日がどうなるか予想してみましょう。明日の晩に，その日がそうなった理由を探してみましょう。それから，翌日の予想もしてみましょう」
- 明らかな例外があるときに何が起きているかしっかり注意を向けさせ，クライエントに例外についてもっと話せるようにしてください。「そのときは何が違いましたか。それから周りの人はどんなことをしていましたか」
- 問題は他の人にあり，その人が変わる必要があると思っているコンプレイナント関係の場合には，こう言ってみてください。「あなたの望むことをその人がしているときに注意を向けてみましょう。いつもと何が違っていますか。そのときには，あなたはその人の助けになるどんなことをしているのか，注意を向けてみましょう」
- 他の人がすることで役に立ったことや嬉しいこと，それによる変化についてクラ

305

イエントの注意を向けさせ，次の面接で話すことができるようにしてください。
- クライエントの周りの人に対して，クライエントの例外を尋ねてみましょう。
- クライエントに「例外を1つ見つけることができたと想像してみてください。そうすると何が違ってくるでしょうか」と尋ねてみましょう。
- ゴールや問題に対する例外を探すために 付録B を参照してください。

質問3：診断は，ポジティブCBTにおいてどのような役割がありますか。

- 診断は重要な役割を果たします。しかし，クライエントのDSM-Ⅳ-TRにあるような障害や問題に関してだけでなく，ストレングス（VIA），リソース，よい点についても診断をすべきでしょう（第6章：ポジティブCBTのアセスメントを参照）。
- 診断の際には，クライエントの生活のなかで起きるあらゆるものを検討すべきです。
- 診断は，問題（問題分析）に関してのみではなく，クライエントが問題の代わりに望むもの（ゴールの分析）に関しても行うべきでしょう。
- 問題解決というものは，現代医学のように問題とその解決に関連があることを前提としています。この仮定では，介入の前に問題のアセスメントをすべきことが強調されています。治療を始める際に，いつでも問題のアセスメントが必要なわけではありません。バッカー（Bakker）とその同僚たちは，「段階づけられた診断（stepped diagnosis）」を用いることを提案しています（第6章参照）。
- クライエントとの関係についても診断できます。すなわち，ビジター関係，コンプレイナント関係，カスタマー関係です（第5章参照）。
- 機能的な行動分析は，問題および問題に対する例外から行われます（第6章参照）。

質問4：クライエントがよくないものを望んでいる場合，どうしたらよいですか。

- それがどのように役立つかクライエントに尋ねてみましょう。
- クライエントにこう尋ねてみてください。こういう行動（たとえば飲酒）を続けるのが自分のためになるのかと自分自身に問いかけてください。そうすると，生活のなかでどういうことが起きてくるでしょう。
- 第三者の視点を用いてください。「あなたのパートナー（子ども，同僚）に対して，こういう行動がどのように役立つかについて尋ねてみたとしましょう。パートナ

ーは何と言うと思いますか」
- クライエントの決めたことをやめさせる必要のあることはめったにありません。

質問5：クライエントが何も望んでいない場合はどうしたらよいですか。

- クライエントと会って話せたことに対して，コンプリメントを与えてください。
- 変化することの不利益や危険性についてクライエントと話し合いましょう。
- クライエントがもとの状態に戻らないようにするにはどんな変化が必要だと紹介者は考えているか，クライエントに尋ねてください。
- クライエントに将来の再会を勧めるとよいでしょう。
- 宿題を出してはいけません。
- さらなる示唆のために第5章（強制されてきたクライエント）を参照してください。

質問6：クライエントのゴールが非現実的なものである場合はどうしたらよいですか。

- 解決が存在しなければ問題もありません。問題は解決できますが，障害（disability）は解決できないこともあります。その場合は，最も適切なやり方で対処されなければなりません。
- 非現実的なゴール（宝くじの当選，死んだ人が生き返ること，事故が一切起きないように望むこと）をクライエントが望むことがあります。その望みがかなったら，どのように生活が変わるか尋ねてみましょう。または，こういう願望はクライエントにとってどのような意味があるか尋ねてください。
- 不平や（気分を変えたい，他の人に変わってほしい）などの望みを扱うか，それとも，現実的なゴールやクライエントのコントロールできる範囲の達成（着実で肯定的なゴール）を取り扱っていくかどうかを自分自身に問いかけてみましょう。

質問7：クライエントが想像することができない場合はどうすればよいですか。

- その理由が何であるかクライエントと一緒に探してみるとよいでしょう。好ましい未来の想像やイメージの使用は，クライエント（たとえば，自閉症のケース）に困難なことも時折あることです。イメージの表すものが怖いため，クライエントのなかにはイメージと関わることを嫌がる人もいます。

Part 3：発展

- 言いたいことをイメージで具体化してみましょう。
- クライエントが視覚イメージに自由に出入りできるかどうかを知るために，肯定的なイメージや中性的なイメージから始めていくとよいでしょう。
- クライエントに写真を何枚か持ってきてもらいましょう。たとえば，子どもの頃の自分，両親，または他の関連のあるものの写真です。
- イメージを用いる前にリラクセーションの手続きから入ってください。
- 「安全な場所」のイメージから始め，そのイメージで終わりましょう。
- クライエントにイメージをコントロールすることを体験させてください。たとえば，舞台監督をするというものです。
- 視覚イメージの代わりに，聴覚，運動感覚，嗅覚，または味覚というイメージを使用してみるとよいでしょう。

質問8：クライエントが「わかりません」と答える場合はどうしたらよいですか。

- クライエントにこう尋ねてみてください。「よくわかっているとしたら，何と言うでしょう」「よくわかっているとしたら，どんな違いがあるでしょうか」
- クライエントにこのように尋ねてみてください。「あなたのパートナー（子ども，同僚，親友）に私が質問したとしてみましょう。彼らは何と言うでしょうか」「彼らは驚くでしょうか」「知り合いのなかで，全然驚かないのは誰でしょうか」
- クライエントに同意してこう伝えてください。「わからないのももっともです。大変難しい質問をしましたから。どうぞじっくり考えてみてください」
- 自分自身に尋ねてください。「クライエントにとってわかることが大切でしょうか」
- クライエントに次のように尋ねてみてください。「もしはっきりわかったら，あなたの生活はどのように変わるでしょうか」「もしはっきりわかったら，あなたの生活はどんなふうに改善するでしょうか」「それを推測してみて」と言うのもよいかもしれません。
- こう言ってみましょう。「もちろんまだわかりませんが，あなたはどう思いますか」
- 自分自身にこう言ってみるとよいでしょう。現時点で何か大切なことが進んでいるようだから，クライエントにもっと多くの時間を与えてみよう。

質問9：クライエントが自分を苦しめるものについて話したがらないときや秘密がある場合はどうしたらよいですか。

- クライエントをリラックスさせてください。そして，クライエントが自分を苦しめるものを話す準備が（まだ）できていないこと（準備がずっとできなくても）を尊重してください。
- クライエントが自分の秘密を明かす必要があると考えてはいけません。
- クライエントに次のように尋ねてみましょう。「あなたを苦しめていることを私に話すと想像してみてください。そうすると，何が変わるでしょうか」
- クライエントに次のように尋ねてみましょう。「解決があると想像してみてください。そのとき，あなたの生活はどのように見えるでしょうか」

質問10：クライエントが危機的な状況におかれているときはどうしたらよいですか。

- 危機的状況にいるクライエントであっても，以下のことで速やかに安定させられることを覚えておいてください。それは，自分がどう変わりたいか（ゴールづくり）にクライエントを方向づけ，過去の成功体験や能力を利用することに注意を向けさせることです。
- コーピング・クエスチョンやコンピテンス・クエスチョンをしてください。「この大変な状況で，どのようにして何とかやっているのですか」
- クライエントに希望をもたせるようにしてください。「あなたの一番の望みは何でしょうか。それがかなうと，どんなことが変わりますか」
- セラピストがどう役立つか尋ねてみましょう。「どのようにお役に立てますか」
- 危機状態になってから，クライエントがこれまでに試みてきたことや，ほんの少しでも役に立ったことについて関心をもってください。
- クライエントの生活や今の状況において変えたいものを尋ねてみましょう。
- クライエントに次のように尋ねてみましょう。「あなたがもっと落ち着いて，すべてのことがもっとはっきりしてくるとしましょう。そうすると，何が違ってくるでしょうか。あなたが最初にするのはどういうことでしょうか」
- クライエントに次のように尋ねてみてください。「あなたはどのように朝起きましたか。どのようにここに来て，どのように助けを求めたのでしょうか」
- クライエントに次のように尋ねてください。「このような状況のなかで，自分自身をケアするために何をしてきましたか」

Part 3：発展

- クライエントに次のように尋ねてください。「誰（何）が，今の時点では，最も助けになると思いますか」
- 次のように尋ねてみましょう。「セラピストとして私ができることで，最もあなたのためになることは何だと思いますか」
- 今よりもものごとが悪くなるか尋ねてみてください。もしそうならばこう尋ねます。「どうしてものごとがもっと悪くならないのでしょうか」
- クライエントに次のように尋ねてください。「この状況に対処するためにあなたにとって最も重要なのは何だと思いますか」
- スケーリング・クエスチョンを使ってみましょう。「10から0までの尺度で，10がこの状況を十分に対処できていて，0はまったく対処できていないことを意味するとします。この状況にあなたはどのくらい上手に対処していますか」「以前のあなたがその数字のときは，どんな状況でしたか」「尺度のもっと高い数字はどんなふうに見えるでしょうか」「1点上がると，どのように話すことできるでしょうか」「1点上がると，どうよくなるでしょうか」「1点上げるには，どうするとよいでしょう」「1点上がると，あなたのやる気はどのようになるでしょうか」「1点上がるのに成功すると，どのくらい自信がつくのでしょうか」「1点上がると，何が違ってくるでしょうか」

質問11：ポジティブCBTでは，何回の面接が必要ですか。

- 解決志向ブリーフセラピーでは，面接の平均回数は（問題志向のセラピーと同様の〈追跡〉結果で）3〜4回です。
- ポジティブCBTの面接回数は，従来のCBTにおける平均的な面接回数よりも少なくなるでしょう。というのは，問題のアセスメントがまったくないので，面接がずっと短くなるからです。
- ポジティブCBTにおいては，クライエント（セラピストではなく）が，セラピーのゴールを決め，セラピーの終結を告げることを覚えておきましょう。通常，これはセラピストが予期するより早い段階で起きてきます。
- ポジティブCBTでは，セラピーが成功するときや終わるときのことについて，初回面接のなかですでにクライエントに尋ねていることを覚えておいてください。これは，セラピーには限りがあり，ゴール志向のものであることを示しています。従来のCBTを含めた，伝統的な心理療法のやり方とは異なります。というのは，伝統的な心理療法では，セラピーの集結に関する会話は，セラピーがほとんど終

わるときにのみ行われるものだからです。

質問 12：従来の CBT とポジティブ CBT のどちらを選ぶかクライエントに尋ねてもよいですか。

- CBT セラピストとして，両方の CBT のやり方ができるスキルを身につけておくとよいでしょう。
- 有名な精神科医であり催眠療法家のエリクソン（Erickson）は，クライエントに 2 つ以上の選択肢をよく提示していました。何をすべきかを厳密に言われる状況よりも，選択や自由のあるほうが気分がよいものです。実際，クライエントはどちらかの選択肢を選ぶと，選択したものに気持ちを向けていきます。

質問 13：問題志向の同僚と一緒に働いていくにはどうすればよいですか。

- 同僚が問題志向の方法で，ものを考え動くのは別段珍しいことではありません。そのため，彼らは問題の重要性をもっと強調してくるでしょう（問題を探索する傾向も強まります）。
- クライエントのゴールをあなたの心に留め，それがいつでも指針であることを忘れないでください。その指針から外れてしまうのはよくあることです。同僚とのミーティングでは，問題についての長い議論や他者への不満で行き詰まるかもしれません。解決志向の方法で仕事ができるようにするためには，ミーティングのゴールが何かをいつも問いかけるようにするとよいでしょう。
- ポジティブな枠組みをもつようにしましょう。誰もがもつ（隠れた）望ましい動機づけを明らかにしていくと，同僚は安心し，ゴール志向のやり方で働くのを認めてくれるかもしれません。
- あなたの同僚をコンプリメントしましょう。そして，得られた進歩や彼らの協力に対して，感謝の気持ちを常に明確に示してください。
- 同僚の成功やストレングスを定期的に指摘し，それらを手短に伝えてください。寛容な態度でいましょう。
- ポジティブな「ゲリラ行動」をしてください。ポジティブ CBT を使用したとき，多くの説明をせずに，あなたのしたことを正確に同僚に示すことが時々あってもよいでしょう。たとえば，問題に対する例外を尋ね，ストレングスやリソースの領域に注目したことを伝えましょう。

Part 3：発展

- チームや組織のなかに，あなたの望む変化があることを覚えておきましょう。

質問14：クライエントがホームワークをしてこなかったら，どうすればよいですか。

- 伝統的なCBTはホームワークを重視しますが，ポジティブCBTではもはや有効と考えていません。
- ホームワークを出さないことよりも，出すほうが多くの情報を得られるかどうか自問してみてください（第10章参照）。
- ホームワークをしないのは抵抗のサインとしてよりも，クライエントのものごとへの取り組み方についてのメッセージとして捉えてみましょう。
- ホームワークをしない正当な理由があると考えていることをクライエントに伝え，その理由について話してもらうようにしましょう。
- クライエントがホームワークをまったくしないときでさえも，クライエントと協働する関係を維持することを覚えておいてください。
- クライエントが考えるためにフィードバックを与えるだけにしてください。あるいは，行動課題ではなく，観察課題を出すようにしましょう。クライエントとはカスタマー関係にまだなっていないのかもしれないし，ずっとそういう関係にならないかもしれません（第6章参照）。
- あまりにも多くのことを，あまりにも早く求めていないか自問してください。もっと小さい変化を探してみましょう。ゴールや例外についてスケーリング・クエスチョンを使いましょう。または，クライエントにあまり早くしすぎないように伝えてください。

質問15：クライエントが自分の不調についての説明を見つけたいという場合はどうしたらよいですか。

- 私たち人間は説明を求めるものであることを覚えておいてください。
- クライエントのゴールの実現を援助するのに説明を見つける必要がないことを，ポジティブCBTのセラピストとして覚えておきましょう。
- クライエントにこう尋ねてみましょう。「説明を得たとしましょう。そうすると，何が違ってきますか」
- 「説明がどのようにあなたに役立ちますか」と尋ねてみましょう。
- 「説明のなかで，あなたがすでにわかっているのはどういうところでしょうか」と

尋ねてみましょう。
- 自分のほしい説明を見つけるのに役立つような情報を得るために何ができるか，クライエントに尋ねてみてください。
- クライエントが説明を見つける際に，どのようにセラピストが役立つのか尋ねてみましょう。

質問 16：クライエントが自分の過去について話したいだけだったら，どうしたらよいですか。

- 変化を望むクライエントとセラピーをしているのか自問してみてください。おそらくクライエントとコンプレイナント関係なのかもしれません。それに応じて，介入を調整すべきでしょう。
- クライエントのゴールに働きかけているかどうか自問してみてください。クライエントはあなたが望む以上にゴールへ到達したがっていることを確かめてみましょう。
- クライエントにこう尋ねてみましょう。「自分の未来について話す準備ができるまで，何回くらいの面接で過去を話す必要があると思いますか」
- 過去について話すことは，クライエントのゴールの到達にどのように役立つか，クライエントに尋ねてみてください。
- 過去について十分話して未来を見る準備ができたとき，それがどうやってわかるのかクライエントに尋ねてください。
- 現在と未来によって，過去をいかに見るかが決まる。幸福な子ども時代をもつのに遅すぎることはないと言われています。クライエントに対して，過去に関する3つのレジリエンス・クエスチョンをしてみましょう（第7章参照）。

質問 17：クライエントが「プロブレム・トーク」に頻繁に戻る場合はどうしたらよいですか。

- 落胆することはありません。これはよくあることですから。
- クライエントの話しにやさしく割り込み，次のように言いましょう。「さて，前の話に戻りましょう」。クライエントが明確なゴールに進んだり問題に対する例外を見つけられたりすると，問題についての話に戻る必要がなくなることがよくあります。

Part 3：発展

- 自分の望みや望ましい未来について話す準備ができるまで，問題についてどのくらい話す必要があると考えているか，クライエントに尋ねてみましょう。
- クライエントとカスタマー関係か，コンプレイナント関係ではないか考えてみてください。もし後者であるなら，それに応じて介入を調整してください（第5章参照）。
- クライエントにこう尋ねてください。「問題について話すことは，ゴールに至るのにどのように役立つと思いますか」
- クライエントには自分の問題を話し続けるもっともな理由があるに違いないと伝えてください。そして，その理由を話すように勧めてみてください。
- クライエントに次のように尋ねてください。「問題について言いたいことすべてを言ったと想像してみてください。そのとき，あなたにとって何が変わるでしょうか」

質問18：進展がなかったり，さらに悪化したりした場合，どうしたらよいですか。

- よい治療同盟があるならば，あなたのアプローチがうまくいかないならば，それを止めて何か他のことをしてみましょう。うまくいかないアプローチを続け，進展がないのに同じことを繰り返すのは，第11章で示したように，不可能に通じる4つの道のりのなかの2つに当たります。
- アインシュタイン（Einstein）の言葉を忘れないでください。「狂気とは，異なる結果を期待して，同じことを何度も繰り返すことである」
- クライエントを支えることだけを目的にしてセラピーが行われるべきでないことを覚えておきましょう。
- 私たちセラピストは，クライエントの不調を見きわめるのが苦手で，セラピーの有効性を過信してしまいやすいことを覚えておいてください（第10章参照）。
- 状況が改善する前にクライエントの状態が悪化するなどということを想定してはいけません。そうではなく，これは悪い状態の最後を示すものとして捉えてください（第11章参照）。
- クライエント（またはスーパーバイザーや同僚）に，何をこれまでと変えればよいか尋ねてみてください。
- よくない治療同盟であるならば，同僚にクライエントを紹介するとよいでしょう。
- より多くの診断が必要となるかもしれません（段階的診断の考え方については第6章参照）。

第 17 章　よくある質問（FAQ）

- 他の人（パートナー，子ども，友人）をセラピーに呼んでみましょう。
- ORS と SRS を使用してください（第 10 章参照）。

質問 19：私がイライラし，落胆し，または不安を感じ始めたら，どうしたらよいですか。

- もしもあなたがイライラしたり，やる気をなくしたり不安であったりしたならば（いわゆる「逆転移」），治療同盟にもっと焦点を当てる必要があります。
- クライエントが他にすべきことを考えるのではなく，治療同盟を向上させるために自分がこれまでと何を変えられるか自問してみましょう（第 5 章参照）。
- 治療同盟の尺度で，現在よりも 1 点高い状態になると何をしているか想像してみてください。また，クライエントはこれまでと違って，どのように反応するでしょうか。これはピア・コンサルテーションで使用されるよい質問です。
- ストレングス，成功，能力に注目することで，クライエントにもっと多くのコンプリメントをしてください。
- 問題に対する例外を探すために，クライエントの過去を活用してみましょう。
- スーパーバイザーや同僚に，治療同盟を向上させるために何をこれまでと変えればよいか尋ねてみてください。
- ORS と SRS を使用してください（第 10 章参照）。

質問 20：クライエントが複雑な問題をもっている場合にはどうしたらよいですか。

- 複雑な問題であっても複雑な解決を必要としないことを覚えておいてください。また，効果的に援助するために，クライエントの問題についてセラピストがたくさん知る必要のないことも心に留めておきましょう。
- 「オッカムのかみそり（Occam's razor）」は，「倹約の法則」としてよく引用されるもので，広く推奨できる原理です。対立仮説（competing hypotheses）が他の面で等しいならば，新しい前提が最も少ない仮説を選ぶのがよいでしょう。
- 第 4 章と第 10 章で述べたように，「万能鍵（skeleton keys）」を使いましょう。万能鍵を使用する前に，一つひとつの錠（問題）を分析する必要はありません。これは，オッカムのかみそりの使用例です。
- アインシュタインの制約に従いましょう。「すべてのものは，できるだけシンプルにすべきだが，機能が劣ってはならない」（Einstain, 1905）。

Part 3：発展

- 第 10 章の「素晴らしい洞察」のストーリーを読んでください。複雑な理論的定式化が，ものごとをよくするのではなくいかに悪化させるかについて見てみましょう。

結び

Story「向こう岸」

 ある僧侶が旅の帰途で広大な河の岸辺までやって来た。目の前の大きな障害に僧侶は意気消沈し，このような大きな河をどのように渡ればよいか何時間も考え込んでいた。渡ることをあきらめかけたとき，禅の偉大な師匠が川の向こう岸にいるのを見た。僧侶が師匠に向かって叫んだ。「お師匠さま，向こう岸にはどうやって行けばよいか教えていただけませんか」。師匠は一瞬考え，川を見てからこう言った。「お主は，もう向こう岸にいるぞ」。

(作者不詳)

 ポジティブCBTのセラピストになるにはどうすればよいのだろう？ 解決志向ブリーフセラピーの創始者である，ディ・シェイザー (de Shazer, 1985, p.33) ならば，「ほんの少しだけ変わればよい」と答えるだろう。
 筆者もまたそれでよいと考えている。というのは，うまくいっていることを見直すと，ストレングス，能力，リソースなどが必ず発見できるからである。そういうストレングスは，以前から使っていたポジティブCBTの介入技法とともに，もとからあなたに備わっていたものである。そこから，スケーリング・クエスチョンを用いて自分がどこにあるか自問してみるとよいかもしれない。また，次のステップは何であるかを考えたり，進歩を示す次の重要なサインについて検討してみたりするとよいだろう。
 クライエント，私たち自身，同僚，さらにはこの世界にとって，ポジティブCBTの活用は大いなる利益をもたらすに違いない。CBTをはじめとする心理療法は，クライエントと私たちセラピストの両者にとって，より望ましい力を発揮するものである。その結果として，これからの心理療法は，肯定的で，希望に満ち，もっと短く，もっと楽しいものになるだろう。
 本書を読むことが正しい方向に向かう一歩になることを筆者は期待している。もしかすると，あなたはすでに向こう岸にいるのかもしれない。

> # 参考 Web Sites

www.asfct.org
Association for the Quality Development of Solution Focused Consulting and Training (SFCT)

www.authentichappiness.org
Seligman with Positive Psychology questionnaires

www.brief.org.uk
BRIEF, London

www.brieftherapysydney.com.au
Brief Therapy Institute of Sydney, Australia

www.brief-therapy.org
Brief Family Therapy Center, Milwaukee: founders SFBT

www.centerforclinicalexcellence.com
International Center for Clinical Excellence (ICCE), a worldwide community dedicated to the promotion of excellence in behavioral healthcare services (Miller)

www.derby.ac.uk/mhru/whos-who/professor-paul-gilbert
Gilbert, author

www.eabct.com
European Association for Behavioural and Cognitive Therapies (EABCT)

www.ebta.nu
European Brief Therapy Association (EBTA)

Practicing Positive CBT: From Reducing Distress to Building Success, First Edition. Fredrike Bannink.
© 2012 John Wiley & Sons, Ltd. Published 2012 by John Wiley & Sons, Ltd.

参考 Web Sites

www.edwdebono.com
De Bono, author

www.enpp.eu
European Network for Positive Psychology (ENPP)

http://fredrickson.socialpsychology.org/
Fredrickson (research broaden-and-build theory of positive emotions)

www.fredrikebannink.com
Author of this book

www.gingerich.net
Gingerich: research on SFBT

www.heartandsoulofchange.com
Duncan, author

www.institutret.com

www.ippanetwork.org
Institute Positive Psychology Association (IPPA)

www.korzybski.com
Korzybski Institute Belgium, SFBT training and research center

www.johnwheeler.co.uk
Wheeler (certificate of competence)

www.padesky.com
Padesky, author

www.positivemeetings-app.com
Bannink about positive meetings app

www.positivepsychology.org
University of Pennsylvania (Seligman)

www.posttraumatic-success.com
Bannink about posttraumatic success

www.pos-cbt.com
Bannink about Positive CBT

www.ppc.sas.upenn.edu/ppquestionnaires.htm
University of Pennsylvania with Positive Psychology questionnaires

www.reteaming.com
Furman, solution-focused team coaching

参考 Web Sites

www.sfbta.org
Solution-Focused Brief Therapy Association (SFBTA)

www.sfwork.com
Centre for Solution Focus at Work (McKergow)

www.solutionsdoc.co.uk
Macdonald with Solution-Focused research

www.solutionfocused.net
Institute for Solution-Focused Therapy (Dolan)

www.solworld.org
Solutions in Organisations Link (SOL)

www.ted.com
Talks about Technology, Entertainment, Design (TED)

www.wcbct2010.org
World Congress of Behavioral and Cognitive Therapies (WCBCT)

付録 A

初回面接の計画書

初回面接の計画書 1

来談したクライエントにすべての質問をする。

問題

「どのようなことで，ここに来られましたか」「これはあなたにとってどのように問題ですか」「今までにどんなことを試してみましたか。何が役に立ちましたか」

ゴールづくり

「このような面接の結果，何が違っているとよいでしょうか」ここでセラピストは「ミラクル・クエスチョン」(12章を参照) やゴールづくりに関する他の質問をしてもよい。

例外

「この奇跡がほんの少しでも起こったときはいつですか」「どのようにしてそれを起こしたのですか」これらの質問の代わりに以下もよい。「その問題が全くなかったり，目立たなかったりしたときはいつですか」「それをどのようにやっているのですか」「どのようなストレングスやリソースをあなたは用いていますか」

スケーリング

- 進歩：「0 から 10 までのスケールで，今，何点くらいですか」「その点数でいるために，どのようなことをしているのですか」
- 動機づけ：「10 は進んで何でもする，0 は何もする気がないことを意味します」
- 自信：「10 はゴールの達成にとても自信がある，0 は全く自信のないことを意味します」

付録A

終結

- ミラクル・クエスチョンやゴールづくりに向けた他の質問に対して,クライエントが具体的で詳細に答えるなら,次のような提案をする。「次週の1日を選んで,奇跡が起こったふりをして,それがどのような違いを起こすか観察してみてください」
- ミラクル・クエスチョンやゴールづくりに向けた他の質問に対して,クライエントが具体的で詳細に答えられないなら,次のような提案をする。「あなたの生活で,この問題は解決できるものだという感じを与えた出来事について注意を払ってください」。あるいはこのように言うのもよい。「あなたの生活ですでに起こっていることで,十分にうまくいっていて続けて起こってほしいことはどんなことか注意を払っていてください」
- 「また来談することは,あなたにとって必要なことであるか,役に立ちそうか考えてみてください。もしそうならば,いつ来談したいですか」

初回面接の計画書 2

来談したクライエントにすべての質問をする。

1. あなたの一番の望みは何ですか。他には？
2. 何が違っているとよいでしょうか。他には？
3. すでにうまくいっていることはありますか。他には？
4. 進歩を示す次の兆しは何でしょうか。次のステップは何になりますか。他には？

付録 B

例外探しのための計画書

　例外探しを行うとき，クライエントの観察したことを尋ねていくとよい。また，相互作用マトリックス（第7章を参照）を用いたり，身近な人が何に気づけるか尋ねたりすることもできる。望まれる結果（ゴール）に関する例外，そして，問題に関する例外に区別することができる。来談したクライエントに全ての質問をする。

ゴールに関する例外

引き出す

「あなたのゴールが達成されたとき（あるいは奇跡が起こったとき），以前の生活はどうだったかをお互いに話し合うでしょう。ほんの少しでもそのような時がもうすでにありましたか。もしあなたの夫がここにいて，私が同じ質問をしたら，彼はどう言うと思いますか」

増幅する

「最近，あなたとパートナーがお互いに話し合ったのはいつですか。その時のことをもっと話してください。どんな感じでしたか。何について話し合いましたか。あなたは何と言いましたか。そして，彼はどう言いましたか。彼がそう言った時，あなたはどうしましたか。そして，彼はどうしましたか。あなたにとってそれはどうでしたか。その時，他にどんな違いがありましたか。もし彼がここにいたら，その時について，他にどう言うでしょうか」

強化する

非言語的：身を乗り出す。眉を上げる。書き留める（誰かが何か重要なことを話す時に，あなたが自然にすることをする）。
言語的：興味を示す。「これはあなたと彼にとって新しいことですか。これが起こってあなたは驚きましたか」
コンプリメント：「2人の間で起きたことすると，あなたがそうするのはかなり難

323

付録 B

しく勇気のいることだったでしょう。もっと教えてください」

例外の起こり方を探り，詳細を尋ね，コンプリメントする

「あなたのパートナーが話すようになるために，あなたは何をしたと思いますか。彼がここにいて私が尋ねたとしましょう。そうなるために，あなたが何をしたと彼は言いますか。あなたはどこでそのやり方を思いついたのですか。とてもよいアイデアですね。困ったときによいタイミングで素晴らしいアイデアを思いつく方なのですか」

例外を将来に映し出す

「0〜10までのスケールで，0は可能性がまったくなく，10は最高にあるとして，そんな時（例外）が来週（あるいは来月）にまた起こる可能性はどのくらいありますか。それが起こるためにどうしたらいいでしょうか。将来これがもっと起こるためにはどうしたらいいでしょうか。それをまた起こすためには，誰が何をしなければなりませんか。もう一度それ（例外）を起こすために必ずすることで一番大切なのは何ですか。2番目は何ですか。あなたのパートナーが，これ（例外）がまた起こる可能性があると言ったら，あなたはどう思いますか。あなたがそれを起こす可能性を増やせたら，彼は何と言いますか。もし，あなたがそうすると決めたとすると，彼はどうすると思いますか。もし彼がそうしたとすると，あなたにとって（またはあなたと彼の関係において）状況はどう違うでしょうか」

問題に関する例外

クライエントがゴール（奇跡）を説明できずに，プロブレムトークしかできない場合

「あなたの問題が今よりも少なかったとか，全然なかった過去のある週（あるいは月，年）を思い出せますか」そして，ゴール（奇跡）に関する例外の5つステップに進みなさい。

よくなったことは

2回目以降の面接をこの例外探しの質問で始められる。必ず前述の5つのステップを踏み，個人への質問と関係性（相互作用マトリックス）の質問の両方を用いる。例外探しの後は，必ず「他によくなったことは？」と尋ねる。

コーピング・クエスチョン

まれにクライエントがまったく例外を探し出せず,困惑することがある。その時には,それほど困難な環境でクライエントがどうやって乗り切ったのかを話させるために,コーピング・クエスチョンを使う。「私は驚きました。そんなことが起こっているなかで,あなたがどうやって乗り切ったのか想像もつきません。どうやったのですか。あなたにあるどのような力を使うのですか。どうやってその時その時を乗り切るのですか」

クライエントが長年のうつ状態と辛い出来事を次々と話す場合

そのような場合には,次のように言い方をするとよい。「落ち込んで当然です。あなたが望む結果にならなかったことが多すぎましたからね。どうやって持ちこたえたのか不思議なくらいです。どうやって毎朝起きて,一日を過ごすことができたのですか」

クライエントが「子どもたちのために乗り切るしかなかった」のように言う場合

そのような場合には次のように言うとよい。「それがあなたのやり方なのですね。子どもたちのことを考え,またどれだけあなたが必要とされているかを考えているのですね。あなたは子どもたちのことをとても気づかっているに違いありません。どんなふうに子どもたちの世話をしているのか,もっと話してください」

付録 C

2回目以降の面接の計画書

　来談したそれぞれのクライエントにすべての質問をする。
　EARSを用いる：引き出す，増幅する，強化する，そして，もう一度（第11章参照）。

引き出す

　「どんなことがうまくいっていますか（以前に来談したときから）」

増幅する（詳細を尋ねる）

　「どのようにして起こったのですか。それを起こすためにあなたは何をしたのですか。それはあなたにとって新しいことですか。それは……にどのような効果がありますか。それであなたと……との関係がどう違っていますか」

強化する

　クライエントを賞賛し，能力を尋ねる（あなたはどのようにそれをしたのですか。どのようにしてそれをしようと決めたのですか）。

もう一度

　「他に何がよくなっていますか」

もっとする

　「あなたがもっと頻繁にそうするためには，何が役に立つでしょうか」もし何もよくならなかったら，次のように質問する。「どのように対処していますか。どうやってそれを乗り切っているのです。どうやっているので状況がさらに悪くならないのでしょうか。それを続けることができたら，ここに来る目的を達成できるでしょうか」

進歩のスケーリング

「あなたは今どのあたりですか。どうやってそれを起こしましたか。1点上がると，どのようになりそうですか。そのとき何が違うでしょうか。あなたはどうやってそこへ到達できるでしょうか。それをするために何が役立つでしょうか。最初に気づくのは誰ですか。その人はどうやって気づくでしょうか。彼はどのような反応をするでしょうか。そして，それはあなたにどんな違いを起こしますか。最後には何点になっているとよいですか」

課題の提案

クライエントが何か課題を望むなら，カスタマー関係のクライエントには行動課題を提案し，コンプレイナント関係のクライエントには観察課題を提案する。そして，ビジター関係のクライエントには何も課題は提案しない（第5章を参照）。

次回について

「また来談することは必要で役立つことですか」もしそうならば，「いつごろにしますか」

付録 D

ポジティブ FBA の面接

　機能的行動分析（FBA）は，問題ないし問題に対する例外をもとにできている。ここで「ミラクル・クエスチョン」を用いると，ポジティブ CBT を理解できる。ミラクル・クエスチョンの代わりに，ゴール設定に用いられる他の種類の質問を尋ねてもよい。たとえば，このように尋ねる。「問題の代わりに，どのようなことが起こるとよいですか」（第4章，第6章を参照）。

1. 今晩あなたが眠っている間に奇跡が起きて，今日話し合った問題がすべて解決されたとします。ただし，あなたは眠っていたので，奇跡が起こったことを知りません。次の朝，目が覚めて奇跡が起こったとわかるのに，最初に気づくことは何でしょうか。あなたがいつもと違ったことをしていて奇跡が起こったとわかるのに，最初に気づくことは何でしょうか。他には，それから他には？
2. ここ最近のことで，いくらかうまくいったときや奇跡（の一部）が起こったときについて教えてください。ちょっとしたことであってもかまいません。
3. あなたにとってものごとがいくらかうまくいっているならば，これまでと違うどんなことをあなたや他の人がしていたのでしょう。他の出来事であなたが気づいたことは何ですか。
4. 0～10 のスケールで（10 は奇跡が起こった状態で，0 は最も悪い状態），今日のあなたは何点くらいでしょうか。
5. 1点上がったことをあなた／他の人がわかるとき，あなたはどんな違ったことをしているでしょうか。
6. 1点上がると，あなた／他の人にとって，どんなことがよくなっていますか。他の出来事であなたが気づくことは何ですか。
7. 1点上げるために，どのようなこと／誰が手助けになりますか。

付録 E

問題の外在化

問題の外在化は，第 7 章で詳述されている。

問題の名前：..

その問題が，						私／私たちが，			
私／私たちをコントロールしている						その問題をコントロールしている			
1	2	3	4	5	6	7	8	9	10

1. 上記のスケールのうち，現在のあなたの状態に○をつけてください。
2. 前回お会いしたときに比べて，スケールは何点になっていますか。もし点数が上がったなら，どのようにそうしたのか教えてください。
3. 前回と同じ点数のままであるなら，どのように同じ状態を維持したのか教えてください。
4. もしその点数が下がったなら，問題をもう一度コントロールするために，これまでにどのようなことをしたのか教えてください。
5. これまでに比較的よかったとき，あなたは何をしましたか。
6. この一週間の生活のなかで，身近な人があなたについて気づいたことは何ですか。あなたへの接し方について，それはどのような影響がありましたか。

付録 F

相互作用マトリックス（見方の転換）

見方の転換は，第7章に詳述されている。

表　相互作用マトリックス

視点	ゴール	仮説的解決／ミラクル・クエスチョン	例外
自己	あなたのゴールは何ですか	あなたは，今までと違ったどのようなことをするでしょうか	今までと違ったどのようなことをあなたはしていますか
		他の人なら，今までと違ったどのようなことをするでしょうか	他の人なら，今までと違ったどのようなことをしていましたか
他者	あなたのゴールは何だと，その人は言うでしょうか	その人は今までと違ったどのようなことをあなたはすると言うでしょうか	その人は，今までと違ったどのようなことをあなたはしていると言うでしょうか
	その人がここに来たならば，自分のゴールは何だと言うでしょうか	その人は，今までと違ったどのようなことを自分がすると言うでしょうか	その人は，今までと違ったどのようなことを自分がしていると言うでしょうか
無関係	壁に止まっているハエであるならば，あなたのゴールは何だと言うでしょうか	壁のハエならば，今までと違ったどのようなことをあなたがしているのを見るでしょうか	壁のハエならば，今までと違ったどのようなことをあなたはしていると言うでしょうか

出典：Bannink, F. P. (2010). *1001 Solution Focused Questions. Handbook for Solution Focused Interviewing*. New York: Norton.

ポジティブCBTのスキルを実践するもう1つの方法は，相互作用マトリックスを用いてクライエントに質問をすることである。とりわけクライエントが，他の誰かが変わることを望んでいるときには，質問1から始めて，2，3の順番で進めていくことが重要である。

1. この問題が解決されたとき，他の人のどんなところが違っていると気づくでしょうか。その人たちはこれまでと違うどんなことをしているでしょうか。他には？
2. この問題が解決されたとき，他の人はあなたのどんなところが違っていると気

づくでしょうか。その人たちはこれまでと違うどんなことをしているでしょうか。他には？
3. この問題が解決されて，周りの観察者があなたたちを見るとき，他の人とあなたの関係についてどんなところが違っていると気づくでしょうか。また，その人たちは，あなたたちがこれまでと違うどんなことをしているのを見るでしょうか。他には？

付録 G

紹介元への質問票

1. 紹介元のあなた，クライエント，私たちの機関が協働していくことで，最も望ましい結果は何だと思いますか。
2. クライエントの能力は何でしょうか。彼の能力のなかで，すでに十分であり，維持される必要があるのは何でしょうか。
3. 私たちが配慮しなくてはならない条件は何でしょうか。
4. クライエントのリソースは何だと思いますか。
5. クライエントに治療が効果的で役立っていることを示す最初のサインは何だと思いますか。あなたにとっての最初のサインは何でしょうか。
6. 現状で，それがすでに起こっているときはいつですか。その例を教えてください。

付録 H

例外の日誌

　従来の CBT では，クライエントに特定の状況で起こる思考や感情，行動を記録する日誌をつけさせます。このような問題志向の日誌は，クライエントが不適切な思考に気づき，行動に随伴する結果を明らかにするのに役立ちます。一方，ポジティブCBTでは，日誌は問題に対する例外を探し，行動に随伴する結果を明らかにするために用います。

　しかし，よくなるために病気でいる必要はありません。どのような人でも，自分の望むことにほんの少しでも近づけるときがあります。以下に18個の質問があります。あなたは毎日2,3個の質問に回答するだけで結構です。また，それを変更してもかまいません。

1. 今日（ほんの少しでも）よかったことは何ですか。
2. 他によかったことは何ですか。
3. よくするために，いつもと違うどんなことをしましたか。
4. これに気づいたのは誰ですか。どのように気づきましたか。
5. 誰もそれに気づかなかったとしましょう。周りの人がもっと注意を払っていたなら，私に関するどのようなことに気づけたでしょうか。
6. 身近な大切な人に気づいてほしいのは，私のどのような行動でしょうか。それはいつもとどう違っているのでしょう。
7. このような例外を起こすのに何が役立ったと思いますか。何が違っていましたか。
8. このような例外の起こし方について，他の人はどのようなことを言うでしょうか。私のもつストレングス，特性，能力のうち，どれが役に立ったとその人たちは言うでしょうか。
9. このような例外をもっと起こすためには，何をする必要がありますか。
10. このような例外がもっと起こるなら，生活はどのようになっていきそうですか。
11. このような例外をもっと起こすために，身近な大切な人は私にどのような手助けができますか。
12. 誰に助けを求めることできますか。

13. その人たちに助けを頼むのに最もよい方法は何ですか。
14. うまくいっていることを繰り返すために，何をする必要がありますか。
15. 私や他の人がうまくいくために，私が考えておくべきことは何でしょうか。
16. うまくいくために私が考える必要のあることについて，他の人は何と言うでしょうか。
17. うまくいくために私が続ける必要のあることついて，他の人は何と言うでしょうか。
18. どのようなコンプリメントを今日の自分にすることができますか。

付録 I

初回面接の計画書

セッション評価尺度（SRS V.3.0）

名前 _____　　年齢（歳）：_____

ID No. _____　　性別： 男／女

面接No. _____　日付：_____

今日のセッションがあなたにとってどのような経験となったか尋ねるものです。各記述のライン上でもっとも近いと思うところに印をつけてください。

	関係性	
傾聴され，理解され，敬意の払われている感じがしなかった	I————————I	傾聴され，理解され，敬意の払われている感じがした
取り組みたいことや話したいことができなかった	ゴールと話題 I————————I	取り組みたいことや話したいことができた
セラピストのやり方は私に合っていなかった	アプローチと方法 I————————I	セラピストのやり方は私に合っていた
全体を通して，今日のセッションは，物足りなかった	全体 I————————I	全体を通して，今日のセッションに満足している

International Center for Clinical Excellence
www.centerforclinicalexcellence.com
www.scottdmiller.com（with permission）

引用文献

＊数字は邦訳文献を最後尾に示す。

Allen, R.E. and Allen, S.D. (1997) *Winnie-the-Pooh on Success: In Which You, Pooh, and Friends Learn About the Most Important Subject of All.* New York: Dutton.＊ 1

American Psychological Association's Board of Professional Affairs' Advisory Committee on Colleague Assistance (ACCA) (February 2006) Report on Distress and Impairment in Psychologists.

Ankarberg, P. and Falkenstrom, F. (2008) Treatment with antidepressants is primarily a psychological treatment. *Psychotherapy Theory, Research, Practice, Training,* 45, 3, 329–339.

Anker, M.G., Duncan, B.L., and Sparks, J.A. (2009) Using client feedback to improve couples therapy outcomes; a randomized clinical trial in a naturalistic setting. *Journal of Consulting and Clinical Psychology,* 77, 4, 693–704.

Anker, M.G., Owen, J., Duncan, B.L., and Sparks, J.A. (2010) The alliance in couple therapy: partner influence, early change, and alliance patterns in a naturalistic sample. *Journal of Consulting and Clinical Psychology,* 78, 635–645.

APA Presidential Task Force on Evidence-Based Practice (2006) Evidence-based practice in psychology. *American Psychologist,* 61, 4, 271–285.

Arntz, A. and Weertman, A. (1999) Treatment of childhood memories: theory and practice. *Behaviour Research and Therapy,* 37, 715–740.

Aristotle. Nicomachean Ethics (1998) Mineola, NY: Dover Publications Inc.＊ 2

Arts, W., Hoogduin, C.A.L., Keijsers, G.P.J., *et al.* (1994) A quasi-experimental study into the effect of enhancing the quality of the patient-therapist relationship in the outpatient treatment of obsessive-compulsive neurosis. In S. Brogo and L. Sibilia (eds). *The Patient-Therapist Relationship: Its Many Dimensions,* Rome: Consiglio Nazionale delle Ricerche, pp. 96–106.

Bakker, J.M., Bannink, F.P., and Macdonald, A. (2010) Solution-focused psychiatry. *The Psychiatrist,* 34, 297–300.

Bannink, F. P. (2005) De kracht van oplossingsgerichte therapie: Een vorm van gedragstherapie (The power of solution-focused therapy: A form of behavioural therapy). *Gedragstherapie,* 38, 1, 5–16.

Bannink, F.P. (2006a) De geboorte van oplossingsgerichte cognitieve gedragstherapie (The birth of solution-focused cognitive behavioural therapy). *Gedragstherapie,* 39, 3, 171–183.

Practicing Positive CBT: From Reducing Distress to Building Success, First Edition. Fredrike Bannink.
© 2012 John Wiley & Sons, Ltd. Published 2012 by John Wiley & Sons, Ltd.

引用文献

Bannink, F.P. (2006b) *Oplossingsgerichte Mediation (Solution-Focused Mediation)*. Amsterdam: Pearson.
Bannink, F.P. (2007a) *Gelukkig Zijn en Geluk Hebben: Zelf Oplossingsgericht Werken (Being Happy and Being Lucky: Solution-Focused Self-Help)*. Amsterdam: Harcourt.
Bannink, F.P. (2007b) Solution-Focused Brief Therapy. *Journal of Contemporary Psychotherapy*, 37, 2, 87–94.
Bannink, F.P. (2008a) Oplossingsgerichte therapie als vorm van cognitieve gedragstherapie (Solution-focused brief therapy as a form of cognitive behavioral therapy). *Tijdschrift VKJP*, 35, 3, 18–29.
Bannink, F.P. (2008b) Posttraumatic Success: Solution-Focused Brief Therapy. *Brief Treatment and Crisis Intervention*, 7, 1–11.
Bannink, F.P. (2008c) Solution-focused mediation: The future with a difference. *Conflict Resolution Quarterly*, 25, 2, 163–183.
Bannink, F.P. (2009a) *Positieve Psychologie in de Praktijk (Positive Psychology in Practice)*. Amsterdam: Hogrefe.
Bannink, F.P. (2009b) *Praxis der Losungs-fokussierten Mediation (Solution-Focused Mediation in Practice)*. Stuttgart, Germany: Concadora Verlag.
Bannink, F.P. (2009c) Solution focused conflict management in teams and in organisations. *InterAction: The Journal of Solution Focus in Organisations*, 1, 2, 11–25.
Bannink, F.P. (2009d) Visitor, complainant or customer? In J. Bertschler (ed.), *Elder Mediation: A New Solution to Age-Old Problems*. Seven Hills, OH: Northcoast Conflict Solutions, pp. 77–89.
Bannink, F.P. (2009e) *Oplossingsgerichte Vragen. Handboek Oplossingsgerichte Gespreksvoering, 2e druk*. Amsterdam: Pearson.
Bannink, F.P. (2010a) *1001 Solution-Focused Questions. Handbook for Solution-Focused Interviewing*. New York: Norton.
Bannink, F.P. (2010b) *Handbook of Solution-Focused Conflict Management*. Cambridge, MA: Hogrefe Publishers.
Bannink, F.P. (2010c) *Oplossingsgericht Leidinggeven (Solution-Focused Leadership)*. Amsterdam: Pearson.
Bannink, F.P. (2012) *Praxis der Positiven Psychologie*. Gottingen: Hogrefe.
Bannink, F.P. and Jackson, P.Z. (2011) Positive Psychology and Solution Focus – looking at similarities and differences. *Interaction: The Journal of Solution Focus in Organisations*, 3, 1, 8–20.
Baumeister, R.F., Bratslavsky, E., Muraven, M., and Tice, D.M. (1998) Ego depletion: is the active self a limited resource? *Journal of Personality and Social Psychology*, 74, 1252–1265.
Baumeister, R.F., Bratlavsky, E., Finkenauer, C., and Vohs, K.D. (2001) Bad is stronger that good. *Review of General Psychology*, 5, 323–370.
Baumgartner, T., Heinrichs, M. Vonleuthen, A., *et al.* (2008) Oxytocin shapes the neural circuitry of trust and trust adaptation in humans. *Neuron*, 58, 639–650.
Bavelas, J.B., Coates, L., and Johnson, T. (2000) Listeners as co-narrators. *Journal of Personality and Social Psychology*, 79, 941–952.
Beck, A.T. (1967) *Depression: Clinical, Experimental, and Theoretical Aspects*. New York: Harper & Row.
Beck, A.T. (1988) *Love is Never Enough*. New York: Penguin.
Beck, J.S. (2011) *Cognitive Behaviour Therapy. Basics and Beyond* (second edition). New York: Guilford.
Beck, A.T., Weissman, A., Lester, D., and Trexles, L. (1974) The measurement of pessimism: The hopelessness scale. *Journal of Consulting and Clinical Psychology*, 42, 861–865.

337

引用文献

Beckhard, R. and Harris, R. (1987) *Managing Organizational Transitions* (second edition). Reading, Mass.: Addison-Wesley.

Beijebach, M., Rodriguez Sanches, M.S., Arribas de Miguel, J., et al. (2000) Outcome of solution-focused therapy at a university family therapy center. *Journal of Systemic Therapies*, 19, 116–128.

Bennett-Levy, J., Butler, G., Fennell, M., et al. (2004) *Oxford Guide to Behavioural Experiments in Cognitive Therapy*. New York: Oxford University Press.

Berg, I.K., and Steiner, T. (2003) *Children's Solution Work*. New York: Norton.* 3

Beutler, L.E., Malik, M., Alimohamed, S., et al. (2004) Therapist effects. In M.J. Lambert (ed.). *Bergin and Garfield's Handbook of Psychotherapy and Behavior Change* (fifth edition) (pp. 227–306). Hoboken: John Wiley & Sons, Inc.

Blackwell, S.E., and Holmes, E.A. (2010) Modifying interpretation and imagination in clinical depression: A single case series using cognitive bias modification. *Applied Cognitive Psychology*, 24, 3, 338–350.

Boer, de I., and Bannink, F.P. (article forthcoming) Solution-Focused Schema Therapy.

Bono, E. de (1985) *Conflicts, A Better Way to Resolve Them*. London: Penguin.

Brewin, C.R. (2006) Understanding cognitive behaviour therapy: a retrieval competition account. *Behaviour Research and Therapy*, 44, 765–784.

Brewin, C.R., Wheatley, J., Patel, T. et al. (2009) Imagery rescripting as a brief stand-alone treatment for depressed patients with intrusive memories. *Behaviour Research and Therapy*, 47, 569–576.

Bruins, B. (2008) Herstel van persoonlijk succesvol functioneren: rode draad bij gedragsactivering (Recovery of successful personal functioning: behavioural activation). *Constructional Behaviour Analysis Archives*, 4, 1–10.

Byrd-Craven, J., Geary. D.C., Rose, A.J., and Ponzi, D. (2008) Co-ruminating increases stress hormone levels in women. *Hormones and Behaviour*, 53, 489–492.

Cameron, K. (2008) *Positive Leadership*. San Francisco: Berreth Koehler.

Carver, C.S. and Scheier, M.F. (1998) *On the Self-Regulation of Behavior*. New York: Cambridge University Press.

Cialdini, R.B. (1984) *Persuasion. The Psychology of Influence*. New York: Collins.* 4

Clement, P.W. (1994) Quantitative evaluation of 26 years of private practice. *Professional Psychology: Research and Practice*, 25, 2, 173–176.

Constantino, M.J., Castonguay, L.G., and Schut, A.J. (2002) The working alliance: a flagship for the "scientist-practitioner" model in psychotherapy. In G.S. Tryon (ed.). *Counseling Based on Process Research: Applying What we Know*, Boston: Allyn & Bacon, pp. 81–131.

Cooperrider, D.L. and Whitney, D. (2005) *Appreciative Inquiry: A Positive Revolution to Change*. San Francisco: Berett-Koehler.* 5

Danner, D.D., Snowdon, D.A., and Friesen, W.V. (2001) Positive emotions in early life and longevity: findings from the nun study. *Journal of Personality and Social Psychology*, 80, 5, 804–813.

David, D. (2007) Quo vadis CBT? Transcultural perspectives on the past, present and future of CBT: interviews with the current leadership in CBT. *Journal of Cognitive and Behavioural Psychotherapies*, 7, 2, 171–217.

Davidson, R.J., Kabat-Zinn, J., Schumacher, J., et al. (2003) Alterations in brain and immune function produced by mindfulness meditation. *Psychosomatic Medicine*, 65, 564–570.

De Jong, P. and Berg, I.K. (2002) *Interviewing for Solutions*. Belmont: Thomson.* 6

Deming, W.E. (1986) *Out of the Crisis*. Cambridge MA: MIT Center for Advanced Engineering Study.

DeRubeis, R.J., Brotman, M.A., and Gibbons, C.J. (2005) A conceptual and methodological analysis of the nonspecific argument. *Clinical Psychology: Science and Practice*, 12, 174–183.
de Saint-Exupery, A. (1979) *The Wisdom of the Sands*. Chicago: University of Chicago Press.
De Shazer, S. (1984) The death of resistance. *Family Process*, 23, 79–93.
De Shazer, S. (1985) *Keys to Solution in Brief Therapy*. New York: Norton.* 7
De Shazer, S. (1988) *Clues: Investigation Solutions in Brief Therapy*. New York: Norton.
De Shazer, S. (1991) *Putting Difference to Work*. New York: Norton.* 8
De Shazer, S. (1994) *Words Were Originally Magic*. New York: Norton. * 9
Diener, E. and Seligman, M.E.P. (2002) Very happy people. *Psychological Science*, 13, 1, 81–84.
Dolan, Y. (1998) *One Small Step*. Watsonville, CA: Papier-Mache.
Drugan, R.C. (2000) The neurochemistry of stress resilience and coping: a quest for nature's own antidote to illness. In J.E. Gillham (ed.) *The Science of Optimism and Hope. Research Essays in Honor of Martin E. Seligman*, Pennsylvania: Templeton, pp. 57–71.
Dugas, M.J., Freeson, M.H., and Ladouceur, R. (1997) Intolerance of uncertainty and problem orientation in worry. *Cognitive Therapy and Research*, 21, 593–606.
Dunbar, R.I.M., Baron, R., Frangou, A., et al. (2011) Social laughter is correlated with an elevated pain threshold. *Proceedings of the Royal Society B: Biological Science*, published online before print September 14, 2011.
Duncan, B.L. (2005) *What's Right With You: Debunking Dysfunction and Changing Your Life*. Deerfield Beach, FL: Health Communications.
Duncan, B.L. (2010) *On Becoming a Better Therapist*. Washington DC: American Psychological Association.
Duncan, B.L. (2011) What therapists want: it's certainly not money or fame. *Psychotherapy Networker*, 47, 62, 40–43.
Duncan, B.L., Hubble, M.A., and Miller, S.D. (1997) *Psychotherapy with "Impossible" Cases: The Efficient Treatment of Therapy Veterans*. New York: Norton.* 10
Duncan, B.L., Miller, S.D., and Sparks, A. (2004) *The Heroic Client: a Revolutionary Way to Improve Effectiveness Through Client-directed, Outcome-informed Therapy*. San Francisco: Jossey-Bass.
Duncan, B.L., Miller, S.D., Wampold, B.E., and Hubble, M.A. (2010) *The Heart and Soul of Change: Delivering What Works in Therapy* (second edition). Washington, DC: American Psychological Association.
Dweck, C.S. (2006) *Mindset: The New Psychology of Success*. New York: Random House.* 11
Einstein, A. (1905) Does the inertia of a body depend upon its energy content? (in German). *Annalen der Physik*. pp. 639–641.
Einstein, A. (1954) *Ideas and Opinions*. New York: Crown.
Elliot, A.J. (ed.) (2008) *Handbook of Approach and Avoidance Motivation*. New York: Psychology Press.
Elliot, A.J. and Church, M.A. (1997) Approach-avoidance motivation in personality: approach and avoidance temperaments and goals. *Journal of Personality and Social Psychology*, 82, 5, 804–818.
Elliot, A.J. and Sheldon, K.M. (1998) Avoidance personal goals and the personality-illness relationship. *Journal of Personality and Social Psychology*, 75, 1282–1299.
Elliot, A.J., Sheldon, K.M., and Church, M.A. (1997) Avoidance personal goals and subjective well-being. *Personality and Social Psychology Bulletin*, 51, 1058–1068.

引用文献

Estrada, C.A., Isen, A.M., and Young, M.J. (1994) Positive affect improves creative problem solving and influences reported source of practice satisfaction in physicians. *Motivation and Emotion*, 18, 4, 285-299.

Flora, S.R. (2000) Praise's magic reinforcement ratio: five to one gets the job done. *The Behaviour Analyst Today*, 1, 64-69.

Fowler, J.H. and Christakis, N.A. (2008) Dynamic spread of happiness in a large social network: longitudinal analysis over 20 years in the Framingham Heart Study. *British Medical Journal*, 337, a2338.

Frank, J.D. (1974) Psychotherapy: The restauration of morale. *The American Journal of Psychiatry*, 131, 271-274.

Franklin, C., Trepper, T.S., Gingerich, W.J. and McCollum, E.E. (2012) *Solution-Focused Brief Therapy. A Handbook of Evidence Based Practice*. New York: Oxford University Press.* 12

Fredrickson, B.L. (1998) What good are positive emotions? *Review of General Psychology*, 2, 300-319.

Fredrickson, B.L. (2000) Cultivating positive emotions to optimize health and well-being. *Prevention & Treatment*, 3, 0001a.

Fredrickson, B.L. (2003) The value of positive emotions. *American Scientist*, 91, 330-335.

Fredrickson, B.L. (2009) *Positivity*. New York: Crown.* 13

Fredrickson, B.L. and Losada, M.F. (2005) Positive affect and the complex dynamics of human flourishing. *American Psychologist*, 60, 678-686.

Frost, R. (1920) *Mountain Interval*. New York: Holt and Company.

Furman, B. (1998) *It is Never Too Late to Have a Happy Childhood*. London: BT Press.

Furman, B. and Ahola, T. (2007) *Change Through Cooperation. Handbook of Reteaming*. Helsinki: Helsinki Brief Therapy Institute.* 14

Gable, S.L. (2006) Approach and avoidance social motives and goals. *Journal of Personality*, 71, 175-222.

Gable, S.L., Reis, H.T., Impett, E.A. and Asher, E.R. (2004) What do you do when things go right? The intrapersonal and interpersonal benefits of sharing positive events. *Journal of Personality and Social Psychology*, 87, 2, 228-245.

Gilbert, P. (2010) *Compassion Focused Therapy*. The CBT Distinctive Features Series. New York: Routledge.

Gladwell, M. (2005) *Blink*. London: Penguin.* 15

Glass, C. (2009) Exploring What Works: is SF the best way of harnessing the impact of positive psychology in the workplace? *Interaction: The Journal of Solution Focus in Organisations*, 1, 1, 26-41.

Gollwitzer, P.M. (1999) Implementation intentions: strong effects of simple plans. *American Psychologist*, 54, 7, 493-503.

Gordon, K.C., Baucom, D.H., Epstein, N., et al. (1999) The interaction between marital standards and communication patterns. *Journal of Marital and Family Therapy*, 25, 211-223.

Goldstein, N.J., Martin, S.J. and Cialdini, R.B. (2007) *Yes! 50 secrets from the science of prsuasion*. London: Profile Books. * 16

Gottman, J.M. (1994) *What Predicts Divorce? The Relationship Between Marital Processes and Marital Outcomes*. New York: Erlbaum.

Grant, A.M. and O'Connor, S.A. (2010) The differential effects of solution-focused and problem-focused coaching questions: a pilot study with implications for practice. *Industrial and Commercial Training*, 42, 4, 102-111.

Green, L.S., Oades, L.G., and Grant, A.M. (2006) Cognitive-behavioural, solution-focused life coaching: Enhancing goal striving, well-being, and hope. *The Journal of Positive Psychology*, 1, 3, 142–149.

Grotberg, E.H. (1995) *A Guide to Promoting Resilience in Children: Strengthening the Human Spirit*. The Hague: The Bernard van Leer Foundation.

Grotberg, E.H. (2003) *Resilience for Today: Gaining Strength from Adversity*. Westport, CT: Praeger.

Hackmann, A., Bennett-Levy, J., and Holmes, E.A. (2011) *Oxford Guide to Imagery in Cognitive Therapy*. New York: Oxford University Press.

Haidt, J. (2006) *The Happiness Hypothesis: Finding Modern Truth in Ancient Wisdom*. New York: Basic Books.* 17

Hannan, C., Lambert, M.J., Harmon, C., *et al.* (2005) A lab test and algorithms for identifying clients at risk for treatment failure. *Journal of Clinical Psychology*, 61, 2, 155–163.

Hawton, K., Salkovskis, P.M., Kirk, J., and Clark, D.M. (1995) *Cognitive Behaviour Therapy for Psychiatric Problems: a Practical Guide*. Oxford: Oxford University Press.

Hayes, S.C., Strosahl, K.D., and Wilson, K.G. (2003) *Acceptance and Commitment Therapy: An Experiential Approach to Behaviour Change*. New York: Guilford.

Heath, C. and Heath, D. (2010) *Switch. How to Change Things When Change is Hard*. London: Random House.* 18

Heiden, C. van der (2011) On the Diagnosis, Assessment, and Treatment of Generalized Anxiety Disorder. Rotterdam: Thesis Erasmus University.

Hershberger, P.J. (2005) Prescribing happiness: positive psychology and family medicine. *Family Medicine*, 37, 9, 630–634.

Hiatt, D. and Hargrave, G.E. (1995) The characteristics of highly effective therapists in managed behavioral providers networks. *Behavioral Healthcare Tomorrow*, 4, 19–22.

Histed, M.H., Pasupathy, A., and Miller, E.K. (2009) Learning substrates in the primary prefrontal cortex and striatum: sustained activity related to successful actions. *Neuron*, 63, 244–253.

Hoebel, B.G., Avena, N.M., and Rada, P. (2008) An accumbens dopamine-acetylcholine system for approach and avoidance. In A.J. Elliot (ed.) *Handbook of Approach and Avoidance Motivation*, New York: Psychology Press, pp. 89–107.

Holmes, E.A., Lang, T.A., and Deeprose, C. (2009) Mental imagery and emotion in treatments across disorders: Using the example of depression. *Cognitive Behaviour Therapy*, 38, 21–28.

Impett, E., Gable, S.L., and Peplau, L.A. (2005) Giving up and giving in; the costs and benefits of daily sacrifice in intimate relationships. *Journal of Personality and Social Psychology*, 89, 327–344.

International Cognitive Therapy Newsletter (1991), 6, 6–7.

Isaacowitz, D.M., Vaillant, G.E., and Seligman, M.E.P. (2003) Strengths and satisfaction across the adult lifespan. *International Journal of Ageing and Human Development*, 57, 181–201.

Isen, A.M. (2005) A role for neuropsychology in understanding the facilitating influence of positive affect on social behaviour and cognitive processes. In C.R. Snyder and S.J. Lopez, *Handbook of Positive Psychology*, New York: Oxford University Press, pp. 528–540.

Isen, A.M. and Reeve, J. (2005) The influence of positive affect on intrinsic and extrinsic motivation: facilitating enjoyment of play, responsible work behaviour, and self-control. *Motivation and Emotion*, 29, 4, 297–325.

引用文献

Isen, A.M., Rosenzweig, A.S., and Young, M.J. (1991) The influence of positive affect on clinical problem solving. *Medical Decision Making*, 11, 221–227.

Kabat-Zinn, J. (1994) *Wherever You Go, There You Are: Mindfulness Meditation in Everyday Life*. New York: Hyperion. * 19

Keyes, C.L.M. and Lopez, S.J. (2005) Toward a science of mental health. In C.R. Snyder and S.J. Lopez, *Handbook of Positive Psychology*, New York: Oxford University Press.

King, L.A. (2001) The health benefits of writing about life goals, *Personality and Social Psychology Bulletin*, 27, 798–807.

Klaver, M. and Bannink, F.P. (2010) Oplossingsgerichte therapie bij patiënten met niet-aangeboren hersenletsel (Solution-focused therapy with patients with brain injury). *Tijdschrift voor Neuropsychologie*, 5, 2, 11–19.

Kopelman, S., Rosette, A.S., and Thompson, L. (2006) The three faces of Eve: strategic displays of positive, negative, and neutral emotions in negotiations. *Organizational Behaviour and Human Decision Processes*, 99, 81–101.

Korrelboom, C.W., Jong, M. de, Huijbrechts I., and Daansen P. (2009) Competitive Memory Training (COMET) for treating low self-esteem in patients with eating disorders: a randomized clinical trial. *Journal of Consulting and Clinical Psychology*, 77, 974–980.

Krakow, B. (2004) Imagery rehearsal therapy for chronic posttraumatic nightmares: a mind's eye view. In R.I. Rosner, W.J. Lyddon, and A. Freeman (eds), *Cognitive Therapy and Dreams*, New York: Springer, pp. 89–109.

Kranz, D., Bollinger, A., and Nilges, P. (2010) Chronic pain acceptance and affective well-being: a coping perspective. *European Journal of Pain*, 14, 10, 1021–1025.

Kuiper, E.C. and Bannink, F.P. (2012) Veerkracht, een pleidooi voor het bevorderen van veerkracht in de jeugdhulpverlening (Resilience, a plea for enhancing resilience in youth care). Kind en Adolescent Praktijk, 3/2012.

Kuyken, W., Padesky, C.A., and Dudley, R. (2009) *Collaborative Case Conceptualization*. New York: Guilford. * 20

Lally, P., Jaarsveld, C. van, Potts, H., and Wardle, J. (2010) How are habits formed: modelling habit formation in the real world. *European Journal of Social Psychology*, 40, 998–1009.

Lamarre, J. and Gregoire, A. (1999) Competence transfer in solution-focused therapy: Harnessing a natural resource. *Journal of Systemic Therapies*, 18, 1, 43–57.

Lambert, M.J. and Ogles, B.M. (2004) The efficacy and effectiveness of psychotherapy. In M.L. Lambert (ed.), *Bergin and Garfield's Handbook of Psychotherapy and Behaviour Change* (fifth edition), Hoboken: John Wiley & Sons, Inc, pp. 139–193.

Lambert, M.J., Whipple, J.L., Vermeersch, D.A., *et al.* (2002) Enhancing psychotherapy outcomes via providing feedback on patient progress: a replication. *Clinical Psychology and Psychotherapy*, 9, 91–103.

Leary, T. (1957) *Interpersonal Diagnosis of Personality*. New York: Ronald.

Lefcourt, H.M. (2005) Humor. In C.R. Snyder and S.J. Lopez, *Handbook of Positive Psychology*, New York: Oxford University Press, pp. 619–631.

Libby, L.K., Eibach, R.P., and Gilovich, R. (2005) Here's looking at me: the effect of memory perspective on assessments of personal change. *Journal of Personality and Social Psychology*, 88, 1, 50–62.

Lieberman, M.D., Eisenberger, N.I., Crockett, M.J., *et al.* (2007) Putting feelings into words. *Psychological Science*, 18, 5, 421–428.

Lindaman, E. and Lippitt, R. (1979) *Choosing the Future You Prefer*. Ann Arbor, MI: HRDA Press.

Linehan, M.M. (1993). *Cognitive Behavioural Treatment of Borderline Personality disorder.* New York: Guilford.* 21

Litt, A. (2010) Lusting while loathing: parallel counterdriving of wanting and liking. *Psychological Science,* 21, 1, 118–125.

Losada, M.F. and Heaphy, E. (2004) The role of positivity and connectivity in the performance of business teams: a nonlinear dynamics model. *American Behavioral Scientist,* 47, 6, 740–765.

Lyubomirsky, S. (2008) *The How of Happiness.* New York: Penguin.* 22

Macdonald, A.J. (2011) *Solution-Focused Therapy. Theory, Research & Practice* (second edition). London: Sage.

Masten, A.S. (2001) Ordinary magic: resilience processes in development. *American Psychologist,* 56, 227–238.

McKay, K.M., Imel, Z.E., and Wampold, B.E. (2006) Psychiatrist effect in the psychopharmacological treatment of depression. *Journal of Affective Disorders,* 92, 2–3, 287–290.

McKergow, M. (2009) Leader as host, host as leader; towards a new yet ancient metaphor. *International Journal for Leadership in Public Services,* 5, 1, 19–24.

Menninger, K. (1959) The academic lecture: Hope. *The American Journal of Psychiatry,* 12, 481–491.

Metcalf, L. (1998) *Solution Focused Group Therapy.* New York: Free Press.

Miller, W.R. and Rollnick, S. (2002) *Motivational Interviewing: Preparing People to Change* (second edition). New York: Guilford.* 23

Miller, S.D., Duncan, B., and Hubble, M.A. (1997) *Escape from Babel: Toward a Unifying Language for Psychotherapy Practice.* New York: Norton.* 24

Miller, S.D., Hubble, M. A., and Duncan, B. L. (eds). (1996) *The Handbook of Solution-Focused Brief Therapy: Foundations, Applications and Research.* San Francisco: Jossey-Bass.

Miller, S.D., Hubble, M.A., and Duncan, B.L. (2007) Supershrinks: learning from the field's most effective practitioners. *The Psychotherapy Networker,* 31, 6, 26–35.

Mischel, W. and Ayduk, O. (2004) Willpower in a cognitive-affective processing system: the dynamics of delay of gratification. In R.F. Baumeister and K.D. Vohs (eds), *Handbook of Self-Regulation: Research, Theory, and Applications,* New York: Guilford, pp. 99–129.

Mischel, W., Shoda, Y., and Rodriguez, M.L. (1989) Delay of Gratification in Children. *Science,* 244, 933–938.

Moskowitz, J.T. and Epel, E.S. (2006) Benefit Finding and Diurnal Cortisol Slope in Maternal Caregivers: A Moderating Role for Positive Emotion. *Journal of Positive Psychology,* 1, 83–92.

Moskowitz, G.B. and Grant, H. (eds) (2009) *The Psychology of Goals.* New York: Guilford.

Murray, S.L., Holmes, J.G., and Griffin, D.W. (2003) Reflections on the self-fulfilling effects of positive illusions. *Psychological Inquiry,* 14, 289–295.

Myers, D.G. (2000) The funds, friends and faith of happy people. *American Psychologist,* 55, 56–67.

Nolen-Hoeksema, S. (2000) Growth and resilience among bereaved people. In J.E. Gillham (ed.), *The Science of Optimism & Hope. Research Essays in Honor of Martin E.P. Seligman* (pp. 107–127). Philadelphia: Templeton Foundation Press.

Nolen-Hoeksema, S. and Davis, C.G. (2005) Positive responses to loss. In C.R. Snyder and S.J. Lopez, *Handbook of Positive Psychology,* New York: Oxford University Press, pp. 598–607.

Norcross, J.C. (2002) Empirically supported therapy relationships. In J.C. Norcross (ed.), *Psychotherapy Relationships That Work: Therapist Contributions and Responsiveness to Patients*. New York: Oxford University Press.

Oettingen, G. (1999) Free fantasies about the future and the emergence of developmental goals. In J. Brandtstadter and R.M. Lerner (eds), *Action & Self-Development: Theory and Research Through the Life Span*, Thousand Oaks, CA: Sage, pp. 315–342.

Oettingen, G. and Stephens, E.J. (2009) Fantasies and Motivationally Intelligent Goal Setting. In G.B. Moskowitz and H. Grant, *The Psychology of Goals*, New York: Guilford, pp. 153–178.

Oettingen, G., Hönig, G., and Gollwitzer, P. M. (2000) Effective Self-Regulation of Goal Attainment. *International Journal of Educational Research*, 33, 705–732.

Oettingen, G., Pak, H., and Schnetter, K. (2001) Self-regulation of goal setting: turning free fantasies about the future into binding goals. *Journal of Personality and Social Psychology*, 80, 5, 736–753.

O'Hanlon, B. (1999) *Evolving Possibilities*. Philadelphia: Brunner/Mazel.

O'Hanlon, B. (2000) *Do One Thing Different*. New York: Harper Collins.* 25

O'Hanlon, B. and Rowan, R. (2003) *Solution Oriented Therapy for Chronic and Severe Mental Illness*. New York: Norton.* 26

Ong, A.D., Bergeman, C.S., Bisconti, T.L., and Wallace, K.A. (2006) Psychological resilience, positive emotions, and successful adaptation to stress in later life. *Journal of Personality and Social Psychology*, 91, 730–749.

Orlinsky, D. and Ronnestad, M.H. (2005) *How Psychotherapists Develop: A Study of Therapeutic Work and Professional Growth*. Washington DC: American Psychological Association.

Oyserman, D., Bybee, D., & Terry, K. (2006) Possible selves and academic outcomes: how and when possible selves impel action. *Journal of Personality and Social Psychology*, 91, 1, 188–204.

Panksepp, J. (1998) *Affective Neuroscience*. New York: Oxford University Press.

Papp, P. (1983) *The Process of Change*. New York: Guilford.

Peacock, F. (2001) *Water the Flowers, Not the Weeds*. Montreal: Open Heart.* 27

Peterson, C. (2006) The Values in Action (VIA) Classification of Strengths: The un-DSM and the real DSM. In M. Csikszentmihalyi and I. Csikszentmihalyi (eds), *A Life Worth Living: Contributions to Positive Psychology*, New York: Oxford University Press, pp. 29–48.

Piper, W.E., Ogrodniczuk, J.S., Joyce, A.S. et al. (1999) Prediction of dropping out in time-limited, interpretive individual psychotherapy. *Psychotherapy: Theory, Research, Practice, Training*, 36, 2, 114–122.

Plaud, J.J. (2001) *Positive reinforcement*. Living & Learning, 1, 3.

Pope, K.S. and Tabachnick, B.G. (1994) Therapists as patients: a national survey of psychologists' experiences, problems, and beliefs. *Professional Psychology: Research and Practice*, 25, 247–258.

Prochaska, J.O., Norcross, J.C., and DiClemente, C.C. (1994) *Changing for Good*. New York: Morrow.* 28

Raue, P.J. and Goldfried, M.R. (1994) The therapeutic alliance in cognitive behavioural therapy. In A.O. Horvath and L.S. Greenberg (eds), *The Working Alliance: Theory, Research and Practice*, Hoboken: John Wiley & Sons, Inc, pp. 131–152.

Rock, D. (2009) *Your Brain at Work*. New York: HarperCollins.

Roeden, J.M., and Bannink, F.P. (2007a) *Handboek Oplossingsgericht Werken Met Licht Verstandelijk Beperkte Clienten* (Handbook for Solution-Focused Interviewing With Clients With Mild Intellectual Disabilities). Amsterdam: Pearson.

Roeden, J.M., and Bannink, F.P. (2007b) *Hoe organiseer ik een etentje? Oplossingsgerichte gedragstherapie met een verstandelijk beperkte vrouw* (How do I organize a dinner? Solution-focused behavioral therapy with a woman with an intellectual disability). *Gedragstherapie*, 40, 4, 251–268.

Roeden, J.M., and Bannink, F.P. (2009) Solution focused brief therapy with persons with intellectual disabilities. *Journal of Policy and Practice in Intellectual Disabilities*, 6, 4, 253–259.

Rosenhan, J. (1973) On being sane in insane places. *Science*, 179, 250–258.

Ross, M., and Wilson, A.E. (2002) It feels like yesterday: self-esteem, valence of personal past experiences, and judgements of subjective distance. *Journal of Personality and Social Psychology*, 82, 792–803.

Rossi, E.L. (eds) (1980) *The Nature of Hypnosis and Suggestion by Milton Erickson* (collected papers). New York: Irvington.

Rothman, A.J. (2000) Toward a theory-based analysis of behavioural maintenance. *Health Psychology*, 19, 64–69.

Rowe, G., Hirsh, J.B., and Anderson, A.K. (2007) Positive affect increases the breadth of attentional selection. *Proceedings of the National Academy of Sciences of the United States of America*, 104, 383–388.

Ruini, C., and Fava, G.A. (2004) Clinical applications of well-being therapy. In P.A. Linley and S. Joseph (eds), *Positive psychology in practice*, Hoboken: John Wiley & Sons, Inc, pp. 371–387.

Saleebey, D. (ed.) (2007) *The Strengths Perspective in Social Work Practice*. Boston: Allyn & Bacon.

Sapyta, J., Riemer, M., and Bickman, L. (2005) Feedback to Clinicians: Theory, Research and Practice. *Journal of Clinical Psychology*, 61, 2, 145–153.

Selekman, M.D. (1993) *Pathways to Change: Brief Therapy Solutions with Difficult Adolescents*. New York: Guilford.

Selekman, M.D. (1997) *Solution-Focused Therapy With Children: Harnessing Family Strengths for Systemic Change*. New York: Guilford.

Seligman, M.E.P. (2002) *Authentic Happiness*. London: Brealey.* 29

Seligman, M.E.P. (2005) Positive Psychology, Positive Prevention, and Positive Therapy. In C.R. Snyder & S.J. Lopez (eds), *Handbook of Positive Psychology*, London: Oxford University Press, pp. 3–9.

Seligman, M.E.P. (2011) *Flourish*. New York: Free Press. * 30

Seligman, M.E.P., and Csikszentmihalyi, M. (2000) Positive psychology: an introduction. *American Psychologist*, 55, 5–14.

Seligman, M.E.P., Reivich, K., Jaycox, L., and Gilham, J. (1995) *The Optimistic Child*. Boston: Joughton Mifflin.* 31

Seligman, M.E.P., Steen, T.A., Park, N., and Peterson, C. (2005) Positive Psychology progress. Empirical validation of interventions. *American Psychologist*, 60, 5, 410–421.

Shapiro, F. (2001) *EMDR: Eye Movement Desensitization and Reprocessing: Basic Principles, Protocols and Procedures* (second edition). New York: Guilford. * 32

Sharot, T. (2011) *The Optimism Bias*. New York: Random House.* 33

Siegel, D.J. (1999) *The Developing Mind*. New York: Guilford.

Siegel, D.J. (2001) Toward an interpersonal neurobiology of the developing mind: attachment relationships, 'mindsight' and neural integration. *Infant Mental Health Journal*, 22, 67–94.

Siegel, D.J. (2010) *Mindsight. The New Science of Personal Transformation*. New York: Bantam Books.* 34

引用文献

Smock, S., Froerer, A., and Bavelas, J.B. (article forthcoming) Microanalysis of positive and negative content in solution focused brief therapy and cognitive behavioral therapy expert sessions.

Snyder, C.R. (1994) *The Psychology of Hope: You Can Get There From Here*. New York: Free Press.

Snyder, C.R. (2002) Hope theory: Rainbows in the mind. *Psychological Inquiry*, 13, 249–275.

Snyder, C.R. and Lopez, S.J. (2005) *Handbook of Positive Psychology*. New York: Oxford Univeristy Press.

Snyder, C.R., Lapointe, A.B., Crowson, J.J., and Early, S. (1998) Preferences of high- and low-hope people for self-referential input. *Cognition and Emotion*, 12, 807–823.

Snyder, C.R., Michael, S.T., and Cheavens, J. (1999) Hope as a psychotherapeutic foundation of common factors, placebos, and expectancies. In M.A. Hubble, B. Duncan, and S. Miller (eds), *The Heart and Soul of Change*, Washington DC: American Psychological Association, pp. 179–200.

Snyder, C.R., Rand, K.L., and Sigmon, D.R. (2005) Hope theory: A member of the positive psychology family. In C.R. Snyder and S.J. Lopez (eds), *Handbook of Positive Psychology*, London: Oxford University Press, pp. 257–276.

Stam, P., and Bannink, F.P. (2008) De oplossingsgerichte organisatie (The solution-focused organization). *Tijdschrift VKJP*, 35, 2, 62–72.

Stams, G.J., Dekovic, M., Buist, K., and Vries, L. de (2006) Effectiviteit van oplossingsgerichte korte therapie: een meta-analyse (The efficacy of solution-focused brief therapy; a meta-analysis). *Gedragstherapie*, 39, 2, 81–94.

Steptoe, A., Wardle, J., and Marmot, M. (2005) Positive affect and health-related neuroendocrine, cardiovascular, and inflammatory responses. *Proceedings of the National Academy of Sciences*, 102, 6508–6512.

Tamir, M. and Diener, E. (2008) Approach-avoidance goals and well-being: one size does not fit all. In A.J. Elliot (ed.), *Handbook of Approach and Avoidance Motivation*. New York: Psychology Press, pp. 415–428.

Tamir, M., Mitchell, C., and Gross, J.J. (2008) Hedonic and instrumental motives in anger regulation. *Psychological Science*, 19, 324–328.

Tedeschi, R.G. and Calhoun, L. (2004) Posttraumatic growth: a new perspective on psychotraumatology. *Psychiatric Times*, 21, 4.

The British Psychological Society (2011) Response to the American Psychiatric Association: DSM-5 development. http://apps.bps.org.uk/_publicationfiles/consultation-responses/DSM-5%202011%20-%20BPS%20response.pdf

Tomori, C. and Bavelas, J.B. (2007) Using microanalysis of communication to compare solution-focused and client centered therapies. *Journal of Family Psychotherapy*, 18, 3, 25–43.

Tompkins, P. and Lawley, J. (2003) *Metaphors in Mind*. London: Developing Company Press.

Turner, C., Spencer, M.B., and Stone, B.M. (2005) Effect of working patterns of UK train drivers on fatigue—a diary study. *Shiftwork International Newsletter*, 22, 150.

Vaillant, G.E. (1995) *Adaptation to Life*. Cambridge MA: Harvard University Press.

Vasquez, N.A. and Buehler, R. (2007) Seeing future success: Does imagery perspective influence achievement motivation? *Personality and Social Psychology Bulletin*, 33, 10, 1392–1405.

Walter, J.L. and Peller, J.E. (1992) *Becoming Solution-Focused in Brief Therapy*. New York: Brunner/Mazel.

引用文献

Walter, J.L., and Peller, J.E. (2000) *Recreating Brief Therapy: Preferences and Possibilities.* New York: Norton.* 35

Wampold, B.E. (2001) *The Great Psychotherapy Debate: Models, Methods and Findings.* Hillsdale NJ: Erlbaum.

Wampold, B.E. and Bhati, K.S. (2004) Attending to the omissions: a historical examination of evidence-based practice movements. *Professional Psychology: Research and Practice,* 35, 6, 563–570.

Watzlawick, P. (1976) *How Real is Real?* New York: Random House.* 36

Watzlawick, P., Weakland, J.H., and Fisch, R. (1974) *Change: Principles of Problem Formation and Problem Resolution.* New York: Norton.* 37

Weiner-Davis, M., De Sahzer, S., and Gingerich, W.J. (1987). Building on pretreatment change to construct the therapeutic solution: an exploratory study. *Journal of Marital and Family Therapy,* 13, 4, 359–363.

Wells, A. (1995) Metacognition and worry: a cognitive model of generalized anxiety disorder. *Behavioural and Cognitive Psychotherapy,* 23, 301–320.

Wells, A. (1997) *Cognitive Therapy of Anxiety Disorders: A Practical Manual and Cconceptual Guide.* Chichester, John Wiley & Sons, Ltd.

Westra, J. and Bannink, F.P. (2006a) 'Simpele' oplossingen! Oplossingsgericht werken bij mensen met een lichte verstandelijke beperking, deel 1 ('Simple' solutions! Solution-focused interviewing with people with mild intellectual disabilities, part 1). *PsychoPraxis,* 8, 4, 158–162.

Westra, J. and Bannink, F.P. (2006b) 'Simpele' oplossingen! Oplossingsgericht werken bij mensen met een lichte verstandelijke beperking, deel 2 ('Simple' solutions! Solution-focused interviewing with people with mild intellectual disabilities, part 2). *PsychoPraxis* 8, 5, 213–218.

White, M. and Epston, D. (1990) *Narrative means to therapeutic ends.* New York: Norton.* 38

Wilson, T.D., Centerbar, D.B., Kermer, D.A., and Gilbert, D.T. (2005) The pleasures of uncertainty: prolonging positive moods in ways people do not anticipate. *Journal of Personality and Social Psychology,* 88, 1, 5–21.

Wittgenstein, L. (1968) *Philosophical Investigations* (G.E.M. Anscombe, Trans., third edition). New York: Macmillan. (Originally published in 1953)* 39

Yalom, I.D. (2008) *The Gift of Therapy.* New York: HarperCollins.* 40

Young, J.E., Klosko, J.S., and Beck, A.T. (1994) *Reinventing Your Life: How to Break Free from Negative Life Patterns and Feel Good Again.* New York: Penguin.

Youssef, C.M. and Luthans, F. (2007) Positive organizational behaviour in the workplace: the impact of hope, optimism, and resiliency. *Journal of Management,* 33, 774–800.

Zimmerman, M., McGlinchey, J.B., Posternak, M.A., *et al.* (2006) How should remission from depression be defined? The depressed patient's perspective. *American Journal of Psychiatry,* 163, 148–150.

引用文献

＊邦訳文献リスト

1. 新田義則（訳）（2003）クマのプーさんと学ぶ成功の法則　ダイヤモンド社
2. 高田 三郎（訳）（1971）（1973）ニコマコス倫理学〈上〉〈下〉　岩波書店
3. 長谷川啓三（監訳）（2005）子どもたちとのソリューション・ワーク　金剛出版
4. 岩田佳代子（訳）（2013）影響力の正体：説得のカラクリを心理学があばく　SBクリエイティブ
5. 市瀬博基（訳）（2006）AI「最高の瞬間」を引きだす組織開発：未来志向の"問いかけ"が会社を救う　PHP研究所
6. 玉真慎子・住谷祐子・桐田弘江（訳）（2004）解決のための面接技法：ソリューション・フォーカスト・アプローチの手引き　金剛出版
7. 小野直広（訳）（1994）短期療法解決の鍵　誠信書房
8. 小森康永（訳）（1994）ブリーフ・セラピーを読む　金剛出版
9. 長谷川啓三（監訳）（2000）解決志向の言語学：言葉はもともと魔法だった　法政大学出版局
10. 児島達美・日下伴子（訳）（2001）「治療不能」事例の心理療法：治療の現実に根ざした臨床の知　金剛出版
11. 今西康子（訳）（2008）「やればできる！」の研究：能力を開花させるマインドセットの力　草思社
12. 長谷川啓三・生田倫子・日本ブリーフセラピー協会（編訳）（2013）解決志向ブリーフセラピーハンドブック：エビデンスに基づく研究と実践　金剛出版
13. 高橋由紀子（訳）（2010）ポジティブな人だけがうまくいく3：1の法則　日本実業出版社
14. 佐俣友佳子（訳）・EAP総研（編）（2010）強いチームをつくる技術：個と組織を再生する「リチーミング」の12ステップ　ダイヤモンド社
15. 沢田　博・阿部尚美（訳）（2006）第1感：「最初の2秒」の「なんとなく」が正しい　光文社
16. 高橋紹子（訳）（2009）影響力の武器　実践編：「イエス！」を引き出す50の秘訣　誠信書房
17. 藤澤隆史・藤澤玲子（訳）（2011）しあわせ仮説：古代の知恵と現代科学の知恵　新曜社
18. 千葉敏生（訳）（2013）スイッチ！：「変われない」を変える方法　早川書房
19. 松丸さとみ（訳）（2012）マインドフルネスを始めたいあなたへ　星和書店
20. 荒井まゆみ・佐藤美奈子（訳）（2012）認知行動療法におけるレジリエンスと症例の概念化　星和書店
21. 大野　裕（監訳）（2007）境界性パーソナリティ障害の弁証法的行動療法：DBTによるBPDの治療　誠信書房
22. 金井真弓（訳）（2012）幸せがずっと続く12の行動習慣：自分で変えられる40％に集中しよう　日本実業出版社
23. 松島義博・後藤　恵（訳）（2007）動機づけ面接法：基礎・実践編　星和書店
24. 曽我昌祺（監訳）（2000）心理療法・その基礎なるもの：混迷から抜け出すための有効要因　金剛出版
25. 阿尾正子（訳）（2001）考え方と生き方を変える10の法則：原因分析より解決志向が成功を呼ぶ　主婦の友社，角川書店（発売）
26. 深谷　裕（訳）（2005）精神障害への解決志向アプローチ：ストレングスを引きだすリハビリテーション・メソッド　金剛出版
27. 伊藤喜代次（監修）・青木安輝（監訳）（2010）咲かせたい花に水をあげましょう　ビーケイシー．
28. 中村正和（監訳）（2005）チェンジング・フォー・グッド：ステージ変容理論で上手に行動を変える　法研

29	小林裕子（訳）（2004）世界でひとつだけの幸せ：ポジティブ心理学が教えてくれる満ち足りた人生　アスペクト
30	宇野カオリ（2014）ポジティブ心理学の挑戦："幸福"から"持続的幸福"へ　ディスカヴァー・トゥエンティワン
31	枝廣淳子（訳）（2003）つよい子を育てるこころのワクチン：メゲない，キレない，ウツにならないABC思考法　ダイヤモンド社
32	市井雅哉（監訳）（2004）EMDR：外傷記憶を処理する心理療法　二瓶社
33	斉藤隆央（訳）（2013）脳は楽観的に考える　柏書房
34	山藤奈穂子・小島美夏（訳）（2013）脳をみる心，心をみる脳：マインドサイトによる新しいサイコセラピー——自分を変える脳と心のサイエンス——　星和書店
35	遠山宜哉・花屋道子・菅原靖子（訳）（2005）ブリーフセラピーの再創造：願いを語る個人コンサルテーション　金剛出版
36	小林　薫（訳）（1978）あなたは誤解されている：意思疎通の技術　光文社
37	長谷川啓三（訳）（2011）変化の原理　法政大学出版局
38	小森康永（訳）（1992）物語としての家族　金剛出版
39	藤本隆志（訳）（1976）哲学探究（ウィトゲンシュタイン全集,8）　大修館書店
40	岩田真理（訳）（2007）ヤーロムの心理療法講義：カウンセリングの心を学ぶ85講　白揚社

索引

●人名索引

◆あ
アインシュタイン（Einstein, A.）　7, 12, 136, 137, 150, 314, 315
アホラ（Ahola, T.）　216, 258, 269

◆い
イセン（Isen, A. M.）　65, 167, 176

◆う
ウィトゲンシュタイン（Wittgenstein, L.）　53
ウィルソン（Wilson, K. G.）　165
ウェルズ（Wells, A.）　144
ウォルター（Walter, J. L.）　85, 101, 108, 124, 184, 185, 225, 252

◆え
エストラーダ（Estrada, C. A.）　177
エッチンゲン（Oettingen, G.）　34, 94, 221
エプストン（Epston, D.）　131
エリクソン（Erickson, M.）　88, 217, 231, 278, 280, 311
エリス（Ellis, A.）　2, 43, 86, 113, 139, 268, 282

◆お
オハンロン（O'Hanlon, B）　37, 104, 117, 118, 146, 151, 154

◆か
カバット-ジン（Kabat-Zinn, J.）　28

◆き
ギルバート（Gilbert, P.）　27

◆く
クイケン（Kuyken, W.）　12, 23, 33, 35, 91, 100, 142, 198
クーパーライダー（Cooperrider, D. L.）　292
クロスコ（Klosko, J, S.）　33

◆さ
サリービー（Saleebey, D.）　10

◆し
シーゲル（Siegel, D. J.）　28, 61, 63
シャピロ（Shapiro, F.）　32

◆す
ステフェンス（Stephens, E. J.）　34
スナイダー（Snyder, C. R.）　77, 216

◆せ
セリグマン（Seligman, M.）　6, 26, 40, 41, 43, 44, 59, 105, 137, 146, 231, 243, 250, 262, 263, 268, 300, 302
セレクマン（Selekman, M. D.）　55, 217, 218, 256, 277-280

◆た
ダンカン（Duncan B. L.）　7, 197, 201, 222,

350

226

◆ち
チクセントミハイ（Csikszentmihalyi, M.）275

◆て
ディ・シェイザー（De Shazer, S.）39, 47, 48, 50, 56, 88, 101, 162, 179, 181, 189, 190, 205, 227, 317
ディヤング（De Jong, P.）206, 244, 261, 301

◆は
バーグ（Berg, I. K.）48, 203, 244, 261, 265, 271, 272, 273, 275, 301
パデスキー（Padesky, C. A.）134
バニンク（Bannink, F.）i, v, 32, 34, 48, 55, 58, 143, 228, 254, 283, 293, 297
パブロフ（Pavlov, I. V.）2
ハル（Hull, C. L.）2

◆ひ
ピーターソン（Peterson, C.）43, 104, 248

◆ふ
ファーマン（Furman, B.）118, 119, 216, 258, 269, 291
ファヴァ（Fave, G. A）30
フランク（Frank, J. D.）21
ブレーウィン（Brewin, C. R.）25, 61
フレドリクソン（Fredrickson, B. L.）13, 27, 45, 46, 59, 68, 128, 168, 169, 173, 174, 287, 295

◆へ
ヘイズ（Hayes, S. C.）32
ベック（Beck, A. T）2, 21, 22, 24, 77, 138, 164, 171, 253, 282, 290
ベネット-レヴィ（Bennett-Levy, J.）23, 160
ペラー（Peller, J. E.）85, 101, 102, 124, 184, 185, 225, 252

◆ほ
ホイットニー（Whitney, D.）292
ホートン（Hawton, K.）22, 93
ホワイト（White, M.）131

◆み
ミラー（Miller, W. R.）30, 87, 88
ミラー（Miller, S. D.）198, 200, 234, 235

◆め
メトカフ（Metcalf, L.）259, 280
メニンガー（Menninger, K.）21, 77, 216

◆や
ヤング（Young, J. E.）143, 301

◆る
ルイニ（Ruini, C.）30

◆ろ
ロルニック（Rollnick, S.）30, 87, 88

◆わ
ワツラウィック（Watzlawick, P.）48, 223
ワトソン（Watson, J. B.）2
ワムポルド（Wampold, B. E.）9, 223, 234, 236

●事項索引

◆あ

アウトカム評価尺度（Outcome Rating Scale: ORS）　197, 200, 245, 253, 255, 260, 276, 281, 300
　児童用アウトカム評価尺度（Child Outcome Rating Scale）　276
　幼児用アウトカム評価尺度（Young Child Outcome Rating Scale）　276
アウトカム調査票45（Outcome Questionnaire 45）　200
アクセプタンス＆コミットメント・セラピー　26, 32

◆い

医学モデル　ii, 6, 7, 9, 25, 43, 233
慈しみ（compassion）26, 27, 28, 67, 146, 192
一歩下がってリードする姿勢　232, 233
イメージ　5, 20, 24-27, 30, 33, 49, 60, 62, 63, 122-124, 192, 291, 296, 307, 308
イメージ再記述（image rescripting）25, 123
インスピレーション尺度（Inspiration Scale: IS）　105

◆う

ウェルビーイング　10-14, 16, 21, 25-28, 30, 35, 41, 42, 46, 47, 62, 67, 76-78, 248, 249, 263, 267, 274, 275, 283, 284, 301, 302
　ウェルビーイング療法（Well-being Therapy: WET）　30
ウェルフォームド・ゴール（well-formed goal）　49
上向き矢印法（upward arrow technique）51, 140, 141

◆お

応用リラクセーション（Applied Relaxation: AR）　29
オッカムのかみそり（Occam's razor）　315
オペラント行動　16

◆か

解決構築　47, 268
解決志向ブリーフセラピー（Solution-Focused Brief Therapy）　ii, iii, 11, 31, 35, 36, 39, 47, 48, 55, 56, 58-60, 69, 179, 240, 244, 289, 299, 303, 310, 317
解決努力（attempted solution）　48, 223
外在化技法　213
回避ゴール（avoidance goals）　10, 14, 98-101, 173, 248, 249
回避動機　97-99, 249
学習性楽観主義　137, 188
拡大ゴール（stretch goals）　77, 102
カスタマー　31, 84, 87-89, 110, 180, 182-184, 233, 234, 270, 274, 306, 312, 314, 327
　カスタマー関係（customer-relationship）84-88, 110
価値の探求　292
価値の探求（Appreciative Inquiry: AI）292
関係性の質問　124, 252, 261
観察課題　180-183, 272, 305, 312, 327
感謝質問票（Gratitude Questionnaire: GQ-6）　105

◆き

キッズスキル（Kids' Skills）　269, 216
機能的行動分析（Functional Behavior Analysis: FBA）　113, 270, 328

索引 ●事項索引

希望　263, 264
希望尺度（Hope Scale: HS）　105
希望理論（hope theory）　22, 35, 49, 77-80, 295, 296
強化の質問（consolidating questions）　217
競合記憶訓練（Competitive Memory Training: COMET）　25, 61
協働専門家（co-experts）　17, 233

◆く
空想実現理論　34, 94, 95
グラント研究　41, 248
クリーン・ランゲージ（Clean Language）　133, 134
グループセッション評価尺度（Group Session Rating Scale: GSRS）　260
群知能（swarm intelligence）　293

◆け
系統的脱感作法　4, 24
経路（pathway）　35, 49, 77-80, 291
経路思考（pathway thinking）　35, 49, 79, 80
倹約の法則　315

◆こ
肯定性　45-47, 60, 173, 174, 249, 250, 287
肯定性比率（positivity ratio）　46, 173, 174, 249, 250, 287
肯定的感情の拡張-形成理論　45, 168, 295
肯定的な自己成就的予言　55
肯定的・否定的感情調査票（Positive and Negative Affect Schedule: PANAS）　105
行動実験　5, 18, 34, 142, 160-162, 189, 260, 305
幸福　10, 13, 24, 41, 42, 45-47, 62, 63, 65, 66, 167, 168, 169, 171-173, 254, 265, 274, 280, 301-303, 313
個人的成長主導権尺度（Personal Growth Initiative Scale: PGIS）　105
好ましい治療同盟（positive alliance）　3
コミュニケーションの位置　233
コンパッション志向療法（Compassion Focused Therapy: CFT）　25, 26, 30, 67
コンピテンス・クエスチョン（competence question）　53, 55, 186, 208, 231, 304, 309
コンプリメント（compliment）　53, 81-83, 205-208, 251, 258, 259, 270, 271, 273, 274, 278, 293, 307, 311, 315, 323, 324, 334
　間接的コンプリメント　82
　直接的コンプリメント　82
コンプレイナント　31, 84-89, 110, 180-183, 233, 234, 270, 305, 306, 313, 314, 327
　コンプレイナント関係（complainant-relationship）　84-88, 110, 180

◆さ
最少負担の原理　36, 37, 230, 302
作因（agency）　35, 49, 77-80, 94
作因思考（agency thinking）　35, 49, 79, 80, 94

◆し
ジェノグラム（genogram）　277
思考記録　111-112
自己成就的予言（self-fulfilling prophecies）　55, 261, 295, 348
持続的幸福（flourishing）　41, 46
下向き矢印法（downward arrow technique）　140, 141
自動思考　2, 4, 22, 49
慈悲の瞑想（loving-kindness meditation）

353

索引 ●事項索引

27, 30
従来のCBT　iii
条件づけ　4, 16, 17, 26, 53, 114, 273
初回面接公式課題　185, 191
知らない（not knowing）姿勢　14, 59, 232, 233
事例概念化（case conceptualization）　i, 12, 23, 34, 90
人格的ストレングス（character strength）　26, 36, 43, 44, 295
心的対比（mental contrasting）　95, 96
心理教育　63, 121, 122, 123, 256

◆す
スキーマ（schemas）　3, 4, 21, 25, 33-35
スキーマ療法（schema therapy）　33-35, 141-143
スケーリング・クエスチョン　51-53, 106, 108, 109, 252, 305, 310, 312, 317
ストレングス（strength）　i-iii, 10-18, 21-26, 29, 32, 34, 36, 38, 40, 42-45, 52, 55, 58, 59, 73-75, 82, 90,-92, 104-105, 251-253, 256-258, 261, 266-269, 277, 281, 282, 284, 287, 289, 291, 293, 295, 298-300, 302, 304-306, 311, 315, 317, 321, 333

◆せ
生活の質目録（Quality of Life Inventory: QOLI）　105
成功の責任追及　51
接近ゴール（approach goals）　10, 14, 98, 99, 100, 101, 248, 249
接近動機　97-99, 249
セッション評価尺度（Session Rating Scale: SRS）　197, 200, 245, 253, 255, 260, 276, 281
児童用セッション評価尺度（Child Session Rating Scale）　276
幼児用セッション評価尺度（Young Child Session Rating Scale）　276
セルフ・モニタリング　45, 111, 112, 185, 186

◆そ
相互作用マトリックス　124-126, 323, 324, 330
ソクラテス式質問　48, 49
ソリューション・トーク　14, 17, 18, 268

◆ち
チェンジ・トーク（change talk）　31, 87, 88
治療同盟　3, 22, 34, 35, 72, 73, 235, 236, 239, 240, 253, 314, 315

◆て
抵抗　14, 31, 55, 83, 84, 88, 89, 226, 286, 312

◆と
動機づけ面接（motivational interview）　30, 31, 87
ドリーム・チーム・クエスチョン（dream team question）　291
ドリップ・システム　64

◆な
ナラティヴセラピー　131, 278

◆に
二重注意刺激（dual attention stimulus）　33
認知行動療法（CBT）　i, 2, 55, 241, 352
認知再構成（cognitive restructuring）　2, 3, 5
認知バイアス　122

◆の
脳の可塑性　61

◆は
はい，しかし（yes, but）　238, 288, 289
はい，そして（yes, and）　288, 289
曝露　4, 5, 36, 61, 63
万能鍵（skeleton keys）　54, 189, 315

◆ひ
ビジター　31, 84, 85, 87-89, 110, 180, 234, 270, 306, 327
　ビジター関係（visitor-relationship）　84-88, 110, 180

◆ふ
フィードバック　200, 276, 281
ふりをする課題　191, 210
フロー（flow）　41, 42, 45, 275, 298
プロブレム・トーク　14, 17, 18, 68, 268, 313

◆へ
弁証法的行動療法（Dialectical Behavior Therapy: DBT）　29
返報性（reciprocation）　81
ペン・レジリエンス計画（Penn Resiliency Project: PRP）　268

◆ほ
ホームワーク　5, 23, 179, 182-184, 207-209, 255, 259, 271, 272, 277, 279, 302, 312
ポジティブ心理学（Positive Psychology）　ii, iii, 10, 11, 13, 15, 26, 27, 39-43, 45, 49, 58-60, 69, 243, 248, 275, 287, 289, 292, 298, 299, 302, 303

◆ま
マインドサイト（mindsight）　61

固定マインドセット（fixed mindset）　215
成長マインドセット（growth mindset）　215
マインドフルネス（Mindfulness）　iii, 5, 26, 27, 28, 29, 61, 129, 130, 164, 192, 193
マインドフル・注意・気づき尺度（Mindful Attention Awareness Scale: MAAS）　105
マインドフルネス・ストレス低減法　28
マインドフルネス認知療法（Mindfulness-Based Cognitive Therapy: MBCT）　26, 28, 130

◆み
ミラクル・クエスチョン　54, 125, 135, 242, 321, 322, 328, 330

◆め
メタ認知　25, 144, 145
メタ認知療法　25, 144

◆も
モデリング　4
問題解決　ii, 7, 8, 15, 47, 50, 52, 65, 113, 136, 268, 274, 292, 294, 305, 306
問題志向モデル　6, 9
問題の外在化　131, 132, 278, 329

◆よ
予想の課題（prediction task）　181, 210

◆ら
楽観主義　12, 45, 62, 137, 138, 188, 254, 262, 263, 289, 295, 298
楽観性バイアス　62

索引 ●事項索引

◆り

リソース（resource） ii, 10, 11, 13, 14, 15, 17, 21, 23, 36, 42, 47, 52, 55, 56, 58, 65, 91, 92, 251, 256, 266, 277, 286, 287, 291, 294, 306, 311, 317, 321, 332

リチーミング（Reteaming） 258

リフレクティング・チーム（reflecting team） 281

◆れ

例外 55

例外探しの質問 53, 105, 112, 113, 187, 324

レジリエンス（resilience） i, 12, 23, 28, 34, 36, 43, 63, 68, 91, 92, 146-148, 158-160, 256, 265, 266, 268, 282, 285, 288, 296, 313

レスポンデント行動 16

◆ろ

論理情動行動療法（rational emotive behavior therapy: REBT） 139

◆A～Z

ABCモデル 43, 139

ACT（Acceptance & Commitment Therapy） iii, 32, 129, 130

EARS 206, 326

EMDR（Eye Movement Desensitization & Reprocessing） iii, 32, 33

PERMA 41

VIA（Values in Action Signature Strengths） 43, 45, 104, 252, 253, 256, 257, 268, 295, 305, 306

訳者あとがき

著者について

　本書は，バニンク（Bannink, F., 2012）による"Practicing Positive CBT: From reducing distress to building success."の全訳である。

　バニンクは，オランダのアムステルダムで活動する心理臨床家であり，解決志向ブリーフセラピー，認知行動療法（CBT），ポジティブ心理学に関して，オランダ国内だけでなく国際的にも指導的な立場にある。特に解決志向ブリーフセラピーの発展や普及に力を注ぎ，これまでに『解決志向葛藤マネジメント・ハンドブック』（2010），『1001の解決志向の質問集』（2011）を刊行してきた。前者は調停場面に解決志向を応用したものであり，後者は書名の通り1,001個もの解決志向の質問を集めたものである。『1001の解決志向の質問集』は，ブリーフセラピーの実践家によく読まれており，定型の質問では対応の難しい事態にも役立つと評価が高い。そして，原著『ポジティブ認知行動療法』（2012）の出版後は，『トラウマ後のサクセス』（2014），『ポジティブ・スーパービジョン・ハンドブック』（2015）というように，ポジティブCBTをテーマにした著作が続いている。

　このような流れを追ってみると，バニンクの関心が解決志向ブリーフセラピーから，解決志向を包含したポジティブCBTへと移行したのが見えてくる。それは解決志向という一つのアプローチを普及させることから，CBTに代表されるセラピー全体を解決志向やストレングス志向にシフトさせるという視座の転換と言えるかもしれない。

　また，バニンクの著作はいずれも臨床家を対象にしたものである。ここから，彼女の関心は常に臨床現場にあり，セラピストの資質向上やセラピストに役立つツールづくりに心をくだいていることがうかがえる。

選書の経緯

　この数年，監訳者の津川と大野は，CBTとブリーフセラピーの交流を進めてきた。日本ブリーフサイコセラピー学会（2012年7月，神戸）を皮切りにして，日本行動療法学会（2012年8月，京都），日本心理臨床学会（2014年9月，横浜）においてシンポジウムを開催し，両アプローチの実践家同士の対話を行ってきた。その成果の一つが，CBTとブリーフセラピーの実践家12名の協力のもとに出された『認知行動療法とブリーフセラピーの接点』（日本評論社，2014）である。

　CBTとブリーフセラピーは，心理療法の数ある学派のうち現在最も注目を集めてい

訳者あとがき

るアプローチである。CBT は，学習理論や情報処理理論に準拠し，科学的であることを志向するアプローチである。一方，ブリーフセラピーは，不世出の臨床家ミルトン・エリクソンの実践を万人が体現できるように編集されたものであり，クライエントの独自性に合わせた関わりを重視する。

このように，両者は出自をはじめ背景理論も大きく異なる。それにもかかわらず，行動や相互作用の次元でものごとを捉えること，過去よりも現在・未来に注目すること，洞察よりも具体的な変化を志向することなど，実際の関わりのうえでの共通点が多い。これらの点に関心をもって CBT とブリーフセラピーの接点を探ってきたのであり，その一環として海外の動きを紹介するため，本書『ポジティブ認知行動療法』の翻訳が企画された。

ポジティブ認知行動療法

ポジティブ CBT の特徴は，「苦悩の低減からサクセス構築へ」という原著の副題に端的に表れている。従来の CBT は，問題，症状，限界など，人の弱みに焦点を当て，それを減らすことを目指してきた。すなわち，問題志向パラダイムである。しかし，複雑な相互作用のある状況においては特定の原因を取り出すことは難しく，また，問題をなくすことがそのまま解決とは限らない。そこで，問題志向パラダイムに基づく CBT から，解決志向・ストレングス志向パラダイムのポジティブ CBT への移行が提唱されている。

バニンクによると，ポジティブ CBT は，従来の CBT にポジティブ心理学と解決志向ブリーフセラピーを加えたものだという。そして，この2つのアプローチの強調点は驚くほど似通っている。ポジティブ心理学は「不幸を取り除くことと幸せは同義ではない」とし，弱みを除くことよりも，個人や環境のストレングスに注目する。一方，解決志向ブリーフセラピーは「問題解決と解決構築は異なる」という視座から，問題や過去を探ることよりも，現在のリソースや未来の希望に焦点を当てる。

もちろん共通点ばかりでない。最も大きな違いは，ポジティブ心理学が普遍性のある介入や法則を見いだそうとしているのに対し，解決志向ブリーフセラピーは学術的な一般化に興味をもたない点である。バニンクの表現を借りれば，解決志向ブリーフセラピーは，「この文脈における，この瞬間の，このクライエント」に役立つことを探すのである。このあたりの比較に関しては第4章にまとめられており，ひと口にストレングス志向と言っても両者の立ち位置の違いが見えて興味深い。

訳者あとがき

橋を架ける

　ポジティブCBTは，問題志向パラダイムのCBTを，ストレングス志向・解決志向のパラダイムにシフトさせたものである。比喩的に言えば，CBT，ポジティブ心理学，解決志向ブリーフセラピーという3つの異なる領域間に，ポジティブCBTという橋を架けたことになる。

　「橋を架ける」という発想や情熱は，バニンクがオランダに生まれ育ったことによるという。アムステルダムの運河は165本あり，そこに架かる橋は約1,300もあるそうだ。橋があることによって，人が出会い，互いを知り，新たな文化が生まれてくる。ポジティブCBTという試みは，橋を架けることのメリットを肌感覚として理解している者ならではの仕事かもしれない。

　本書の訳出は，監訳者2名を含む訳者12名であたった。訳者は，CBTかブリーフセラピーのいずれかの実践家であり，それぞれの専門には精通していても他の領域には不案内であった。しかし，訳出の作業を通して否応なく専門以外の領域に向き合うことになった。新たな視座や情報との出会いは，興味，当惑，誤解，理解，尊敬など，さまざまな感情を引き起こす。翻訳を通してこのような異文化体験の機会を得たことは大きな収穫であった。監訳者自身も，ポジティブCBTという橋のおかげで，ポジティブ心理学の「肯定的感情の拡張－形成理論」を知ることになった。それによって，ゴールづくりや例外探しの進め方が随分変わったことを自覚している。

　文体や訳語については，全体を通して監訳者が調整した。その指針や訳語の選定についての詳細は省くが，"positive"の訳し方には頭を悩ませたことを記しておきたい。というのも，「ポジティブ」の語をあてていくと紙面がカタカナだらけになってしまうからである。したがって，「ポジティブ」をできるだけ用いず，文脈によって「前向き」「肯定的」「望ましい」など訳し分けた。

　末筆になったが，北大路書房の営業部・若森乾也氏と編集部・北川芳美氏より，辛抱強くあたたかいご助力を賜った。記して感謝の意としたい。

2015年夏　蝉時雨を聞きながら

津川秀夫

著者紹介

フレドリケ・バニンク（Fredrike Bannink）

臨床心理学や児童・思春期の心理学を専門とする心理学者である。オランダのアムステルダムにて，セラピー，トレーニング，コーチング，調停などの実践を行っている。オランダ行動・認知療法学会（VGCt）認定のトレーナーとスーパーバイザーであり，解決志向認知行動療法セクションの共同設立者であり委員長を務める。また，いくつもの大学院において教鞭をとっている。

バニンクは，認知行動療法，解決志向ブリーフセラピー，ポジティブ心理学について，心理学者や精神科医に教え，解決志向の面接を医療の専門家に教えている。

それらに加えて，メンタルヘルスケア研究所や企業において，数多くの解決志向セラピーの組織内トレーニングのコースを運営し，バニンクは解決志向コーチングと解決志向リーダーシップを教えている。

また，バニンクは，争議の解決に熟達しており，アムステルダム地方裁判所の調停者を務めている。解決志向セラピー，解決志向面接，解決志向の調停，解決志向リーダーシップ，ポジティブ心理学の領域において，多くの国際的な出版物を手がけている。2005年以来，伝統的CBT，解決志向ブリーフセラピー，ポジティブ心理学，の架け橋になるべく，世界規模で講演や著作活動を行っている。驚くことではないかもしれないが，VIAストレングス・テストによると，彼女のストレングスは「世のなかに対する好奇心や関心」である。

監訳者略歴

津川秀夫

吉備国際大学心理学部心理学科教授。臨床心理士。日本ブリーフサイコセラピー学会理事。慶應義塾大学大学院後期博士課程単位取得退学。著書に『認知行動療法とブリーフセラピーの接点』（日本評論社／共編著），『軽度発達障害へのブリーフセラピー』（金剛出版／分担執筆）など。

大野裕史

兵庫教育大学大学院学校教育研究科人間発達教育専攻臨床心理学コース教授。臨床心理士。専門行動療法士。日本認知・行動療法学会常任編集委員。筑波大学大学院博士課程単位取得退学。著書に『認知行動療法とブリーフセラピーの接点』（日本評論社／共編著），訳書に『はじめての応用行動分析』（二瓶社）など。

訳者および担当箇所 (五十音順)

伊藤　拓	(明治学院大学心理学部)	第5章
大野裕史	(兵庫教育大学大学院学校教育研究科)	まえがき, 第3章, 第4章
織田信男	(岩手大学人文社会科学部)	第12章, 第17章
佐々木美保	(比治山大学現代文化学部)	第9章, 第16章
佐田久真貴	(兵庫教育大学大学院学校教育研究科)	第7章, 第8章
津川秀夫	(吉備国際大学心理学部)	序, 第1章, 第2章, 結び
寺田和永	(アキクリニック, 吉備国際大学心理発達総合研究センター)	付録
中村菜々子	(兵庫教育大学大学院学校教育研究科)	第6章
藤原直子	(吉備国際大学心理学部)	第13章, 第14章
松永美希	(立教大学現代心理学部)	第10章
宮秋多香子	(帝塚山大学心理学部)	第15章
山本眞利子	(久留米大学文学部)	第11章

ポジティブ認知行動療法
── 問題志向から解決志向へ ──

| 2015年9月10日 | 初版第1刷印刷 | 定価はカバーに表示 |
| 2015年9月20日 | 初版第1刷発行 | してあります。 |

著　者　　フレドリケ・バニンク
監訳者　　津　川　秀　夫
　　　　　大　野　裕　史
発行所　　㈱ 北 大 路 書 房
　　　　　〒603-8303　京都市北区紫野十二坊町12-8
　　　　　電　話　（075）431-0361㈹
　　　　　Ｆ Ａ Ｘ　（075）431-9393
　　　　　振　替　01050-4-2083

Ⓒ 2015　　制作／T.M.H.　　印刷・製本／㈱太洋社
検印省略　落丁・乱丁本はお取り替えいたします。
ISBN978-4-7628-2906-2　　　Printed in Japan

・ JCOPY 〈㈳出版者著作権管理機構 委託出版物〉
本書の無断複写は著作権法上での例外を除き禁じられています。
複写される場合は，そのつど事前に，㈳出版者著作権管理機構
（電話 03-3513-6969,FAX 03-3513-6979,e-mail: info@jcopy.or.jp）
の許諾を得てください。